[21世纪高等学校]
[市场营销系列教材]

新网络营销

微课版

冯英健 ● 著

Internet
Marketing

人民邮电出版社
北京

图书在版编目（CIP）数据

新网络营销：微课版 / 冯英健著. -- 北京：人民
邮电出版社，2018.12（2020.3重印）
21世纪高等学校市场营销系列教材
ISBN 978-7-115-48740-7

Ⅰ. ①新… Ⅱ. ①冯… Ⅲ. ①网络营销－高等学校－
教材 Ⅳ. ①F713.365.2

中国版本图书馆CIP数据核字(2018)第131535号

内 容 提 要

　　本书构建了以网络营销信息传递系统为基础、以网络营销运营为主体的内容体系。全书共 7 章，
包括网络营销概述、网络营销系统、内容运营、渠道运营、用户运营、网络营销服务与市场、网络
营销资源合作与管理等。本书作为一本适用于多个专业方向的网络营销基础教材，在内容设计方面
注重网络营销的基本原理和思维模式，重点培养网络营销的基本能力，使读者具备向多个方向发展
的专业素质，提高读者的适应能力与拓展能力。

　　本书可作为高等院校市场营销、电子商务等专业相关课程的教材，也可作为企业管理及网络营
销工作人员的参考用书。

◆ 著　　　　　冯英健
　　责任编辑　　许金霞
　　责任印制　　焦志炜

◆ 人民邮电出版社出版发行　　北京市丰台区成寿寺路 11 号
　　邮编　100164　　电子邮件　315@ptpress.com.cn
　　网址　http://www.ptpress.com.cn
　　涿州市京南印刷厂印刷

◆ 开本：787×1092　1/16
　　印张：16.75　　　　　　　　2018 年 12 月第 1 版
　　字数：398 千字　　　　　　 2020 年 3 月河北第 5 次印刷

定价：49.80 元

读者服务热线：(010)81055256　印装质量热线：(010)81055316
反盗版热线：(010)81055315
广告经营许可证：京东工商广登字 20170147 号

前　言

　　在浩如烟海的营销书籍中，相信本书是一本不会让您失望的书。原计划 8 个月写完的书稿，整整用了 18 个月才完成。这 18 个月里，我只做了这一件事情。18 个月的呕心沥血，我坚信是值得的。为用户创造价值，是网络营销的核心思想，也是本书写作的基本原则。感谢您成为本书的读者！

　　2018 年，正好是我从事网络营销实践与研究 20 周年。我几乎在中国网络诞生之际即同步开始从事网络营销的实践与研究，20 年来出版过多部有一定影响力的网络营销著作，其中写于 2001 年的《网络营销基础与实践》一书及后续的更新版本（2016年出版第 5 版），被誉为无可替代的网络营销经典著作。而本书的内容体系是在传统的内容体系基础上的又一次升级。

　　经过多年的发展，网络营销能力已经成为个人及企业不可或缺的竞争要素之一，网络营销的模式和方法也越来越繁杂，在有限的篇幅内系统介绍网络营销的基本思想和方法，难度也越来越高。我引以为傲的是，本书在很大程度上做到了这一点。正如内容提要所介绍的："本书构建了以网络营销信息传递系统为基础、网络营销运营为主体的内容体系。"本书作为一本多个专业通用的网络营销教材，在内容设计方面注重网络营销的基本原则和思维模式，强调网络营销基本能力的培养，使学习者具备向多个方向发展的专业素质。同时"网络营销"课程内容本身自成体系，与实际工作密切相关，因此，在实践环节中，将基础理论与实践方法紧密结合，旨在提高学习者的实际应用能力。

　　全书共分三部分，第 1 部分（第 1～2 章）是网络营销的理论与基础及全书的内容体系框架；第 2 部分（第 3～5 章）是网络营销的基础运营体系，是实现网络营销信息传递的方法体系，包括内容运营、渠道运营和用户运营；第 3 部分（第 6～7 章）是网络营销环境运营，即网络营销方法体系基础内容的拓展，体现了企业与网络营销环境的协调。根据本书的重要知识点录制了微课视频，教学实践软件平台与实践方案紧密关联，增加了教学方式的灵活性和趣味性。与本书配套的《因纳特新网络营销在线课程平台软件》由深圳市因纳特科技有限公司独家开发和运营。

本书还配备了丰富的教学辅助资源，包括教学大纲、教案、PPT 课件、实践教学方案设计、案例素材、视频资料、考试题库等，可登录人邮教育社区下载。请相信，这些资源同样不会让您失望。同时，请关注微信公众号"网络营销生态"，加入中国网络营销教师群（QQ 群号码：35295306），我们将为教师及时更新相关资源。

感谢新竞争力网络营销管理顾问公司的同事们为本书的资料验证、内容审核、实践方案设计及网站平台运营等所做的艰辛工作。最重要的是，感谢所有读者朋友们的肯定和支持。你们的鞭策和鼓励，是我不断进步的动力源泉。

冯英健

2018 年 1 月

目　　录

第1章 网络营销概述

【学习目标】

① 理解网络营销的基本概念;
② 熟悉网络营销的基本职能;
③ 理解网络营销信息传递原理;
④ 了解网络营销内容体系框架;
⑤ 了解网络营销学习与实践方法。

网络营销是以互联网为基础实现的信息构建与发布、信息传递与交互、用户沟通与服务等一系列营销活动。为用户创造价值是网络营销的核心思想,基于互联网工具的各种方法是开展网络营销的基本手段。

在 20 世纪 90 年代中期诞生的网络营销,现在已经成为企业不可或缺甚至是不可替代的营销手段,网络营销能力已经成为互联网时代每个企业以及每个个体必须掌握的基本技能。本书以实践应用为导向,介绍网络营销的基本理论、内容体系和常用方法。读者可通过理论学习和实践操作,认识网络营销的核心思想和内容体系,掌握网络营销知识和能力,让网络营销能力成为自己的核心竞争力,为个人、为企业创造价值;也可以作为知识储备,为就业和创业奠定基础。

本章的核心内容包括:网络营销的认识及经典理论、网络营销的内容体系、网络营销的学习和实践方法,如图 1-1 所示。

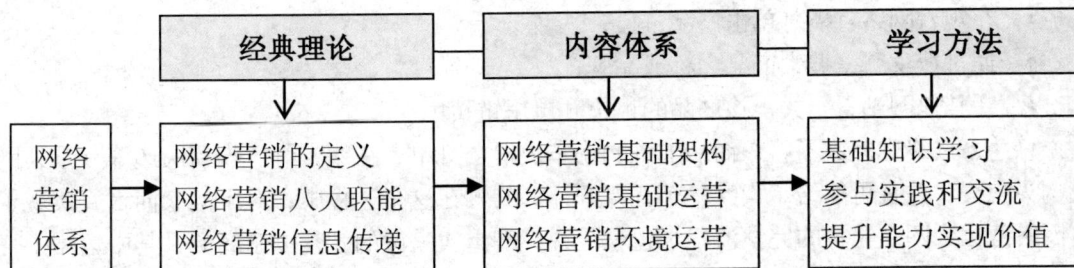

经典理论	内容体系	学习方法

网络营销体系	网络营销的定义 网络营销八大职能 网络营销信息传递	网络营销基础架构 网络营销基础运营 网络营销环境运营	基础知识学习 参与实践和交流 提升能力实现价值

图 1-1 网络营销内容体系框架

在学习网络营销课程之前,你是否设想过网络营销是什么样?它与我们的学习、工作和生活有什么关系?学习网络营销,你是否有一些期望和目标,希望获得哪些方面的能力,希望解决哪些问题,在哪些方面能增加我们的竞争优势?下面将进行全面的介绍。

1.1　网络营销的定义

网络营销就在我们身边，每个互联网用户都可能是网络营销的对象。我们可能每天都在参与某种网络营销活动，如通过网页浏览某个新产品的信息、观看含有广告内容的微视频、在网上商店购物、下载在线优惠券、通过媒体平台发布文章、在分类广告网站发布供求信息、在外卖网站订餐等。可见，只要我们一打开电脑浏览器或手机应用软件，就处于网络营销环境之中。尽管我们不一定使用"网络营销"这一概念，甚至可能并不关心哪些是网络营销以及网络营销是什么。

在从专业的角度探究网络营销之前，很多人对于网络营销的理解可能是模糊的，或者是不全面的。例如，网络营销就是在网上卖东西吗？网络营销与电子商务是一回事吗？网络广告就是网络营销吗？微商算是电子商务吗？网络营销与网络传销有什么区别？甚至还有人这样搜索：网络营销犯法吗？诸如此类的问题，在我们系统学习了网络营销之后都很容易解释清楚。

1.　网络营销与电子商务的关系

这里我们讨论一下网络营销与电子商务的关系。很多读者都有在淘宝网购物的经历（如果你还没有这种经历的话，为了学习网络营销不妨现在就尝试体验一次网购），以最近一次或者印象最深的一次淘宝网购为例，仔细琢磨一下，你在将某商品加入购物车之前，是如何发现该商品并决定选择它的？你获取商品信息的渠道是否与下面这些内容相关？例如：

- 通过计算机浏览器直接进入淘宝网站，或用手机打开淘宝网 App，然后通过关键词搜索或淘宝网推荐选购商品；
- 好友通过社交软件或通信工具给你分享了一个产品链接；
- 你在浏览其他网站、视频、电子书时点击了某个广告链接；
- 在电子邮箱中收到了某个产品的推广信息并单击了其中的链接；
- 收到某淘宝卖家的短信并打开了其中的链接；
- 你是某品牌商品的长期用户，通过该公司官方微博或微信公众号发布的消息点击产品链接；
- 在观看网络直播时单击产品链接；
- 通过搜索引擎搜索产品名称或品牌；
- 在其他网站看到关于该产品的评论并单击链接……

总之，最终你完成了将该商品加入购物车、提交订单、在线支付、收到快递等一系列网上购买流程，并且可能给予卖家一个五星好评。其实在这个过程中，对于卖家而言，实现了从网络营销到网上销售的完整流程，也就是说，淘宝卖家做的就是电子商务，其中运用了一些网络营销的策略获得用户的关注。如果要做一些流程划分的话，在用户完成付款之前的所有过程，都可以认为是网络营销，而用户提交订单并付款，才是电子商务的标志。

可见，网络营销和电子商务是一对紧密相关又具有明显区别的概念，两者很容易造成混淆，或者说在实际应用中有时候也没有太大必要分辨得很明确。实际上电子商务的内涵比网络营销更广，其核心是电子化交易。电子商务强调的是交易方式和交易过程的各个环节，只是两者目标一致，部分流程重合，在一些操作方面严格区分是没有实际意义的。不过可以肯定的是，网络营销是企业的营销策略和手段，是为企业完成最终销售提供支持的，无论是否完成电子化交易，网络营销都会发生。但网络营销本身并不是一个完整的商业交易过程，而是为促成交易提供支持，因此是电子商务中的一个重要环节，尤其在交易发生之前，网络营销发挥着主要的信息传递作用。网络营销和电子商务的这种关系也表明，发生在电子交易过程中的网上支付和交易之后的商品配送等问题并不是网络营销所能包含的内容；同样，电子商务体系中所涉及的安全、法律等问题也不适合全部包括在网络营销中。

2. 没有电子商务平台的网络营销是什么样

淘宝网是功能完善的电子商务平台，从产品信息发布与管理、产品推广、顾客服务、在线交易到信用评价、物流管理、售后管理等一应俱全，卖家只需要根据平台的说明进行简单的操作即可实现从网络营销到网上销售的完整流程，可以说，淘宝网创造了中国特色的电子商务之路，为企业快速进入电子商务发挥了巨大的作用。但在淘宝网之前，中国的网络营销是什么样呢？

中国于 1994 年 4 月 20 日正式开通国际互联网；中国网络营销诞生的时间，大致在 1997年。1997 年之前，互联网在我国还仅有少数人了解，尚未形成有影响力的网站及网络营销应用，不过这个时期有一个传说中的网络营销故事广为流传，成为网络营销史上的经典传奇：山东农民网上卖大蒜。

现在在网上买大蒜可能是很多家庭采购大蒜的常见方式之一，本书作者就是山东大蒜的长期消费者。不过在电子商务平台普及应用之前，无论在网上卖大蒜还是买大蒜都不是那么容易的事情。在早期有关网络营销的文章中，经常会描写某个企业在网上发布商品供应信息，然后接到大量订单的故事，给人形成只要上网就有滚滚财源的印象。其实，即使那些故事是真实可信的，也都是在互联网上的信息很不丰富的时代发生的传奇罢了，如果现在随意到网上发布一条产品供应信息，再也不会出现当年那种神奇效果了。这些传奇故事是否存在，我们姑且不论，即使的确如此，别人也无法从那些故事中找出可复制的、一般性的规律，所以当时的所谓网络营销更多的是一些偶然现象而已。

由于无从考证中国企业最早利用互联网开展营销活动的历史资料，我们只能从部分资料中看到一些无法证实的细枝末节。作为网络营销经典神话的"山东农民网上卖大蒜"，据现在可查到的资料记载，山东陵县西李村村支部书记李敬峰上网的时间是 1996 年 5 月，他所采用的网络营销方法为"注册了自己的域名，把西李村的大蒜、菠菜、胡萝卜等产品信息一股脑儿地搬上互联网，发布到了世界各地"。对这些"网络营销"所取得成效的记载为："1998 年7 月，青岛外贸通过网址主动与李敬峰取得了联系，两次出口大蒜 870 吨，销售额 270 万元。初战告捷，李敬峰春风得意，信心十足。"

从这些资料中我们可以推测的是，当年要实现网上卖大蒜，要做的"网络营销"工作至少包括：注册域名、建设网站、发布供应信息等，同时应该还有一定的推广活动，比如将网址提交到分类目录网站，这样才可能被买方（如上述新闻中的青岛外贸）所了解。事实上，早期的网络营销工作能做的大致也就是这几项简单的工作而已。

可以说，在很大程度上，早期的"网络营销"更具神话色彩，离网络营销的实际应用还有很大一段距离，何况无论学术界还是企业界，大多数人对网络营销的概念还相当陌生，更不用说将网络营销应用于企业经营了。

在网络营销的传奇阶段，"网络营销"的基本特征为：概念和方法不明确、是否产生效果主要取决于偶然因素、多数企业对于上网几乎一无所知，因此网络营销的价值主要在于其对新技术、新应用的新闻效应，以及对于了解和体验营销手段变革的超前意识。

在本书作者的《网络营销基础与实践》第4版写作期间（2013年），在搜索引擎中输入"山东+西李村+大蒜"之类的关键词，除了前面所介绍的一篇文章外，无法找到其他有关的资料。在该书第5版修订期间再次搜索相关信息（2016年年初），则发现部分根据第4版的相关内容改写的案例，出现在部分文档分享网站，内容更不完整且对真实性无法考证。到本书写作期间（2018年2月），网上类似的内容仍然很多，不过大多来源于《网络营销基础与实践》一书的相关内容，而原始信息源很难再追踪。

3. 从互联网史上最早的网络营销事件看网络营销的特征

相较于互联网发达的美国来说，1996年中国山东农民网上卖大蒜的时候，美国的互联网已经取得了令人瞩目的阶段性成就，网络营销也取得了许多重要发展，例如：

- 1990年，互联网历史上第一个WWW网站和网页浏览器诞生，其发明人为蒂姆·伯纳斯·李（Berners-Lee）；
- 从1993年开始，各种搜索引擎不断出现，如yahoo!（1994年2月）、Lycos（1994年7月）、google（1998年9月）；
- 1994年10月27日，互联网史上第一个网络广告诞生，这被认为是网络营销诞生的标志性事件之一；
- 1995年7月16日，亚马逊网站发布，该网站至今仍是全球最大的电子商务网站之一；
- 1995年9月4日，最大的网络拍卖网站eBay成立……

说起网络广告，每个上网用户可能都不陌生，无论是网页上令人眼花缭乱的广告图片，还是视频播放前的广告片段，或者手机App打开过程中出现的若干画面，网络广告的形式众多，我们稍不留意就会成为网络广告"点击率"的贡献者。这些各式各样的网络广告之间有什么共同特征吗？网络广告与网络营销是什么关系呢？

我们不妨从互联网史上最简单、也是最早的网络广告说起。1994年10月27日，美国连线杂志网站（Wired.com）上发布一幅468像素×60像素的"Banner"广告，这个规格也成为网络广告的第一个标准尺寸，因而它称为"标准标志广告"，如图1-2所示。这个广告的广告主是美国AT&T公司，广告条上的文字是"Have you ever clicked your mouse right here? You will"。

图1-2　互联网上第一个Banner广告

网络广告一经出现，就引起了巨大关注。有资料介绍，该广告的点击率超过40%！

从这幅现在看起来非常平淡的网络广告中，我们可以看出哪些革命性的标志？其中又包含着哪些网络营销思想呢？

网络广告的出现，表明互联网网站也可以成为广告媒体，互联网具有了营销价值，这也使互联网的商业前景产生了巨大的想象空间。事实上，网络广告一直是互联网经济中最重要的组成部分，直到现在，尽管已经有二十多年的历史了，网络广告仍然是最重要的网络营销方式之一。

而在网络广告的具体操作流程方面，其则显示出更大的优势：首先，网络广告的效果可计量，可以记录有多少人浏览过广告，以及有多少人点击过这个广告；其次，网络广告通过超级链接将广告媒体、广告主及用户连接起来，第一次实现了用户与广告主之间的关联关系！用户几乎是怀着期待的心情点击广告并来到广告主的页面。

> **注意** 根据第一个网络广告的设计师介绍，"you will"是AT&T公司在网络广告发布的前两年启动的一个以未来科技奇迹为主题的广告活动计划。其中包括："你有过不停车就完成通行费支付的经历吗？你驾驶汽车时能够在仪表盘屏幕上查看地图吗？你无须出门就能从图书馆借阅书籍吗？"这则广告让用户"获得一种梦幻般的、变革性的体验"。

可见，网络广告的初衷，首先考虑的是用户体验，也就是为用户带来价值，并不仅仅是捕捉用户的注意力；同时，是否点击广告完全出于用户自愿，这与传统电视广告的感觉完全不同。由此可以说明，最初的网络广告是一种符合用户期望、为用户带来价值的营销模式。

不过，在互联网发展初期，不和谐的营销行为同样存在。1994年4月12日发生于美国亚利桑那州的"绿卡抽奖"事件就是一个典型案例。两位从事移民签证咨询服务的律师Laurence Canter和Martha Siegel（两人为夫妻）把一封"绿卡抽奖"的广告信发到他们可以发现的每个新闻组，这在当时引起了轩然大波，他们的"邮件炸弹"让6 000多个新闻组的服务器处于瘫痪状态。在互联网历史上，这是第一次因发布大量的广告信息而对很多用户造成广告滋扰的事件。

这是互联网历史上第一起通过邮件营销方式实现网络赚钱的事件，也是最早的垃圾邮件营销活动，被认为是"用户付费的营销"，它作为网络营销的反面案例，对后来网络营销思想的形成具有重要影响。

网络广告与垃圾邮件，这两个看似不相关的互联网事件，从营销的角度来看，其实有相当多的共性特征，例如：

- 两者都需要通过一定的渠道发布信息（网站或新闻组服务器）；
- 都是通过互联网向用户传递信息，但两者信息的形式和发布方式有显著区别（图片及链接或电子邮件内容）；
- 用户通过互联网工具可以获取这些信息（浏览网页或登录邮箱）；
- 用户对收到的信息可采取一定的行为（点击广告或浏览邮件并直接联系）。

事实上，这也是所有网络营销活动所必备的基本条件，无论是搜索引擎、博客、电子商务平台、网络问答社区还是微信公众号等。一般来说，我们可以将网络营销的基本条件归纳为以下四个方面。

① 具备适合通过互联网传播的网络信息的内容及形式。

② 有实用价值的互联网工具及一定数量的互联网用户。

③ 用户接收或浏览信息后可产生后续行动。

④ 网络信息的传播对网络信息发布者及浏览者都是有价值的。

由此看来，常用的互联网服务大多都具有这样的特征。互联网的发展表明，每一种具有信息传递功能的互联网应用，都具有一定的网络营销价值，因而都可能成为一种网络营销工具，并且可以出现相应的方法并形成可遵循的规律，例如分类目录、搜索引擎、电子邮件、论坛、博客等。可见，网络营销的发展及内容体系的形成取决于互联网工具和服务的发展，网络营销是互联网工具和服务在营销领域中的应用；研究互联网工具及其网络营销价值，也就成为网络营销知识体系的基础。

互联网档案

这些网站对中国的网络营销发展很重要

在中国互联网二十多年的发展历程中，各类网站呈爆炸式增长，其中有些早已没有踪影，有些至今仍是中国互联网的中流砥柱，也是网络营销的重要平台。网络营销是基于互联网的应用，下列一些网站对网络营销曾经或仍然很重要。

- 1995 年 4 月，第一家网上中文商业信息站点"中国黄页"开通，这是国内最早的企业信息发布平台，也让上网的企业了解了最基本的网络营销手段——发布供求信息。这种简易的网络营销方法一直为许多企业所采用。

- 1997 年 2 月，专业 IT 资讯网站 chinabyte 正式开通免费新闻邮件服务，到同年 12 月，新闻邮件订户数接近 3 万；1997 年 3 月，在 chinabyte 网站上出现了国内第一个商业性网络广告（该广告采用 468 像素×60 像素的标准 Banner）。

- 1997 年 5 月，网易网站发布。

- 1997 年 11 月，国内首家专业的网络杂志发行商索易开始提供第一份免费网络杂志；到 1998 年 12 月，索易获得第一个邮件赞助商，这标志着我国专业 E-mail 营销服务的诞生。

- 1998 年 4 月，搜狐网站诞生。

- 1998 年 10 月，新浪网发布。

- 1998 年 10 月，3721 网站诞生（提供中文快捷网址即后来的网络实名服务）。

- 1999 年 5 月，8848 电子商务网站诞生，它曾是中国电子商务的标志。

- 1999 年 11 月，阿里巴巴 B2B 平台发布。

- 1999 年 11 月，腾讯 QQ 上线。

- 1999 年 11 月，当当网上书店发布。

- 1999 年 12 月，百度公司诞生……

资料来源：《网络营销基础与实践》第 5 版第 1 章，冯英健著，清华大学出版社，2016.

2018-2020 年前后中国的网络营销会是什么样？

从上述网站列表中，你是否注意到一个现象：当前中国互联网的三巨头 BAT（B=百度，A=阿里巴巴，T=腾讯）都诞生于 2000 年之前，三大门户网站新浪、搜狐、网易同样是中国最早的一批网站。2000 年之后的许多年内，并没有再出现影响力巨大的网站。

不过，2009 年之后情况发生了很大的变化，其重要原因是，互联网发展进入了社交化和移动化的时代。不仅新诞生了很多基于社交化和移动化的互联网应用，而且传统的互联网巨头也在这些领域继续引领潮流。随着智能手机的普及，以新浪微博、腾讯微信为代表的社交网络将网络营销推向一个新的历史时期：从上网方式来看，是从个人电脑到手机上网的转变；从网络营销的实质上看，是从基于互联网工具的信息传递到社会关系资源的价值传递；从网络营销思维模式来看，是从技术思维和流量思维向粉丝思维和生态思维的转变。

这里我们大致罗列一些近年来比较热门的网络营销方向。

• 2009 年 8 月，新浪微博带来社会化网络的普及，以微博营销为代表的社会化营销进入高速发展阶段。

• 2011 年年初，腾讯公司发布微信，微信营销很快成为被广泛接受的新一代的移动 SNS（Social Networking Services，社交网络服务）营销方式。

• 2012 年 8 月，基于用户兴趣智能推荐的内容平台"今日头条"发布，其个性化的内容营销模式受到关注。近年来，类似的智能分发内容平台不断出现，内容营销进入新的发展阶段。

• 2013 年前后，基于移动社交关系的微商开始兴起，引发了社交网络全民微商的热潮。

• 2014 年 1 月，微信红包一经出现，立刻获得网民的热情参与，网络红包很快在其他社交网络及电子商务平台获得广泛应用，成为最热门的手机应用之一，也逐渐发展成为一种新型营销手段。尤其是自 2015 年央视春节晚会开始，微信红包和支付宝红包等成为商家的广告投放平台，2018 年新年前后的支付宝跨年红包推荐有奖营销活动，更是获得众多线下商家的热情参与和网民的疯狂转发。

• 2015-2016 年，经过多年的技术积累和用户培育，网络直播平台进入高速发展阶段，多家有影响力的网络直播平台陆续出现，并由此产生了网红营销模式。网络直播营销仍在不断发展演变之中。

• 2017 年，大数据和人工智能仍然是互联网的重要发展方向。数据化和智能化不仅是当前的热门领域，也为 2018 年以后的网络营销带来新的探索空间。

总之，与传统的 PC 互联网时代相比，网络营销的思维模式与方法都发生了巨大的变化，这种变化至今仍在进行中，对网络营销必将产生深远的影响。可以合理预计，以大数据和人工智能技术为基础的智能网络营销在未来几年将获得突破性发展，网络营销也将发生新的革命性变革。

4. 什么是网络营销

我们比较了网络营销的过去、现在和将来，互联网发展的每个重要历程都对网络营销产生了重要影响。网络营销诞生二十多年来，尽管其内容、形式、工具和方法等发生了巨大的变化，但经过实践形成的核心思想和基本原则相对稳定：网络营销的核心意义在于通过互联网向用户传递有价值的信息，为用户创造价值并实现企业营销的目的。正如互联网史上第一个网络广告所传递的信息一样。

不过，要为网络营销下一个永久性的定义并不容易。由于网络营销环境在不断发展变化，在不同时期、从不同的角度对网络营销的认识也有一定的差异，而且网络营销涉及多个学科的知识，不同的研究人员具有不同的知识背景和专业领域，因此在对网络营销的研究方法和研究内容方面有一定差异。

笼统地说，凡是以互联网为主要手段开展的营销活动，都可称之为网络营销（有时也称为网上营销、互联网营销等，港台地区则多称为网路行销），但实际上并不是每一种手段都合乎网络营销的基本准则，也不是任何一种方法都能发挥网络营销的作用。例如，前述互联网史上第一起垃圾邮件营销、各种强制用户点击的广告、未经许可安装到用户计算机中的插件、利用病毒方式自动转发的邮件或即时信息，以及不断发展变化的各种网络传销等，都不属于正规的网络营销范畴。

本书作者长期以来坚持这样的观点：真正意义上的网络营销，应该以用户价值为导向、具有其内在的规律性，可以产生实实在在的效果，并且具有可操作性。以此为出发点，本书作者在《网络营销基础与实践》第 1 版（2001）中，提出了一个被广泛认可且持续沿用了 15 年的网络营销定义（2001-2016）：

"网络营销是企业整体营销战略的一个组成部分，是为实现企业总体经营目标所进行的，以互联网为基本手段营造网上经营环境的各种活动。"

这个定义比较直观地反映了网络营销的地位、手段和目标，在网络营销发展的初期具有一定的普适性，应该说体现了网络营销初级阶段的特征。由于近年来网络营销的思想及环境发生了许多重大变化，网络营销的功能和目标已经不仅仅是营销信息的传递，事实上网络营销已经成为企业营销战略的核心，因此，本书作者在《网络营销基础与实践》第 5 版（2016）中，对网络营销的定义进行了修订。本书仍采用这一网络营销定义：

"网络营销是基于互联网络及社会关系网络连接企业、用户及公众，向用户及公众传递有价值的信息和服务，为实现顾客价值及企业营销目标所进行的规划、实施及运营管理活动。"

网络营销定义（2016）强调了网络营销的连接功能及顾客价值，体现了网络营销思想和策略的重要转变，具体内容如下。

① 揭示了网络营销的生态思维。网络营销以互联网为技术基础，但连接的不仅仅是电脑和其他智能设备，更重要的是建立了企业与用户及公众的连接。连接成为网络营销的基础功能，运营则是网络营销的基本内容。

② 突出了网络营销中人的核心地位。通过互联网建立的社会关系网络，核心是人，人是网络营销的核心，一切以人为出发点，而不是网络技术、设备、程序或网页内容。

③ 强调了网络营销的顾客价值。为顾客创造价值是网络营销的出发点和目标，网络营销是一个以顾客为核心的价值关系网络，不忘初心才能真正实现顾客导向。

④ 延续了网络营销活动的系统性。网络营销的系统性是经过长期实践检验的基本原则之一，网络营销的内容包括规划、实施及运营管理，而不仅仅是某种方法或某个平台的应用，只见树木不见森林的操作模式是对网络营销的片面认识。

可见，网络营销不仅是"网络+营销"，网络营销既是一种手段，同时也是一种思想。网络营销不再是可有可无，或者需要的时候才临时拿起来的一种工具。当然，网络营销的思想和手段仍在不断发展演变中，随着对网络营销的实践和认识的进一步深入，网络营销的定义还可能需要进一步演进。

1.2 网络营销的职能

在"互联网+"时代，无论对企业还是对个人，网络营销都成为不可或缺的基本素质和能力。从企业运营的角度来说，网络营销是企业营销战略的核心。那么网络营销的作用表现在哪些方面呢？作为个人而言，通过学习网络营销知识，可以表现出哪些网络营销能力呢？

1.2.1 企业应用：网络营销的八大职能

本章上一节的内容中涉及网络营销的网上销售、网络推广、与用户的关系等方面的作用，实际上网络营销的作用范围更广，正如网络营销的定义所表明的那样，网络营销连接了企业与用户，通过互联网及社会关系网络向用户及公众传递信息，并实现顾客价值和企业营销目标。可见，网络营销涉及企业、互联网环境及用户之间的相互关系，其作用体现在多个方面。本书用网络营销的八大职能来描述。

网络营销的基本职能最早在《网络营销基础与实践》（第 1 版，2001）一书中提出。该书经过各版本的不断提炼和完善，系统地描述了网络营销的基本内容和基本作用，它们成为网络营销的经典理论之一，至今仍对网络营销的内容体系设计及策略制定发挥着重要的指导作用。

通过对网络营销实践应用的归纳总结，**网络营销的基本职能表现在八个方面**：网络品牌、网站推广、信息发布、销售促进、网上销售、顾客服务、顾客关系、网上调研。

1. 网络品牌

网络营销的重要任务之一就是在互联网上建立并推广企业的品牌，以及让企业的网下品牌在网上得以延伸和拓展。网络营销为企业利用互联网建立品牌形象提供了有利的条件，无论是大型企业还是中小企业、其他机构或者个人，都可以用适合自己的方式展现品牌形象。传统的网络品牌建设是以企业网站建设及第三方平台信息发布为基础，通过一系列的推广措施，达到顾客和公众对企业的认知和认可。移动互联网的发展为网络品牌提供了更多的展示机会，例如建立在各种社交网络平台的企业账户、企业 App 等。网络品牌价值是网络营销效果的表现形式之一，通过网络品牌的价值转化可实现持久的顾客忠诚和更多的直接收益。

2. 网站推广

传统的网络营销以网站运营和推广为基础，网络推广尤其是网站推广是企业网络营销的基本组成部分。企业网站获得必要的访问量是网络营销取得成效的基础，尤其对于中小企业，由于经营资源的限制，它们发布新闻、投放广告、开展大规模促销活动等的宣传机会比较少，因此通过互联网手段进行网站推广显得更为重要，这也是中小企业对于网络营销更为热衷的主要原因。即使对于大型企业，网站推广也是非常必要的，事实上许多大型企业虽然具有较高的知名度，但网站的访问量却不高。因此，网站推广是网络营销最基本的职能之一，是网络营销的基础工作，在 PC 网络营销流量思维的导向下，网站推广显得格外重要。在移动网络营销环境下，网站推广的工作还需要进一步扩展到企业其他官方信息平台的推广，如企业 App 推广、企业 SNS 账号的推广等，实现流量思维与粉丝思维的同步发展。

3. 信息发布

网络营销的基本方法就是将发布在网上的企业营销信息以高效的互联网手段传递到目标用户、合作伙伴、公众等群体。离开有效的企业网络信息源，网络营销便失去了意义，因此信息发布就成为网络营销的基本职能之一。发布信息的渠道包括企业资源（如企业网站、企业博客、企业 App、企业社交网络）以及第三方信息发布平台（如开放式网络百科平台、文档共享平台、B2B 信息平台等）。充分利用企业内部资源及外部资源发布信息，是扩大企业信息网络可见度、实现网络信息传递的基础。

4. 销售促进

市场营销的基本目的是为最终增加销售提供支持，网络营销也不例外。各种网络营销方法大都直接或间接具有促进销售的效果，同时还有许多针对性的网上促销手段（网络优惠券、团购、积分等）。这些促销方法并不限于对网上销售的支持，事实上，网络营销对于促进网下销售同样很有价值，这也就是为什么一些没有开展网上销售业务的企业同样有必要开展网络营销的原因。

5. 网上销售

网上销售是企业销售在互联网上的延伸，也是直接的销售渠道，无论是否拥有实体销售渠道，都可以开展网上销售。网上销售渠道包括企业自建的官方网站、官方商城、官方App，以及建立在第三方电子商务平台上的网上商店、通过社交网络销售及分销的微店，参与团购、加盟某 O2O 网络成为供货商等。与早期网络营销中网上销售处于次要地位的情况相比，当前的网上销售已发挥出越来越重要的作用，许多新兴的企业甚至完全依靠在线销售。

6. 顾客服务

互联网提供了方便的在线顾客服务手段，从形式简单的 FAQ（常见问题解答），到电子邮件、邮件列表，以及聊天室、在线论坛、即时信息、网络电话、网络视频、SNS 社交网络等，均具有不同形式、不同功能的在线沟通和服务的功能。在线顾客服务具有成本低、效率高的优点，在提高顾客服务水平、降低顾客服务费用方面具有显著作用，同时也直接影响到网络营销的效果，因此在线顾客服务成为网络营销的基本组成内容。

7. 顾客关系

网络营销的基础是连接，尤其在网络营销的粉丝思维及生态思维模式下，顾客是社交关系网络中最重要的环节，对于促进销售及开发顾客的长期价值具有至关重要的作用。建立顾客关系的方式，从早期的电子邮件、邮件列表、论坛等到目前的微博、微信、微社群等社会化网络，连接更为紧密，沟通更加便捷。顾客关系资源是企业网络营销资源的重要组成部分，也是创造顾客价值、发挥企业竞争优势的基础保证。在社会化网络中，顾客关系可以认为是一种泛社交关系，顾客的范围可以扩展到所有相关的用户乃至用户的社交关系网络，可以统称为"用户关系连接"。

8. 网上调研

网上调研具有调查周期短、成本低的特点，网上调研不仅能为制定网络营销策略提供支持，也是市场研究活动的辅助手段之一，合理利用网上调研手段对于市场营销策略的制定具有重要意义。网上调研与网络营销的其他职能具有同等地位，既可以依靠其他职能的支持而开展，也可以相对独立地进行，网上调研的结果反过来又可以为其他职能更好地发挥提供支持。

网络营销的各个职能之间并非相互独立的，而是相互联系、相互促进的，网络营销的最终效果是各项职能共同作用的结果。为了直观地描述网络营销八项职能之间的关系，我们可以从其作用和效果方面做出大致的区分：网站推广、信息发布、顾客关系、顾客服务和网上调研这五项职能属于基础，主要表现为网络营销资源的投入和建立，而网络品牌、销售促进、网上销售这三项职能则表现为网络营销的效果（包括直接效果和间接效果）。图 1-3 描述了网络营销八项职能之间的关系。

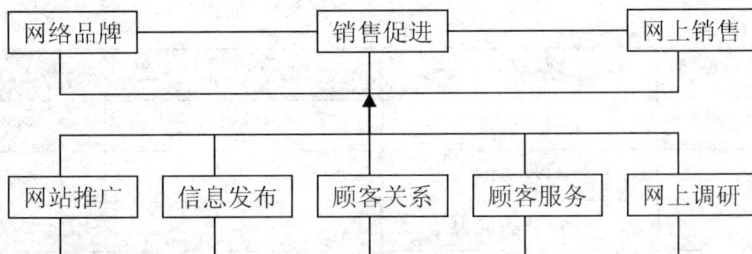

图 1-3　网络营销职能关系图

网络营销的职能是通过各种网络营销方法来实现的，同一个职能可能需要多种网络营销方法的共同作用，而同一种网络营销方法也可能适用于多个网络营销职能，网络营销职能与方法之间并非一一对应的关系。因此，本书的网络营销内容体系设计不以网络营销职能为主线，而是以网络营销信息发布与传递及用户连接为主导，在各个环节中介绍相应的网络营销方法。

1.2.2　个人应用：网络营销人的八大能力

企业网络营销职能及其关系表明了网络营销对企业的作用及网络营销的内容，同时也反映了企业的网络营销能力及其来源。营销资源理论认为，企业营销能力是在企业营销活动中产生和发展的，表现出核心能力特征的动态资源，因此具有稀缺性、难以模仿性等特点，是企业持续竞争优势的重要来源。

在互联网时代，企业的竞争优势在很大程度上取决于网络营销能力，而企业的网络营销能力与企业网络营销人员个人的网络营销能力密不可分，毕竟企业网络营销职能的发挥，与网络营销人员个人的知识和技能密切相关。根据作者长期网络营销实践的认识，个人网络营销能力是在学习和实践活动中表现的基础素质，对网络营销工具、方法、规律的认识，以及对网络营销资源的利用，具有可掌控、可展示、可发挥长期价值的特点。

对于营销能力的研究，通常以企业为对象，而对营销人员个人的营销能力的研究则较为少见。由于网络营销实践性及可操作性的特点，在网络营销实际工作中，网络营销人员个人的经验和技能往往直接影响着网络营销的效果，而且人在网络营销体系中是最活跃的因素，尤其在社会化网络营销阶段，人的能力以及社会关系资源都对企业网络营销能力具有直接影响。因此，重视网络营销人员的核心能力对于挖掘企业网络营销资源、提升企业网络营销能力是非常必要的。

实际上，通过学习和实践，掌握网络营销的知识和技能，对个人而言，是受用终生的资源和能力，网络营销能力已成为互联网时代每个人竞争优势的重要来源。尽管对网络营销能力对个人的价值一直缺乏系统的研究，但个人网络营销能力的重要性是不能被忽视的。

关于网络营销人员个人网络营销能力的思考及实践，本书作者自 2006 年 3 月开始，在营销人博客陆续发表了"网络营销人的十大能力"系列文章，这是最早对个人网络营销能力的比较全面的分析，获得了广泛关注，博文浏览量达数万次，曾被大量转载，网上也出现了多篇以此为基础、经过各种改编或扩编的版本。

网络营销人的十大能力的内容如下（冯英健，2006 年），如表 1-1 所示。

表 1-1

序号	能力	序号	能力
1	文字表达能力	6	网页制作能力
2	资料收集能力	7	参与交流能力
3	用户体验能力	8	资源利用能力
4	自己动手能力	9	思考总结能力
5	代码了解能力	10	适应变化能力

这些网络营销能力的基本要素，是本书作者基于当时的网络营销环境对网络营销人员能力的初步探讨。此后经过十多年的深入实践，并根据网络环境及内容体系的演变，作者对网络营销人员的能力要素进行了系统的分析和提炼，逐步建立起适应性更强、可评价的网络营销八大能力指标体系，它们首次出现在《网络营销基础与实践》（第 5 版）第 9 章，书中将个人的网络营销能力视为网络营销资源的组成部分。

网络营销人的八大能力指标（冯英健，2016 年），如表 1-2 所示：

表 1-2

序号	能力	序号	能力
1	知识学习能力	5	互动沟通能力
2	技术应用能力	6	资源积累能力
3	信息创建能力	7	数据分析能力
4	网络传播能力	8	综合应用能力

事实上，尽管此前在网络营销教材体系中没有明确列出网络营销人员的能力体系，不过

作为实践项目，对网络营销人员能力的培养和研究从 2009 年就已经开始了，到 2017 年 12 月已经连续举办过 17 期活动，数十万正在学习网络营销课程的大中专学生参加过这一实践活动，这就是自 2009 年 6 月开始启动的、旨在培养和锻炼大学生网络营销能力的教学实践活动——网络营销能力秀。这一趣味性实践活动，以竞赛式实践、社交化学习的方式为网络营销学习者提供了丰富多彩的实践和锻炼机会，同时对于个人网络营销能力的培养也积累了大量有价值的数据和丰富的经验。

与企业网络营销八大职能相比，个人网络营销能力指标的重点在于对网络营销流程各个环节的认识和操作，体现了网络营销人员在网络营销活动中的地位和作用。从网络营销对个人的价值角度来看，也就是体现了网络营销流程中各个环节对个人能力的要求。

1.3　网络营销的信息传递模型

网络营销的职能表明，通过信息发布、网络推广、网上调研及顾客关系和顾客服务等网络营销流程，可以实现网络品牌、销售促进及网上销售等网络营销效果。那么这些网络营销流程是如何实现的，网络营销效果又是如何得以体现的呢？也就是说，网络营销的基本原理是什么呢？

从开展网络营销的基础条件可以看出，网络营销信息内容、互联网技术和工具、用户及行为、价值及效果等是网络营销活动中不可缺少的基本元素，这些元素之间通过互联网工具的连接和传递实现了将企业网络营销信息送达用户，也就是说，用户通过互联网工具（如网页浏览器或电子邮件）获取了企业的网络营销信息（如产品介绍内容），并且通过一定的方式与企业产生交互（如点击网页的广告、在网页内容中评论、回复电子邮件等）。网络营销的流程及连接关系，可以用网络营销的信息传递原理来说明。

网络营销的信息传递原理，是信息论通信系统模型在网络信息传递中的应用。

1.3.1　通信系统的一般模型及启示

人们的生活和工作都离不开通信，自古至今，尽管通信方式在不断变化，但都没有改变人们对通信的需要，以及通信实现的信息传递功能。对于狼烟四起的悲凉，烽火戏诸侯的荒诞，家书抵万金的辛酸，除了感受历史的沧桑和厚重之外，其实也都包含着古代通信方式的记载以及信息传递的重要意义。

不过，直到信息论诞生，各种通信方式所包含的一般原理才真正得到系统的表述，并将信息量化。信息论创始人香农（C.E.Shannon）将信息的单位定义为比特（bit）。对于信息论，这里无须做深入的探究，我们只需了解其已经成熟的通信系统模型，即可解释现阶段网络营销信息传递的一般规律。网络营销还远远没有达到将信息传递量化的阶段。

根据香农的观点，通信即信息发送者和接收者之间的信息传递，一个通信过程是指由信源（发信者）发出信息，通过信息通道传送信息，再由信宿（接收者）获取信息，这就构成了通信过程。香农根据通信过程建立了通信系统的结构模型，如图 1-4 所示。

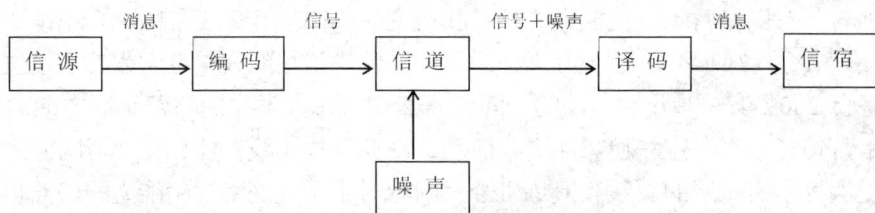

图 1-4　通信系统的模型

在香农的通信系统的模型中，信源即信息的来源，信源发出的信息有多种表现形式，如文字、图像、声音、电磁波等，可以统称为信号；表示信息的这些符号或信号就是消息，消息是信息的载体。编码是指将信息变换成某种信号的措施，译码则是编码的反变换，即将信号还原为信源的消息，以便接收者识别；信道是指信息传递的通道，也是传递信息的媒介，信道的功能就是传递信息以便接收者接收和识别；信宿是信息的接收者，即信息传递的目标。在这个通信系统中，还伴随着一个噪声，噪声是指在信号传递过程中通信系统内部或者外部产生的各种干扰因素。在现实系统中，噪声是很难完全避免的，为了保证信息传递的准确性，显然噪声越小越好。当噪声过大，甚至超过传递的信息时，信宿接收到的消息将失去意义。

对比一下我们不难发现，网络营销的过程与通信系统的信息传递有许多类似之处。在企业的网络营销活动中，企业通过网站或者专业服务商发布信息、通过电子邮件直接向用户传递信息；用户通过搜索引擎检索信息并到网站获取更详细的信息，用户通过网站下载各种有价值的信息，如电子书、驱动程序、产品使用说明书等，通过实时聊天工具获取对某个产品的了解等，这些都包含着信息的传递和交互。可见，在网络营销的整个过程中，信息传递是基础，各种常见的网络营销方法都是为了实现营销信息传递的目的。常用的互联网工具也是传递信息的工具，如搜索引擎、即时信息、电子邮件、SNS 等。可见，网络营销信息传递系统构成了网络营销的核心内容，了解网络营销中信息传递的原理和特点以及信息交互的本质，是认识网络营销的核心思想、充分发挥网络营销功能的基础。

1.3.2　网络营销信息传递模型

从烽火台、信件、电话到网络营销，实现信息传递的原理是一样的，但信息源的形式、信息传递渠道的功能及信息接收的方式却有显著的差异。根据通信系统的一般模型，在网络营销信息传递系统中，同样存在信息源、信息传递渠道、信息接收者和噪声等基本要素。不过，网络营销信息传递系统中各个要素又有其自身的特点。借鉴香农的通信系统的基本思想，针对网络营销信息及其传递的特点，经过对模型的必要修正，即可获得网络营销信息的传递模型，如图 1-5 所示。

扫码看视频：

知识点 02：网络营销
信息传递原理

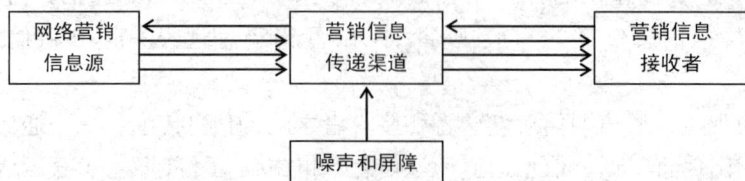

图 1-5　网络营销信息传递模型

对于网络营销信息传递模型，笔者最早在 2004 年的《网络营销基础与实践》(第 2 版) 中进行了系统的阐述。十多年的实践表明，网络营销信息传递模型作为网络营销的基础理论之一，与网络营销的职能体系一起共同成为网络营销的经典理论。其比较系统地解释了网络营销的一般规律和原则，为构建网络营销的内容体系奠定了基础。

1. 网络营销信息传递的特点

作为通信系统在互联网中的一项应用，网络营销信息传递具有下列特点。

（1）网络营销信息传递效率高

网络营销信源主要表现为网站或手机 App 上的各种文字、图片、音频及视频信息、网络广告信息、搜索引擎引导信息等。由于这些信息本身已经是数字化，通过 TCP/IP、E-mail、IM、浏览器、阅读器等方式可以直接作为信号来传输，因此不需要编码和译码的过程，从而减少了信息传递的中间环节，使得信息传递更为直接，信息接收者与发送者之间甚至可以进行直接的交流，这也使得网络营销的信息传递效率大为提高。

（2）网络营销信息的传递方式多样化

在网络营销中，信息传递有多种方式。从信息发送和接收的主动与被动关系来看，有通过电子邮件等方式向用户发送信息的主动传递方式，或者将信息发布在企业网站上等待用户通过搜索引擎来获取信息的被动传递方式；从信息发送者和接收者之间的对应关系看，可以是一对一的信息传递（如一对一电子邮件、即时信息等），也可以是一对多的信息传递（如邮件列表、网络广告、SNS 的信息流等），或者多对多的信息传递与交互（如网络社群）。

（3）网络营销信息的传递渠道多样化

网络营销信息传递方式的多样化也同时决定了网络营销信息传递渠道的多样化。网络营销信息的传递具有多种渠道，如企业网站、搜索引擎、供求信息平台、电子邮件、即时信息、社交网络、内容平台等。不同渠道传递信息的方式有所区别，因此只有在充分了解各种网络营销信息传递渠道特性的基础上，才能有效地应用各种网络营销策略。在传统的网络营销工具与方法体系中，对常用的网络营销工具进行系统的介绍，正是考虑到对网络营销信息传递特性的深入理解是学习网络营销的基础。

（4）网络营销中的信息传递是双向的

与一般的信息只能从信息发送者向接收者单项传递不同，网络营销信息可以是双向传递的，或者说具有交互性，这种交互性对于企业和用户双方都是有利的。企业将正确的信息传递给了正确的用户，用户则得到了自己需要的有助于购买决策或者正确的产品使用的信息。企业可以通过各种网络渠道将信息传递给用户，用户也可以直接获取企业信息并将信息传递给企业。用户向企业传递信息的方式在很大程度上取决于企业所提供的机会，因此尽管网络营销信息传递具有双向性，但信息的发送者（企业）和接收者（用户）之间的地位并不是均等的，企业在信息传递过程中处于优势地位，在影响甚至决定着用户向企业方向传递信息。例如，用户可以通过在线调查表单表达自己的意见，但这种表单是由企业设计和提供的，用户并不能随意表达自己的需要；用户可以通过电子邮件等方式向企业发送信息，但是否能够传递到目标接收者同样不是用户可以了解的；用户可以通过加入邮件列表或关注社交账号等方式选择自己需要的信息，但企业通过邮件列表或社交网络发送什么信息、什么时间发送则取决于企业而不是用户。从这种意义上说，网络营销并不能做到真正由用户主导营销规则，至多是企业为用户提供尽可能多的机会来促进信息的双向传递，或者用户在一定的范围内进行选择。

（5）网络营销信息传递中的噪声

在网络营销信息传递过程中，同样存在噪声的影响，不过这种噪声通常并不是附加到营销信息中被传送到信息接收者，网络营销信息噪声主要表现为对信息传递的各种障碍，尤其在信息直接传递时这种现象更为明显。其中可能是由于企业的信息发布准备工作不力，也可能是传播渠道的技术问题，或者信息接收者为避免打扰人为设置的障碍等。例如，假如一个企业网站没有被搜索引擎收录，用户通过搜索引擎等常规手段将无法获得该企业的信息，这样就会造成信息接收方无法获取自己希望的信息，造成被动信息传递无效；在利用电子邮件传递信息时可能遭到邮件服务商的屏蔽，或者被邮件接收者自己设置的邮件规则所拒绝，从而造成主动性信息传递失败。当通过第三方的服务传递营销信息时，可能会出现在企业营销信息中附加服务商自身广告信息的情形，例如通过免费邮箱传递信息时，接收方的邮件中除了邮件发送者的内容之外，在邮件末尾通常会出现服务商的信息。因此，在专业的网络营销中强调尽量避免使用这种免费服务，正是出于减少信息传递噪声的目的。

在考虑了网络营销信息传递的这些基本特征之后，对香农的通信系统的模型进行修正可以得到网络营销信息传递模型，如图 1-5 所示。图中用不同方向的箭头表示信息的双向传递，而箭头的数量则表示信息发送者和接收者之间的地位不均等现象。

从图 1-5 中可以看出，与一般通信系统类似，一个完整的网络营销信息传递系统包括信息源、信息载体和传播渠道、信息接收渠道、信息接收者、噪声和屏障等基本要素，并且每一种要素在网络营销信息传递系统中都有着具体的含义。

2. 网络营销信息传递的基本要素

下面我们对网络营销信息传递的基本要素做简要分析。

（1）网络营销信息源

企业希望通过互联网手段向用户传递的各种信息组成了网络营销信息源。企业网站上的内容如企业简介及产品介绍等信息、企业官方博客及官方 SNS 信息，以及通过外部网络媒体发布的企业新闻、网络广告、供求信息等都属于信息源的内容。通过企业官方网络渠道发布的属于企业内部信息源，而发布在第三方平台的信息属于企业外部信息源。网络营销信息源是网络营销的基础，只有在明确了向用户传递哪些信息的基础上，才能采用合适的网络营销方法来传递这些信息。相应地，作为网络营销人员，信息创建能力也就成为网络营销能力中最重要的要素之一。

（2）网络营销信息传递渠道

网络营销信息可以通过企业网站、电子邮件、App，以及其他信息发布平台的资源作为信息的载体，并通过这些方式向用户传递信息；用户则可以通过电子邮件、网站上的反馈表单、网络社区、实时信息等方式向企业传递信息。在所有的营销信息载体中，企业网站所包含的信息容量最大，也最容易被信息发送者所掌控，企业网站也是最重要的信息传播渠道，因此在传统的 PC 网络营销体系中，企业网站的策划、建设、运营维护是网络营销重要的基础。企业网站具有其他互联网工具无可替代的网络营销价值，大部分网络营销方法也都是基于企业网站来进行的。在移动网络营销中，尽管网站不再具有主导地位，但依然占有重要位置，尤其是基于 HTML5 建设的移动网站，对其他网络营销方法具有直接的关联作用。

（3）网络营销信息接收渠道

信息接收渠道和传递渠道是同一事物的两个方面，站在信息接收者（用户）的角度上，对网络营销信息是接收和获取，并在必要时向企业发送一定的信息。虽然信息接收/获取渠道和信息传递渠道所依赖的是同样的工具，但由于在网络营销信息传递系统中所处的方向不同，对信息渠道的期望目标和应用方式也不同。例如，对于搜索引擎，从企业的角度出发，是希望让企业网站在主要搜索引擎的搜索结果中有好的排名，这样，当用户检索时被发现的机会就比较大，因而通过各种搜索引擎营销方法来完善搜索引擎传递渠道。而站在用户的角度来看，希望通过搜索引擎获得尽可能丰富的、有价值的信息，如果是为了购买某种商品而进行购买调研，期望从搜索结果中发现最新的、价格适中的产品，并了解其详细信息，这其中包含着用户使用搜索引擎的行为特征。因此，应站在用户的角度来研究网络营销信息的接收渠道，而不仅仅是为了企业发布信息的方便。这种思想在企业网站优化设计中将得到体现。

（4）网络营销信息接收者

网络营销信息接收者即指用户、潜在用户或其他相关的人员。在网络营销信息传递系统中，由于具有双向传递的特点，信息接收者同时也是信息发送者，因此网络营销的信息传递具有交互性质，更加体现出用户在整个网络营销中所处的重要位置。在网络营销八大职能中，顾客关系和顾客服务职能就是这种关系的体现。从根本上来说，这种以用户为核心的原则是由于市场经济发展、产品供大于求所产生的必然结果。作为企业，更加渴望那种供不应求的卖方市场，这样顾客处于绝对弱势地位，企业也根本无须过多考虑顾客的需求。下面将要分析的交互营销的实质也进一步说明，即使在网络营销的信息传递系统中，用户也只能在一定程度上利用这种交互性的功能，而不能完全发挥主导作用。

（5）噪声和屏障

噪声和屏障即指网络营销信息传递的影响因素。针对每一种具体的信息传递渠道和网络营销方法，都有不同的噪声和屏障影响网络营销的效果。对这些因素进行分析研究并采取针对性的措施，是保证网络营销信息有效传递的必要手段。例如，在许可 E-mail 营销中，邮件送达率直接影响其效果，由于各种因素造成退信率不断上升，这成为影响 E-mail 营销信息传递的主要屏障，因此需要分析邮件退信的原因，并采取必要的措施提高送达率。同理，如果网页没有被搜索引擎收录，就成为搜索引擎营销的屏障；如果企业微博粉丝过少或微信公众号关注者很少，就成为社交关系网络信息传递的屏障。此外，还有一些特殊的企业网络营销"噪声"——企业的负面消息，这些信息可能来自竞争对手发布于第三方网站或网络社区的恶意内容、电子商务平台用户的差评、评测机构或其他人员发布的影响企业声誉的信息等。如何减少或消除这些噪声的影响，也是企业网络营销人员有必要关注的问题。

总之，网络营销信息传递与互联网应用的状况及用户的行为等因素密切相关，只有适应互联网应用环境的发展变化，与用户建立多渠道连接，才能实现网络营销信息的有效传递及交互。

1.3.3 网络营销信息传递的一般原则

网络营销信息传递的原理表明，网络营销有效的基础是提供详尽的信息源、建立有效的信息传播渠道、让用户尽可能方便地获取有价值的信息，并且为信息的交互性创造条件。因此，在建立网络营销信息传递系统时，应遵循下列网络营销信息传递的一般原则，这些原则也是有效开展网络营销的核心思想。

1. 提供尽可能详尽而有效的网络营销信息源

无论是企业通过各种手段直接向用户传递的信息，还是用户主动获取的信息，这些归根结底都来源于企业所提供的信息源。首先应该保证信息量尽可能大。信息量大不只是信息的字节数多，字节数的多少只是信息量多少的一种表现形式；含有用户希望了解而尚未了解的信息越多，信息量就越大。例如，有些企业网站在首页设计一个很大的动画图片，可能达到几百 KB，甚至超过若干 MB，使得网站首页的下载需要很长时间，但这样的内容对用户而言并没有多大的信息量，因为用户到一个企业网站一般不是去欣赏美术作品，而是去查询产品信息、售后服务联系信息，或者在线订购产品，只有和用户需求有关的信息尽可能丰富，信息才有价值。其次，网络营销信息应该是有效的，当用户通过各种渠道了解到企业的网址并访问网站，如果看到的信息是过时的，用户对企业的信任程度将大大降低。因此，我们在有关网络营销方法的内容中一直强调，企业应提供多种形式的信息源以适应不同用户的需求，企业官方信息源应该全面和及时，产品介绍信息应详细，在主要搜索引擎上企业品牌或核心产品等关键词可以被用户检索到，对第三方平台上的信息也需要不断维护（如企业 WIKI 词条），这样才能为网络营销信息的有效传递奠定基础。

2. 建立尽可能多的网络营销信息传递渠道

从传递信息量的完备性来看，在各种不同的信息传递渠道中，企业网站是完全信息渠道，所有必要的信息都可以发布在企业网站上；搜索引擎、网络广告等传播信息则具有不完全的特点，通过有限的信息引导用户获取信息源页面，因此用户的关注和点击成为引导型网络信息传递的核心。社会化网络及电子邮件等传递的信息则介于上述两者之间，可以是针对某次营销活动的完全信息，也可以是不完全信息，通过邮件、微博等方式可以给出网址链接，用户可以到相关网站获取详尽信息。在信息传播渠道的建设上，应采取完整信息与部分信息传递相结合、主动性和被动性信息传递相结合的策略，通过多渠道发布和传递信息，才能创造尽可能多的被用户发现这些信息的机会。由此也可以说明信息发布作为网络营销基本职能之一的意义。

3. 尽可能缩短信息传递渠道

创建多个信息传递渠道是网络营销取得成效的基础，在此基础上还应创建尽可能短的信息传递渠道，因为信息渠道越短，信息传递越快，受到噪声的干扰也就越小，信息也就更容易被用户接收。这也解释了为什么搜索引擎检索结果中靠前排列的信息更容易得到用户点击，一些网站甚至用不正当手段把其网址设为浏览器的首页，目的就在于使用户一打开浏览器就直接进入其网站。要使信息传递渠道最短，在网络营销策略中主要表现在许多细节问题上，如让重要的信息出现在网页上最显著的位置、为每个网页设计一个概括网页核心内容并有吸引力的标题、在微信公众号文章中特别重视头条文章的标题、在发电子邮件信息时注重邮件标题和发信人显示信息的设计等。因此，我们在网络营销中非常强调细节的重要性，在其他条件接近的情况下，往往是细节问题决定了网络营销的成败。

4. 保持信息传递的交互性

交互性的实质是营造使企业与用户之间互相传递信息变得更加方便的环境，除了上述的建立尽可能多且短的信息传递渠道之外，还应建立多种信息反馈渠道，如论坛、电子邮件、即时信息、SNS 关注、内容推送等，以保证信息传递交互性的发挥。这些渠道也是在线顾客服务的基本手段，可见网络营销中的交互性与顾客服务是密不可分的，也就是说，通过在线顾客服务职能的发挥体现出网络营销交互性的特征。用户向企业传递信息，实际上需要企业首先建设好这种信息传递渠道。网络营销信息传递的这一原则明确了实现交互性的基本方法：交互功能是以用户连接为基础，以顾客关系和顾客服务为目标发挥网络营销交互性的优势。

5. 充分提高网络营销信息传递的有效性

由于信息传递中的障碍因素，使一些用户无法获取自己需要的全部信息，或者受到干扰信息的影响。提高信息传递的有效性，也就是减少信息传递中噪声和屏障的影响，让信息可以及时、完整地传递给目标用户。例如，网络营销导向的企业网站要求网站首页含有丰富的信息并尽可能减少信息的层次，尤其是重要的产品信息可以通过首页直接获得，在网站中的任何一个网页最多 3 次点击可到达另一个网页，这些都是从缩短信息渠道的角度考虑的，因为延长信息传递渠道也就意味着增加了失去潜在顾客的机会。

在本书后面所介绍的各种网络营销方法中，大多提出了相应的原则和注意事项。网络营销信息传递的一般原则是更为基本的原则，对各种具体的网络营销方法具有指导和解释意义。为了清楚地表达网络营销信息传递的一般原则与相应的网络营销具体策略之间的关系，我们进行简要归纳，如表 1-3 所示。

表 1-3　网络营销信息传递原则与网络营销策略示例

网络营销信息传递原则	网络营销操作要点示例
（1）详尽而有效的信息源	• 企业网站内容全面、准确、及时 • 企业"五官"健全（官网、官博、官微、官信、官店） • 多渠道发布官方信息源，如商城、社交网络、自媒体、知识分享平台等
（2）多个信息传递渠道	• 企业网站优化设计，获得好的搜索引擎优化效果 • 充分利用社会化网络资源，构建社交关系信息传递网络 • 适当的网络广告、网络新闻、自媒体运营、渠道合作
（3）缩短信息传递渠道	• 微信公众号、邮件列表等订阅型内容推送 • 通过建立用户网络社群，实现直接信息传递 • 重要信息、最新产品等出现在官方信息源首页
（4）信息传递的交互性	• 多渠道连接用户：网站、App、社交网络、电话等 • 与顾客建立价值关联，如积分、奖励、分销、收益分成等 • 建立以顾客关系和顾客服务为核心的网络社群
（5）信息传递的有效性	• 保持官方信息源的准确性和及时性 • 通过有效的运营，保持各网络信息传递渠道畅通 • 通过运营数据分析及用户交流，及时了解网络营销状况

通过上表列举的操作要点说明，每一种网络营销的信息传递原则都可以通过若干具体的手段来体现，同时，每一种相关的网络营销策略都可以用相应的原则得到解释。

1.4 网络营销的内容体系

到目前为止，网络营销仍在快速发展之中，因此没有固定不变的网络营销内容体系。在不同的时期网络营销的思想和方法有所不同，相应地，内容体系设计也会有一定的差异。也就是说，作为互联网的应用领域之一，网络营销的内容是随着互联网的发展而不断变化的。另外，不同的网络营销研究人员的研究视角和知识背景不同、面向的读者群体不同，对于网络营销的认识也有较大的差异，因此对于网络营销内容体系的构建自然也不尽相同，存在多种内容体系也是可以理解的。

扫码看视频：

知识点 03：网络营销的
内容体系

本书作者作为国内最早从事网络实践与研究的人员之一，出版过多部网络营销著作。尽管每部书的内容体系都有所不同，但对网络营销内容体系设计的总体原则是一致的，主要包括如下内容。

① 网络营销的实践性。网络营销方法具有可操作性的特点，从实践中来到实践中去，这是网络营销得以产生和发展的基础。但网络营销不是一系列实践操作指南，只有通过实践获得对网络营销的经验和认识，并在此基础上总结出具有指导意义的一般规律，网络营销实践的导向才能发挥更大的价值。

② 网络营销的系统性。网络营销工具和方法是网络营销可操作性的体现，也是网络营销内容的主要组成部分，但作为一个系统的内容体系，网络营销不只是各种工具和方法的罗列，只见树木不见森林的内容罗列难以反映出网络营销的全貌。

③ 网络营销的思想性。网络营销环境在变，网络营销工具和方法也会随之改变，但通过一些方法形成的网络营销思想具有长期价值，如内容的营销意识、病毒性营销、生态营销、资源合作营销等。因此，通过对一些网络营销方法和规律的总结，可以将内容进一步提升到网络营销思想层面，使得网络营销的价值具有相对稳定性。

总之，每一个有生命力的网络营销内容体系，都不会是简单的内容罗列或操作说明汇编，而是有内在的系统性和规律性。本书在遵照上述一般原则的前提下，考虑到作为一本适用于多个专业方向的网络营销基础教材，在内容设计方面更加注重网络营销的基本原理和思维模式，重点培养网络营销的基本能力，使读者具备更强的适应能力和扩展能力，如网站运营、内容营销、网络营销产品设计、用户数据分析、互联网创业等。

具体来说，本书内容共 7 章，可分为三个部分，它们构成了以网络营销信息传递系统为基础、以网络营销运营为主体的内容体系。

第 1 部分：第 1～2 章，网络营销基础架构，是网络营销的理论基础及全书的内容框架支撑体系。其中第 1 章是对网络营销及其作用的认识，重点阐述网络营销的基本要素及指导原则；第 2 章是对网络营销信息传递系统的深度分析，同时也是全书内容架构设计的基础。

第 2 部分：第 3~5 章，网络营销的基础运营体系，是实现网络营销信息传递的方法体系。从内容运营（网络营销信息源构建与维护）、渠道运营（网络营销信息传递与网络推广），到用户运营（网络营销的用户连接及数据分析），构成了网络营销信息传递与交互流程的系统运营策略和方法，是开展网络营销的主体内容。

第 3 部分：第 6~7 章，网络营销环境运营，是网络营销方法体系的扩展。通过网络营销专业市场的服务与网络营销资源扩展的方式进一步拓展网络信息传递渠道，实现网络推广等网络营销的基本职能，同时也体现了企业与网络营销环境的协调。

本书的内容体系，如图 1-6 所示。

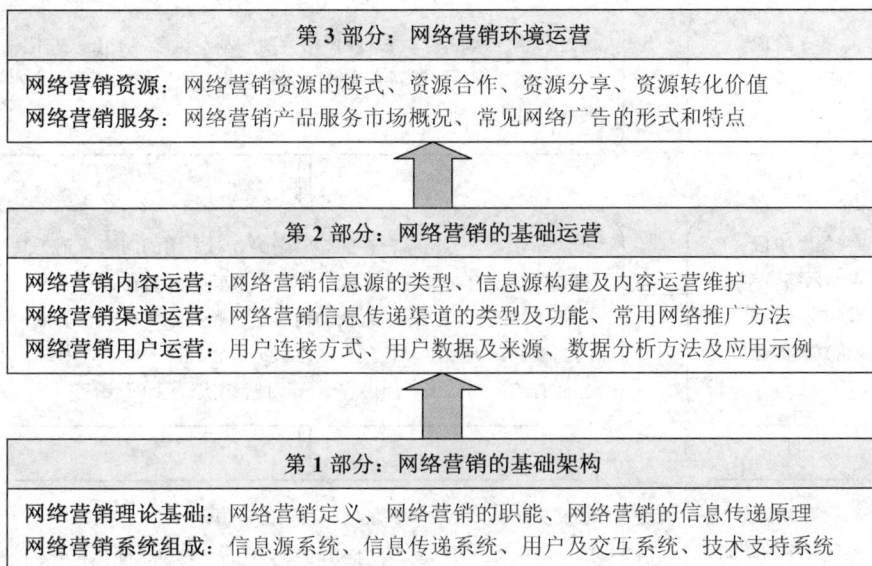

第 3 部分：网络营销环境运营
网络营销资源：网络营销资源的模式、资源合作、资源分享、资源转化价值 **网络营销服务**：网络营销产品服务市场概况、常见网络广告的形式和特点

第 2 部分：网络营销的基础运营
网络营销内容运营：网络营销信息源的类型、信息源构建及内容运营维护 **网络营销渠道运营**：网络营销信息传递渠道的类型及功能、常用网络推广方法 **网络营销用户运营**：用户连接方式、用户数据及来源、数据分析方法及应用示例

第 1 部分：网络营销的基础架构
网络营销理论基础：网络营销定义、网络营销的职能、网络营销的信息传递原理 **网络营销系统组成**：信息源系统、信息传递系统、用户及交互系统、技术支持系统

图 1-6   本书的网络营销内容体系框架

说明

由于本章涉及的许多网络营销概念和方法需要在后面的内容中陆续介绍，因此建议读者对于网络营销的内容体系先做一般了解，在阅读完全书的内容后，再回过头来重新认识这个框架体系，对于网络营销的整体性和系统性会有更深的体会。

1.5   如何学习网络营销

网络营销是一门课程，是一种素质、一种能力、一种资源，也是一种思想和方法。如何认识和应用网络营销，取决于你对它的期望和目标。对网络营销目标的设定也就关系到如何学习网络营销。实际上，大家刚接触网络营销的时候，对学习目标并不明确，可能都有一定的盲目性，或者比较主观。根据作者的体会，网络营销的特点是，学习和实践越深入，越有成就感，也就会更有兴趣，就能获得深入的感受和认识，也就意味着自己的网络营销能力有

第 1 章   网络营销概述

显著的提升。

在本章前面的内容中简单介绍了网络营销的八大能力，为制定网络营销的学习目标提供了参照。无论是为了完成本课程的学习、作为其他相关学科学习的基础，还是作为实际应用的知识储备，大家都可以根据自己的期望，有针对性地制定自己的学习目标和方法。

作为一般建议，本书归纳了网络营销学习的三个阶段，简单来说就是：概念和原理、实践操作和兴趣、获得能力和价值，如图 1-7 所示。这个学习流程仅供初学者参考，对于有一定实践经验的读者，可以根据需要直接到相关章节阅读自己希望获得的知识及解决方法。

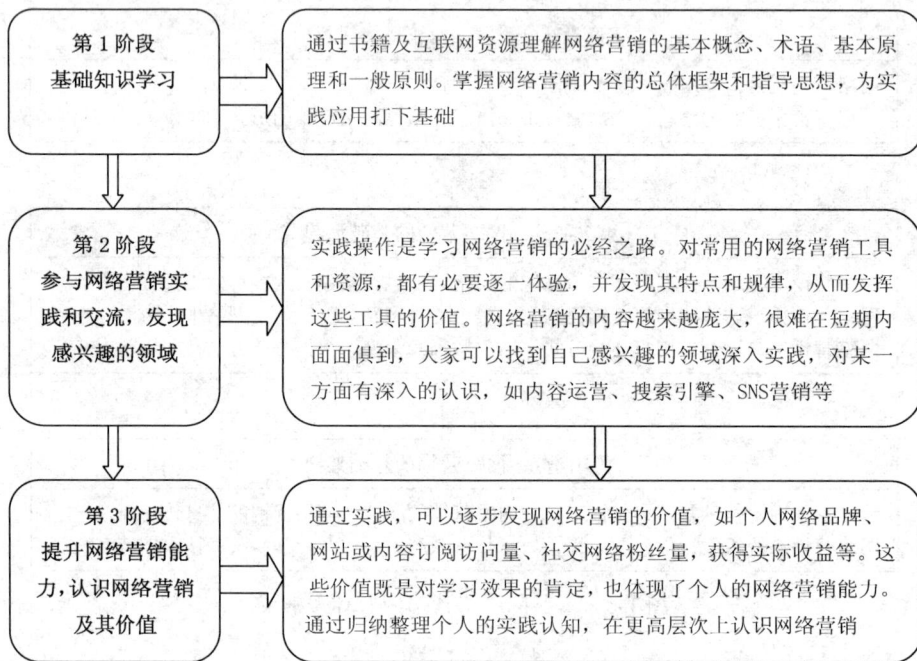

第 1 阶段 基础知识学习	通过书籍及互联网资源理解网络营销的基本概念、术语、基本原理和一般原则。掌握网络营销内容的总体框架和指导思想，为实践应用打下基础
第 2 阶段 参与网络营销实践和交流，发现感兴趣的领域	实践操作是学习网络营销的必经之路。对常用的网络营销工具和资源，都有必要一一体验，并发现其特点和规律，从而发挥这些工具的价值。网络营销的内容越来越庞大，很难在短期内面面俱到，大家可以找到自己感兴趣的领域深入实践，对某一方面有深入的认识，如内容运营、搜索引擎、SNS营销等
第 3 阶段 提升网络营销能力，认识网络营销及其价值	通过实践，可以逐步发现网络营销的价值，如个人网络品牌、网站或内容订阅访问量、社交网络粉丝量，获得实际收益等。这些价值既是对学习效果的肯定，也体现了个人的网络营销能力。通过归纳整理个人的实践认知，在更高层次上认识网络营销

图 1-7　网络营销学习流程示意图

当然，网络营销的内容很多，通过对本书的内容，或者通过一个学期的课程学习，仅仅是一个开始；网络营销真正的实践应用和提高的内容还有很多，当发现自己的兴趣和需求时，还需要投入更多的精力，即使作为一生的事业都是值得的。可以说，网络营销不只是一门课程，更是互联网人生的起跑线，是受用终生的资源和能力。

参考资源

网络营销学习和实践方面的部分网络资源

1. 网络教学实践平台及知识资源

（1）网络营销能力秀

这是专门为网络营销教学提供的实践平台，始于 2009 年，每个学期举办一期（通常一开学即开始），每期活动持续 3 个月左右，到 2018 年 3 月已举办 18 期。

能力秀活动通过趣味性、竞争性的实践锻炼网络营销人员的八大核心能力，通常包括三部分内容（以 2017 年秋季能力秀为例，每期实践内容会做一定的调整）：

① 热身及兴趣——活动准备（知识学习能力、资源积累能力）。

② 实战与成就——网络营销方法演练（信息创建能力、网络传播能力、互动沟通能力、技术应用能力）。

③ 总结与提高——综合应用与实践总结（数据分析能力、综合应用能力）。

（2）秀友百科网站

网络营销能力秀的实践平台之一，专门用于网络百科词条的编写实践。由于专业的网络百科平台为初学者提供的演练空间越来越小，大家通过秀友百科的实践学习，积累一定经验之后，可以进入其他大型开放式网络百科平台创建或编辑 WIKI 词条。

（3）网络营销教学网站

始于 2004 年 10 月，最初是为《网络营销基础与实践》第 2 版配备的教学资源网站。后来逐步发展为内容丰富的网络营销知识资源网站。本书的专题内容及补充内容都可以到网络营销教学网站获取。

2. 部分常用互联网工具和资源

① 搜索引擎：百度、Google、搜狗、360。

② 社交网络：微信、微博、QQ、Facebook、Twitter。

③ 知识与经验分享：百度文库、百度知道、知乎、360doc 个人图书馆。

④ 网络百科：百度百科、360 百科、维基百科。

⑤ 内容平台：微信公众平台、今日头条、搜狐号、百家号、凤凰自媒体、淘宝头条。

⑥ 网络新闻：腾讯、新浪、搜狐、凤凰网。

⑦ 网站统计：百度统计、Google Analytics、51yes 网站流量统计、CNZZ 站长统计。

⑧ 在线调查：腾讯问卷、百度问卷。

⑨ 数据分析：百度指数、谷歌趋势、中国互联网络信息中心（CNNIC）《中国互联网络发展状况统计报告》、艾瑞咨询及 DCCI 互联网数据中心的调查。

⑩ 网络直播：一直播、花椒直播、斗鱼。

了解和掌握这些工具和资源，不仅仅是为了网络营销课程的学习，这些在个人的工作和学习中也可以长期发挥价值。

本章小结

第 1 章的核心内容包括：网络营销的经典理论与基础、网络营销的内容体系、网络营销的学习和实践方法。

真正意义上的网络营销，应该以用户价值为导向、具有其内在的规律性、可以产生实实在在的效果，并且具有可操作性。网络营销的定义："网络营销是基于互联网络及社会关系网络连接企业、用户及公众，向用户及公众传递有价值的信息和服务，为实现客户价值及企业营销目标所进行的规划、实施及运营管理活动。"

网络营销的八大职能：网络品牌、网站推广、信息发布、销售促进、网上销售、客户服务、客户关系、网上调研。网络营销人的八大能力：知识学习能力；技术应用能力；信息创建能力；网络传播能力；互动沟通能力；资源积累能力；数据分析能力；综合应用能力。

网络营销信息传递的基本要素包括：网络营销信息源、网络营销信息的载体和传递渠道、网络营销信息接收渠道、网络营销信息接收者、噪声和屏障。网络营销有效的基础是：提供详尽的信息源，建立有效的信息传播渠道，让用户尽可能方便地获取有价值的信息，并且为信息的交互性创造条件。

网络营销内容体系设计的总体原则：网络营销的实践性、网络营销的系统性、网络营销的思想性。每一个有生命力的网络营销内容体系，都不会是简单的内容罗列或操作说明汇编，而是有内在的系统性和规律性。本书内容分为三大部分，包括网络营销中的基础架构、基础运营、环境原因，构成了以网络营销信息传递系统为基础、以网络营销运营为主体的内容体系。

第2章　网络营销系统

【学习目标】

① 理解网络营销系统框架及各元素的意义；

② 理解网络营销信息源的形式及要素；

③ 理解网络营销信息传递渠道的类型及功能；

④ 认识网络营销中用户的意义；

⑤ 熟悉网络营销常用工具的类别及特征。

根据网络营销信息传递原理，一个网络营销传递系统的基本要素包括：网络营销信息源、网络营销信息传递渠道、网络营销接收渠道、网络营销信息接收者、噪声及屏障。将这一原理应用于网络营销实践，构建一个完整的网络营销系统，还需要包括网络营销的技术支持体系，并进一步明确网络营销信息传递各个要素的基本属性及要求，为实现信息源构建、有效传递及用户交互等打下基础。图 2-1 所示为网络营销系统框架。

本章介绍网络营销系统框架、组成元素及属性、技术支持的工具体系分类及特点。

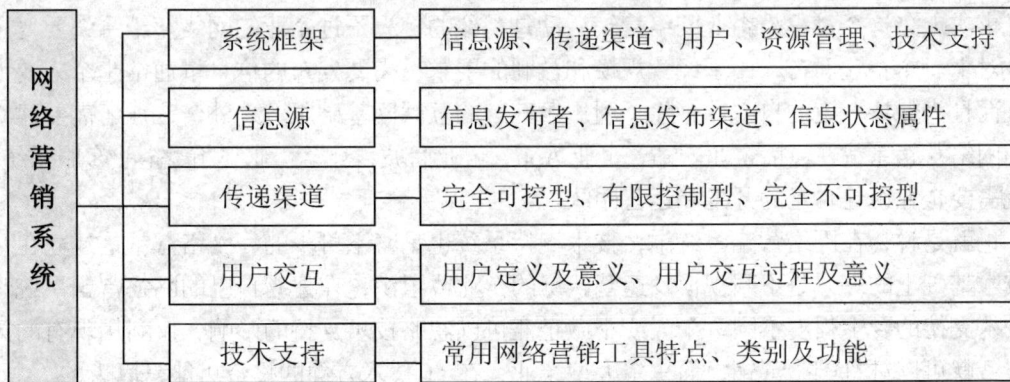

网络营销系统	系统框架	信息源、传递渠道、用户、资源管理、技术支持
	信息源	信息发布者、信息发布渠道、信息状态属性
	传递渠道	完全可控型、有限控制型、完全不可控型
	用户交互	用户定义及意义、用户交互过程及意义
	技术支持	常用网络营销工具特点、类别及功能

图 2-1　网络营销系统框架

2.1 网络营销系统框架

在互联网上，每个人都具备信息传递的条件，可以接收和浏览信息，也可以发布和传递信息，每个人实际上都可以参与到网络营销信息传递中，可以自己成为一个网络营销系统的核心（如个人成为自媒体或网店店主），也可以成为其他网络营销系统的一个节点（如参与信息接收、转发和互动），或者作为企业网络营销的专业人员，直接参与到网络营销活动中。

从一个人的信息传递过程扩展到一般性的网络营销系统，其中所包含的信息传递原理是类似的。例如，某人因到其他城市工作，希望将个人的部分家具或二手书通过互联网出售，他的相关活动可能包括：

① 在某分类网站发布信息，包括物品名称、图片、视频、价格、联系方式等。

② 在个人微信朋友圈发布出售二手物品的文字、图片及视频消息。

③ 在个人开设的淘宝店或微店，上架待出售的二手物品。

④ 在群聊中转发或发布出售二手物品的信息。

⑤ 通过社交软件联系朋友，帮忙转发自己发布的信息……

这是一个典型的个人网络营销活动场景，这些活动都是通过网站、社交软件、网店等平台来完成，除了信息编辑和发布之外，并不涉及更多专业的技术问题。也就是说，对个人而言，设计自己的网络营销系统所需要的知识和工具相对比较简单，仅需要四个步骤：

① 准备营销素材，如产品文字说明和图片等资料（构建信息源）。

② 选择所需要的网络渠道发布信息（信息源发布）。

③ 必要的网络推广（网络信息传递渠道，包括平台内部推广和外部推广）。

④ 与潜在用户沟通洽谈，促进最终成交（用户交互与沟通）。

事实上，这个过程与企业网络营销活动是类似的，只不过企业的网络营销系统要复杂一些。对于一个企业而言，由于经营规模和盈利的要求，需要发布的信息量通常比个人要大得多，而且为保持一定的自主性，除了利用第三方的互联网基础服务之外，往往还需要建立企业的网络营销系统，包括企业网站、企业 App、企业商城，甚至企业邮箱、企业客服系统等，这就需要企业组建自己的开发和运营团队。

也就是说，在网络营销系统中，技术支持系统也是必不可少的，网络营销是建立在互联网技术基础上的。只是不同规模及运营状况的企业或组织，在建立自己的网络营销系统时，对技术支持的要求程度不同，个人或小微企业可以忽略技术支持的影响，仅利用现有的第三方服务就可以进行网络营销，而一个大型企业，在 IT 技术方面的投资可能是巨大的。

一般来说，一个企业的网络营销系统的内容通常包括：产品设计与技术开发、信息发布与存储、网站运营维护、网络推广、用户交互及管理、效果控制、对外合作、网络资源管理等。此外，网络营销也离不开第三方互联网基础服务，如域名注册、主机托管/虚拟主机/云主机、电子邮件系统、社交网络等。这些内容看起来似乎有点复杂，不过，根据网络营销信息传递原理，企业网络营销系统不管多么复杂或简单，都可以归为三个基础子系统：信息源系统、信息传递系统、用户交互与管理系统。同时，这些子系统都需要在网络营销的技术支持下才能正常运转，并且可以通过资源运营与管理系统实现消减信息传递屏障、增强信息传递效果的功能。

一个典型的企业网络营销系统如图 2-2 所示。

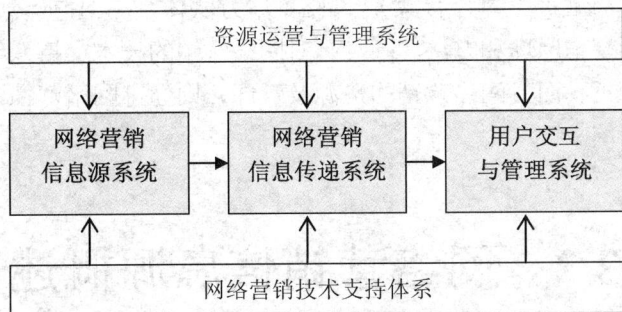

图 2-2　企业网络营销系统示意图

关于企业网络营销系统中各子系统的简要说明如下。

1. 信息源系统

官方渠道发布的信息源、通过第三方服务的外部信息源，以及其他各种与企业相关的可以通过互联网传播的各种信息（如网络新闻、自媒体文章、用户评论等），都应视为企业网络营销信息源的组成部分。企业应根据各种信息源的类型及特点进行管理和控制，其中最重要的是企业官方可控信息源，如企业网站内容、企业博客、企业微博及企业微信信息等。信息源系统的构建与维护，核心工作是网络营销的内容运营。

2. 信息传递系统

信息传递系统也是构建企业网络营销信息传递渠道体系，包括企业可控的渠道、可用的渠道，以及通过资源合作、付费使用的渠道等。信息传递渠道的核心工作也是网络推广，由于网络信息传递渠道的多样性，因此在网络营销内容体系中，网络推广的内容最为丰富。

3. 用户交互与管理系统

网络营销的最终目标是用户，用户是网络营销信息传递的重要环节，与用户建立连接，实现顾客服务、构建和谐的顾客关系，不仅有利于实现网络营销信息传递，同时用户也是重要的社会关系资源，是通过社交关系实现信息传递及价值传递的重要渠道。

4. 资源运营与管理系统

企业网络营销是互联网生态系统的组成部分，网络营销离不开互联网环境及一定的营销资源，包括网络营销市场与服务、企业内部资源、外部资源，以及可扩展利用的资源等。另外，影响或削弱网络营销信息传递的噪声和屏障也是互联网环境中不可避免的因素，通过资源运营与管理，与互联网环境的和谐发展，才能更有效地实现网络营销信息传递。

5. 技术支持体系

离开互联网技术，网络营销就没有存在的基础。网络营销技术支持包括企业内部的开发和运营技术、第三方服务以及互联网基础服务等。所有的网络营销方法都建立在网络营销技术基础之上，例如，搜索引擎营销离不开搜索引擎技术、内容订阅推送离不开内容订阅平台、SNS 营销离不开社交网络平台、视频分享营销离不开视频分享平台提供的信息存储及服务。

本书的网络营销内容体系设计，实际上正是与网络营销系统组成相适应，核心内容包括：网络营销信息源构建与维护（内容运营）；网络推广方法体系（渠道运营）；用户连接及数据分析（用户运营）的基本原理和方法。同时，对网络营销的技术支持系统，本书仅对网络营销常用工具做简要分析，而对网络营销的资源及管理，则通过网络营销服务市场及资源合作与扩展等给予简要介绍。

2.2 网络营销信息源概述

网络营销信息源是网络营销信息传递系统的基本组成部分，也决定或影响着各种网络信息传递渠道及方法，并与用户获取信息后的反应及用户转化密切相关。因此，网络营销信息源系统构建及信息源的设计也就成为网络营销最重要的工作内容，信息源构建能力也就成为网络营销人员最基本的能力之一。

2.2.1 网络营销信息源的常见形式与基本原则

你每天上网在浏览网页内容、阅读订阅的文章、查看电子邮件、回复社交网络的信息等时，你是否考虑过，这些信息形式有哪些差异，是什么人通过什么渠道发布的信息呢？这其中有些信息只能浏览，有些信息你可以评论或回答，有些信息甚至可以自己编辑，这些不同的信息对网络营销意味着什么呢？哪些信息属于企业网络营销信息源？

笼统来说，所有可以通过互联网传播的与企业相关的网络信息都属于企业网络信息源的范畴，它们通过网络传播可以对用户产生直接或间接的影响。但这些信息源会有不同的发布主体和表现形式。从信息发布者来看，有些信息可能是企业官方发布的（如企业官方网站或官方微博的信息），有些是其他用户发布的（如贴吧或电商平台的用户评论），也有些可能是媒体报道或来自其他渠道的信息。而从信息形式来看，有些是网页上的图文信息，有些是需要用专用播放软件才能浏览的音频或视频信息，有些可能是专用格式的电子文档（如 PDF 文档）。

到底有多少种信息源的形式，哪些是网络营销所需要的？从表面来看似乎有点混乱。那么，如何对各种形式的信息源做出明确的区分，如何辨析各种信息源之间的关系呢？弄清这些问题，还需要从信息源的本质出发：所有的网络营销信息都是为了向用户传递的。

从根本上来说，网络信息源存在的意义在于用户可通过常规的互联网工具获取这些信息，并做出相应的反应，如阅读、观看、评论、关注、转发、购买、咨询联系等。可见，了解用户获取信息的方式，是分析网络营销信息源的形式的合理途径。

一般来说，用户获取及浏览网络信息的常见方式如下。

① 主动浏览：通过浏览器输入网址、收藏夹或通过网页上的超级链接打开网页，以浏览器作为浏览信息的工具，如直接访问企业网站或博客文章、通过手机直接打开 App 获取信息等。

② 信息引导：用户通过搜索引擎、网络广告、网站链接等引导单击进入信息源页面

浏览。

③ 用户订阅：用户订阅邮件列表、微信公众号或手机短信等内容，通过它们定向推送到客户端接收阅读。

④ 社交分享及直接通信：通过社交关系网络分享获取的信息，如微信群、朋友圈转发，QQ 用户之间直接发送的信息及文件，通过 E-mail 发送的邮件信息等。

⑤ 网络社区：一些互动式网络社区的信息，通过用户之间问答或评论跟帖等方式获得期望的信息，如百度贴吧、百度知道、搜狗问问、知乎网站等。

⑥ 网络下载：通过网站或网络云存储下载信息到个人计算机，阅读下载保存的文档或电子书、观看图片或网络视频等。

⑦ 手机推送：手机用户通过短信、App 通知等接收的消息，其中有些属于正常通信或已经通过用户的许可，有些则具有一定的强制性。

⑧ 被动接收的信息：通过计算机应用软件弹出的通知信息，如免费计算机安全软件的弹出消息、网页的弹出广告等。

⑨ 在线观看：通过专业网站平台浏览影视作品、视频分享、网络直播等内容，并参与互动。

相应地，可作为网络营销信息源的形式有以下常见类型。

① 完整型信息：发布在企业网站或企业 App 的信息及用户可直接浏览的网页信息。

② 引导型信息：投放的网络广告、供求信息、搜索引擎搜索结果的摘要信息等。

③ 订阅型信息：邮件列表、微信公众号、手机短信等。

④ 分享型信息：通过社交网络及通信工具发布的信息。

⑤ 动态型信息：企业在网络社区发布的信息，用户评论或回答，或者企业参与互动回答其他用户提出的问题，这些内容形成了动态的组合型信息。

⑥ 存储或收藏型信息：将文档或其他资料保存在网络存储设备上供用户下载或在线浏览。

⑦ 手机推送信息：为手机用户设计的推送信息。

⑧ 应用软件通知信息：为应用软件用户设计的推送信息。

⑨ 在线播放信息：将视频内容上传到专业平台，或开通网络直播。

尽管网络营销信息源的形式多样，但如果从用户获取信息的工具来看，不外乎当前常用的互联网工具，例如：网站、网页浏览器、搜索引擎、图片及视频播放器、文档/电子书阅读器、电子邮件、即时通信、社交工具、手机 App 等。

综上所述，企业网络营销信息源必须符合以下基本原则。

1. 信息源是对用户期望信息的满足

用户获取信息的方式和过程，是为了获得满足期望的信息，信息源设计的意义也就在于用户实现获取信息的需求。

2. 信息源发布渠道与传递渠道相适应

网络营销信息源的发布渠道与传递渠道目标一致，都是为了向用户传递有价值的信息，一个有效的网络营销信息传递系统，信息发布渠道与传递渠道应该协调一致，传递渠道是发布渠道功能的延伸，因此在选择信息发布渠道时就应该明确接下来可能利用的信息传递渠道。

3. 信息源符合用户获取信息的方式

信息源形式与用户获取信息方式相适应,用户可通过常用互联网工具获取网络营销信息,并做出相应的交互行为。

网络营销信息源的基本原则表明,网络营销是从信息源创建及发布开始的,在信息发布的时候,在一定程度上就已经决定了信息推广的渠道和方法,因此信息源的设计应考虑网络推广的需要。可见,网络营销信息源的构建与维护,并不是简单的内容写作和编辑,而是网络营销信息传递系统中的基本环节,"文案写作"仅仅是网络营销内容运营中的一部分。

问题讨论

同样的信息发布在企业官方网站及企业微信公众号,这两种信息源的差异主要表现在哪些方面?

2.2.2 网络营销信息源的基本要素

具备了作为网络营销信息源的基本条件,如何才能构建网络营销信息源呢?也就是说,应该由什么人发布什么信息、通过哪些渠道发布,以及如何适应用户获取信息的方式和后续行为?本书通过对网络营销信息源基本要素的分析,可全面解释这些问题。

通过对前述网络营销信息形式的进一步分析,本书归纳了**网络营销信息源的三个基本要素**:信息发布者、信息发布渠道、信息状态属性。

1. 信息发布者

互联网上每一条信息都有他的来源,即什么人以何种方式发布于哪个网站(其中也包括手机应用)。可见,信息发布者,也就是信息源产生的主体,负责信息源的创建及发布,也可能包括后续的维护管理、再次编辑或删除等操作。

不过,一个信息源的主体可能不是唯一的。同样的信息可以是同一个人以多种形式发布在多个网站,也可能是被多个人转发到多个网站。于是便有了信息源主体的多样性。也就意味着,一个与企业相关的信息,发布者并不一定完全来自企业营销人员,同时也可能来自企业员工、用户、合作伙伴、媒体、竞争者等。

这一特点对企业营销人员的启示在于,需要明确哪些信息应该是企业主动发布的,哪些是需要保护的,哪些是希望广泛传播的,哪些是要给予关注和跟踪管理的。也就是说网络信息的发布和管理是有一定规律可以挖掘和遵循的。

问题讨论

企业负面信息的发布主体可能是哪些?有哪些可能的发布渠道?对待负面信息企业应如何处理?

2. 信息发布渠道

信息发布渠道，也是信息发布于哪个网站（相应的信息存储于该网站服务器），这是信息源在互联网上存在的物理基础。由于不同的网站有不同的功能、服务和用户来源，信息发布渠道不同，也就意味着信息的形式及用户行为的差异。

例如，发布于企业官方网站的信息由企业自行发布管理，需要通过一定的网络推广手段获得用户访问；发布于微信公众平台的内容，则需要用户关注企业微信公众号并接收微信信息；而发布在第三方微博网站平台的信息，则主要来自于平台内部企业关注者（粉丝）的浏览和互动。

一般来说，网络信息发布渠道可分为三大类：运营型网络信息发布渠道、分享型网络信息发布渠道、约束型网络信息发布渠道。

（1）运营型网络信息发布渠道

企业专有或专用的网络信息发布渠道，需要由企业专门运营管理，其他用户无法在同一渠道以同一身份发布信息，也无权对企业发布的信息进行编辑或更改。从信息传递和接收的模式来看，具有一对多的特点，即一个用户发布信息，多个用户分别获取信息，用户之间的交互较少。这类信息发布渠道是企业主要的官方信息传播资源，主要包括三种形式。

① 企业官方网络渠道资源：企业网站、企业博客、企业官方商城、企业 App 等企业可自行掌控的内部官方渠道资源。

② 第三方平台账户资源：企业通过社交网络、Web 2.0 网站、电子商务平台等网站的专属账号发布信息，这些平台不属于企业所有，但可以为企业所利用和管理，在符合平台规则的范围内属于企业可用的外部官方渠道资源，如官方微博和官方微信等。

③ 订阅式网络信息资源：可独立于网站运营，也可与网站内容运营相结合，通常有自己的内容形式和特点，如企业运营的邮件列表和微信公众号。

在网络营销方法体系所涉及的信息源中，通常以运营型渠道为主要研究对象，而将其他类型的渠道作为补充渠道资源。

（2）分享型网络信息发布渠道

分享型网络信息发布是指以分享为目的，发布于非企业专用的社会化开放式信息发布渠道，这些渠道的发布者并不一定以企业官方名称或品牌的形式出现（可能是个人或其他昵称），但可以以适当的方式实现企业网络营销信息发布与传递的目的。从信息传递和接收的模式来看，具有多对多的特点，即多个用户可以同时发布信息，也可以同时获取信息，信息的发布者也是信息消费者，用户之间具有相互沟通的渠道。分享型信息发布渠道常见的形式如下。

① 开放式信息发布平台。企业或个人均可以发布符合平台规定的内容，但发布的内容并非固定不变的，可能被平台管理员修改或删除（如论坛、贴吧），也可能被其他用户进行编辑后重新发布（如网络百科词条），或者你的问题与其他用户的回复和评论共同组成一个网页的内容（如在线问答、点评等）。这类平台在操作方式上与第三方平台账户资源类似，但受到平台规则的约束和管理人员的干预，具有一定的不可控性，无法完全按照自己对信息源的期望进行发布。

② 社交分享传播平台。社交网络具有信息发布和传播的功能，无论个人或企业用户都可以利用社交平台发布和传播信息。如 QQ 空间、QQ 群、微信朋友圈等均可以以企业或个人

名义发布信息。社交分享信息具有非正式性、信息来源不确定等特点，可能是用户直接发布，也可能是转发自其他网站或网络群聊，或者经多次转发，因此通常不会作为企业官方信息的首选发布渠道，大多作为信息传播渠道，期望获得一定的网络推广效果。

③ 资源分享型信息发布平台。网络资源分享通常以知识、娱乐、休闲、情感交流等内容的适当形式为基础，由用户上传到网络分享平台，其他用户可以通过平台浏览或下载。如电子书下载、文档模板下载、音乐下载、文档分享、图片分享、视频分享、经验分享等。当然这些资源分享也并不限于专业的分享网站或云存储空间，各种社交网络或具有社交属性的网络应用也具有资源分享的功能。

分享型信息发布平台常作为内容营销或植入式营销的资源，具有一定的优势和特点，例如：信息表现形式灵活多样、信息发布渠道广泛、内容阅读及传播方式灵活等。更重要的网络营销价值在于，分享型信息具有用户主动分享的基础，也就是分享型信息源具有病毒性营销的基本属性，有价值的内容往往可以获得用户主动分享，因而分享型信息传递与社会化网络营销的特征，两者结合，可以充分发挥内容的网络营销价值。

（3）约束型网络信息发布渠道

前述运营型和分享型信息发布渠道尽管有明显的区别，但有一个最大的共同点在于：企业可以自行发布信息。除此之外，还有一种需要通过网站运营者发布信息的网络渠道，也就是说企业信息的发布需要经过平台运营者的许可，或者将信息源交给运营人员来发布，即信息发布具有约束性。约束型渠道的典型模式是网络新闻媒体及网络广告媒体。

网络新闻通常以投稿或特约的方式由企业提供新闻源，经过网络新闻媒体审核后发布。通常所说的企业营销软文，大多通过网络新闻媒体的投稿渠道发布。代理发布软文，也成为一种营销服务业务模式。网络新闻发布的优势在于，同一内容可同时发布在多个媒体，在一个集中时间段内快速提升企业信息的网络可见度。

网络广告通常需要在企业支付广告费用之后，通过平台许可的账户由企业发布经广告商审核的广告内容，或者由网络广告平台运营人员给予发布。如百度搜索引擎广告发布通常需要经过代理公司开户、付费、广告审核和发布等环节。微信及微博信息流广告等通常也需要遵照类似的流程。关于网络广告，本书后续内容还将系统介绍。

网络新闻和广告媒体是看起来完全不相干的模式，但从企业信息发布的角度来看，二者其实有一定的共性。当然网络广告的内容和形式要更加复杂和丰富，因而网络广告已成为网络营销中重要的分支之一。

此外，随着社会化网络媒体的发展演变，自媒体也成为约束型信息发布的一种方式，这种信息发布则使得传统的网络新闻和网络广告的边界变得模糊，新闻是内容，广告也是内容，内容也是广告。内容与广告相融合，既有传统软文推广的基本思路，也具有原生广告的部分特征。这种现象也表明，企业网络信息发布渠道及信息表现形式也在不断发展之中，有必要对新型的信息源形式及信息发布渠道给予必要的关注。

3. 信息状态属性

企业网络信息发布不是一次性工作，很多时候可能会被企业忽视。在传统的网络营销工作中，大家很少对已发布信息的管理维护给予足够的重视。本书首次对网络信息状态属性进行系统的归纳总结，体现了对网络营销基础元素研究的深化。

例如，企业官网中的企业介绍，很可能停留在网站刚建成时所呈现的状态，几年后企业可能发生了很大变化，但公司介绍仍然是陈旧的信息，甚至已经发生多年的事情在网页中还表现为"将来时"。这只是反映信息状态属性的一个方面，即对于过时信息的维护问题。信息过时，在网络营销信息源系统的基本要素中，属于信息状态的一种表现，即对于可维护信息没有进行及时的维护。

一般来说，通过各种渠道发布的信息状态有以下几种。

① 发布人可编辑重新发布：如企业官网内容、博客文章等。

② 发布人不可编辑但可删除：如微博内容、已发布的微信公众号文章。

③ 发布人不可编辑也不可删除：如无法删除已送达用户邮箱的内容、发布在聊天群的消息超出允许撤回的时间等。

④ 发布人的信息可被平台管理员删除：几乎适用于各种平台。

⑤ 发布人的信息可被平台管理员编辑：如百科词条、论坛等。

⑥ 发布人的信息可被平台内其他用户编辑：如百科词条，用户编辑后需审核。

⑦ 发布人的信息可被平台内其他用户添加评论或回复且不能被删除：如论坛、问答式社区、电商平台的用户点评等。

⑧ 发布人的信息可被平台内其他用户添加评论且可以被删除或选择：如微博、微信公众号文章等。

综观上述各种状态，企业对网络营销信息的可控范围决定了信息状态属性，也决定了信息源构建和维护的方式。因此，有必要对信息源的类别和特征做进一步的分析。

2.2.3 网络营销信息源的类别和特征

网络营销信息源的三项基本要素，为分析网络营销信息源的类别提供了基本思路，即可以根据每个要素进行分类。例如，从信息发布者要素来看，可将信息源分为企业官方信息源、第三方平台信息源、订阅式网络信息源；从信息源的表现形式来看，可以分为网页信息源、引导型信息源、分享型信息源等。

实际上，对网络营销信息源影响最大的因素，是信息发布渠道以及相应的信息传递渠道。根据网络信息发布渠道的三种主要类型（运营型、分享型、约束型），相应地可以将信息源分为三类：完全可控信息、有限控制信息、完全不可控信息。

1. 完全可控信息

完全可控信息主要为运营型渠道发布的信息，是企业网络营销信息源的基础。本章下面介绍的企业网站内容、企业博客、订阅型内容等都属于完全可控型信息源。

2. 有限控制信息

有限控制信息通常为分享型渠道发布的信息，属于比较活跃的信息源形态，在企业网络营销信息源系统中具有重要地位。企业微博、自媒体、网络百科、电子书分享等都具有有限控制的属性。

3. 完全不可控信息

完全不可控信息大多为约束型或分享型渠道发布的信息，通常具有持久性和权威性的作用。另外，竞争对手或其他用户发布的不利于企业的信息，也属于完全不可控信息。不可控信息并非真的不可控制，而是要根据发布主体和内容进行相应的操作和处理。

表 2-1 所示是企业信息源属性特征及应用示例。

表 2-1　企业信息源属性特征及应用示例

信息源属性	主要特征	典型应用示例
完全可控型	企业运营、可信度取决于企业品牌等因素、用户参与度低	企业网站、博客营销、关联网站、企业 App 等
有限控制型	第三方平台、内部信息传递为主、用户参与度高	电商平台、微博、微信公众号、分类广告、文档分享、WIKI 词条、ASK 社区等
完全不可控型	专业服务、可信度高、用户参与度低	网络新闻、展示类广告、搜索引擎广告等

这三类信息的状态属性，明确了信息源的特征及地位，同时也为企业网络营销信息源的系统设计及管理提出了相应的要求，是本书设计企业网络营销信息源构建与维护类别的主要依据。

对于不同属性的信息源，用户获取信息及对信息反应的方式有明显区别，用户参与度最高、对企业信息影响最大的是有限控制型网络营销信息源，也就是通过分享型网络渠道发布的信息。这一特点对网络营销的启示在于：分享型网络渠道中与用户的连接、沟通和互动具有重要意义。

事实上，网络营销信息源的基本要素及相互关系与网络营销信息传递原理的基本思想是一致的，是网络营销信息传递原理在网络营销信息源系统建设中的具体应用，同时这也从一个方面验证了网络营销信息传递原理对企业网络营销策略设计的指导作用。

企业网络营销工作，也就是从企业营销人员的角度对信息源系统的各项要素进行整体规划，并有效实施和管理信息源创建、发布、传递、运营维护及用户交互等环节的任务。

2.3　网络营销信息传递渠道

网络营销信息传递渠道，是将信息源传递给用户的通道、过程和方法，与用户获取信息的方式是同一事件的两个方面。网络营销信息传递渠道不仅连接信息源和用户，同时也影响着网络营销信息传递的屏障和效率，因而是网络营销信息传递系统的核心环节。网络推广的基础是对网络营销信息传递渠道的合理利用，对网络营销的结果发挥着直接而重要的影响。

本节通过对网络营销信息发布渠道与传递渠道关系的比较分析，进一步认识网络营销信息传递渠道的功能，从而进一步理解营销信息发布、传递与用户之间的关系。

2.3.1　网络营销信息发布渠道与传递渠道的关系

在网络营销中，大部分网络推广方法与网络营销信息传递渠道的选择及应用相关，尤其在传统的以工具为主导的网络营销方法体系中，主流的网络营销方法大都建立在网络营销信息传递渠道的基础上，如搜索引擎营销、许可 E-mail 营销、社会化网络营销等。之所以这些方法具有重要作用，是因为网络营销信息发布之后，通常并不意味着信息可以自动传递给用户，一般来说还需要通过必要的传递渠道才能为用户所接收和浏览，实现网络营销信息传递的完整流程。

这表明网络营销信息发布渠道与传递渠道之间存在着一定的关系，两者各自有自己的功能，同时又有一定的关联和依存，但并非简单的一一对应关系。例如，微信公众平台是网络营销信息发布渠道之一，但公众号文章的传递渠道可能并不仅限于微信，也包括公众号搜索、用户分享到其他社交软件、网站的公众号文章网址链接等。即使在微信平台内部，用户获取公众号文章信息也有不同的渠道，如关注并直接进入公众号阅读文章、好友通过微信朋友圈分享的公众号文章、微信群内用户转发的公众号文章、公众号文章搜索等。同样，企业在官方网站发布的信息，也可能有多种传播渠道。

一般而言，信息发布渠道与信息传递渠道的关系可以从三个方面来理解：相对独立与相互关联、非一一对应关系、目标一致性。

1．相对独立性与相互关联性

信息传递渠道与信息发布渠道既相互独立又相互关联，信息发布渠道不等于信息传递渠道。这可以从两个方面来解释。

一方面，发布渠道决定了信息传递模式。网络营销信息源创建之后首先要发布在相应的渠道，如网站、博客、微博、微信等，或通过电子邮件、即时信息等工具直接发送给其他用户。由于信息发布渠道具有不同的类型及特点，这就意味着发布在不同渠道的信息，具有不同的信息传递模式，需要相应的信息传递渠道来实现信息传递的目的。

另一方面，信息发布不等于已经传递到用户。网络信息在相应的渠道发布之后，作为网络营销的基本元素，通过网络渠道的信息传递才能为用户所接收和浏览。选择和建立网络信息传递渠道，是网络营销信息传递系统的重要组成部分。根据网络营销信息传递原理，传递渠道应尽可能多且尽可能短，也就是用尽可能多、尽可能快的方式将网络营销信息传递给用户。

前面分析表明，网络信息发布渠道分为三类（运营型、分享型、约束型），这三类信息发布渠道各有不同的特点，其中，运营型发布渠道通常不具有自动传播信息的功能，分享型渠道则是信息发布与传播为一体，约束型渠道本身具有品牌和用户资源，因而具备自己独有的传播渠道。这就意味着，通过运营型渠道发布的信息需要适当的网络推广才能获得网络传播的效果，如企业官方网站的产品信息，需要通过搜索引擎等方式的传播才可能被用户所浏览。即使在具有自动传播功能的信息发布渠道，如微博等社交网络平台，也并非意味着无须任何推广即可实现显著的网络传播效果。只不过在社交网络的推广是一项长期的工作，可能在信息发布之前通过对社交关系资源的推广和积累，已经获得了一定的社交网络传播能力，因而发布的社交信息才会被社交网络用户所浏览。当然，在信息发布之后，通过一系列针对性的推广，可能获得更好的传播效果，如通过个人资源的转发、鼓励朋友转发和参与互动、转发到其他网络平台、将信息网址直接传递到社交网络中可能未包含的用户等。

所以，信息发布只是网络营销的开始，而不是全部内容。这就解释了这样的基本事实：企业建设网站不等于已经开展了网络营销，发布了博客文章不等于已经开始了博客营销，开设了企业微信号也不等于开展了微信营销。在传统的网络营销中，网络信息的创建和发布、网络推广以及效果分析等，都是网络营销的基本工作，其中网络推广的内容和方法最为丰富，也是网络营销最主要的组成部分。

2. 非一一对应关系

在浏览搜索引擎检索结果信息时，你是否注意到这样的现象：同一个企业的相同信息往往会出现在很多不同的网站，其中可能是企业的关联网站，也可能是第三方信息发布平台或博客平台等。为获得尽可能大的网络可见度，企业通过多个渠道发布及传递信息是常见的做法。

信息发布渠道和传递渠道之间，并不存在一一对应的关系。也就是说，同一个信息源可能有多个信息传递渠道，而企业同时也可以有多个网络营销信息源，信息源与传递渠道之间形成一种复杂的网络结构。

这正是现阶段网络营销分散化的表现，即企业信息源的无核心化，以及网络推广渠道的无主流化。这与网络营销初期基于企业官方网站的网络营销具有显著的差异。早期的网络营销信息源单一，传递渠道有限，建设网站并发布信息、网站推广、网站运营维护，这些曾是网络营销的主流模式和主要内容，但是对于目前的网络营销来说已经远远不够了。

多渠道发布信息及多渠道传播为用户获取信息带来一定的盲目性，也为企业制定网络营销策略增加了复杂性。本书深入研究信息源与信息传递相互关系的主要目的，就是为了在复杂的环境中理清网络营销信息传递的关系，实现网络信息的有效传递和接收。

3. 目标一致性

一个典型的网络营销信息传递流程是这样的：企业创建信息源、选择信息发布渠道、选择网络推广渠道（渠道有多种，例如，搜索引擎、网站链接、网络广告、将内容分享到其他网站、网址分享或直接传递）、用户来到信息源获取信息。也就是从信息源的创建、发布、推广，再到获得用户关注后回到信息源浏览，才算完成一个完整的信息传递过程。

在这个过程中，信息发布渠道与传递渠道目标一致，互为依存。一个有效的网络营销信息传递系统，其信息发布渠道与传递渠道应该是协调一致的，传递渠道是发布渠道功能的延伸，因此在选择信息发布渠道时就应该明确接下来可能利用的信息传递渠道。或者说，在信息发布的时候，在一定程度上就已经决定了信息推广的渠道和方法。

信息发布渠道与传递渠道的关系表明，网络营销是从信息源创建及发布开始的，网络推广渠道受发布渠道的制约，因此信息源的设计应考虑网络推广的需要。

那么，如果信息源和传递渠道脱节，在信息源创建和发布完成之后再考虑网络推广的需求，就可能会出现一些不协调的问题。例如：

① 信息源的盲目性。为适应传递渠道可能需要修订已发布的信息源，但并不是每个信息发布渠道都可以修订，盲目创建的信息源意味着可能造成无可挽回的局面。

② 增加网络推广难度。不适当的信息源造成信息推广渠道受限或功能受限，影响信息传递结果。

③ 信息资源浪费。由于不适当的信息发布方式，降低了信息源的有效性。

总之，信息源构建及发布与信息传递渠道设计，两者都是为了向用户传递有效的信息，保持这两个要素目标一致、互为促进，是构建和谐网络营销信息传递系统的必要条件。

2.3.2 网络营销信息传递渠道的功能

　　为促进信息发布与传递的协调一致，并充分理解网络推广的核心思想，有必要对网络营销信息传递渠道做进一步的分析，发现和总结其一般规律。

　　信息传递涉及信息源、信息传递渠道、用户三个方面的相互作用，作为网络营销信息传递中心环节的传递渠道，发挥着前后上下连接及交互的作用。

　　网络信息传递的方式有多种，作为网络营销信息传递渠道，应具备下列一项或多项功能。

　　① 链接传递：作为用户获取信息的互联网工具，可通过网址链接信息源网站的网页，如搜索引擎和其它网站的链接功能。

　　② 直接传递：可将数字化信息（如文字、图片、视频等）直接传递给更多的用户，或者用户之间直接传递，如电子邮件、邮件列表、即时信息、社交工具等。

　　③ 平台内部传递：可作为信息源发布渠道并具有一定的用户基础，信息发布与传递渠道一体化，如博客平台、社交平台、网络百科平台、文档分享平台、视频分享平台等。

　　④ 用户自发传递：借助于一定的互联网工具，任何一个用户都可将信息传递给更多的用户，如群聊工具、社交信息分享等。

　　⑤ 即时传递或自动传递：通过多媒体网络视频设备自动传输的音频、视频信息，如智能手机、网络电话、语音及视频聊天、网络摄像视频、网络直播等。

　　⑥ 硬性传递：在用户不知情或无法拒绝的情况下向用户发送的信息，如用户浏览网页信息时可能弹出的信息、手机 App 推送信息、来自陌生用户的短信。

　　⑦ 订阅传递：订阅型信息传递，通过电子邮件、社交平台等直接将信息传递到订阅者邮箱或社交账号。

　　⑧ 完整传递：用户可浏览并保存完整信息，如文档下载、本地收取电子邮件等。

　　⑨ 部分传递：也就是信息引导，为用户展示部分信息，用户经单击或下载等其他操作方式之后可获取完整信息，如搜索引擎、网络广告大多属于这种方式。

　　⑩ 有限传递：某些信息仅可在线浏览观看，无法保存到本地或者分享给他人，如在线视频等。

　　⑪ 价值传递：通过信息发送为其他用户传递价值，包括优惠、收益等，如在线优惠券、微信分销、春晚微信红包、支付宝实景红包等。

　　⑫ 付费传递：信息发布在有一定用户量的收费网站平台或应用软件上以获得展示及用户浏览的机会，如付费发布的文章、展示类网络广告、手机 App 广告、微信朋友圈及公众号内的广告、自媒体付费转发等。

　　⑬ 数据连接：可通过第三方互联网平台提供的开放接口，实现信息的连接和传递，如通过微博秀接口将微博信息展示在企业网站，通过百度联盟代码将百度的广告展示在加盟会员网站上。

　　可见，信息传递的渠道和传递方式很多，甚至有些杂乱，几乎可以说，所有的互联网平台都具有信息传递渠道的某些功能，而且信息传递的方式有很多，如从部分信息到完整信息，从用户主动获取信息到强制性向用户发送信息，从免费到付费，从自主传递到第三方服务及应用等。

无论信息传递的方式有多少，网络营销信息传递都离不开互联网工具和资源，其中包括互联网服务资源及用户社会关系网络资源。这就意味着，作为网络营销信息传递渠道，首先应具备网络营销工具的一般特点，其次要有必要的用户资源及社交关系资源基础，同时应具备明确的传递功能。

一般地，我们可以将网络营销信息传递渠道的基本特征归纳为四个方面。

① 工具特征：具有网络营销工具的一般特征，即具有信息发布、传递和交互等基本功能；有广泛的互联网用户基础；在一定时期内具有明确的功能及用户价值并具有可遵循的规律性，利用这些功能和规律可实现网络营销信息传递。

② 可见度特征：通过网页链接传递或直接信息传递，可以实现信息源被更多用户获取，实现网络可见度的提升。

③ 可信度特征：通过用户关系网络的连接及信任关系传递，实现网络可信度的提升，包括感情、认同感、潜在利益及社会关系资源的增加。

④ 价值传递特征：通过价值及利益连接，为参与者带来更多的网络营销资源和价值，这也是网络营销生态思维在信息传递中的具体表现。

对于某种具体的网络信息传递渠道，这四个特征可能同时存在，也可能独立发挥作用。

总结

关于网络营销信息传递渠道的总结如下。

网络营销信息传递渠道是信息源的延伸，应与信息源协调一致；本质上是可以带来网络可见度、可信度及用户价值提升的网络营销工具。

每个互联网渠道都有自己特定的应用场景和模式，都需要认真研究其与信息源的关系及信息传递的方法和规律。这也是网络营销工具思维长期无法被替代的根本原因，尽管仅仅针对工具研究有些片面和孤立，但仍然无法跨越和忽视它。

2.4 网络营销中的用户与信息交互

作为一名互联网用户，几乎每天都以"用户"的身份上网，在网络营销的基本要素中，信息的接收方也就是网络营销所说的用户。那么用户意味着什么，用户在网络营销信息传递系统中的地位和作用有哪些呢？

2.4.1 网络营销中用户的意义

几乎所有的互联网服务都需要用户名和密码登录，这里的用户通常是指注册用户，即为获得某网站的服务而成为该网站的"用户"。注册用户意味着和网站签订了使用网站服务的协议，用户协议中约定了使用范围和方法等相关内容，同时用户也会将个人信息和使用记录等信息提供给网站。

例如，作为淘宝网站购物的用户，需要将你的收获地址、电话等信息提供给淘宝网站和淘宝店主，同时你的购物记录、商品搜索和浏览记录、参与的商品评论等，也会被淘宝网站记录下来。于是便有了用户行为、用户画像、用户数据等一系列和用户相关的概念及研究方法。

注册用户是一个相对具体的概念，仅限于注册并登录过网站（含 App 等其它应用）的用户。网络营销中所指的用户并不限于注册用户，只要是网络营销信息传递系统中以任何方式获取、接收信息源或参与交互的，都可以称为用户。如网站访问者，无论是否注册，无论通过什么渠道来到网页浏览，都可以称为用户。同样，参与企业博客文章的评论的人、企业微博账号关注者和转发内容的人、微信公众号订阅者、在线客服咨询者等，都属于用户的范畴。

注册用户和非注册用户的区别在于，注册用户与企业之间可以产生更紧密的联系和长期关联，非注册用户则可能是临时的或一次性的，与企业没有紧密的连接关系，企业与用户进行沟通联系的方式也就受到很大的制约。因此，一般认为，注册用户的商业价值更大，但并不意味着非注册用户就意义不大，事实上以网站浏览量为目标的网络营销中，临时性浏览者同样具有网络营销价值。

一般来说，用户对网络营销的意义主要体现在五个方面。

① 用户是网络营销的起点：向用户传递有价值的信息是网络营销的出发点，用户获取信息的行为和方式是网络营销信息源构建及传递渠道设计的决定性因素。

② 用户是网络营销的目标：有用户的地方才可能有网络营销，拥有用户是网络营销得以开展的基础，所有的网络信息传递渠道也就是用户获取信息的渠道。

③ 用户是网络营销效果的体现：用户是网络营销信息传递的目标，只有当用户获取信息源中的全部或部分信息，或者产生进一步的行动时，才意味着网络营销取得了效果。

④ 用户是网络营销资源：无论是临时性用户或长期用户，都是企业的网络营销资源，企业不仅可以通过适当的方式连接用户，而且可通过用户的网络口碑及社会资源实现网络营销的信息再传播及长期价值。

⑤ 用户是企业收益来源：从网络营销信息传递到最终成为顾客，或者用户为网站贡献了浏览量及广告点击量，或者企业通过用户资源带来更多的顾客，通过这些，企业的网络营销才能转化为真实的收益。

可见，在网络营销中用户始终处于核心地位，一切为了用户，为用户创造价值，是网络营销的基本思想，这绝不是空洞的理念或口号。

2.4.2 网络营销信息传递中的用户交互

根据本书对网络营销中用户范畴的界定，在网络营销信息传递系统中获取、接收信息及参与互动的都属于用户。用户对网络营销信息源、传递渠道及信息交互都发挥着直接的作用，用户的信息交互行为则直接体现了网络营销的动态过程。当信息源通过传递渠道送达用户之后，用户的各种可能行为影响着其对信息的浏览及用何种方式参与信息交互。

以企业网站信息源为例，当一个网页信息（包括网页标题、网址等）通过搜索引擎的搜索结果页面送达某个用户时，他可能会对网页标题及摘要信息进行判断，以决定是否点击该链接进入企业网站，而在进入网站之前，他可能对浏览及后续行为并未有明确的预期。同样是这个网页信息，如果用户是通过本人关注知道的或通过好友转发的微博知道的，他可能会通过其他用户的评论等事先做出评估，并对进入网站获取信息的目的有一定的预期。

可见，用户对于不同渠道获取的信息可能会有不同的处理方式，而且由于信息源有多种表现形式，同时也可能有多种渠道传递信息，每一种信息源与渠道的组合，都可能影响用户的判断和选择。这就意味着，在网络营销信息传递系统中，具体到某个用户，其获取信息的渠道及交互行为具有较大的随机性。

不过从信息送达到信息交互的一般过程来看，用户的行为通常可以分为三个阶段。

第一阶段：分析判断。对通过信息传递渠道获取的信息片段进行分析判断，以决定是否产生进一步的行为。

第二阶段：获取信息。进入信息源获取详细信息，据此进一步做出是否获得足够有价值信息的判断，并做出后续行为决策，如直接购买、了解更多信息、参与信息交互等。

第三阶段：后续行为。根据信息源的属性及表现形式，选择适当的参与交互方式，浏览后退出、浏览其他内容、参与评论、浏览及评论其他用户发布的评论、转发分享、收藏、咨询、购买等。

由此可以看出，用户是否参与信息交互以及参与的方式，与信息源本身具有直接关系，这也进一步解释了"信息源对用户参与度"的重要性。除了与信息源的交互之外，用户信息交互还包括与渠道、信息发布者或运营者、与其他用户之间的交互等。

在网络营销信息传递系统中，用户信息交互的意义主要表现在用户价值、运营效果、用户资源三个方面。

① 用户价值：用户的信息交互反映了信息源对用户的价值。

② 运营效果：有助于增加网站访问量、提高可信度、提高用户转化率。

③ 用户资源：有机会进一步了解用户意见、分析用户行为、建立与用户的深度连接关系。

综上所述，用户作为网络营销信息传递系统的组成部分，是网络营销的核心元素，这也是本书将用户运营作为网络营销基础运营体系的组成部分的原因所在。

2.5 网络营销的技术支持体系

网络营销是以互联网技术为基础的，离开互联网应用，网络营销也就无从谈起，因此要全面学习网络营销知识体系的基础内容，也需要对网络营销的技术基础有一定的了解。限于本书的内容定位，本书并不系统介绍互联网的技术原理及实现方法，也不从技术角度探讨企业网站开发及管理等相关内容，仅对部分常用的互联网工具及其在网络营销中的应用给予简单介绍，也就是互联网通用的工具和服务，这些是网络营销技术支持系统的一部分。

本书一开始就多次提到过各种工具、平台和应用，如电子邮件、博客、网络百科等，但对于网络营销初学者而言，这些工具和应用的基本原理和特点是什么，它们分别有哪些网络营销价值，以及如何发挥其网络营销功能等，还需要做进一步的了解，以便对网络营销方法有更深刻的认识。

本节仅对网络营销工具及其类别做一般性归纳，在本书后续内容，即有关工具的应用中会做相应的介绍。

2.5.1　网络营销工具的一般特征

本书所讲的网络营销工具，是指具有一定网络营销作用的常用互联网工具，包括用户发布、获取及传递信息的工具，如浏览器、搜索引擎、电子邮件、博客、QQ、微信等。实际上几乎每一种常用的互联网工具和服务都有一定的网络营销作用，以每一种工具为基础，相应地都会产生一种或多种网络营销方法。

从网络营销发展的历史规律来看，一些互联网应用之所以成为网络营销工具，主要是因为这些工具具有下列至少一个方面的特征。

① 具有开放性：即所有用户都可以免费使用或有条件使用，如浏览器、电子邮件、搜索引擎、博客、微博、WIKI，同时可以有多个服务商提供类似的服务。

② 具有社会性（外部性）：即一个用户的使用会影响其相关的用户了解并使用，使用者越多其营销效果越显著。

③ 具有相对稳定性：服务可以为用户所了解，即在一个时期内使用率达到较高的水平，服务不会在短期内随时中断。

④ 具有一般规律性：服务的一般条件、方式、效果等，有一定的规律性，这种规律性对实践操作具有指导意义，当然这种规律也具有动态性。

⑤ 具有动态性：网络服务本身不断发展，功能和形式会不断发展演变，短期来看，网络服务处于不断的发展变化之中，长期来看则符合互联网发展的一般规律，即以用户需求为核心。

总之，网络营销工具应具有的基本特征包括：具有信息发布、传递和交互等基本功能；有广泛的互联网用户基础；在一定时期内具有明确的功能及用户价值并具有可遵循的规律性。

在互联网发展历程中，网络营销工具不断涌现，其中有些持续对网络营销发挥着至关重要的作用（如网站、电子邮件和搜索引擎等），有些工具在一定时期内具有显著的网络营销价值，但在互联网的长期发展或在新技术革命中难以升级进化，因而逐步退出历史舞台（如分类目录、聊天室等）。

2.5.2　网络营销工具的类别

近十多年来，网络营销主要基于《网络营销基础与实践》（第 1 版，2002）创建的以网络营销工具为主体的方法体系。作者在《网络营销基础与实践》（第 5 版，2016）一书中，根据工具和服务本身的性质，将网络营销工具分为四个主要类别：企业网络营销信息源工具（含内部资源及外部资源）、网络信息传递工具、顾客沟通交互工具及网络营销管理分析工具。这种分类方法为分析网络营销工具和服务的网络营销价值提供了清晰的思路，并且为认识以工具为基础的网络营销方法体系奠定了基础。

扫码看视频：

知识点 06：网络营销工具的类别

而本书的内容体系是基于网络营销信息传递系统的各要素及其关联关系，以内容运营、渠道运营、用户运营、环境及资源运营为主体，所以研究这些工具不仅是分析其网络营销价值，还将在基本原理介绍的基础上分析用户的价值、用户交互方式及资源价值等，同时构建了以运营为导向的网络营销工具体系。

本书将运营导向的网络营销工具体系归纳为四类：内容运营工具、信息传递渠道运营工具、用户运营工具、资源运营及管理工具，如图 2-3 所示。

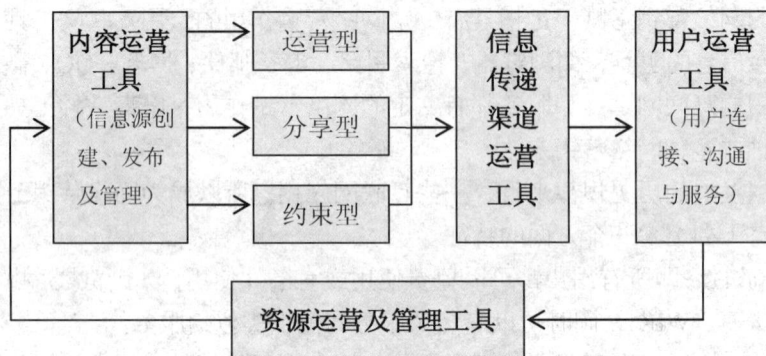

图 2-3　运营导向的网络营销工具关系示意图

由图 2-3 中可以看出，网络营销工具体系与网络营销信息传递系统相对应，其中信息源创建、发布及管理工具位于最初级，属于基础网络营销功能，信息传递渠道运营工具则是网络营销的中间过程，发挥着连接信息源和用户的重要作用，而网络营销资源运营及管理工具则承担着对网络营销流程中的长期资源积累、效果检测及调节任务。

下面以表格的形式简要归纳常用网络营销工具的类型、功能及示例（见表 2-2）。

表 2-2　常用网络营销工具的类型、功能及示例

工具类别	功能细分	主要特点	常用工具或平台示例
内容运营工具	运营型	企业自行掌控	企业网站、企业博客、官方商城、企业App
	分享型	基于第三方平台账号	SNS 平台、Web2.0 网站、资源分享平台、电子商务平台、内容平台
	约束型	第三方平台管理	网络新闻网站、网络广告媒体
信息传递渠道运营工具	信息浏览工具	单向浏览	网站、浏览器、播放器、阅读器
	信息中介工具	信息筛选	搜索引擎、分类目录、应用市场
	发布与传播一体化工具	基于第三方平台账号	同分享型内容运营工具
	链接传递	非完全信息	网络广告平台、网站联盟平台、交叉营销
	社交关系传递	用户关系网络	E-mail、网络聊天工具、社交网络工具、网页分享工具
	内容订阅工具	用户许可发送	邮件列表、微信公众号
	资源合作	链接与可见度	网站链接、内容资源、访问量资源
	价值传递	获得收益或优惠	网站联盟、微商分销、在线优惠券、在线团购、众筹平台、网络红包
	付费传递	第三方收费服务	网络广告、网络公关
用户运营工具	用户连接	直接信息传递	站内消息、会员通信、站内社区、关注微信号、关注官方 SNS
	顾客服务	用户沟通交流	E-mail、即时信息、SNS 客服
	顾客价值	获得收益或优惠	积分、在线优惠券、微商及分销

工具类别	功能细分	主要特点	常用工具或平台示例
资源运营及管理工具	数据分析	第一手数据或第三方数据	网站数据排行、在线调查、平台开放数据统计、大数据
	管理工具	可获取用户原始数据	网站分析工具、网站流量统计、广告监测、用户信息跟踪、舆情分析

从表中内容可以看出：第一，可用于网络营销的互联网工具及服务众多，其中多数属于通用的互联网应用，如搜索引擎、电子邮件等，也有一些专用的网络营销工具，如网站联盟、在线分销、网络广告平台等；第二，不同类型的运营工具之间有一定的重合，有些工具具有多重功能，可列入不同的类别，如社交网络工具（SNS），既是信息发布工具，也是信息传播工具，同时也可作为用户连接和价值传递工具，而在线优惠券、在线分销等既可作为渠道运营工具，也可作为用户运营工具。

随着互联网工具和应用越来越多且呈现分散化的特征，以网络营销工具为导向的网络营销内容体系也越来越庞大，无论对于企业网络营销人员，还是对于网络营销学习者，要想对所有工具都能了如指掌并运用自如变得越来越不现实。因此，本书将不会逐一介绍所有的网络营销工具及相应的方法，而是在网络营销各运营子系统中选择部分具有代表性及相对稳定性的工具，通过对其一般规律的分析，了解网络营销工具和平台在网络营销信息传递系统中的作用，为后续内容提供知识准备。

本书后续内容涉及的部分网络营销工具和平台包括如下。

① 内容运营工具：企业官方网站及企业 App、内容平台、网络百科平台。

② 渠道运营工具：搜索引擎、App 应用市场、资源分享平台。

③ 用户运营工具：电子邮件、即时信息、社交网络账号（微博、微信）。

④ 资源运营及管理工具：网站流量统计、在线调查工具。

⑤ 其他网络营销工具：网站联盟平台、网上商店平台、众筹平台等。

说明

由于大部分网络营销工具都属于常用的互联网服务，因此本书中并不详细介绍这些工具本身的技术原理及具体使用方法，仅简要介绍其网络营销价值及相应的网络营销方法，对于初学者或对此有进一步要求的读者，建议自行实践体验相关工具，或查阅有关的网络资源。

本章小结

本章介绍了网络营销系统框架、组成元素及属性、技术支持的工具体系分类及特点。

一个典型的企业网络营销系统包括三个基础子系统：信息源系统、信息传递系统、用户交互与管理系统。这些子系统都需要在网络营销的技术支持下才能正常运转，并且可以通过资源运营与管理系统实现消减信息传递屏障、增强信息传递效果的功能。

企业网络营销信息源的基本原则：信息源满足用户期望的信息、信息源发布渠道与传递渠道相适应、信息源符合用户获取信息的方式。网络营销信息源的三个基本要素：信息发布者、信息发布渠道、信息状态属性。信息源可分为三类：完全可控型、有限控制型、完全不可控型。

信息发布渠道与信息传递渠道的关系：相对独立性与相互关联性、非一一对应关系、两者目标一致性。网络信息传递渠道是信息源的延伸，应与信息源协调一致；本质上是可以带来网络可见度、可信度及用户价值提升的网络营销工具。网络营销信息传递渠道的基本特征：网络营销工具特征、网络可见度特征、网络可信度特征、价值传递特征。

用户对网络营销的意义：用户是网络营销的起点、用户是网络营销的目标、用户是网络营销效果的体现、用户是网络营销资源、用户是企业收益来源。用户信息交互的意义主要表现在三个方面：用户价值、运营效果、用户资源。

网络营销工具应具有的基本特征：具有信息发布、传递和交互等基本功能；有广泛的互联网用户基础；在一定时期内具有明确的功能及用户价值并具有可遵循的规律性，企业可以利用这些功能和规律实现网络营销信息传递。

运营导向的网络营销工具体系可分为四类：内容运营工具、渠道运营工具、用户运营工具、资源运营及管理工具。

第 3 章 内容运营

【学习目标】

① 掌握企业网站的基本要素及内容创建方法；
② 掌握企业博客写作的一般原则和方法；
③ 熟悉邮件列表及微信公众号内容写作的基本方法；
④ 熟悉企业微博及 WIKI 词条写作的基本方法；
⑤ 了解内容平台的特点及自媒体运营的一般方法；
⑥ 了解企业新闻的特点和选题思路；
⑦ 认识企业负面信息的形式及处理方法。

在网络营销基础运营体系中，内容运营是基础中的基础，决定或影响着各种网络信息传递渠道及方法，并与用户交互密切相关。内容运营的核心是网络营销信息源系统的构建及维护，信息构建能力同时也是网络营销人员八大核心能力的基础。

根据网络营销信息源的三种基本类型，本章介绍部分有代表性的信息源构建与维护方法：企业网站内容运营、企业博客营销基础、邮件列表及微信公众号内容运营、微博内容运营、WIKI 词条、自媒体内容平台账号运营、网络媒体新闻写作与传播以及企业舆情信息处理方法等。图 3-1 所示为网络营销信息源构建与维护内容框架。

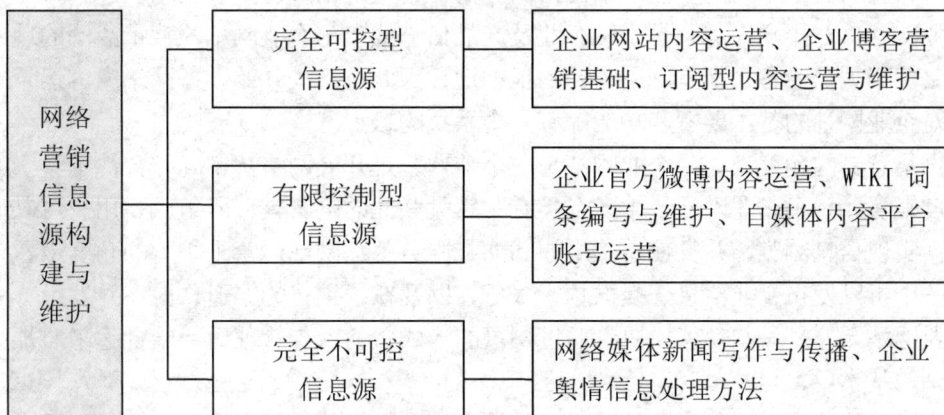

图 3-1　网络营销信息源构建与维护内容框架

3.1　企业网站内容运营

作为企业官方信息源的基础，企业网站是完全可控型网络营销信息源的代表，对其他类型的信息源构建与传播具有重要的支持作用。企业网站内容运营在网络营销中具有不可替代的地位，企业内容创建的基本方法也是其他形式内容运营的基础，因此本书将用较多的篇幅介绍企业网站内容运营相关的问题。

关于企业网站内容运营的几个基本认识如下。

① 企业网站内容运营的基本条件：拥有企业可自行掌控的独立网站，网站基本要素完整并符合用户获取信息的需要。

② 企业网站内容运营的目的：通过官方渠道构建企业权威网络信息源，为渠道运营、用户运营及资源运营奠定基础。

③ 企业网站内容的特点：权威性、可控性、长期性、稳定性、适应性。

④ 企业网站内容运营的一般流程：网站功能及基本要素建设、网站内容创建及维护、网站运营管理。

3.1.1　企业网站的基本要素

与资讯类网站、新闻网站等不同，企业网站有明确的网络营销目的，被认为是最重要的网络营销工具之一，企业网站建设及运营维护是网络营销的核心工作，对其他网络营销策略的实施具有举足轻重的作用。因此，本书所指的企业网站，也就是网络营销导向的企业网站，是为了企业网络营销的目的而建设和运营的，并非为了某种个人兴趣或某些领域的资讯发布。一般来说，企业官方网站都具有明确的网络营销目的，即网站应发挥其应有的网络营销价值。在企业网络营销服务市场中，网络营销导向的企业网站通常简称为营销型网站或营销式网站。

扫码看视频：

知识点 07：企业网站内容的网络营销意义

企业网站，对用户而言，是了解企业及产品信息或参与企业网站的营销活动的地方，对企业网络营销人员而言，则是网络营销的根据地，因此在正式开始准备网站内容运营之前，有必要对企业网站的基本要素和功能等有一个系统的认识。

从网络营销的角度来看，企业网站是一个整体，是开展网络营销的综合性工具。如果从用户角度来看，一个企业网站是由多个具有一定关联性的网页集合所组成，用户可以通过浏览器界面实现信息浏览，并且使用其中的功能和服务；从网站运营维护者的角度来看，企业网站是一个可以发布企业信息、提供顾客服务，以及在线销售的渠道；而在开发设计人员看来，企业网站无非是一些功能模块，通过网页的形式将前台与管理后台结合起来。那么如何分析网站的基本要素呢？

一个网站的基本要素包括网站结构、网站内容、网站功能和网站服务等，如果说功能架构和栏目结构是网站的骨架，那么网站内容就是网站的血肉，网站的功能要通过内容和服务才能发挥其应有的价值。因此，网站内容不仅是企业网站的基本要素之一，也是网站运营维护的基本工作内容，我们应对网站内容的策划、撰写、发布及管理给予足够的重视。

1. 网站结构

网站结构是为了向用户表达企业信息所采用的网站栏目设置、网页布局、网站导航、网址（URL）层次结构、网页文档命名规则等信息的表现形式等。

（1）网站栏目结构

为了清楚地通过网站表达企业的主要信息和服务，可根据企业经营业务的性质、类型或表现形式等将网站划分为几个部分，每个部分就成为一个栏目（一级栏目），每个一级栏目则可以根据需要继续划分为二级、三级、四级栏目。根据经验，一般来说，一个中小型企业网站的一级栏目不应超过8个，而栏目层次在三级以内比较合适，这样，对于大多数信息，用户可以在不超过3次点击的情况下浏览到，过多的栏目数量或者栏目层次都会为浏览者带来麻烦，这与网站设计的原则相违背。

网站的栏目结构是一个网站的基本架构，合理的栏目结构使得用户可以方便地获取网站的信息和服务，并利用企业重点展示当前的营销活动。任何一个网站都需要有一定的栏目结构，但并不是随便将一些栏目链接起来就组成了合理的网站栏目结构。实际上大量网站在栏目结构方面都存在一些问题，其结果是严重影响了网站的网络营销效果，即使是大型上市公司的企业网站，也可能存在多种低级的专业性问题。

（2）网页布局

网页布局是指当网站栏目结构确定之后，为了满足栏目设置和信息展示的要求而进行的网页模板规划。网页布局主要包括：网页结构定位方式、网站菜单和导航的设置、网页信息的排放位置等。

2. 网站内容

内容是用户通过企业网站可以看到的所有信息，也就是企业希望通过网站向用户传递的所有信息，网站内容包括所有可以在网上被用户通过视觉或听觉感知的信息，如文字、图片、视频、音频等。一般来说，文字和图片信息是企业网站的主要表现形式。

企业网站的基本内容对网络营销的意义，可以归纳为以下几点。

第一，企业形象。企业网站内容提供了企业的"画像"，是潜在用户了解企业信息的官方渠道。

第二，企业可信度。企业的基础信息源，增加了企业在其他第三方平台发布或引用信息的可信度（如网络百科、微博、B2B平台等）。

第三，资源价值。网站内容是企业的网络营销资源，也是企业的历史记录。

根据企业网站信息的作用，可以将企业网站应有的基本内容分为以下几类，这些信息类别也是规划网站栏目结构时应主要考虑的因素。

（1）企业信息

企业信息是为了让新访问者对企业状况有初步的了解，企业是否可以获得用户的信任，在很大程度上会取决于这些基本信息。在企业信息中，如果内容比较丰富，可以将其进一步分解为若干子栏目，如企业概况、发展历程、企业动态、媒体报道、主要业绩（证书、数据）、组织结构、企业主要领导人员介绍、联系方式等。

考虑到企业概况和联系方式等基本信息的重要性，有时企业也将这些内容以公共栏目的形式，作为独立菜单出现在每个网页下方，如有必要，详细的联系方式（尤其是服务电话等用户最需要了解的信息）等也可以直接出现在每个网页的适当位置。联系信息应尽可能详尽，除了企业的地址、电话、传真、邮政编码、E-mail 地址等基本信息之外，最好能详细地列出客户或者业务伙伴可能需要联系的具体部门的各种联系方式。对于有分支机构的企业，同时还应当有各地分支机构的联系方式，在为用户提供方便的同时，也起到了对各地分支机构业务的支持作用。

（2）产品信息

企业网站上的产品信息应全面反映所有系列和各种型号的产品,对产品进行详尽的介绍,如有必要，除了文字介绍之外，可配备相应的图片资料、视频文件等。用户的购买决策是一个复杂的过程，其中可能受到多种因素的影响，因此，在产品信息中，除了产品型号、性能等基本信息之外，其他有助于使用户产生信任和购买决策的信息，企业都可以用适当的方式发布在企业网站上，如有关机构、专家的检测和鉴定、用户评论、相关产品知识等。

产品信息通常可按照产品类别分为不同的子栏目。

如果企业产品种类比较多，无法在简单的目录中全部列出，为了让用户能够方便地找到所需要的产品，除了设计详细的分级目录之外，还有必要增加产品搜索功能。

在产品信息中，有关价格的信息是用户关心的问题之一，对于一些通用产品及价格相对稳定的产品，也有必要留下产品价格。但考虑到保密性或者非标准定价的问题，有些产品的价格无法在网上公开，这时企业也应尽可能为用户了解相关信息提供方便，例如，为用户提供一个了解价格的详细联系方式，以此作为一种补偿办法。

（3）用户服务信息

用户对不同企业、不同产品所期望获得的服务有很大差别，有些网站产品使用比较复杂、产品规格型号繁多，往往需要提供较多的服务信息才能满足顾客的需要，而一些标准化产品或者日常生活用品相对要简单一些。常见的网站的服务信息有：产品选择和使用常识、产品说明书、在线问答、售后服务等。

（4）促销信息

当网站拥有一定的访问量时，企业网站本身便具有一定的网络推广价值，因此，企业可在自己的网站上发布促销信息，如网络广告、有奖竞赛、有奖征文、下载优惠券等。网上的促销活动通常与网下结合进行，网站可以作为一种有效的补充，供用户了解促销活动细则、参与报名等。

（5）销售信息

当用户对企业和产品有了一定程度的了解，并且产生了购买动机，那么此时企业在网站上应为用户购买提供进一步的支持，以促成销售（无论是网上还是网下销售）。在决定购买产品之后，用户仍需要进一步了解相关的购买信息，如最方便的网下销售地点、网上商城及各电子商务平台的购买方式、售后服务措施等。

（6）公众信息

公众信息是指并非作为用户的身份对企业进行了解的信息，如投资人、媒体记者、调查研究人员、自媒体作者等，这些人员访问网站虽然并非以了解和购买产品为目的（当然这些人也有成为企业顾客的可能），但同样对企业的公关形象等具有不可低估的影响，对于公开上市的企业或者知名企业而言，对网站上的公众信息应给予足够的重视。公众信息包括股权结构、投资信息、企业财务报告、企业文化、公关活动等。

（7）其他信息

根据需要，企业可以在网站上发表其他信息，如招聘信息、采购信息等。对于产品销售范围跨国家的企业，通常还需要不同语言的网站内容。

在进行企业信息的选择和发布时，应掌握一定的原则：有价值的信息应尽量丰富、完整、及时；不必要的信息和服务如天气预报、社会新闻、生活服务、免费邮箱等应力求避免，因为用户为了获取这些信息，通常会到相关的专业网站和大型门户网站，而不是到某个企业网站。另外，企业在公布有关技术资料时应注意保密，避免为竞争对手利用，造成不必要的损失。

3. 网站功能

网站功能是为了实现信息发布、在线购买、顾客服务等。网站功能直接关系到可以采用的网络营销方法以及网络营销的效果。

企业网站的功能，从网络营销的角度来看，可以从技术功能及网络营销功能两个方面来说明，如图 3-2 所示。网站的技术功能，即实现信息发布、管理、用户浏览与交互的技术支持系统；网站的网络营销功能，则是指在具备相应的技术功能的基础上网站可以发挥的网络营销价值。即网站技术功能是为网络营销功能提供支持的，实现网站的网络营销功能才是企业网站的最终使命。

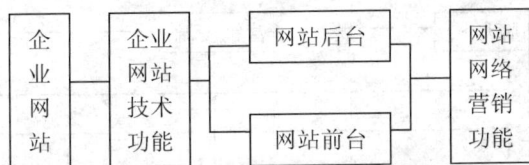

图 3-2　网络营销角度的企业网站功能示意图

（1）企业网站的技术功能

企业网站的技术功能是用户访问网站和运营人员运营网站的基础保证。用户来到一个网站，从浏览网页到注册账号及产生其他行为，每一步都需要网站的技术支持。一般来说，网站的技术功能可分为前台和后台两个部分，前台即用户可以通过浏览器看到和操作的内容，后台则是指通过网站运营人员的操作才能在前台实现的相应功能。后台的功能是为了实现前台的功能而设计的，前台的功能是后台功能的对外表现，通过后台来实现对前台信息和功能的管理。

例如，在网站上看到的公司新闻、产品介绍等就是网站运营人员通过后台的信息发布功能实现的，在前台，用户看到的只是信息本身，看不到信息的发布过程。又如，在网站注册用户，需要填写用户名、密码以及其他必要的个人信息，网站后台就需要相应的用户注册及管理功能。

网站的技术功能通常会在网站策划阶段确定，功能开发完成之后在一个阶段内有一定的稳定性，因此在策划网站功能时需要认真研究，尽量不要遗漏重要功能，也没有必要投入无谓的资金开发过多暂时不用的功能，有些功能可以待网站改版和功能升级时重新策划。一个企业网站需要哪些功能主要取决于网络营销策略、财务预算、网站维护管理能力等因素。

企业网站常用的技术功能有：信息发布与管理、产品管理、会员管理、订单管理、邮件列表、论坛/博客管理、在线帮助、站内检索、广告管理、在线调查、流量统计、网页静态化、模板管理、友情链接管理、社交网络分享等。

此外，在网站后台中还有一些基本的功能，如系统配置管理、栏目管理、用户权限管理、密码管理、数据库备份、第三方平台接口管理（如在线支付、社交网络）等。由于网站的技术功能通常只能通过后台管理系统才能进行操作，因此大家在理解网站后台技术功能时可能会有一些抽象的感觉。为了加深印象，如果有条件，大家可以找一个真实企业网站，对后台管理系统进行一些了解，或者作为实践，利用免费网站系统配置一个网站以了解其后台功能。

（2）企业网站的网络营销功能

网站的技术功能是为网站运营及网站发挥网络营销价值提供支持的，一个具有网络营销导向的网站，应该有明确的网络营销功能，这也是企业网站建设与网络营销关系的体现。

本书作者通过对众多企业网站的研究发现，无论网站规模大小，其都具有一定的网络营销功能。企业网站的网络营销功能主要表现在八个方面：品牌形象、产品/服务展示、信息发布、顾客服务、用户连接与顾客关系、网上调查、营销资源、在线销售。如图 3-3 所示，通过合理的网站运营，企业可获得品牌形象、营销资源及在线销售方面的效果。

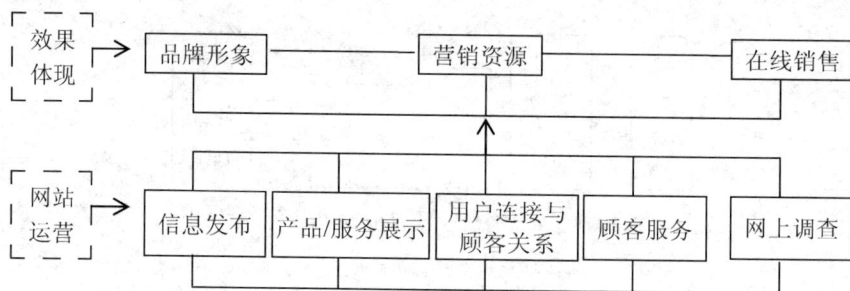

图 3-3　企业网站网络营销功能示意图

即使最简单的企业网站，也至少具有其中一项网络营销功能，否则由于不具备企业网站的基本特征，也不能称之为企业网站了。

从图 3-3 中可以看出，企业网站的网络营销功能与网络营销的八项职能非常相似，这也可以从一个侧面看出企业网站在网络营销内容体系中的重要地位。但并不是说企业网站本身就是网络营销的全部内容，它更不会自动实现网络营销的职能。企业网站的网络营销功能是为开展网络营销所提供的技术支撑平台所应具备的功能，并不等于每个企业网站都必须有这些功能，也不是说具备了这些功能就可以自动发挥网络营销的效果。正如通过信息发布渠道发布的企业信息并不会自动传递给用户一样，企业网站的网络营销功能只有通过有效的运营维护才能体现出来。只有具备了网络营销功能基础的网站，才能更好地开展内容运营、渠道运营、用户运营及资源运营。

另外，企业网站的网络营销功能，并不是固定不变的，需要与企业的经营策略相适应，在企业网络营销的不同阶段，对网站功能的需求不同，网站功能也相应有一定的差异，而随着企业电子商务流程和用户连接能力的不断深化，企业网站不仅是一个网络营销的工具，而且要涉及电子商务流程中的各个领域，网站的功能也将不断发展演变。

4. 网站服务

网站服务即网站可以提供给用户的价值，如问题解答、优惠信息、资料下载等，网站服务是通过网站功能和内容而实现的。如果一个网站只有干巴巴的公司简介和产品介绍，不仅显得内容比较贫乏，而且也无法满足用户对于网站信息的需求，因此网站还有必要根据产品特点和用户的需求特征提供相应的服务内容。企业网站服务的实现通常需要相应功能的支持。

企业网站服务的内容和形式很多，常见的内容如下。

① 产品选购和保养知识：相对于生产商和销售商来说，用户的产品知识总是比较欠缺的，利用网站为用户提供尽可能多的产品知识是企业培养市场的有效方法之一。

② 产品说明书：除了随产品附送说明书之外，在网上发布详细的产品说明对于用户了解产品也具有积极的意义。

③ 常见问题解答：将用户在使用网站服务、了解和选购产品过程中遇到的问题整理为一个常见问题解答，并根据用户的问题不断增加和完善FAQ，不仅方便了用户，也提高了顾客服务效率，降低了服务成本。一个优秀的FAQ可以完成80%的在线顾客服务任务。

④ 在线问题咨询：如果用户的问题比较特殊，需要专门给予回答，那么开设这种问题解答服务是很有必要的，这样不仅解决了顾客的咨询，而且企业从中也可以了解到一些顾客对产品的看法。

⑤ 即时信息服务：在条件具备的情况下，利用即时信息开展实时顾客服务更容易获得用户的欢迎。

⑥ 内容订阅：通过邮件列表或微信公众号等方式，定期向注册用户发送有价值的信息是顾客关系和顾客服务的有效手段之一。

⑦ 优惠券下载：当企业推出优惠措施时，将优惠券发布在网站上，不仅容易获得用户的关注，也降低了企业发放优惠券的成本。

⑧ 驱动程序下载：如果是需要驱动程序的电子产品，别忘记在网站上提供各种型号产品的驱动程序，并给与详细说明，驱动程序经常是困扰用户的问题之一，企业网站理应在这方面发挥应有的作用。

⑨ 会员社区服务：为用户提供一个发表自己观点、与其他用户相互交流的空间，也为企业连接用户及获取用户数据打下基础。

⑩ 免费研究报告：如果企业拥有重要的信息资源，可以定期为用户提供有价值的免费研究报告。

案例

中国三星电子网站的在线服务及演变

中国三星电子网站是网络营销应用水平较高的企业网站之一，它提供了丰富的在线服务内容。您可以登录中国三星电子网站了解最新信息。本书作者跟踪观察记录了十多年来三星电子网站服务相关的部分信息。

（1）2006年10月网站的基本信息：从三星电子网站首页的相关信息中可以看出，三星提供的主要在线服务内容包括驱动程序下载、用户手册、常见问题解答、在线帮助、销售网络、维修网络、三星家族网站链接导航、2006国庆促销活动等。考虑到电子产品服务对用户的重要性，三星电子网站专门设置了一个"服务支持"主栏目。

用户点击"服务支持"，会进入一个独立域名的"三星电子服务总部"网站，这个网站提供了更为详尽的在线服务栏目，主要包括常见问题解答、下载中心维修网络、销售网络、配件购买、快速使用指南、在线帮助、服务政策、产品注册、维修记录查询、呼叫中心 800 电话号码等。

三星电子服务总部还开设有三星会员俱乐部，用户免费注册为会员后，可以获得更多的服务，如获得积分、参加三星会员活动等。

（2）2012 年 12 月本案例第 1 次更新，作者重新访问三星网站，发现它增加了更多新的服务内容，如更详细的产品目录、维修进度查询、微博及分享等。显然社会化网络营销的方法已经被引入三星公司的网站服务中，三星公司树立了行业领先者的形象。

（3）2018 年 1 月，本案例第 2 次更新，不出意料，三星电子网站的用户连接和在线服务能力继续强化，三星将最新的互联网应用无一例外应用于网站服务中，如在线服务（在线聊天）、微信服务、CEO 信箱、智能客服、服务中心查询、销售门店查询、预约维修等，另外，网站还为三星手机开设了一个独立网站盖乐世社区。

案例问题分析：三星网站提供了多种在线服务和会员服务，假如你是三星产品用户，三星电子提供的在线服务是否可以满足你的需求？在使用三星网站服务的过程中你是否感觉到非常方便或者有哪些不方便的地方？你对三星电子的在线服务有哪些建议？

资料来源：本书专用案例。根据中国三星电子网站的相关信息整理而成，首次信息收集时间为 2006 年 10 月，分别于 2012 年 12 月、2018 年 1 月更新。

3.1.2 企业网站的一般特征

作为一个具有网络营销导向的企业网站，通常具有五大特征：权威性、可控性、长期性、稳定性、适应性。

1. 权威性：企业信息源的可信度支撑

企业网站是企业官方信息发布渠道，具有权威性和完整性的特点。在网络营销信息传递系统中，企业网站是各种信息源的核心和基础，承担着为其他信息发布渠道所发布信息的"背书"功能，为其他网络营销方法提供可信度的支撑。例如，当创建与企业相关的网络百科词条时，企业官网是最权威的参考资料来源之一。又如，企业开展的微博活动，往往需要官方网站信息源的支持。

2. 可控性：企业网站具有自主性和灵活性

企业网站是根据企业本身的需要建立的，是可控型网络信息发布渠道，因此在功能上有较大的自主性和灵活性，可自主发布和管理企业经营所需的各种信息。也正因为如此，不同企业网站的内容和功能会有较大的差别。企业网站效果的好坏，主动权掌握在自己手里，其前提是企业对自己的网站有正确的认识及合理的运营，并且网站在经济上、技术上都有实现的条件。

3. 长期性：企业网站的内容具有长期价值

企业网站是企业的网络营销资源，经过不断的运营和积累，每一个网页都可能带来潜在用户，专业的网站内容可发挥长期的网络营销价值。网站内容越丰富，潜在价值越高。网站内容运营的价值已经被长期实践经验所证实。

4. 稳定性：企业网站的基本要素具有相对稳定性

企业网站的基本要素具有相对稳定性，尤其是网站的结构和功能往往在一定时期内很少进行大的调整。网站要素的相对稳定性对网络营销的要求在于：网站策划应尽可能考虑周全。网站建设完成之后，在一定时期内不可能频繁改版，如果存在某些结构或功能方面的缺陷，在下次改版升级之前的一段时间内，将影响网络营销效果的发挥，因此企业在网站策划过程中应充分考虑到网站功能的这一特点，尽量做到在一定阶段内功能适用并具有一定的前瞻性。

5. 适应性：企业网站需要适时的改版和升级

网站稳定性是相对的，并非长期一成不变，事实上网站改版升级是网站运营的重要内容之一。当网站不能适应当前的运营环境及营销策略时，就需要进行改版和升级。在《网络营销基础与实践》（第 4 版第 3 章，2013）中，根据网站改版的形式及复杂程度，将**网站改版分为四种常见模式**：网站外观更新模式、网站要素调整模式、网站重构模式、多网站并行模式。同时总结了**企业网站改版的五项基本原则**：去旧存新原则、可持续访问原则、用户信息稳定性原则、多域名协调一致原则、新旧网站架构兼容原则。

上述企业网站的一般特征对网络营销及内容运营的启示和影响主要体现在以下几个方面。

① 企业官方网站内容是其他网络营销手段和方法的基础，企业在关注新兴网络营销方法短期效果的同时不应忽略企业网站的长期价值。

② 企业网站不是立竿见影的网络推广工具，网站运营没有终结的时候，需要长期的运营和维护。

③ 企业网站并不仅仅是企业官方信息和产品信息的发布渠道，所以网站内容形式应该更丰富。

总之，拥有网络营销导向的企业网站，在企业网络营销信息传递系统中具有不可忽视的作用，因而网站内容运营也就成为网络营销信息源构建与推广的基础性工作。

3.1.3 企业网站内容运营的现状和问题

为了解企业网站内容运营的一般规律，下面我们通过两个小调查分析企业网站内容运营的现状和问题。

1. 关于机械设备企业网站内容运营状况的调查

机械设备行业中小企业数量众多，是网络营销竞争最为激烈的行业之一，新竞争力网络营销管理顾问公司在对 110 个机械设备企业网站进行详细调查分析的基础上发布了专题研究《机械企业网络营销策略研究报告》（2010），全面洞悉机械设备企业网络营销的现状和问题，对典型问题提出了相应的解决建议。

本书作者作为该研究报告的负责人之一，在本书写作过程中从该研究报告的样本企业中随机选择部分目前仍可正常访问、网站内容仍属于机械行业且在 2010 年调查期间网站基本要素优化水平相对较高的企业网站进行跟踪调查，目的在于对部分企业网站的内容现状做初步的了解。表 3-1 是相关调查结果。

表 3-1　机械企业网站内容运营状况调查

企业名称（代号）	内容类别	内容更新	内容创新	内容运营评价
中山丰某	①②	4 年以前	无	C
南京五某	①②③	1 年以前	无	C
济南海某	①②③	3 年以前	无	C
南京捷某	①②③⑤	1 个月前	无	B
烟台海某	①②	2 年以前	无	C
江苏志某	①②	5 年以前	无	C
扬州锻某	①②	1 年以前	无	C
广州联某	①②	2 年以前	无	C
沈阳恒某	①②③	9 年以前	无	C
无锡豪某	①②③	3 年以前	无	C

资料来源：本书专用调查资料，2018 年 1 月。

调查说明如下。

① 本表中每个网站的内容均为真实企业信息，为避免造成不必要的影响或被误认为变相广告，本书中用不完整信息或代号代替企业名称，原始资料可通过内部教学参考资料获取。

② 内容类别的数字：与前述网站基本要素之网站内容相对应，包括公司信息，产品信息，用户服务信息，促销信息，销售信息，公众信息，以及其他信息。

③ 网站内容更新时间：根据企业网站的公司新闻或产品页面显示的最新发布时间推测。

④ 内容创新：指除了 7 类常规内容之外，是否有企业独创性的内容，如通过 SNS 用户连接产生内容、与订阅型内容相结合等。

⑤ 内容运营评价：此为作者根据网站内容运营调查状况综合做出的主观性判断，仅供大家学习研究，无任何商业目的。评价分三个级别，A 较好、B 一般、C 较差。

⑥ 由于企业网站可能会改版或做其他调整，因此本调查结论仅说明调查当时的情况，不代表这种情况在后期学习或跟踪研究时仍然有效。

机械企业网站内容运营调查结论如下。

从上述调查资料中不难看出，中小型企业网站运营状况大多是类似的，主要表现如下。

① 网站内容刻板，主要集中在公司简介和产品简介上，且内容贫乏。

② 网站建设完成之后内容很少更新，有些一次性发布之后几乎没有再更新过内容。

③ 企业网站缺乏互动、分享、收藏等与用户连接的能力，部分网站虽有微信公众号二维码但并未与内容或服务结合。

④ 网站推广与信息源建设脱节，表明企业更重视眼前效果，忽视长期的运营维护。

2. 关于电子信息百强企业网站内容运营状况的调查

与机械企业数量众多、规模较小不同，新竞争力网络营销管理顾问对电子信息企业网络营销的调查研究主要针对入选工信部电子信息百强企业排行榜的企业。《电子信息百强企业网络营销研究报告》是新竞争力网络营销管理顾问对 2007—2010 年入选工信部电子信息百强企业排行榜的企业网络营销状况进行连续的跟踪研究以及对 121 个入选企业的网络营销状况进行详细调查的基础上形成的一份综合分析报告。

电子信息行业是互联网应用水平较高的行业之一，电子信息百强企业则是行业内的知名品牌企业，在一定程度上代表着当前企业网络营销应用的领先水平。为了与机械行业进行对比研究，本书作者根据《电子信息百强企业网络营销研究报告》（新竞争力，2010）的样本企业网站，随机选择部分可正常访问且与 2010 年网站或企业名称仍保持一致的部分网站样本，对网站内容运营状况进行初步调查。表 3-2 是相关调查结果，其中有关指标的说明与机械企业网站的内容运营调查一样（见表 3-1 的调查说明）。

表 3-2　部分电子信息百强企业网站内容运营状况调查

企业名称（代号）	内容类别	内容更新	内容创新	内容运营评价
某迪股份	①②③④⑤⑥⑦	1 个月内	有	A
某兴通讯	①②③④⑤⑥⑦	1 个月内	有	A
某尔集团	①②③④⑤⑥⑦	1 个月内	无	B
某舟电脑	①②③④⑤	大于 6 个月	无	B
某正集团	①②③④⑤⑥⑦	1 周内	无	B
某虹电子	①②③④⑤⑥⑦	1 周内	无	B
某录集团	①②⑥⑦	1 周内	无	C
某强集团	①②⑥	1 周内	无	C
某赛集团	①②③	1 个月内	无	C
某维集团	①②③④⑤	1 个月内	无	C

资料来源：本书专用调查资料，2018 年 1 月。

电子信息百强企业网站内容运营调查结论如下。

① 电子信息百强企业网站总体上内容较为丰富，更新比较及时。

② 部分企业网站有丰富的促销活动及用户互动内容。

③ 部分网站仍保持在十多年前的信息发布水平，内容创新较少。

④ 不同企业的网站内容差异十分显著，表明各企业网络营销策略的差异。

总体而言，电子信息百强企业比一些中小型企业网站更加重视网站内容运营，尤其一些领先的企业，在网站内容运营方面更专业，但仍有较大的创新发展空间。

3. 企业网站内容运营问题的总结分析

从前面的两项小调查中可以看出，部分大型企业及大部分中小企业的网站运营都存在一定的问题，尤其在内容运营方面，问题更为突出。根据作者近 20 年来对众多企业网站的调查研究，绝大多数企业的内容运营一直是企业网站运营的瓶颈，网站的价值很难得到体现，这在很大程度上制约了企业网络营销的发展。造成企业网站内容运营效果不佳的主要原因如下。

① 网络营销功能的认识：对企业网站网络营销功能缺乏认识，尤其对网络营销信息传递系统各要素之间的关系没有足够的认识，造成网站内容和网络推广脱节，也就是信息源与信息传递渠道之间没有形成协调的网络营销信息传递系统。

② 内容运营策略及实施：除了企业介绍和产品信息之外，很难挖掘更多有价值的内容，表明企业没有制定内容运营策略及实施的能力，造成内容运营长期被忽视甚至被遗忘。

③ 网站内容创建和传播：从部分企业网站内容的专业性中可以看出，网站内容大多缺乏专业的设计，内容没有营销意识，与营销传播的需求有较大差距，表明企业对网站内容创建和传播的一般规律和方法缺乏了解。

④ 网络营销效果目标导向：对网站基本要素尤其是内容运营的忽视，表明企业更愿意通过付费推广等方式获得短期效果，忽视企业网络营销资源的积累和长期价值，这种状况也与网络营销服务市场的影响有一定关系。

总之，我们可以得出这样的结论：在基于企业网站的网络营销中，网站内容运营是大多数企业网络营销的瓶颈。这是一种普遍现象，也是网络营销的基本问题，构建企业网络营销信息源，绝不仅仅是在网站发布了企业简介和产品简介就算大功告成了，还需要更系统、更专业的运营和管理。

3.1.4 企业网站内容运营：实践与总结

尽管不同的企业网站在网络营销功能等方面具有共性特征，但由于企业规模、产品特征、营销资源等的差异，网站运营水平也就存在一定的差异，网站内容运营也就各有特点。本节以真实的企业网站为案例，为网站内容运营设计一个系统的方案，并归纳总结网站内容运营的一般规律和方法。

案例

企业网站内容运营方案策划

以本章上一节关于机械企业网站内容运营调查为例，假定你作为第一个企业"中山丰某公司"的网站运营主管，面对企业目前的网站状况，该如何策划一份专业的内容运营方案呢？

综合本书前面的介绍，我们在策划网站内容运营方案时首先要对网站的基本要素及运营状况进行诊断分析，根据分析结论，制定相应的运营方案。网站诊断分析的基本流程如图 3-4 所示（本节后附网站诊断的方法和建议）。

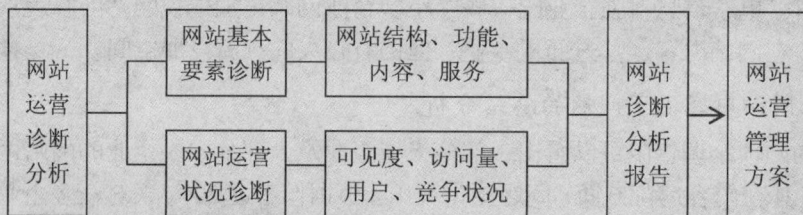

图 3-4　网站诊断分析的基本流程

网站诊断分析需要考虑的问题包括如下几个。

① 网站诊断：网站的基本要素是否完整？是否具备基本的网络营销功能？在网站现有功能的条件下，如何开展网站内容运营？预期会取得哪些效果？

② 内容分析：目前网站有哪些内容？是否覆盖了企业基本信息源？是否与信息传播渠道相协调？是否符合用户对信息的需求？网站内容是否与官方 SNS 账号运营相结合？

③ 渠道分析：除了官网之外企业信息还发布在哪些网络渠道？还有哪些重要渠道未得到利用？

④ 网站流量分析：网站访问量是多少？用户来源渠道有哪些？哪些页面访问量最高或最低（相关数据可以通过网站流量统计工具获得，本书后续内容会给予介绍，读者可参考第 5 章的相关内容）？

⑤ 用户分析：网站内容是否对用户有吸引力？有哪些用户服务及用户连接方式？

⑥ 网络可见度：企业网站在主要搜索引擎中的可见度如何？网站获得哪些外部网站的链接？企业信息在第三方网站平台的可见度如何？

⑦ 竞争分析：行业领先者的网站运营状况如何，有哪些可以借鉴之处？

⑧ 分析结论：根据以上分析，确定企业网站的问题及相应的运营策略。

本案例重点在于制订网站内容运营方案，因此这里仅对网站当前内容状况进行诊断分析。网站栏目及内容如表3-3所示。

表3-3　中山丰某公司网站内容概况（时间：2018年1月）

一级栏目	二级栏目	网页数量	网页标题及内容说明
网站首页		1	标题：公司名称全称 内容：公司简介文字、4个产品图片
关于丰某	公司简介	1	标题：公司简介_我的网站 内容：简短文字信息
	厂区实景	1	标题：厂区实景_我的网站 内容：无文字，1张图片
产品中心	气泡膜系列	4	标题：产品中心 _ 气泡膜系列_我的网站 内容：4个产品名称列表 点击进入网站，详情页为标题、文字、图片
	制袋机系列	11	标题：产品中心_制袋机系列_我的网站 内容：11个产品名称列表 点击进入网站，详情页为标题、文字、图片
	辅机系列	1	标题：产品中心_辅机系列_我的网站 内容：无文字，1张图片
	选购件系列	5	标题：产品中心_选购配件系列_我的网站 内容：5个产品名称列表 点击进入网站，详情页为标题、文字、图片
视频中心		4	标题：视频中心_公司名全称 内容：4个视频标题列表。 点击进入网站，详情页为标题、视频（链接到优酷）
最新消息	公司消息	0	标题：最新消息_公司消息_我的网站 内容：无
	展会消息	4	标题：最新消息_展会消息_我的网站 内容：4个行业动态的文章标题列表 点击进入网站，详情页为标题、文字
留言中心	客服中心	1	标题：联系我们_我的网站 内容：地址、电话等文字信息
	留言中心	1	标题：公司名称全称 内容：8条用户留言
联系我们	联系方式	1	标题：联系我们_我的网站 内容：地址、电话等文字信息（同客服中心内容）
	电子地图	1	标题：电子地图_我的网站 内容：地址、电话等文字信息、百度地图

根据对网站内容的分析，我们不难得出结论，该网站基本属于"一次性网站"，即在网站建设完成之后一次性发布一些企业的基本信息，此后就再无任何运营和维护。类似这样的企业网站数量很多。但这并不意味着该公司不重视网络营销，只是对网站运营

重视不够。根据作者的观察，中小企业官方网站还经常存在一些"意外"的情况，除了一次性网站之外，还有阶段型网站、遗忘型网站、废弃型网站等。

实际上，当对该公司信息网络可见度做进一步调查时，我们可以发现，该公司在其他信息发布渠道发布的企业信息或产品信息相当多，几乎覆盖了国内外主流的 B2B 电子商务平台。其简单的调查方法是：以该公司名称或简称为关键词在搜索引擎中搜索。例如，在百度搜索结果中，前 30 条搜索结果大部分都是该公司的信息。另外，通过微信公众号搜索也可以发现以该公司名称命名的微信公众号，并且有少量的推送信息。这表明该公司在 SNS 营销方面并非无任何动作，不过与网站运营类似，SNS 账号运营也处于浅尝辄止的状态。

网站的搜索引擎可见度调查：百度搜索收录网页数量为 54 个（含部分英文网页内容），但百度带来的自然检索流量几乎可以忽略不计。这表明网站具备被搜索引擎收录的基础，但网页内容的搜索引擎优化效果不佳。

基于对前述网站基本信息的诊断分析，简要总结该网站的运营状况，并制订一个运营方案。

中山丰某公司网站内容运营方案（摘要）

网站现状： 网站具备基本的信息发布功能，栏目简单，内容较少，仅包含部分企业的基本信息，内容设计与信息传递渠道之间没有必要的结合，搜索引擎可见度不高。网站建成发布之后几乎没有运营维护，网站访问量很低。

网站运营计划如下。

1. 网站现有内容维护

在不改变现有网站栏目结构和现有内容的情况下，对现有网站内容的基本要素进行优化设计，包括网页标题、摘要、META 标签、关键词设计、内容文字编辑、图片及视频属性、内容编辑格式、内部相关网页链接等。

2. 网站内容运营计划

（1）新增信息发布栏目

原则上不改变现有栏目设置及网页布局，仅在部分栏目中新增二级栏目，承载相关的信息发布。具体包括内容如下。

● 一级栏目"关于丰某"：增加二级栏目"公司声誉"，发布公司证书、荣誉称号、质量保证、服务承诺、用户评价、媒体报道、用户案例等相关内容；增加二级栏目"营销网络"，发布市场活动、销售网络、分销代理等内容。

● 一级栏目"产品中心"：增加二级栏目"产品资料"，可根据需要发布产品知识、技术参数、产品说明书、研究报告、使用维护方法、产品研发等专业内容。

● 一级栏目"联系我们"：修改为"互动交流"，增加二级栏目"社交网络"，介绍公司微信和微博账号、扫码关注等，同时发布微信公众号内容的网页版。另外，还有与用户相关的内容，如在社交网络设置的用户调查、微博活动、用户问答等内容也可以归属于本栏目。

备注：在下次网站改版时，可重新调整一级栏目名称，保持相关二级栏目及内容不变的同时，可对二级栏目进行重新组合。

（2）网站内容来源及创建

新增网站内容：公司内部的产品研发、营销等动态；产品的专业资料及常识；社交网络上的用户交流互动。因此企业应根据收集的素材，并根据用户获取信息的预期行为创建相应的内容。

（3）内容维护规范

新发布的网页内容严格遵照专业的网站内容编辑规范来发布和管理。

（4）网络传播效果跟踪

定期分析网站访问的统计数据，观察记录搜索引擎、外部链接、网络广告等渠道的用户来源，不断优化内容运营计划。

3. 社交网络发布渠道

保持企业微博及微信公众号的日常运营，将网站内容修改为适当的形式发布在微博及作为微信公众号的内容推送，同时以 SNS 用户互动内容为素材，经专业创作后，作为网站内容发布。

4. 第三方信息发布渠道

将合适的网站内容修改为适合分享的形式分别发布在第三方信息发布渠道上，并根据需要跟踪维护。包括：

- 网络百科（百度百科、360 百科等）。
- 文档分享（百度文库、360doc 等）。
- 问答社区（百度知道、360 问答等）。
- B2B 电子商务平台（1688、中国供应商等）。

5. 预期效果

预计经过一段时间的运营，预期可获得如下效果：

① 网页内容增长：网站内容逐渐丰富，每月新增不低于 50 个网页。

② 潜在用户访问：网站的访问量显著增加。

③ 网络可见度：获得在主要搜索引擎及常用第三方平台内部可见度的提高。

④ 资源合作能力：在具备资源合作的条件下，与相关网站建立交换链接等合作。

⑤ 用户连接能力：除了传统的电话、邮件及 QQ 联系之外，重点增加了社交网络连接，获得用户关注，及时了解用户反馈，与用户的沟通互动渠道更加畅通，逐步积累用户资源，连接用户的能力得到显著提升。

⑥ 对销售的支持：通过相关网页的介绍、专题活动、链接到产品销售页面等方式，实现对销售的支持。

这是一个简单的网站内容运营计划，对原有网站并未做显著改变，但在内容承载能力和运营策略方面有显著变化，经过一段时间的运营，网站内容对用户的价值及带来潜在访问量方面将会有明显提升。

其实，这个针对"中山丰某"公司网站的诊断及网站内容运营方案，反映了许多中小企业网站的现状，具有一定的代表性和普遍的适用性，大家可在制订企业网站运营方案时参考。

企业网站诊断方法和建议

网站专业性评价不仅是对企业网站建设水平的检验，更重要的价值在于将网站综合分析结果作为网络营销策略升级的依据。专业的网站评价分析的作用可以表现在多个方面，例如：

• 全面的网站诊断评价有利于及时了解网站的问题，少走弯路，降低贻误时机可能造成的损失；

• 网站的功能、结构、内容要素等决定了哪些推广策略更有效，网站专业性评价为企业制定有效的网站推广策略提供决策依据；

• 网站专业性评价可以获得专业网络营销人士的分析建议，对企业有效开展网络营销工作具有指导意义；

• 网站专业性评价结果为改善网站基本要素的表现以及网站升级再造提供参考；

• 了解网站的专业性与主要竞争者相比的优势和差距，如果采用第三方中立的网站评价更有公正性；

• 综合性网站诊断评价报告也是检验网站前期策划以及网站建设专业水平的依据之一。

网站专业性诊断评价的时机可以分为两种情况：一种是在网站建设完成正式发布之前进行，另一种是在网站经营到某个阶段后根据网络营销策略的需要进行评价。

自行实施网站诊断的建议：

网站评价诊断是一种综合性很强的网络营销工作，不是简单的对网站外观的评论。从网络营销角度来进行网站评价诊断，不仅需要对网站建设的基本要素和流程有所了解，还需要对网站运营管理有一定的认识。

对自行进行网站诊断的人或学习者来说，**对网站进行初步诊断可以从下列四个方面开始：**网站规划与网站栏目结构、网站内容及网站可信度、网站功能和服务、网站优化及运营管理。

（1）网站规划与网站栏目结构

• 网站建设的目标是否明确？网站要为用户提供哪些信息和服务？

• 网站导航是否合理？用户通过任何一个页面可以回到上级页面以及回到首页吗？

• 各个栏目之间的链接关系是否正确？

• 通过最多 3 次的点击，是否可以通过首页到达任何一个内容页面，是否可以通过任何一个页面到达站内其他任何一个网页？

• 是否有一个简单清晰的网站地图？

• 网站栏目是否存在过多、过少，或者层次过深等问题？

（2）网站内容及网站可信度

• 是否提供了用户需要的详尽信息，如产品介绍和联系方式？

• 网站内容是否更新及时？过期信息是否及时清理？

- 网站首页、各栏目首页以及各个内容页面是否分别能反映网页核心内容的网页标题？是否整个网站都用同一个网页标题？
- 网站首页、各栏目首页以及各个内容页面 HTML 代码是否有合理的 META 标签设计？
- 是否提供了产品销售信息、售后服务信息和服务承诺？
- 公司介绍是否详细，是否有合法的证明文件（如网站备案许可）？

（3）网站功能和服务

- 网站是否可以稳定运行，访问速度是否过慢？
- 为用户提供了哪些在线服务手段？
- 用户真正关心的信息是否可以在网站首页直接找到？
- 网站是否可以体现出产品展示、产品促销、顾客服务等基本的网络营销功能？

（4）网站优化及运营管理

- 网站总共有多少个网页？被主流搜索引擎收录的网页数量是多少？占全部网页数量的百分比是多高？是否有大量网页未被收录，或者在搜索结果中表现不佳？
- 网站的 PR（Page Rank，网页排名）值是多少？如果首页 PR 值低于 3，那么是什么原因造成的？是否有某些栏目页面 PR 值为 0？（说明：本项内容仅供参考，另外，Google PR 值对新网站没有参考意义）
- 网站在搜索引擎优化方面是否存在不合理的现象，是否有搜索引擎作弊的嫌疑？
- 网站是否采用静态网页？如果采用动态网页技术，是否进行了合理的优化？
- 对搜索引擎的友好性：网站首页、各栏目首页以及各个内容页面是否有合理的有效文字信息？
- 网站的访问量增长状况如何？网站访问量是否很低？是不是因为网站优化不佳而造成的？
- 与主要竞争者比较，网站在哪些方面存在明显的问题？

通过对上述问题进行认真的分析思考，就不难发现网站是否存在与网络营销导向不相适应的明显问题。其中涉及部分搜索引擎优化方面的知识，这些内容可在学习了搜索引擎营销的相关知识后继续思考。

资料来源：选自《网络营销基础与实践》（第 4 版，冯英健著，2013 年），第 3 章，3.7 网站评价诊断方法。

3.1.5　企业网站内容选题与写作

上述的企业网站内容运营方案，突破了原来网站栏目设置过于狭隘和局限的局面，为网站发布更丰富的内容打下了基础并提出了目标，不过最终需要落实到每一个网页内容的创建、编辑和发布上，这样才能成为用户可以访问的网页信息和网站的内容资源。企业网站内容选题和写作方法，也就成为网站运营的基本功和日常工作。

从网站栏目来看，新增的内容大致包括如下三类。

① 经营类：与企业经营活动相关的内容，包括研发、生产、市场、销售、顾客服务等，对用户有价值且不泄露企业秘密的内容。

② 知识类：产品技术及使用知识、产品价格及参数等，为用户选择产品提供更多的决策参考。

③ 用户类：来自用户或通过与用户互动获得的内容。

这三大类，也可作为内容选题的方向和主要来源。那么如何开始策划企业网站内容呢？接下来仍然以该企业网站为例，从一个网页的选题、资料收集到内容编辑，了解网站内容创作与发布的整个过程。

假定我们为"产品中心"的二级栏目"产品资料"创建一篇有关"塑料制袋机"的内容，要设计网页标题和内容。企业网站内容创作可以按下列步骤进行。

第一步，分析用户对该信息的需求。

希望了解塑料制袋机的用户，可能是为了购买设备制作塑料袋（如常用的手提式背心塑料袋），也可能是更新或维修当前的设备。经验表明，用户关心的内容可能包括：产品型号、材质、价格、产地、品牌、厂家名称、重量、尺寸、购买方式、安装、使用说明、维修方法、配件供应等。也就是说，除了核心关键词"塑料制袋机"之外，用户还可能关注更多的"长尾关键词"，例如：小型塑料制袋机价格、小型塑料制袋机型号和价格等。

比较简单的办法是，利用核心关键词"塑料制袋机"，通过百度搜索、阿里巴巴或淘宝网站内搜索等方式进行分析，在搜索输入框的关键词联想列表中通常会罗列一些相关的用户搜索内容，在百度搜索结果页面下方的"相关搜索"、阿里巴巴或淘宝搜索结果页面的"您是不是在找"等中，都提供了用户搜索的相关内容，这些可以作为了解用户需求行为的参考。

例如，在百度中搜索"塑料制袋机"，搜索结果页面的"相关搜索"包括：

"家庭小型塑料制袋机、塑料制袋机多少钱一台、小型吹膜机多少钱一台、小型塑料制袋机、小型塑料袋机、二手塑料制袋机、二手制袋机处理网、背心袋制袋机全套设备、全自动的制袋机。"

当然，你还可以更换关键词以便获得更多的相关信息。例如，以"塑料制袋机价格"为关键词再次搜索，结果页面会出现更多的相关搜索。根据这些相关搜索信息，是不是可以策划丰富的网站内容呢？

总之，根据一种产品名称，可以扩展出一系列用户关心的话题，也就意味着，每个产品除了干巴巴的产品简介之外，还可以有更多对用户有价值的内容。如此看来，企业网站内容贫乏的问题实际上并不难解决。在传统的企业网站建设中，通常是企业把希望发布的企业介绍、产品资料等交给网站运营人员（或外包给服务商），他们经过简单的编辑就将信息发布到网站上，几乎没有"创作"的成分，更谈不上网络营销的理念及信息对用户的价值，这仅仅是一项临时性工作而已。这就是那些"一次性网站"的基本状态。

第二步，初选网页标题。

一个产品可以创建一系列的网页内容。这里以"产品名称+价格"为例，设计一个网页标题。其实这个话题同样可以有多个网页标题，初选3个如下：

* 小型塑料制袋机价格-×××型制袋机-中山丰某公司
* 家庭小型塑料制袋机多少钱一台？最低只要××××元！
* 小型塑料制袋机最低价格是多少？

从这几个标题中你发现了哪些区别？它们分别适用于哪些场合？有什么不同的预期结果？

第三步，创建网页正文内容。

假定网页内容是关于×××型制袋机价格的，网页内容素材可以从以下几个方面来考虑。

- 核心内容：×××型制袋机整套产品价格，其中包括哪些配件，是否包发货费用，安装调试费用是多少？
- 产品信息：型号及参数、适用范围、主要特点、安装方法、使用方法、注意事项、相关图片或视频资料。
- 市场及销售：可通过哪些渠道购买、在线购买链接、各地销售商联系方式、售后服务、是否有优惠活动等。
- 相关产品：其他型号制袋机产品简介及价格。

有了这些方面的资料，这个网页内容就比较丰富，对用户提供的信息也较为全面，内容创作也不再是一件令人苦恼的事情。

第四步，内容素材及发布准备。

在正式发布之前，要确定网页的基本要素：网页标题、关键词、摘要描述、正文内容。在内容编辑时还要确定：META 标签内容、内容展示形式（如字体、字号、颜色等）、插入图片的 alt 属性、相关链接、是否需要为网页文件独立命名等。

网页标题（Title）：小型塑料制袋机价格-×××型制袋机-中山丰某公司

关键词（Keywords）：塑料制袋机，塑料制袋机价格

摘要描述（Description）：×××型制袋机是中山丰某公司生产的小型塑料制袋机，适用于小型企业及家庭企业，制袋机价格从 2 万到 5 万元，免费送货，免费安装调试。

正文内容（Content）：中山丰某公司生产的小型塑料制袋机——×××型制袋机，可生产背心袋、平口袋等多种袋型，公司是专业的制袋机厂家，权威品质保证，制袋机价格从 2 万元到 5 万元，免费送货，免费安装调试。在阿里巴巴及淘宝网均可在线购买。

×××型塑料制袋机图片：Alt=×××型塑料制袋机

正文内容（产品参数、适用范围、主要特点、安装方法、使用方法、注意事项、客户案例等。此处省略×××字）。

在线购买：到阿里巴巴购买（网址链接）、到淘宝网购买（网址链接）

产品咨询：如希望了解更多信息请联系……

相关产品：你可以对比了解本公司更多的产品，总有一款适合你！

×××型制袋机（网址链接）、×××型塑料薄膜制袋机（网址链接）、×××型塑料拉链制袋机（网址链接）……

经过这样的内容"创作",一篇内容比较丰富的网页就基本完成了。其实这样的网页内容要素"模板",适用于多种类型产品的相关网页内容创建。用这种方式构建的企业网站内容,究竟能发挥怎么样的网络营销作用,如何评价其效果?在本书后面章节中我们将继续分析。

通过上述例子可以看出,作为网络营销信息源的网页内容,都有一些共性特征,也就是每一个网页都应该提供丰富的信息,这样不仅仅是为了看起来内容丰富,更重要的是为了便于用户获取全面的信息,因为用户可能仅仅浏览这一个网页,如果没有他需要的信息,他就可能到其他同类网页去浏览。他的下一站,很可能就是企业的竞争者!有点夸张地说,不重视网站内容创建,就相当于把潜在用户推到竞争者那里。

3.1.6 企业网站内容发布与运营规范

完成网页内容素材的准备工作,单击网页内容编辑器的"发布"按钮,一个新的网页就诞生了。不过,网页内容的发布,并不仅仅是单击一个按钮那么简单的,在发布前后,还应遵守相关的操作规范,这样才能让网页内容更专业,更有利于网络营销信息的传递。同样,网页内容发布也不等于网站内容运营工作的完成,后期的管理维护同样重要。

规范是专业的体现,也是内容营销效果的基础保证。企业应建立合理的运营管理规范,每一篇网页的写作、编辑、发布、管理的整个流程都做到规范化和专业化。

本书作者所在的新竞争力网络营销管理顾问根据网站运营的实践经验,归纳总结了系统的《企业网站内容运营维护规范》,其中部分内容被列入《中国互联网协会企业网站建设指导规范》。

企业网站内容运营维护规范主要包括以下八个方面。

① 文件命名规范,分类目录及文章内容页面 URL 命名规范。
② 网页标题设计规范。
③ META 描述设计规范。
④ META 关键词规范。
⑤ TAG 规范。
⑥ 网页内容编辑规范。
⑦ 网页内容发布规范。
⑧ 网站内容更新周期。

下面简要介绍部分重要的网站内容运营规范。

1. 网页文件命名规范

网页文件名决定了一个网页的网址(URL),其命名通常有系统自动生成及运营人员自定义两种方式。理想的网页文件名应该在一定程度上反映网页标题的核心内容,并且容易给用户留下印象,便于用户保存、分享、传播。例如:http://www.jingzhengli.cn/baogao/jixie.html(网页标题:《机械企业网络营销策略研究报告》简介),其中的"jixie"是自行定义的网页文件名,体现了网页标题中的核心属性。

为了保持网页内容的持续可访问,网页文件夹和文件名一旦生成,在后期运营中就尽量不要修改,即使在网站改版时也应尽可能保持原来发布的网页网址不变,因此网页文件命名应做到以下几点。

① 对于重要内容的页面，可采用自定义文件名，一般性网页可以用系统自动生成的文件名（如用数字）。

② 如果用自定义文件名，网页文件名应与网页标题中的核心关键词有一定相关性，且字符数不宜过长（如上例中用 jixie，而不是 jixieqiyewangluoyingxiao）。

③ 文件名全部为小写字母（或者字母数字组合）。

④ 如果该名词的英文名称是大家熟知的，可以用英文，如 internet、ec、book 等，如果是比较生冷的词汇，可以用汉语拼音（或者拼音与数字的组合）。

⑤ 文件夹字符数不宜过长，如 yanjiubaogao 就显得有点长（最好不超过 10 个字符，上例中用的是 baogao），可以用相近词汇或拼音；内容页面的网址也按类似规则处理。

2. 网页标题设计规范

网页标题（Title）的重要性毋庸多言，无论对用户决定是否阅读一个网页，还是对搜索引擎搜索结果中的排序，都有直接影响。企业网站的网页标题是为用户设计的，应真实自然，同时考虑到用户通过搜索引擎检索的习惯，应避免为适应搜索引擎而设计标题。在设计网页标题时应重视下列几个方面的规范：

① 网页标题字数为 8～20 个字比较理想，最多不超过 25 字（含标点）。

② 网页标题含有至少 1 个重要关键词，但避免关键词堆砌。

③ 网页标题中尽量不用或最小限度地使用标点符号。

④ 网页标题自然通顺，适合完整地出现在正文中。

⑤ 尽量不用网上出现过很多次的网页标题，避免有拷贝内容的嫌疑，除非概念定义等无法改变。

> **问题讨论**
>
> 比较一下淘宝网宝贝页面的标题和某些微信公众号的文章标题，与上述规范内容为什么差别很大？

3. META 标签设计规范：关键词及网页描述

META 标签是网页源代码中 HTML 标记的一个标签，通常位于网页头部标签<head></head>之间。常用的 META 标签包括网页关键词、网页摘要描述、网页语言等基本信息。META 标签中的内容在浏览器前台中并不显示，可以在网页源代码中查看。META 标签的作用主要在于为搜索引擎获取网页信息提供基本的说明。

每个网页都应有自己的灵魂，也就是有独立的网页标题、关键词和网页描述。三者与网页内容的关系是：网页内容包含网页描述、网页描述包含网页标题、网页标题包含关键词，如图 3-5 所示。

（1）META 标签：关键词（Keywords）

• 关键词包含于网页标题中；

• 每个网页 META 中关键词数量不宜太多，一般 2～3 个关键词即可；

• 关键词中应注意通用关键词和专用关键词的合理分配，不能所有的关键词都是通用的词汇，例如：互联网，概念；

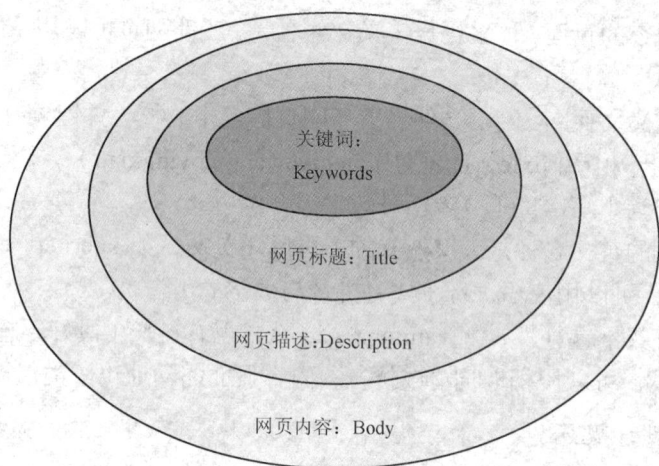

图 3-5　网页主体内容与 META 标签的关系示意图

- 关键词文字不宜太长，除非本身是完整不可分割的。例如：网络营销能力秀、网络营销基础与实践。

（2）META 标签：网页描述（Description）

- 中文 50～80 字左右（含标点符号）；
- 网页描述中使用英文标点符号；
- 网页前台与源代码的一致性：META 描述包含于网页正文内容；
- META 描述中含有标题原文或者与标题相似的内容；
- META 描述的核心关键词出现密度为 2～5 次/个。

问题讨论

如果网页中不设置关键词和网页描述，META 标签会有什么问题？试举例分析。

4. 网页内容编辑与发布规范

在完成了网页基本元素设置之后，还需要合理安排各种元素的表现形式，也就是要经过网页编辑、检查、预览，无误之后才能正式发布网页。

（1）网页内容（Body）编辑规范

- 摘要及包含核心关键词的重要内容宜安排在网页内容前部。
- 合理使用标题字号、段落、重要关键词加粗处理等。
- 文章正文内容要做重要关键词链接及相关文章链接（站内链接），一个网页中站内链接不宜超过 5 个。
- 正文中站外链接数量应尽可能少，并且以新窗口打开。
- 正文中插入图片应设置"Alt"属性，原则上不适用于站外图片链接。

（2）网页内容发布规范

- 文章发布前的修改、检查、预览。
- 垃圾代码清除：从其他网页或文档中拷贝出来的内容可能含有无用的垃圾代码，要删除这些代码，保持代码简洁。

- 在同一目录类别下，连续发布相同关键词或者标题设计方式类似的文章宜适量，最好不要超过 3 篇，以免造成非主观堆砌关键词的结果（如"小型塑料制袋机×××"）。

- 正文内容不要使用全角字符。一些报刊在编辑时为了排版整齐，通常把阿拉伯数字和英文字母用全角字符，但在网页内容编辑中应避免，因为这些全角字符有时无法被搜索引擎正确识别，而且很少有用户会用全角字符进行检索。

- 如网站发布系统有生成静态网页功能，应及时生成静态网页。

- 发布后全面检查：文章发布完成后应做全面检查。检查内容包括：网站首页、栏目页是否出现文章标题，是否可以打开链接。并对网页内容中的所有元素及网页源代码的标签进行检查，包括：网页标题、关键词、页面描述、正文小标题、段落、内部链接、图片显示及 Alt 属性等。

5. 网站内容更新与维护

- 新网站不适合一次性发布大量文章。

- 新网站首次发布的文章要保持在首页停留 2 周左右，确认搜索引擎已经收录。

- 根据网站运营计划，确定内容更新频率，保持正常的更新周期。

- 随着时间推移内容可能过时的网页要不定期更新，如"关于我们""联系方式""产品价格"等。

- 定期检查各栏目及网页的可持续访问性、链接的正确性等。

扩展阅读

网页标题和META标签

考虑到本书读者中可能有相当一部分对 HTML 的相关知识并不一定了解，下面我们简要介绍一些关于网页标题和 META 标签的基础知识，对部分网页代码的了解也是作为网络营销人员应具备的基本能力之一。更系统的了解请参考网页设计的专业书籍。

1. 网页标题（Title）

这里说的标题不是指网页内容上的第一个标题，而是指网页中的 HTML 代码中的标题，也就是用户通过浏览器浏览时出现在浏览器顶端的标题：

```
<HEAD>
<TITLE>网页标题</TITLE>
</HEAD>
```

网页标题说明了一个网页的主要属性，或者是一个栏目的名称，或者是一个网页中一篇文章的标题，而网站首页的标题通常就是网站的正式名称，可见网页标题的重要性。网页标题除了具有在浏览器中显示在屏幕顶端的作用之外，标题中所包含的词汇还可以作为搜索引擎搜索网页的关键词，而且网页标题中关键词的排序位置通常比 META 标签或者网页中的关键词要优先，因此应尽可能用准确的文字表达出网页标题。为每一个网页设置一个标题，不仅可以对网页内容做出简要说明，同时也增大了在搜索引擎中被检索到的机会。

为了浏览者的方便以及对搜索引擎的友好，在设计网页时不应忽视每一个网页的标题。有的网站为了网页发布的方便，所有的网页标题都是网站名称，这样，网页就失去了个性，给访问者带来很大不便，也不便于被搜索引擎检索到。对网页标题的要求是：应该概括出网站（主页）或该网页的实质内容，最好能包含若干个最重要的关键词。

2. META 标签

虽然在浏览网页时看不到 HTML 源代码中 META 标签设计所带来的直接影响，但是，对于搜索引擎来说，META 标签的作用却非同小可，META 标签的重要作用就是为搜索引擎的机器手检索网页做准备，早期一些搜索引擎就是根据源代码中 META 标签所设定的关键词来检索和排序的，虽然现在的搜索引擎一般不会完全依据 META 标签的内容进行检索，不过 META 标签仍然有其存在的价值。

META 标签中最重要的是关于网站的描述（description）和关键词（keywords）。

<META>和<TITLE>同属于<HEAD>中的内容，基本格式为：

<HEAD>

<TITLE>标题</TITLE>

<META Name="description" Content="这里可以作为对网站的简要介绍，无须堆砌关键词，一般不要超过 150 字符.">

<META Name="keywords" Content="关键词罗列：每个单词之间用逗号分开，关键词数量不宜过多">

</HEAD>

META 标签中的网站描述（Description）是对网站的简单介绍，对于根据 META 标签检索的搜索引擎而言，当你的网站被检索出来后，对网站描述的内容就会出现在搜索结果页面上，用户可以根据你对网站的描述，判断是否符合自己的需求，以确定是否进入你的网站。如果缺少这一项内容，搜索引擎将根据检索规律从网页正文中抓取摘要信息，但返回的检索结果并不一定是你所希望展示给用户的信息。在撰写网站描述时，应尽量用简洁的语言说明网站的特点和核心内容，特别提醒注意的是，需要描述的是当前网页的核心内容而不是公司介绍（除非该网页正好是公司介绍页面）。

META 标签中的关键词（Keywords）应该是该网页的核心关键词，如果关键词与本网页内容无关，这样的设计也就失去了意义。

搜索引擎显然不是仅仅通过网页标题和 META 标签的内容进行检索的，而是要分析用户检索的关键词与网页主体内容以及网页标题的相关性。因此往往可以看到这样的现象，以 Google 为例，即使网页中没有设置任何 META 标签中的内容，只要网页标题和网页主体内容中含有被检索的关键词，网页同样可能被检索到。这说明网页内容才是基础，仅仅依靠 META 标签并不能获得理想的搜索结果。

在早期的网络营销活动中，搜索引擎注册是最主要的手段，为了得到搜索引擎的青睐，一些网络营销人员经常会在网页主题中罗列大量的关键词，因为关键词占网页内容的百分比（关键词密度）对于搜索引擎排名有很大影响，他们甚至通过一些用户眼睛不可识别的图片、滚动字母（如设置为 1 个像素）、与背景颜色一样的文本等达到在搜索引擎中获得排名靠前的目的，这些方法不仅没有任何意义，而且会被视为搜索引擎的垃圾信息而遭受惩罚。

至于如何正确设计网页的 META 标签内容，读者可以通过网络资源了解更多的相关内容。

顺便说明一下，网上各种版本的 META 标签介绍，包括网络百科词条等，许多源于

资料来源：《网络营销基础与实践》第 3 版，冯英健著，清华大学出版社，2007 年.

3.1.7　企业网站内容运营的原则与策略

网站内容运营策略，是以运营为目标，以用户获取有价值的信息为导向来设计的。如前所述，每一个网页都是企业的网络营销资源，每一个网页都应带来潜在的用户。因此，运营导向的网页内容创建应该是从用户对信息的需求出发，结合本企业的资源，经过系统的设计而成。

本书将企业网站的内容策略归纳为以下五个方面，大家可根据企业网站的专业水平及运营能力，从中发现适合本企业的内容营销策略及方法。

企业网站内容营销五大策略：内容营销政策、内容来源扩展、内容细节优化、内容推广方式、网站内容规范。

1.　内容营销政策：坚持网站内容营销方针不动摇

内容是网站运营及网络营销的长期工作，内容营销是永不过时的方法，高质量的内容永远是获得用户的法宝。内容营销的思路包括：制定长期的网站内容营销目标和策略、制定网站内容运营规范、不断创建和丰富网站内容资源、持续为用户创建有价值的内容并通过合理的方式传递给用户。网站内容营销策略对传统 PC 网络营销及对移动网络营销同样重要，内容没有传统和移动的区别，差异仅在表现形式方面。

为了体现重视，在网站运营岗位的设计上，内容创建及运营有必要设置相应的人员和职责，不妨称其为"首席内容官"。当然这个官不只是写写文章那么简单，还要负责内容的运营推广，并对内容营销的效果负责。

2.　内容来源扩展：开拓网站内容，创建新思维

网站的常规内容无非是企业新闻、产品介绍、技术方案、顾客服务等基本信息，这些内容对于网站推广是远远不够的，需要突破传统网站内容模式的局限，开拓更广泛的内容来源渠道。例如：

* 开设企业博客，实现全员网络营销，调动企业全体员工的积极性为网站贡献内容，这种方式在许多大中型企业早已普及，详细内容在本章博客营销中会给予介绍；

* 开启以用户为中心的内容来源：通过在线客服、社交网络等渠道了解用户声音，通过与用户的互动不断挖掘用户感兴趣的话题；

* 网站内容再生：通过原有内容的聚类、分类、修订等方式，充分利用现有内容资源，将其扩展为更多的网页新内容。本节后面附的几篇扩展阅读文章，对此有详细介绍。

* 内容合作：作为一种资源合作方式，与相关网站及业内活跃人士开展内容合作，不失为一种便捷的内容扩展方式。

3.　内容细节优化：细节源于专业，细节体现专业

"网络营销细节制胜"是本书作者的一贯观点。在网站内容营销方面，细节对效果的影响更为突出。通过对一些网站的调查发现，传统企业网站的很多细节问题多年来一直存在且比较突出，如页面内容缺乏有效的文字描述、网页没有独立的标题（全站所有网页标题都是企业名，或者有些用无标题文档）、产品信息描述不完整（有些产品甚至只有一个产品型号而没有文字）……很多看起来可能仅仅是细节的问题累积起来就成了大问题，最终决定了网站专业水平较差。当然这种情况有些受网络营销服务市场的制约，一些服务商提供的模板式网站没有必要的功能支持，企业方面对于网站的主要问题在于"重建设、轻运营"，网站建设与运营推广脱节，因此内容营销也就无从谈起。

4. 内容推广方式：搜索引擎引导和社交网络传播是主流

网站内容推广包括两个方面的含义：一是在内容选题、内容创作及发布时要适应推广的需求；二是对于发布的内容要给予必要的推广。在用户获取及浏览内容的常见方式中，作为网站内容推广的主要渠道包括：直接浏览、信息引导（搜索引擎、网站链接）、社交分享等。因此，有效的内容推广应该是在网站整体优化的基础上，将搜索引擎优化规范落实到每个网页，同时让每个网页都适合通过社交关系网络转发。

5. 网站内容规范：内容规范化和严谨化

规范是专业的体现，也是内容营销效果的基础保证。企业应建立合理的运营管理规范，每一篇网页的写作、编辑、发布、管理的整个流程都做到规范化和专业化。本章前面已经简要介绍过企业网站内容运营维护规范主要的常见内容，包括网页标题设计规范、META 标签规范、网页内容发布规范及内容更新周期等。

> **扩展阅读**
>
> **部分网站运营管理工具简介**
>
> 网站运营管理离不开必要的工具，也需要各种管理表格，如网站推广报告、网站访问统计分析报告、搜索引擎收录报告、搜索引擎关键词可见度报告、网站运营效果报告等。每个具体的网站运营管理模式不同，管理方法和要求也有所区别，下面介绍部分常用的管理工具供大家参考。
>
> **1. Alexa 网站访问排名工具**
>
> Alexa 网站目前归美国最大的电子商务网站亚马逊所有，提供全球网站访问量排名等信息，只要网站被该系统收录，输入网址即可看到该网站访问量在全球网站中的排名情况：排名越靠前，意味着访问量越大。例如，2009 年全球访问量排名第一的网站是 google。对于排名在 10 万名以内的网站，还有更为详细的统计资料和访问量排名统计轨迹，如用户来源国家、各个二级域名网站的访问比例、网站外部链接数量等。
>
> Alexa 网站排名数据的主要作用包括：
> - 了解同类网站访问量的相对高低；
> - 了解自己运营网站排名的变化情况；
> - 分析竞争者网站的基本状况，如外部链接数量、预估访问量；
> - 研究某类网站的用户访问特征等。
>
> 获得 Alexa 网站统计信息的方式有两种：第一种是在自己的计算机上安装 Alexa 工具条，安装成功后它会显示在浏览器菜单上，当访问一个网站时，网站的排名信息会直

接出现在工具条上；第二种方法是进入 Alexa 网站，输入要查询网站的网址进行查询，可看到该网站的各项详细信息，如访问量排名、每个用户的平均访问量等。工具条可以使我们对正在访问的网站形成一个直观的印象，但安装工具条有时可能会遇到一些麻烦，如有些杀毒软件会将 Alexa 工具条程序作为病毒给予隔离使得其无法正常工作，有些浏览器则可能不支持 Alexa 工具条，同时 Alexa 工具条对网页浏览速度也会产生一定的影响，尤其当电脑配置不高时，表现更为明显。

Alexa 网站排名数据来源于安装 Alexa 工具条用户访问网站的数据收集，也就是说一个网站的访问者中安装工具条的比例越高，该网站的排名就会越靠前，这就是为什么有些网站为了获得较好的网站排名数据而鼓励用户尽可能多地安装 Alexa 工具条的原因。另外，有些网站为了获得好的排名可能采用作弊手段提高 Alexa 排名指标，如采用软件模拟用户客户端工具条的功能刷新网站访问量等，这些是不值得提倡的，对真正的网站运营没有任何价值。

这里要强调的是，Alexa 网站排名数据毕竟不是网站的真实访问量，而且各项指标与实际情况也并不一致，尤其对访问量很小的网站来说，几乎没有参考意义。所以，Alexa 网站排名信息仅可在一定范围内参考，不适合作为网站运营的考核指标。

说明（2018 年 1 月）：由于 Alexa.com 网站功能调整，全球网站排名目前已不是该网站的主要服务。中文网站排名信息可查询 Alexa 中国网站。

2．网站历史档案查询工具

网站在运营中可能会不断改版升级，经过几次变化之后，可能网站管理员都不记得自己的网站之前是什么样了，那么如何才能了解一个多年前的网站面目呢？幸好，有一个叫作"网站时光倒流机器"（Wayback Machine）的工具帮我们解决了这个复杂的问题。

提供这项服务的网站是 The Internet Archive，这里我们将其意译为"网站档案馆"。通过这个网站历史档案，你甚至可以找到 1996 年的一些网站的信息！

互联网档案馆和 Alexa 网站排名信息有着密切的关系，因为互联网档案馆收集的网站资源主要来自于 Alexa 及部分其他网站，它也接受主动加入的网站。互联网档案馆位于美国旧金山，与 Alexa 一样诞生于 1996 年，是一家非营利性的信息资源数据库，面向全球用户，免费公开其收集的全部互联网信息资料。自 1996 年成立起，The Internet Archive 定期收录并永久保存全球网站上可以抓取的信息。对于不同的网站，其收录的网页数量和收集周期也不相同，一些大型网站可能每天都会被"备份"一次，每次可能收录数十个以上的网页，而一些小型网站可能每年收录几次，每次只有几个网页。

了解了互联网档案馆的起源及目的，也就不难分析这个工具可以为我们提供什么价值了。例如，要研究一个网站在不同时期首页的演变，只要在档案馆中找到该网站不同时期的信息即可。例如，你可以查看 1999 年 1 月 25 日搜狐网站首页的信息；也可以查看 1999 年 11 月 27 日本书作者当时的个人网站的简陋网页；当然，你也可以对你希望研究的任何一个网站进行查询，尤其是 2005 年之前发布的网站，大多都被收录在这个互联网档案馆了。

从网站运营及网络营销研究的角度，我们可以把互联网档案馆的作用归纳为以下几个方面。

- 收集某些网站早期的历史资料，尤其是当这些网站后来已经不再运行时，通过搜索引擎的方式已不可能再获取信息；
- 研究一个网站在不同时期的结构和内容的一般特征及其演变趋势；
- 域名历史研究——如果是曾经被使用后废弃的域名，可以了解其历史变迁，在注册域名之前，不妨先查询一下这个域名之前是否被用过；

此外，这个公开的档案馆也给网站运营者一个提醒：发布在网站的信息要慎重！因为发布在网站上的信息是会被第三方记录下来的，即使自己删除了自己网站的内容，也仍然可以在互联网上找到证据。

3. 搜索引擎收录及排名状况查询工具

搜索引擎是主要的用户来源渠道之一，因此网站运营应重视搜索引擎的收录及重要关键词搜索结果的排名情况。由于搜索引擎收录网站及搜索结果排名等信息处于动态变化之中，因此获取网站在搜索引擎中的表现最直接的方法，就是到每个搜索引擎中查看搜索结果。

检查一个网站被搜索引擎收录的情况，通常可以通过在搜索引擎搜索框中键入："Site:域名"的方式来查询，搜索结果中的数量即为被收录网页的数量。例如，海尔集团网站在百度或者 Google 中的收录情况，可以这样来查询：site:haier.com；而要检查该网站下某二级域名网站的收录情况，例如，手机频道，可以这样来查询：site:mobile.haier.com。

当然，经常到每个搜索引擎检索信息可能会比较麻烦，因此有些网站将各种搜索引擎查询集成在一个页面上，这在一定程度上提供了方便，减少了在各个搜索引擎之间切换的麻烦，不过仍然需要手工逐条获取信息。于是也曾出现过一些自动检索的软件来完成这些功能，但是利用软件自动从搜索引擎检索信息，增加了搜索引擎提供商网站服务器的压力，而且对搜索引擎来说是属于无益的请求，当自动检索的请求量较大时，通常会被搜索引擎拒绝。因此，了解网站被搜索引擎收录的情况，一般是需要手工来操作的。此外，有些搜索引擎也可能并不提供类似的命令。

与查询搜索引擎收录网站情况类似的命令还有：

- 查询网站外部链接命令：Link:yuming.com；
- 内容相关或详细的网页命令：related:yuming.com。

说明：有些搜索引擎需要完整的网址形式，有些搜索引擎也可能不再提供这些功能。

4. 网站错误链接检查工具

一个网站中有各种网页之间的超级链接，包括站内链接和站外链接，正是各种链接关系使得网站之间、网页之间可以方便地互相访问。显然，错误的链接影响用户获取信息，过多的错误链接将大大降低网站的专业水平，因此对网站的错误链接进行检查并及时改正是非常必要的。

检查错误链接，除了手工逐个点击的方式之外，还可以借用一些在线监测工具。有些功能比较完善的企业网站，如新竞争力网络营销管理顾问开发的系列网站系统，在后台中已经包含了"错误链接报告"的功能，只要点击这项功能，即可对本网站的链接情况进行统计分析。大部分企业网站可能并不具备这些专业功能，这时就需要借助于一些第三方的在线检测工具来检查。例如，国际 W3C 组织的 "W3C Link Checker" 就是这样的一个工具。

W3C 组织是制定网络标准的一个非营利组织，W3C 是 World Wide Web Consortium（万维网联盟）的缩写，像 HTML、XHTML、CSS、XML 的标准就是由 W3C 来制订。

在 W3C Link Checker 的网页中输入自己希望监测的网址并点击 Check 按钮，过一段时间之后，网站的链接错误信息就出现在该页面的下方。在该测试工具页面，你也可以对一些选项进行设置，以便获得更准确的检查结果。

造成错误链接的可能原因包括：新网站中一些不完整的测试内容、栏目设置或者内容编辑过程中的输入错误、有些网页因故被删除、链接到已经失效的外部网页地址等。错误链接难以完全避免，不过在网站运营的过程中应尽量注意以便减少产生链接的可能，例如，不要链接到可信度不高的外部网页地址（如友情链接或者内容中的网页链接），删除内部网页之前先对相关链接进行处理等。

5. 网页相似度分析工具

我们知道，搜索引擎不欢迎大量复制的网页，这样的网页不能为用户带来价值，如果收录了复制网页，可能造成大量无效的信息，影响用户获取信息。因此可用网页相似度来判断网页之间是否属于复制网页的情况。

网页相似度是衡量两个网页内容及源代码差异性的一个度量指标。网页相似是指两个网页的内容比较接近，源代码的差异性较小，这种情况经常发生于同一模板生成的网页之间。当两个网页的内容都比较少的时候，相似网页就产生了。例如，在博客中，如果用户发布的两篇博客文章内容都只有几个字，那么这两篇博客文章网页的源代码相似度就比较高。同样的道理，在 B2B 网站平台中的供求信息发布、企业网站的产品介绍等栏目中，由于不同网页的内容，除了产品名称型号差异之外，大部分信息都是类似的，这样就很容易造成网页相似度高的问题。

一个网站中相似网页过多，会严重影响网站在搜索引擎中的表现，因此在网站内容维护时应尽量避免相似网页的产生，对于已经出现相似网页的情况应尽量给予处理，通过内容的差异，以及减少模板中公共代码的比重等方式降低网页的相似度。一般来说，网页的相似度不宜超过 60%，如果只是少量网页存在相似度问题，最大相似度也不宜超过 80%。

6. 搜索引擎提供的网站管理员工具

主要的搜索引擎如百度、Google 等都为网站管理员提供了一系列常用的管理工具用于网站诊断和优化，以不断提升网站的质量。这些工具对网站运营是非常重要的，大家有必要详细了解这些工具的作用和使用方法。

以搜索引擎 Google 为例，对网站运营管理有帮助的管理工具包括：

- 申请重新审核网站。
- 网站优化实验工具。
- 关键字分析工具。
- Google 趋势。

百度提供的网站运营管理工具包括：

- 百度指数。
- 百度站长平台。

7. 网站访问统计分析工具

借助于网站流量统计工具，可以获得对网站访问情况的详细数据，如每月、每天、每小时的用户访问量，用户 IP 地址来源，用户通过什么搜索引擎以及用什么关键词来到网站，每个用户停留了多长时间以及访问了哪些网页，哪些网页带来的访问量最高，哪些网页几乎无人访问等。由于网站访问统计报告对网站运营管理的重要性，本书将在第 5 章网站访问统计分析基础的相关内容中对其做详细介绍。至于获得访问统计的工具，除了日志分析软件之外，常用的还有嵌入代码式的免费流量统计工具，例如：

- 百度统计。
- Google 分析。
- 51yes 网站访问统计。

3.2　企业博客营销基础

在企业网站内容运营中曾提到，为了扩展内容来源，企业可以通过开设企业博客调动企业全体员工的积极性为网站贡献内容，这从一个方面说明了企业网站内容与博客的关系。事实上，博客不仅是企业网站重要的内容来源，同时其本身又自成体系，是企业信息源的组成部分，具有不同于企业网站的独特网络营销价值，在网络营销中具有重要的作用。

作为典型的内容营销模式之一，博客的网络营销价值需要通过具体的博客文章内容来体现，因此博客内容的创建与推广是博客营销的基础。本节系统介绍博客营销的基本原理、内容策略、选题方法、内容形式、写作原则、博客推广及运营管理等。

3.2.1　博客营销的网络营销功能

博客最初用于记录个人的生活及思想，作为个人信息传播和交流的工具，随着博客在企业中应用的普及，博客的网络营销功能很快便得以体现。国内自 2002 年出现博客，到 2006 年前后博客已逐步成为主流的网络营销工具。

博客发展至今，企业博客的形式和价值也在不断发展变化，博客营销在网络营销方法体系中具有不可或缺的地位。根据本书作者多年的实践及研究，结合当前日益普及的社会化网络环境，可将现阶段**企业博客营销的网络营销功能**归纳为以下九个方面。

① 企业官方博客是官方网站的组成部分，扩展了网络营销信息源的来源及信息传播渠道。

② 官方博客是企业网络品牌必不可少的组成部分。

③ 企业博客是网络营销社会化必备的网络工具，是开展全员网络营销的基础。

④ 企业博客对官方网站、产品和服务等具有明显的网络推广作用。

⑤ 博客是内容营销的常用方式，增加了企业网络信息在搜索引擎中的曝光机会，增加了

企业网络可见度。

⑥ 企业博客的知识传播功能，有利于企业建立业内专业形象并获得顾客信任。

⑦ 博客增进了业内及顾客之间的沟通，有助于增强网络营销信息传递的交互性。

⑧ 博客为微博等 SNS 营销提供支持，扩展了信息源的信息量，并且增强了信息传播的持久性。

⑨ 作为综合结果之一，企业通过博客传播可以带来直接用户或者潜在用户。

企业博客的形式多样，不同形式的运营管理有一定的差异，但在博客的写作及传播方面有一定的共性特征。常见的企业博客的官方模式包括：

① 建立于企业官方网站的博客频道或者企业自主运营的独立博客网站，实际上属于企业官方信息发布渠道之一，为完全可控型信息源。

② 在第三方个人博客网站平台（如新浪博客）以企业名义注册博客账号发布信息，这种基于第三方平台的企业博客，在操作方面与个人博客没有本质的差异。

③ 在提供企业博客服务的网站平台租用企业博客服务等，有些平台可提供更专业的服务，对提高博客内容的网络可见度等有一定的价值。

由于第二及第三种企业博客平台实际上并非由企业完全控制，虽然在有效使用范围内同样可以发挥企业博客的作用，但严格来说不属于企业所拥有的网络营销资源。考虑到当前企业自主运营的博客已经相当普遍，因此本节在讨论企业博客的营销价值时，如无特别说明，则一般以上述第一种形式为参照系，而在介绍博客营销方法时，则对各种形式的博客都是适用的。

3.2.2 博客营销的基本原理与本质特征

与网站内容运营的流程类似，博客营销也是将创建的内容通过博客网站发布，并进行必要的网络推广，实现网络可见度的提升，但两者内容的特点及实现营销的手段有一定的差异。从内容的形式来看，企业网站内容比较严谨而全面，博客内容的选题范围相对比较广泛；从内容的性质来看，企业网站可以直接提供产品的详细介绍及企业信息，而博客内容通常不是产品介绍而是通过引导用户关注，间接实现企业品牌及产品的推广。也就是说，博客营销是一种引导型的内容营销，尤其是通过知识传播获得用户信任，最终发挥网络营销价值。所以，从一定程度上可以认为，博客营销是一种知识营销方式。

本书作者根据对博客营销的实践研究，于 2005 年 2 月提出了博客营销的定义并一直沿用至今（这也是最早发布在互联网上的博客营销的定义）：

"博客营销是一种基于个人知识资源（包括思想、体验等表现形式）的网络信息传递形式。因此，开展博客营销的基础问题是对某个领域知识的掌握、学习和有效利用，并通过对知识的传播达到营销信息传递的目的。"

这里说的知识资源，当然并不是特指专业的学科知识或者新闻资讯，而是泛指所有对用户有价值的、可以以博客的形式通过互联网传播的内容（因而才会有用户阅读）。

关于**知识营销**的定义："知识营销是通过有效的知识传播方法和途径，将企业所拥有的对用户有价值的知识（包括产品知识、专业研究成果、经营理念、管理思想以及优秀的企业文化等）传递给潜在用户，并逐渐形成对企业品牌和产品的认知，为潜在用户最终转化为用户的过程和各种营销行为。"

可见，博客营销是知识营销的一种具体表现形式。如果没有受人关注的内容，纯粹的商业信息在博客环境中是不受欢迎的，这也就是博客营销与企业网站内容营销以及供求信息发布的最大区别之处，即开展博客营销的前提是拥有对用户有价值的、用户感兴趣的内容，而不仅仅是广告宣传。

基于对博客营销的认识，我们可以进一步通过博客内容的发布与传递过程来探讨博客营销的基本原理。

无论是企业自己运营的博客，还是第三方博客平台的用户，两者的共同特点是，在博客频道或平台上有多个用户，每个用户既是博客内容的创建者，也是博客内容的阅读者，同时还可以通过其他网站的链接或搜索引擎获得其他用户的浏览。博客营销的基本原理如图 3-6 所示。

由图 3-6 中可以看出，博客营销的核心是博客文章内容，而用户的博客文章传递渠道包括博客平台内部用户之间的传播，以及通过网络营销工具实现的博客平台外部传播。作为企业信息源的一种形式，博客推广也就需要从两个方面进行：通过博客平台进行内部推广及外部推广，增加博客内容的网络可见度，获得尽可能多的用户浏览和关注。这是博客营销的特点之一。

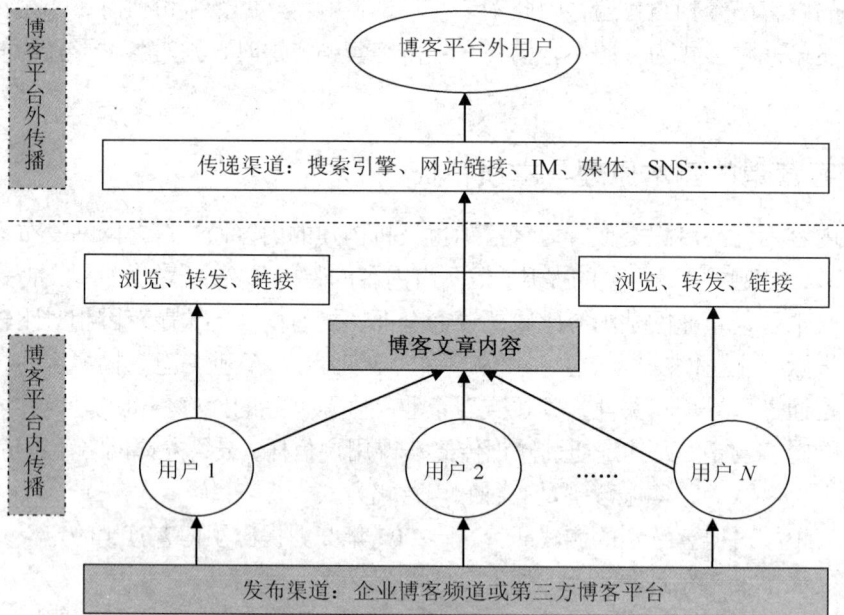

图 3-6　博客营销原理示意图

另外，与传统的企业网站或者第三方信息发布平台的信息传播不同的是，博客可以以企业的名义发布，也可以以个人的名义发布，每个博客用户都可以自由地发布博客，这也就是博客营销之所以成为全员网络营销基础的原因。

根据博客营销的特点，我们进一步将其归纳为以下五项基本特征。

1. 博客营销是内容营销的一种形式

传统网络营销中基于企业网站的信息发布、第三方平台信息发布、搜索引擎优化、邮件列表营销等，都属于内容营销的表现形式，也就是通过网页内容展示获得用户的关注。博客同样属于内容营销，也是通过网页信息的传播获得用户关注。

2012 年 8 月，美国内容营销平台 Outbrain 和 Econsultancy 的一项内容营销调查报告的结果表明，内容营销在网络品牌、增加用户忠诚度等多个方面发挥作用。在内容营销的具体方式中，最有效的方式包括：新闻邮件、SNS 内容更新、发布博客、播客、在自己的网站上发布新闻/文章等。

内容营销要求有持续性、系统性、价值性的特点，这就为博客营销提出了最基本的要求，即博客营销是一项长期的工作，它所发挥的作用具有累积效应而不是如网络广告那样立竿见影，有价值的博客内容越多，营销价值也越高。

2012 年之后，随着智能手机应用的快速发展，基于手机的内容营销形式不断涌现，如本章后续内容中将要介绍的微信公众号营销等，已成为最有影响力的内容营销方式之一，不过博客的地位及作用仍然不容忽视，只是在手机网络营销中，博客营销的形式也在不断演变，以适应手机阅读的需求。到 2017 年后半年，更多基于社交网络及智能推荐的内容平台获得快速发展，因此，包括博客营销在内的内容营销方式，在新环境中的应用方法及特点，值得进一步关注和研究。

2. 有价值的知识信息资源是博客营销的基础

网络营销的最高层次是为顾客提供价值，这种价值是通过各种渠道逐步建立起来的，博客就是其中的常用渠道之一。博客对用户的价值可通过多种形式体现出来，不同行业可能有不同的特点，例如，对于一些技术性背景的行业，行业动态、业界交流活动、技术资料下载、产品知识分享、问题解答、新观点新知识等都可能受到用户的关注；而对于旅游行业来说，用户关心的问题则可能是风景介绍、风光图片、旅游攻略、精彩游记、特色饮食等相关的内容。所以，是否可以为用户持续提供有价值的内容决定了企业博客营销是否具有生命力。

3. 博客营销具有软性营销的特点

相较于比较严谨的企业官方网站，博客的内容选题范围和表现形式更为灵活，使得博客文章内容丰富多彩，这也是博客更容易接近潜在顾客的原因所在。反过来说，如果博客文章也像企业官网内容一样生硬，或者是纯粹的产品信息，那么也就失去了博客的意义，更谈不上发挥博客的营销价值。因此，"真正的营销应该在博客之外"。

对于内容营销来说，内容是思想的载体及表现形式，内容背后是企业或个人的营销思想，博客及博客营销同样符合这一规律。博客只是营销的载体和媒介，博客本身并不等于博客营销。鉴于博客这种"软性营销"特征，企业（员工）在撰写博客文章的时候，其实没有必要时时处处为这个问题纠结——我这篇博客对企业营销有价值吗？因为并不是每篇博客文章都能实现明确的营销目标，否则那就不是博客而是商业广告了。企业博客的营销价值来自长期的内容积累，每一篇博客对这个最终的营销目标都是有价值的。

4. 网络可见度是实现博客营销的基本途径

博客文章对企业博客营销的总体价值可能体现在以下一个或者几个方面。

① 增加了企业网站的内容资源。

② 为企业网站增加了访问量。

③ 获得潜在用户浏览并使其关注企业产品。

④ 解答了顾客关心的问题。

⑤ 为企业网站增加了外部链接。

⑥ 企业因为博客直接获得了订单……

尽管企业博客发挥的作用可能表现在多个方面，但具体到某一篇文章是否可以产生某些方面的效果则具有偶然性和不确定性，那么企业博客文章的集合必然有一个共性使得它们体现出这种综合价值。本书认为，众多的博客文章使得企业信息的网络可见度得以提高，因而才使得博客具有营销价值。也就是说，提高企业信息的网络可见度是实现博客营销的基本途径和目标。由此得出的推论是：**没有访问量的博客文章实际上是没有价值的。**于是也就为本节后续内容提出了一个基本问题：如何让博客获得尽可能多的访问量？

5. 博客营销体现了全员网络营销等社会化营销的思想

既然博客营销是内容营销的一种形式，且具有知识营销的属性，那么博客的价值有可能超越营销，对企业的经营思想、经营策略，甚至企业价值观等方面产生影响。

总之，企业博客营销不只是一个营销战术问题，而是涉及企业营销策略及公司战略层面的问题，值得引起充分重视。内容运营的其他方面如微博、微信、自媒体运营等也是同等的重要。

通过对博客营销基本特征的分析，也就解释了很多人容易形成的一种认识误区：博客营销不就是写博客文章吗？博客营销当然是通过写博客文章实现的，不过仅仅会写文章是远远不够的，要用专业的方法写有价值的文章！而且还必须了解博客营销的模式、博客营销的基本策略以及博客文章写作的原则和方法等专业层面的知识，这样才能让博客文章发挥营销的价值。

3.2.3 企业博客的内容策略

几乎所有的内容营销方式都涉及内容策略的规划，包括本书前面有关企业网站的运营推广以及本章后面的邮件列表营销、微信公众号营销等。由此也可以进一步说明，内容（也就是网络营销信息源）在网络营销信息传递系统中的重要作用。

本章前面的内容中分析过，大型知名企业本身拥有丰富的信息，不仅网站内容丰富，而且适合于博客形式发布的内容资源很多，具有博客营销的先天优势。而中小企业的内容营销策略往往比较艰难，但这并不是说中小企业只能望内容而兴叹，事实上只要掌握正确的策略和方法，同样可以在一定范围内取得影响力，并发挥博客的营销价值。

本书作者见证过的中小企业博客营销的成功案例很多，在出版于 2007 年的《网络营销基础与实践》（第 3 版）中有过介绍，有兴趣的读者可以查阅相关内容。本书作者所在的新竞争力网络营销管理顾问同样是一个小公司，在从事网络营销顾问服务的最初几年，所有国内外的客户都来自网上，无论是著名的全球 500 强大公司还是几个人的小型创业团队，全部是用户主动联系的，其实这也没有任何秘诀，因为新竞争力坚持为用户提供原创的网络营销专业文章，并且通过新竞争力网络营销专业人员的博客文章来传播最新的网络营销思想、有实用价值的网络营销方法和网络营销相关的调查数据。因为，**真正专业的文章是不可能凭空想象**

出来的！通过网站的文章可以体现公司的专业水平。在这种知识传播过程中，企业博客的作用是不可忽视的。

通过对企业博客营销实例的分析总结，**将博客营销的内容策略**归纳如下。

① 信息源形式：博客是企业官方网站信息的补充和扩展，内容广泛，形式多样，是企业信息源的组成部分。

② 信息发布渠道：博客营销可依托于企业博客频道或第三方博客平台，博客平台应具备一定的用户基础及良好的搜索引擎优化基础，有利于实现博客在内容平台内外的多渠道信息传递。

③ 博客内容创建：尽管对博客文章内容没有严格要求，但真正高水平的博客文章不是随便可以写好的，需要对所在行业有深入的认识，善于分析和总结用户关心的问题，并具有无私分享的精神。

④ 博客文章推广：平台内部推广与外部推广同时进行，获得尽可能多的用户关注及浏览。

⑤ 博客内容资源积累：所有的内容营销都不是立竿见影的，博客营销同样需要长期的内容资源积累，只有持续为读者提供有价值的博客内容，博客的价值才能得以体现。

总之，博客营销是内容营销的表现形式，制定长期的博客内容策略是企业内容运营的重要组成部分，包括谁来写博客、如何写博客，以及如何让博客获得更多人访问等，都是博客内容策略应该考虑的问题。

3.2.4　博客文章写作基础：选题方法

博客营销的基础工作是博客文章写作，所有的写作都离不开选题。在一定程度上可以说，选题在博客写作中占有一半的地位。

扫码看视频：

知识点 08：博客写作
选题方法案例

我们不妨考虑一下，为什么一些知名博客总有持续的内容更新并且总能吸引许多读者的兴趣？这些人是天生的写作高手还是有其他秘诀？通过观察一些比较活跃的博客我们不难发现，他们大多是一个行业内的资深人士，有着较深厚的行业背景。那么对于资历不够丰富的企业员工，如何才能保持高度的写作热情及源源不断的内容来源呢？这对很多人来说可能是一大挑战。所以我们看到，很多企业博客刚开始的时候发布文章频率比较高，以后内容更新会越来越少，许多员工在一阵子博客热情之后就慢慢放弃了博客写作。究其原因，很多是因为不知道该写什么，感觉思维枯竭了，写博客成了很大的压力，因而失去了写作的动力。所以，从一个人写博客的频率也可以看出他在这个领域的成就。

本书作者的体会是，要成为企业博客高手，首先要对博客的内容选题方法有系统的认识以及长期坚持不懈的实践体验。一般来说，个人的知识体系、生活阅历、兴趣爱好、思维意识、工作环境、社会圈子、成就感等决定了选题的范围和主题思想，这些方面也将是博客文章选题的主要来源。

下面我们列举部分博客文章的选题思路供大家参考，包括个人知识和观点分享、对专业领域问题的研究和思考、个人生活经历及其延伸的故事分享、与公司工作相关的话题、对行业问题的关注和思考、社会活动及人脉资源扩展、没有明确主题的其他领域。博客文章选题的七种基本思路如下。

1. 个人知识和观点分享

一个人的知识是多方面的，除了与企业及产品直接相关的知识，还包括不断学习的知识，例如，正在阅读的一本新书、正在写的一篇书评、对某个重要问题的看法等，这些都可以作为博客选题。例如，关于博客营销的话题，不仅可以写自己的博客营销体会、案例及经验总结，也可以介绍这个领域的一些动态或者调查资料等。如果逐渐找到了博客的感觉，你会发现，原来可以写并且可以写好的内容太多了。

这方面的文章案例比比皆是，例如，新竞争力网络营销博客中有大量这样的文章：

- 胡宝介：企业经理人最感兴趣的网络营销渠道。
- 冯英健：为什么写博客越来越难。
- 冯英健：博客营销来得正是时候。

2. 对专业领域问题的研究和思考

有观点认为，博客是让个人成为专家最有效的渠道之一。作为个人知识分享的一个特殊领域，如果你在某个领域有独到的研究，可以连续发布自己的最新观点和研究成果，那么，这也是建立个人网络品牌、树立专业形象最有效的网络传播方式之一。无论你的工作专注于哪个领域，比如企业网站建设、搜索引擎关键词广告，或者外贸出口等，你都有可能有自己独到的见解和深度研究，以系列专业文章写作的方式，可以发掘源源不断的写作素材，在某个阶段还可以进行适当的总结，可以通过早期的观点和内容，延伸出新的内容。

此外，对于非保密性质的专业资料分享，也是很受欢迎的博客话题。例如：

- 胡宝介：营销软文写作推广的成功要素。
- 张宁宁：网站运营人员不可不知的网站分析工具。

3. 个人生活经历及其延伸的故事分享

在一次旅游途中，你发现了什么？哪些信息可能和公司业务发生一定的联系？例如：

- 如果是从事网站用户体验工作的，你可以写一篇自己对航空公司在线订票及网上值机系统的经历，让读者感受到你的专业。

- 如果你从事宾馆酒店服务业，不妨写一下你出差期间对某个宾馆的感受，顺便也与自己公司的宾馆做个比较，自然而然地将本公司宾馆的优点体现出来。

- 如果你是出版社的编辑，看到机场的一本畅销书和你负责编辑即将出版的一本书有某些方面的可比性，不要放弃这个在博客中推广自己作品的机会。

此类话题比比皆是……源源不断的博客话题在于用心观察、勤奋思考和巧妙的联想。

通过个人生活及其延伸的话题，反映出有营销价值的信息，具体包括：企业员工具备哪些专业知识、正在研究哪方面的问题、对哪些领域比较擅长等。

下面几篇作者个人的博客文章大致都属于与生活经历相关且与公司网站运营等有一定关联的内容：

- 如家等快捷酒店的网络营销问题。
- 经济型连锁酒店体验简评。

4. 与公司工作相关的话题

作为公司的一员，无论是老板还是一般员工，每天接触最多的无疑是公司的各种信息，因此与公司相关的话题往往也成为博客文章最常见的内容选题，如公司产品动态、市场状况、产品推广方案、员工招聘计划等，其实这些方面很多都可以成为博客的话题。例如，一篇常见的工作博客内容：能力秀走进中国网络营销大会。

与公司工作内容相关的博客选题范围很广，可以从以下几个方面着手。

（1）你可以为用户介绍新产品知识，回答用户关心的问题等，在与用户交流的过程中，潜移默化地向用户传递了产品信息，对于用户的购买决策会有很大的帮助，也有助于建立顾客信任。

（2）你可以用自己的方式传播公司文化。如果你参加了一个公司的内部培训，有什么精彩的观点可以公开分享？如果你参与了一项公司的庆典活动，有哪些趣闻？中秋节组织了什么活动，发了什么礼物？在公司获得了什么奖励？写出来，这也是为公司文化的传播做出贡献。

（3）是否有用户对公司的产品进行了评论？如果这个评论是肯定的，你可以引用第三方的语言来进一步介绍产品，顺便把更高级的应用告诉读者，这种方式或许可以发挥更好的公关效果。"营销在博客之外"，说的就是这个道理。

（4）你在工作中取得了哪些令人瞩目的成就或者阶段性的成果？不妨写出来跟大家分享一下，对自己也是一种总结和提高，对读者也可能有一定的启发。

当然，这些内容也同样适合于微博营销和微信公众号等内容营销方法。前面列举了部分新手的博客写作方法，其实也是想说明一个问题：博客不只是写一篇文章，其实是一种工作意识和态度，只有你在心理上重视才会有写作博客的灵感。

5. 对行业问题的关注及思考

如果企业内部拥有在某一领域具有影响力的专业人士，他们通过发表行业观察、分析评论等方式，对业内一些热点问题进行评论，那么这也是容易引起读者关注的博客话题。如果某员工经常在媒体发表文章，接受媒体采访，参加行业会议等，这些内容就可以作为企业博客文章的话题，展示企业在行业中的活跃度和专业地位。下面是几个相关的行业分析博客案例：

- 冯英健：电子信息行业关联网站数量最多的企业名录。
- 余沙沙：物流行业网络推广建议。

6. 社会活动及人脉资源扩展

每个人都有若干的社会关系，因此每个人都处于一个巨大的社会关系网络中，这也就是社会化网络（SNS）得以产生和发展的理论基础。个人所参与的各种社会活动，都或多或少会获得别人的关注，把活动中的亮点或者趣事记录下来，这就是很好的博客话题。

另外，在自己写作和发布博客文章的同时，也可以经常关注国内外同行和业内人士的观点，与业内专业人士进行交流，不仅扩大了自己的知识面，也获得了更多的博客写作素材。

7. 没有明确主题的其他领域

博客的话题很多，几乎可以说无事不成博客。除了可以归纳为一定类别的主题之外，其实随便一个话题都可以成为博客，只要细心观察、用心思考、勤奋记录，就会发现博客话题的资源不仅不会枯竭，还会随着博客写作的积累发现越来越多有趣的话题。即兴而发的随笔博客非常多，很多个人博客就属于这种无主题的即兴之作。

总而言之，博客选题并不难，难的是坚持不懈的写作。博客是对个人毅力的检验，源源不断的博客文章也是对个人努力过程最好的见证。一个人，如果对一件简单的事情可以持之以恒坚持10年以上，想不成功都难。因此，在一定程度上可以说，博客是人的综合能力和专注与否的反映。

2012年11月，本书作者在修改完《网络营销基础与实践》(第4版)有关博客文章的写作原则和方法这一小节内容之后，随即发布了一篇随笔博客文章："博客魅力依旧：博客是人的综合能力的反映"。

2017年6月，本书作者在参加某211高校电子商务专业校内评估活动之后，基于对电子商务专业学生的观察，随即写了一篇博客："高考报志愿：电子商务专业怎么样？"

这些内容其实都是有感而发，随手拈来，从单篇文章来看，不一定有明确的网络营销目的，但从长期资源积累的角度来看，这些内容都是有价值的。

3.2.5 企业博客文章写作的一般原则

博客写作，在一定程度上如散文写作一样，在内容及形式上具备"形散而神不散"的特点的同时，还要遵守网络信息传播的原则，也就是说，企业员工需要在一定的原则指导下写作企业博客，否则博客文章不仅没有网络营销价值，还可能为企业造成损失，如泄露公司机密、为竞争对手所利用，或者为公司造成负面影响等。

本书作者所在的新竞争力网络营销管理顾问的研究认为，企业博客文章写作的一般原则包括以下五个主要方面。

1. 确保博客内容的合法性

企业博客是官方信息的组成部分，企业需要对所有信息的合法性负责。因此，所有的博客文章内容必须在法律法规许可的范围内，在企业博客中传播非法信息，无疑将对企业网站造成致命的影响。

2. 正确处理个人观点与企业立场的关系

由于通过员工博客表达的是个人观点，因此任何人的博客文章都不能代表企业的官方立场，但是作为向读者传递信息的方式，读者会将个人观点与企业立场联系在一起，并且会从个人博客文章中去推测甚至臆断企业的行为，尤其是企业高管的博客更容易被理解为企业的官方观点，事实上两者之间的确也是不可完全分割的。因此，员工在进行企业博客文章的写作时，应尽可能避免对容易引起公众关注的本企业的热点问题进行评论，如果实在要涉及这类问题，有必要在文章中声明仅属于个人观点，不代表企业行为，并且，如果必要，在博客文章正式发布之前要经过企业内部审核以避免造成不必要的麻烦。

3. 博客文章的保密原则

掌握企业机密信息的员工在发布个人博客文章时应有高度的保密意识，不是什么信息都可以随便公开发布的。一般来说，企业内部所有规范文档、客户资料、核心技术、项目开发计划、研究报告、技术资料、市场方案等均属于核心机密，无论其是否明确标明"机密"标识。此外，根据常识判断，如果公开后可能对企业造成不利影响的其他信息也有必要考虑保密问题。不过，过于严格的涉密原则对于企业博客也有不利影响，一些员工可能由于过于谨慎而不敢发布博客，影响了企业博客的活跃度。

4. 博客文章中其他必要的声明

根据博客文章的内容和目的，在发布的文章中做出声明是十分必要的，如禁止转载声明、免责声明等，尤其当某些情况具有一定的不确定性时，如果忽视这一点就有可能造成麻烦，公司的高层人士更应注意这一点。2006 年 9 月，多家媒体报道，Sun 公司 CEO 乔纳森·舒瓦茨（Jonathan Schwartz）已经成为了一名"国际化"博客，因为他开始以法语和其他九种语言发表博客文章。Sun 公司律师向舒瓦茨建议，希望他在一些涉及公司发展战略的文章中增加"免责声明"，以免日后被读者当作打官司的证据。

博客文章中的声明不仅对于公司的 CEO 有必要，对于一般员工也有必要，媒体中已经有多起员工因为其博客文章内容不适当而被解雇的报道，而这些问题本来是可以避免的。在没有完善企业博客管理规范的情况下，对有些敏感问题的处理方法还需要博客个人的分析判断。

5. 每个人都应有版权意识

博客文章侵权的事例并不少见，这些都是由于缺乏版权意识所引起的，要做一个受人尊重的博客作者，必须要注重版权保护。如果在博客文章中需要转载或者引用其他来源的内容，如属于版权保护的范畴，应该确保获得版权所有人的许可，并且在版权许可的范围内使用，不要因为个人博客侵权而影响公司的形象。同样的道理，对于个人原创内容，要注意保护自己的版权不受侵犯，版权声明是有必要的。

3.2.6　博客文章的一般要素与表现形式

前面在多处提到，博客文章的内容和形式灵活多样，因此一定要为博客文章界定一种或几种模式显然是不太合适的，不过我们可以从各种博客文章的共性中分析其一般要素，从而发现博客文章的一般规律。

由于每篇博客文章都是一个独立的网页形式，因此应具备一个网页内容的基本要素。无论文章形式多么复杂或者简单，**博客文章的一般要素都可以归纳为**：文章标题、博客正文内容（及图片等附加信息）、合理的内容编辑以及必要的相关链接等。

对于具备高级功能选项的博客系统，在发布博客文章时则可能有其他专业的要素，如自定义文章（网页）名称、关键词、网页描述等，这些通常是为了文章（也就是网页）的搜索引擎优化而设计的。博客文章的编辑技巧，实际上与网站运营中的网页内容编辑方式是一样的，这里不再赘述，读者可回顾本书相关章节的内容。

对于大多数并不具备网络营销专业知识的用户来说，将博文看作一篇普通的文章即可，至于文章内容的编辑，只要具备一般文档的编辑能力，按照本地文档类似的方式处理好段落和标题等基本元素即可。但考虑到作为企业博客，有时候就不能那么随意，并要考虑到企业的形象、市场策略等问题，这就需要在遵照企业博客文章写作原则的前提下，在文章表现形式方面尽量做到严谨和规范。

那么到底怎么才算严谨和规范呢？事实上很多员工，尤其是新员工，在刚开始写博客时往往有一些胆怯心理：万一我的文章不够专业、不够规范怎么办？会不会被人笑话，会不会给领导留下坏的印象？这些担心不是多余的，但也不必因此而放弃自己发布博客的权利，最重要的是要把握一定的尺度。

根据本书作者多年博客写作的经验，这里将企业博客的表现形式归纳为以下五个应该引起注意的方面，仅供初学者参考。

1. 博文可以没有长度，但不能没有结果

对于初次接触企业博客的人员，不需要长篇大论，只要把想要表达的一件事情说清楚即可。对于初学者，尤其建议，博客要短小精悍，300～500字短小的文章即可作为一篇博客，可明确告诉读者，你经历了什么、发现了什么、想到了什么、结果是什么。

"把问题说清楚"，是"网络营销人员十大能力（1）：文字表达能力"中总结出来的。这是对网络营销人员文字表达能力的基本要求，做到这一点，只要用心，对每个人应该都不困难，这才是博客营销之所以能够普及应用的基础保证。

2. 博文观点可以不成熟，但不能方向错误

观点性文章代表个人的思考，可以将一些零星的想法及时记录起来，同时也让一些还仅仅处于构思阶段的观点和点子提前释放出来，这些观点可能很不成熟，但在这种思想释放和交流的过程中，也时常会产生新的灵感，这就是博客区别于正式文章之处。

博客写作促使人不断地思考并逐渐完善自己的观点，但决不是要等到深思熟虑、无懈可击的时候才能公开发表。不过要注意的是，在可能涉及企业观点或者影响到他人利益时，应注意不要出现大的方向性错误，以免引起不必要的麻烦。

3. 博客可以没有深度，但不能没有知识

对一个问题可以从多个角度进行研究分析，在没有获得最终结果之前，对于过程的参与和中间结果的分析等，如果可以以博客的形式提前与大家分享，应注意无论博客文章是否具有深刻的影响力，但至少不要出现低级的常识性错误，否则博客的效果只能适得其反，让读者怀疑你的研究结论和价值。

4. 博客可以没有效果，但要有法律底线

在博客中发泄个人的不满是很常见的事情，如遭遇欺骗、受到侵权、不愉快的网站体验、购买伪劣产品或者其他不公正待遇时，通过博客记录自己的遭遇并适当的发泄，这是人之常情。对于此类博客，要注意法律底线，即不能因为泄愤而为自己、为企业带来额外麻烦。毕竟博客只不过是一个信息发布和传递的工具，通过自己的文字一般也难以达到以其人之道还治其人之身的效果，让情绪得到释放，以感觉心理平衡为度。

5. 博客可以没有营销，但不能没有读者

博客是为读者阅读而写的，不可能确保每篇文章都有营销效果。企业博客的主要职能之一是作为企业的网络营销工具，而每个员工的博客文章便是这一工具发挥效果的基本元素，没有一篇篇博客内容的积累，博客系统的技术功能也就没有任何营销价值。但这并不意味着每一篇博客都必须成为企业的公关稿，实际上过于营销化的博客其受欢迎程度也不会多高。因此，不主张把个人博客文章写作局限于企业营销活动的需要，最重要的是要考虑文章内容是否对读者有价值。

至于博客文章如何实现企业网络营销的目的，以及如何让更多的读者阅读自己的博客，本节后面的内容将给予专门介绍。

3.2.7 博客文章如何才能体现网络营销效果

本章前面一再强调每篇博客文章在写作和发布时不必时时处处考虑到营销的目的（甚至说可以忘记营销），但博客的营销价值最终必定是通过博客文章来体现的，那么博客文章与营销之间到底通过哪些途径建立起关联呢？我们通过对博客的分析发现，博客的营销作用往往是融合在博客内容之中，也就是说内容成为营销的载体，而博客的相关链接则发挥了博客与营销之间的桥梁作用。

举例来说，如果博客内容是相关的产品知识分享，用户通过博文中的介绍对某产品产生了兴趣，他可能通过博文中的链接来到企业官方网站或者网上商城获取更多的信息，此时博客就成为用户购买决策的重要参考，甚至促使用户直接产生购买。博客的营销价值就这样潜移默化地产生了。

进一步分析可以发现，某些类型的博客文章及其表现形式可能更容易产生营销效果，例如，内容与企业产品或服务直接相关、博客增加搜索引擎友好性从而扩大企业的网络可见度、博文中的相关链接发挥的引导作用以及增进用户关系扩大社会化网络资源等。

下面列举四类最容易体现博客营销效果的博客文章形式。

1. 博客文章内容与企业直接相关

博客的内容直接涉及企业品牌、新闻、产品、顾客关系等方面，企业通过博客文章的传播，实现品牌及产品推广等营销功能。这也是企业博客最主要的选题方向之一。一个有影响力的企业，其博客文章也往往会受到媒体的关注，从而实现更大范围的转载和传播。因此，知名品牌企业的博客就显得更为重要，其营销价值也更容易得到发挥。

2. 持续的博客内容更新提高网站的搜索引擎友好性

企业博客频道是企业官方网站的组成部分，即使博客选题并没有直接与企业相关联，博客也可以成为企业网站内容的组成部分，不断更新的网站内容，更容易获得搜索引擎的关注，从而有利于增加企业信息的网络可见度。对于开设在第三方博客平台的博客文章，则可以理解为企业的外部信息源，除了直接宣传的效应之外，通过与企业网站的链接，同样可以提高企业网站的搜索引擎排名权重。随着博客内容资源的积累，网站通过搜索引擎自然检索获得的潜在用户将不断增加，从而实现了博客内容直接推广与网站推广的双重目的。

3. 博客文章中的超级链接是博客与营销的桥梁

巧用超级链接是博客发挥营销作用的奥妙所在，合理的超级链接也是博客文章与营销的桥梁。为了提供更丰富的延伸信息，博客文章应适当链接的涉及的相关内容的来源，如书籍介绍、新闻事件、产品介绍、公司网址、产品经销商名录等，尤其是当文章中涉及某些重要概念（产品）时，应合理引用（链接）本公司的有关信息，这样才能更好地发挥博客的网络营销价值。从客观上来说，这样的链接本身并没有明显的产品推广痕迹，不会给读者造成反感情绪，当读者对相关话题产生兴趣时，可以点击链接获得更多信息，从而在客观上发挥了延伸推广的效果。

📋 **经验提示**

博客文章中的链接包括站内链接和站外链接，需要注意的是，应避免过多的链接，尤其是站外链接。一般来说，一篇文章中的链接数量不宜超过 3 个。同时，注意不要链接低质量网页或者临时性的网页网址，因为当这些可靠性不高的网页发生变化时很容易造成死链接，从而影响博客的整体质量。一般来说，除了一些大型门户网站和有多年经营历史的有影响力的专业网站之外，不要链接那些可信度不高的网站（比如文章来源不明、版权信息不清、网站名声欠佳等）。

4. 互动交流实现社会化网络资源积累

博客是社会化网络的一种形式，因此在本质上具有社会化网络资源的性质。博客文章本身是企业网站信息资源和知识资源的积累，企业进一步通过博客文章的评论和回复等功能与读者互动交流则实现了用户关系资源和社会化网络资源的积累。同时企业还可以将博客与微博等 SNS 形式相结合，从而利用博客扩大企业的社会关系资源，放大博客营销的价值。

总之，本书作者的一贯观点是，把博客当成传播知识和信息的工具，而不是专业的网络营销工具。除非对于专职的市场人员，并且正在专门从事博客营销的工作，才有必要将营销目的放在重要位置。对于大多数员工来说，只要根据自己的工作环境和知识背景，写出自己的所见所想，这样就已经参与了"全员网络营销"。当发布一篇博客文章时，你所需要考虑的仅仅是，"这些内容会对读者有价值吗？"至于最终的营销效果，是一个不断积累的过程，只有坚持不懈地写下去，博客才能发挥持续的营销价值。

3.2.8 博客文章的推广与传播

有关博客营销的基本原理，前文中已介绍过，博客文章需要在平台内部及外部进行必要的网络推广才能实现更好的传递效果。如同一个网站没有用户访问也就失去了网站的意义一样，无论你多么勤奋，但是博客文章没有人访问，那么博客内容也就失去了存在的价值。所以，让博客发挥营销价值的必要条件，除了做个勤奋的博主之外，还要让自己的博客获得尽可能多的用户访问。这也就意味着，博客营销不只是写博客文章，而是要写有用户阅读的博客文章。如何才能让博客文章获得尽可能多的用户访问呢？

首先要自己重视自己的博客，通过合理的设置，让博客体现出个人网络品牌，在增加可信度的同时，也更加便于网络传播；然后，当然是要写出对读者有价值的博客文章，并持续不断地更新自己的博客，必要时还可以做一些简单的网络推广。

本书将个人博客设计和博客文章推广归纳为以下六个方面，即"**个人博客网络推广六大意识**"。读者可根据个人情况选择采纳。

> **说明**
>
> "个人博客网络推广六大意识"与本章前面"企业网站内容营销的五大策略"相比，两者在基本思想方面是基本一致的，只是分析问题的角度不同，博客的推广意识是内容营销策略的具体表现形式。可见，作为内容营销无论具体是哪种形式，其基本思想和意识是相对稳定的，具有长期的指导意义。

1. 博客意识——让博客成为个人官方信息源

如果博客平台具备个性化设置个人博客首页网址的功能，那么尽可能将你的博客首页URL设置得可以充分体现你的个人品牌，如用姓名缩写或者姓名全拼，且在博客的主题（博客首页的网页标题）中含有个人姓名信息，这样不仅便于告诉朋友，也有助于建立个人网络品牌。

让个人博客成为自己的官方信息源，也是自己的网络名片，这样不仅更容易得到重视，也有利于提高个人博客意识。借助于个人官方博客，所有重要信息都可以以博客的方式发布，同时也可以和其他朋友互相交换博客首页链接（就像友情链接网站推广方式一样）。你也可以把博客网址放在名片、电子邮件的签名档、QQ、MSN 签名或者状态描述、个人微博及微信的简介里等。另外，还有一个最重要的网络推广渠道：搜索引擎。一个设置合理并不断更新的博客，通常可以被搜索引擎收录，且很可能通过任何搜索引擎搜索你的姓名等信息时，你的博客信息就出现在搜索结果的首页。实际上，当一些用户试图寻找某个人的信息时，"姓名+博客"已经成为最常用的关键词组合形式之一。

2. 读者意识——了解读者的兴趣及获取信息的习惯

可以结合博客文章选题来进行，在设计文章题目时，不妨到搜索引擎检索一下，同类话题中用户关心哪方面的内容（看搜索结果下面的相关检索可以带来一定的启发），这样，可以从若干个备选标题中选择一个有吸引力且含有用户经常检索的关键词，为博客文章的搜索引擎推广打下基础。

例如，你打算写一篇博客营销案例分享的文章，该如何设计博客文章题目呢？如果你的文章标题就是"博客营销案例分享"是否可以呢？当然这也没有原则上的问题。不过，博客营销是个比较大的概念，有关博客营销案例的内容可能很多，你的这篇文章会引人注意的可能性就很难说，如果用户通过搜索引擎检索，那么找到这篇文章的机会也要小很多。所以，可以考虑增加一些具体行业或者其他属性的词汇以缩小内容范围，从而获得这个行业或者领域用户关注的机会。例如，"一个环保购物袋企业的博客营销案例分析"，可能要更好一些。

3. 传播意识——博客的网络传播渠道设计

博客文章与一般的网页一样，不仅可以通过平台内部推广获得用户浏览，也可以通过主要网络渠道获得更多用户，例如：搜索引擎检索、用户直接访问、朋友推荐、网站内部链接、最新文章列表、其他博客的链接等。因此，你可以有意识地设计自己的博客文章传播渠道，让读者可以更方便地了解你所发布的博客文章。

4. 搜索意识——重视博客文章搜索引擎优化的每个细节

博客文章具有长期生命力的重要原因之一在于搜索引擎的支持，即作为长期存在的网页内容，博客文章可以通过搜索引擎等渠道持续带来用户访问，因此重视博客文章的搜索引擎优化，是博客文章推广的重要武器。

博客文章的搜索引擎优化与网站搜索引擎优化在原理和操作方法上也有一定的相似之处，不仅可以对整个博客进行全面优化，也可以对每一篇博客文章进行更具体、细致的搜索引擎优化，同时也需要为博客增加必要的外部链接。这对于学习过网络营销，尤其是搜索引擎优化推广常识的人来说，是最简单不过的事情，几乎不需要任何额外的工作量。

例如，博客文章也应遵循搜索引擎优化的一般原则，如为每篇文章设计一个合理的网页标题和文章标题、摘要信息应该包含符合用户检索的关键词、文章中文字内容丰富且包含有效关键词、博客文章经常更新等。

5. 分享意识——与网络好友分享博客文章

博客就是分享个人知识和信息的一种形式，分享的同时也有助于博客推广。在社会化网络中，每个人都是媒体，都具有信息传播的作用，如果你正在应用某些网络社区的服务，如QQ聊天、QQ群、微博、通信录、微信群等，当你发布了新的博客文章时，可以方便地与自己的网络圈子分享，自我传播也是博客文章获得更多阅读机会的常用措施。

6. 运营意识——成为活跃的博客用户

维护一个高质量的博客，与网站运营维护一样要做大量细致的工作。如果仔细观察一下不难发现，大部分博客用户在发布几篇文章之后都再也没有更新了，坚持更新博客3个月以上的用户已经属于少数，如果能坚持数年不间断地写博客，即使不是凤毛麟角，至少也是屈指可数了。而博客的成功就在于坚持，博客的价值也在于不断更新。具备博客的运营意识，做一个活跃的博客用户，不断发布新的文章，这是博客获得关注最重要的法宝。

本节将博客的运营意识列在"个人博客推广六大法则"的最后一条，不是因为这一法则的重要性最低，恰恰相反，之所以这样安排，是因为这是博客推广必须坚持的最重要的一项法则，是其他法则发挥作用的必要条件。

3.2.9　博客专栏的管理维护

博客营销管理是企业博客营销的基本内容，包括对员工个人博客的管理，如对员工博客专栏维护的要求、对新员工的专业培训等。因为企业博客不只是员工个人的事情，每个成员都有责任共同维护企业博客频道的正常运营和专业形象，从而为用户提供丰富而有价值的信息源。

企业员工博客专栏的管理维护是企业博客营销管理的组成部分，事实上，只有员工的博客专栏达到一定的专业水准，企业博客的整体水平才能提高。因此，博客营销除了企业层面的管理之外，更重要的在于员工的自我管理，也就是在"个人博客网络推广六大意识"中第一条所强调的，要有博客意识，其中也就包括对博客专栏的管理维护。

这里将企业员工博客专栏维护的主要内容归纳为以下七个方面。

① 博客专栏设置：完善个人博客首页的各项必要信息，如博客名称、个人介绍、文章分类、友情链接等，当某些资料发生变化时要及时更新。

② 遵守企业博客管理规范：切忌发布任何有可能危及企业网站生存的敏感信息，如法律许可范围之外的内容、企业机密信息等。

③ 博客文章写作：经常更新自己的博客，持续不断地发布有一定专业水准的个人原创文章，就是对企业博客最大的支持。

④ 与博客用户的沟通：参与与读者的互动交流，经常关注读者对博客文章的评论，用平常心对待博客文章评论，既要经得起读者的赞扬，也要听取读者的批评意见，与读者建立良好的交流氛围。

⑤ 对恶意用户的防范：注意可能对企业博客正常运营造成危害的问题，主要表现在博客

文章评论中发表大量与文章无关的信息，尤其是评论中出现的无关的网站链接——这是一些垃圾 SEO 惯用的"增加网站链接广泛度"的手段之一，遇到这些不正当的评论者，应及时清理有关信息，如有必要还要采取进一步的行动。

⑥ 让自己的博客吸引更多的读者：对博客进行必要的网络推广，不断积累博客写作和推广的经验，让高质量的博客文章为企业带来源源不断的潜在用户。

⑦ 博客文章的用户浏览数据分析：通过网站访问统计数据，了解用户访问的行为习惯，不断总结博客营销的技巧，逐步炼成企业博客营销高手。

这些内容看起来简单，实践起来或许就没那么容易，即使是活跃的博客高手，也有可能面临各种难题。例如，你的某篇博客可能受到公司同事的嘲笑，或者受到竞争者的攻击等，这些都会严重影响博客写作的心理。博客是个人知识、观点和信息的公开分享，你不需要得到所有人的拥护和支持，遇到不同意见甚至他人的攻击谩骂，也是司空见惯的事情。那么如何面对这种局面呢？全球最著名的企业博客罗伯特·斯考给博客们一个建议："当你告诉人们任何一件事情的时候，要把它当成是可以在《纽约时报》上读到的文章。"如果能保持这种心态，你就已经做得很棒了。同时他也建议博客作者们"脸皮要足够厚"以应付各种抨击。

3.3　订阅型内容运营与维护

订阅型内容营销，是基于用户许可的信息传递模式，是一种可独立于企业网站的、采用推送方式传递的信息源形式。常见的订阅型内容营销方法包括许可 E-mail 营销（邮件列表营销）和微信订阅号营销。严格来说，微信订阅号是基于微信公众平台的信息发布和传递方式，属于不完全可控型信息源，而邮件列表通常是完全可控型信息源，不过，考虑到微信订阅号与邮件列表在基本原理、内容策略、用户策略等方面非常相似，因此将两者一起讨论更为合理。

本节介绍订阅型内容运营的基本原理、邮件列表营销的基本问题与内容策略、微信公众号营销的基本问题与内容策略。

3.3.1　订阅型内容运营的基本原理

企业提供可订阅的内容，用户主动关注订阅，企业将信息以适当的方式发送给用户，如通过电子邮件或微信公众号实现信息发送。这是许可营销原理的典型应用，是用户主动获取信息的模式。订阅型内容通常要通过客户端软件或用户账号登录网页版浏览完整内容。订阅型内容可独立于企业网站，两者也可以相结合。

扫码看视频：

知识点 09：订阅型内容运营的基本原理

1. **订阅型内容营销方法小档案**

① 常用工具：电子邮件、邮件列表平台、微信公众平台等。

② 基本原理：许可营销，即首先经过用户许可才向用户发送信息。

③ 典型方法：许可 E-mail 营销（邮件列表营销）、微信公众号营销、短信营销等。

④ 内容特点：内容完整，系列化，周期性发布，发布后不可撤销和编辑。

⑤ 传播要求：获得老用户持续关注，吸引新用户关注和订阅。

⑥ 网络可见度途径：获得尽可能多的用户订阅，通过网站或用户社交网络传播。

2. 订阅型内容运营的一般流程

订阅型内容运营的一般流程，如图 3-7 所示。

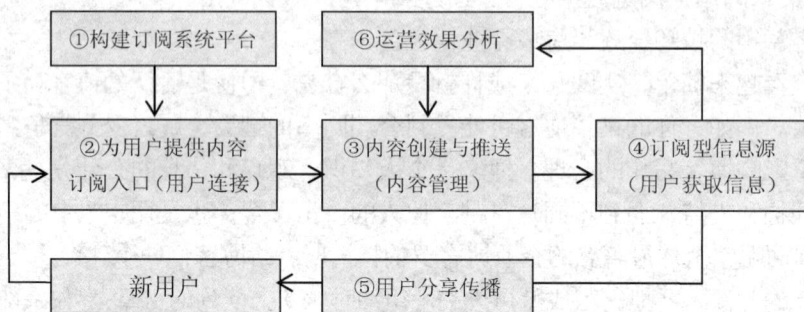

图 3-7　订阅型内容运营流程示意图

① 构建订阅系统平台：包括企业自建的邮件订阅系统、第三方邮件列表订阅平台、注册微信公众平台等，具备用户实现订阅及退订的流程。例如，邮件列表订阅，用户通过网页输入电子邮件地址完成订阅及确认；微信公众号，用户通过微信手机端关注公众号完成订阅或取消关注。

② 为用户提供内容订阅入口：邮件列表常见的订阅方式，是在网页浏览时输入用户的电子邮件地址，并根据说明完成订阅或退订流程（有些需要用户邮箱确认）。微信公众号订阅，采用的是"关注即订阅"的方式，即通过微信搜索公众号或者根据扫描公众号二维码，关注该公众号即完成了订阅，退订则点击取消关注即可。

③ 内容创建与推送：根据企业内容营销策略设计每期内容，将准备好的内容通过专用传递渠道（如邮件列表平台或微信公众平台）发送给订阅者。

④ 用户获取信息：用户利用订阅工具收取信息（如电子邮件或微信），获得完整的订阅型信息，这也是企业订阅型信息源在用户端的具体表现形式。

⑤ 用户分享传播：订阅型信息源被用户接收之后，用户可以对有兴趣的内容进行分享传播，通过个人社会关系网络实现信息的再传递，这也是社会化网络的典型特征之一。因此订阅型信息的用户阅读量有可能超过订阅人数，并且其可以通过内容获得新的用户。

⑥ 运营效果分析：根据统计数据分析运营效果，如订阅数量、转发数量、新用户增加量、退订数量等。

可以看出，订阅型内容运营方式与网站内容运营方式有显著的区别：订阅型内容运营要先有一定数量的用户，信息源才能发挥价值，网站内容通常是发布之后才陆续获得用户浏览和传播。另外，订阅型内容通过用户分享传播可以获得新的用户，因此运营重点在于获得用户的持续关注和用户自发的分享传播。

3. 关于许可营销理论

许可营销理论由营销专家 Seth Godin 在《许可营销》（Permission Marketing：Turning Strangers into Friends，and Friends into Customers，Simon & Schuster，1999）一书中最早进行

系统的研究，这一概念一经提出就受到网络营销人员的普遍关注并得到广泛应用。许可 E-mail 营销的有效性也已经被许多企业的实践所证实。

按照 Seth Godin 的观点，许可营销的原理其实很简单，也就是企业在推广其产品或服务的时候，事先征得顾客的"许可"。得到潜在顾客许可之后，通过 E-mail 的方式向顾客发送产品/服务信息，因此，许可营销也就是许可 E-mail 营销。许可营销的主要方法是通过邮件列表、新闻邮件、电子刊物等形式，在向用户提供有价值信息的同时附带一定数量的商业广告。例如，一些公司在要求你注册为会员或者申请某项网络服务时，会询问你"是否希望收到本公司不定期发送的最新产品信息"，或者给出一个列表让你选择自己希望收到的信息。在传统的营销方式中，由于信息沟通不便，或者成本过于高昂，许可营销很难行得通，但是互联网的交互性使得许可营销成为可能。

4. 许可营销的意义

许可营销原理不仅对 E-mail 营销产生深远影响，事实上对其他内容营销方法同样具有积极意义，如手机短信营销、App 信息推送、微信公众号营销（订阅号）等，都需要事先获得用户的许可，当用户不希望继续收到信息时，可以随时退出或拒绝。在网络用户隐私保护方面，许可营销的思想同样具有指导意义。因此可以说，许可营销是内容营销的经典理论和指导思想。

5. 许可营销的典型应用

E-mail 营销，是许可营销理论的典型应用之一。本书作者在《E-mail 营销》（机械工业出版社，2003 年）一书中，提出了 E-mail 营销的定义并沿用至今：

"E-mail 营销是在用户事先许可的前提下，通过电子邮件的方式向目标用户传递有价值的信息的一种网络营销手段。"

在 E-mail 营销的定义中强调了三个基本因素：基于用户许可、通过电子邮件传递信息、信息对用户是有价值的。三个因素缺少一个，都不能称之为有效的 E-mail 营销。所以，正规的 E-mail 营销也就是许可 E-mail 营销。

与许可 E-mail 营销具有本质区别的，就是垃圾邮件，也即未经用户许可而发送的商业邮件。由于很多互联网用户无法正确区分许可 E-mail 营销与垃圾邮件的区别，因此垃圾邮件泛滥已经成为破坏 E-mail 营销环境的首要因素。

与许可 E-mail 营销的订阅流程一样，微信订阅号也是首先经过用户许可才能向用户发送信息，因而也是许可营销原理的具体应用形式。

3.3.2 邮件列表营销的基本问题

邮件列表营销是许可 E-mail 营销的表现形式，简单来说，是一种邮件批量发送技术，用户为了订阅自己感兴趣的信息，将自己的 E-mail 地址提交给网站，网站运营者将编辑好的邮件内容批量发送到所有订阅者的电子邮箱。所有订阅者的 E-mail 地址列表，就构成了邮件列表的基本元素，也就是信息发送的目标，这种批量发送的邮件，与通过电子邮箱一对一发送的邮件不同，在发送技术、内容管理和用户管理方面都有较大的差异，适用于一对多的信息发布。

1. 邮件列表营销的基础条件

在对邮件列表有一定了解的基础上，我们可以进一步明确，开展邮件列表营销需要哪些基本条件。邮件列表营销需要解决三个基本问题：向哪些用户发送电子邮件、发送什么内容的电子邮件，以及如何发送这些邮件。这三个基本问题也就是邮件列表营销所需要具备的三大基础条件。

① 邮件列表的技术基础：即邮件列表平台的基础功能建设，包括用户管理、内容管理、邮件发送及管理等，保证用户可顺利加入或退出邮件列表，并实现对用户资料的管理，以及邮件发送和效果跟踪等功能。

② 用户 E-mail 地址资源：在用户自愿加入邮件列表的前提下，获得足够多的用户 E-mail 地址资源，是邮件列表营销发挥作用的必要条件。

③ 邮件列表的内容维护：邮件列表营销信息是通过邮件内容向用户提供的，邮件列表内容的创建及发送是邮件列表的核心工作内容，正如企业网站的内容资源需要长期积累一样，邮件列表内容运营也是一项长期的工作，需要持续不断地向用户提供有价值的内容。

由于本章内容的设计重点在于信息源构建，也就是邮件列表的内容维护方面，因此有关邮件列表技术功能的详细介绍、吸引用户加入邮件列表的主要方法等，在此不做详细的介绍，有兴趣的读者可参考相关书籍或网络资源，如《E-mail 营销》（冯英健著，机械工业出版社，2003 年）等。

邮件列表营销是典型的内容营销模式，当邮件列表的技术基础得以保证，并且在拥有一定数量用户资源的前提下，邮件列表内容是否可以发挥营销价值，在很大程度上取决于内容的价值。同时，由于邮件的内容策略所涉及的范围广，灵活性大，相对于用户 E-mail 资源的获取，E-mail 内容设计制作的任务显得压力更大，因为没有合适的内容，即使有再好的邮件列表技术平台，邮件列表中有再多的用户，仍然无法向用户传递有效的信息。对于已经加入列表的用户来说，邮件列表营销是否对他产生影响是从接收邮件开始的，如果内容没有意义，即使他加入了邮件列表，迟早也会退出，或者根本不会阅读邮件的内容。

那么，什么样的邮件内容才是有价值的呢？邮件列表内容有哪些基本要素和原则？如何创建邮件列表内容？本书总结了邮件列表内容的基本要素及原则，可作为邮件内容创建的参考。

2. 邮件列表内容的基本要素

尽管每封邮件的内容结构各不相同，但邮件列表的内容从形式上看有一定的规律可循，设计完善的邮件内容一般应具有以下基本要素。

① 邮件主题：本期邮件最重要内容的主题，或者是通用的邮件列表名称加上发行的期号。邮件主题的设计，与网页标题设计有一定的类似之处，要对用户有吸引力且便于传播。

② 邮件列表名称：一个网站可能有若干个邮件列表，一个用户也可能订阅多个邮件列表，邮件主题不一定能完全反映出所有信息，需要在邮件内容中表现出列表的名称。

③ 目录或内容提要：如果邮件信息较多，给出当期目录或者内容提要是很有必要的。

邮件内容 Web 阅读方式说明（URL）：如果提供网站阅读方式，应在邮件内容中给予说明。

④ 邮件正文：本期邮件的核心内容，一般安排在邮件的中心位置。

⑤ 退出列表方式：这是正规邮件列表内容中必不可少的内容，退出列表的方式应该出现在每一封邮件内容中。纯文本形式的个人邮件通常用文字说明退订方式，HTML 格式的邮件

除了说明之外，还可以直接设计退订框，用户直接输入邮件地址进行退订。

⑥ 其他信息和声明：如果有必要对邮件列表做进一步的说明，可将有关信息安排在邮件结尾处，如版权声明和页脚广告等。

3. 邮件列表内容的基本原则

由于许可 E-mail 营销的具体形式有多种，如电子刊物 E-mail 营销、会员通信、第三方 E-mail 广告等，采用的都是邮件列表的基本模式和流程，即使同样的 E-mail 营销形式，在不同的阶段，或者根据不同的环境变化，邮件的内容模式也并非固定不变的，所以很难简单地概括所有 E-mail 营销内容的一般规律，不过，我们仍然可以从复杂的现象中发现一些具有一般意义的问题，并将其归纳为**邮件列表内容策略的六项基本原则**，供读者在开展内部列表 E-mail 营销实践中参考。

（1）目标一致性

邮件列表内容的目标一致性是指邮件列表的目标应与企业总体营销策略相一致，营销目的和营销目标是邮件列表内容的第一决定因素。因此，在以用户服务为主的会员通信邮件列表内容中插入大量的广告内容会偏离预定的顾客服务目标，同时也会降低用户的信任。

（2）内容系统性

如果对我们订阅的电子刊物和会员通信内容进行仔细分析，不难发现，有的邮件广告内容过多，有些网站的邮件内容匮乏，有些则过于随意，没有一个特定的主题，或者方向性很不明确，让读者感觉和自己的期望有很大差距，如果将一段时期的邮件内容放在一起，则很难看出这些邮件之间有什么系统性，这样，用户对邮件列表很难产生整体印象，这样的邮件列表内容策略将很难培养用户的忠诚度，因而会削弱 E-mail 营销对于品牌形象提升的功能，并且影响 E-mail 营销的整体效果。

（3）内容来源稳定性

我们可能会遇到订阅了邮件列表却很久收不到邮件的情形，有时可能在读者早已忘记的时候，忽然接收到一封邮件，这种情况如果不是因为用户邮箱被屏蔽而无法接收邮件，则很可能是因为邮件列表内容发送不连续所造成的。在邮件列表经营过程中，由于内容来源不稳定使得邮件发行时断时续，有时中断几个星期到几个月，甚至半途而废的情况并不少见，即使不少知名企业也会出现这种状况。列表营销是一项长期任务，必须有稳定的内容来源，才能确保按照一定的周期发送邮件，邮件内容可以是自行撰写、编辑或转载，无论是哪种来源，都需要保持相对稳定性。不过应注意的是，邮件列表是一个营销工具，并不仅仅是一些文章或新闻的简单汇集，应将营销信息合理地安排在邮件内容中。

（4）内容精简性

尽管增加邮件内容不需要增加信息传输的直接成本，但应从用户的角度考虑，邮件列表的内容不应过分庞大，过大的邮件不会受到欢迎：首先，是由于用户邮箱空间有限，字节数太大的邮件会成为用户删除的首选对象；其次，由于网络速度等原因，用户接收/打开较大的邮件耗费时间也越多；最后，太多的信息量让用户很难一下子接受，反而降低了 E-mail 营销的有效性。因此，应该注意控制邮件内容数量，不要过多的栏目和话题，如果确实有大量的信息，可充分利用链接的功能，在内容摘要后面给出一个 URL，如果用户有兴趣，可以通过点击链接到网页浏览。

（5）内容灵活性

建立邮件列表的目的，主要体现在顾客关系和顾客服务、产品促销、市场调研等方面，但具体到某一个企业、某一个网站，可能所希望的侧重点有所不同，在不同的经营阶段，邮件列表的作用也会有差别，邮件列表的内容也会随着时间的推移而发生变化，因此邮件列表的内容策略也不算是一成不变的，在保证整体系统性的情况下，应根据阶段营销目标而进行相应的调整，这也是邮件列表内容目标一致性的要求。邮件列表的内容毕竟要比印刷杂志灵活得多，栏目结构的调整也比较简单。

（6）邮件内容的合适格式

邮件内容需要设计为一定的格式来发行，常用的邮件格式包括纯文本格式、HTML 格式和 Rich Media 格式，或者是这些格式的组合，如纯文本/HTML 混合格式。一般来说，HTML 格式和 Rich Media 格式的电子邮件比纯文本格式具有更好的视觉效果，从广告的角度来看，效果会更好，但同时也存在一定的问题，如文件字节数大，以及在用户客户端无法正常显示邮件内容等。对于哪种邮件格式更好，目前并没有绝对的结论，这与邮件的内容和用户的阅读特点等因素有关，如果可能，最好给用户提供不同内容格式的选择。

扩展阅读

关于邮件列表内容的参考范例

关于邮件列表的订阅流程及邮件内容的范例，建议读者参考下列资源：
- Ezine-Tips Newsletter
- The eMarketer Daily Newsletter

3.3.3　邮件列表内容运营及创作经验

当一切条件具备，对 E-mail 营销的目标、策略和规律也了然于胸之后，最后还是要落实到如何创建电子邮件内容这一基础工作上。正如网页内容的创建一样，E-mail 内容的创建也需要掌握一定的方法，这样才能保证邮件列表内容策略六项基本原则的落实，尤其是内容的系统性和稳定性。

尽管邮件列表内容形式不同，内容来源和创作方法也有一定差异，但在一些选题和创作思路方面仍具有共同点。根据长期的实际工作经验，本书作者以一个原创专业资讯领域的邮件列表为例，归纳了部分邮件列表运营及内容创作的经验，仅供参考。

1. 资源——电子邮件内容素材库

无论是原创文章，还是根据网络资源进行编辑的内容，通常都可能会引用或插入一些素材和片段，例如：热点产品资料、调查数据、专业文档、行业重点网络百科词条、企业相关的网络百科词条、企业热门产品简介及图片等。因此，为内容创作建立一个不断更新的行业信息素材库，不仅有利于邮件内容创作，而且此素材库也可以成为所有内容营销方法的重要参考资源。

2. 组织——编辑部及虚拟企业媒体中心

在社会化网络营销成为主流模式的环境下，邮件列表内容创作也不必局限于少数网络营销专员或内容营销专员，可以依靠更多社会化用户关系资源。以社会化媒体为基础形成的全员网络营销，提供了丰富的内容素材，作为一项长期活动，可以采取建立长期选稿机制，面向企业内部员工征稿以及向用户及行业人士征稿等。这种模式好像一个"邮件营销内容编辑部"，当这种模式实施于多种内容营销策略时，实际上构成了一个虚拟企业媒体中心。企业自媒体，在社会化媒体营销中具有重要的作用。

3. 目标——吸引力与长效性相结合

邮件列表内容具有可长期保存并方便查询的优势，因此让邮件内容具有吸引力的同时还具有长期价值，是邮件列表内容创建的基本目标之一。在做每个选题、写作或编辑每一篇邮件列表内容时，经常提醒一下自己：这期内容对用户有吸引力吗？3个月甚至1年后，这期内容是否已经没有任何意义了？

4. 选题——邮件列表内容选题系列化

好的选题是成功的开始，选题的工作量在整个内容创作过程中占有相当大的比重，因此对某个领域做系列的选题要相对轻松一些，一个系列的选题可以为多期邮件列表所用，同时也使得邮件内容具有动态感，更容易体现邮件列表内容的专业性。当然，随着系列话题内容的深入，可能会使得部分对该领域内容没有兴趣的用户产生距离感，甚至可能退出邮件列表。因此做系列选题时，不妨同时就几个相关方向的选题同时进行，以便尽可能满足多数用户的需求。例如，一个以社会化营销为主要方向的系列选题，不妨与内容营销的系列选题同时进行，两者有相关性又有各自的特点，覆盖面更广一些。

5. 主题——总结性、归纳性、结论性

邮件内容不如社会化媒体的即时性和活跃性，在一定程度上来说还有点古板和沉闷，不过这也正是邮件内容的优势所在，一般来说，邮件内容比社会化媒体显得更正式和规范，因此更适合有一定深度的内容，并且在文章主题方面，归纳总结和结论性的标题甚至是参考一些"标题党"命名的标题更容易引起读者关注、收藏及转发。例如：10种增加微信订阅号粉丝的经典方法、99个SEO的致命问题、99%的用户放弃购物车的8大原因……事实上，本书作者订阅的一些资讯类邮件列表中，大部分都属于这类内容，因而订阅专业的邮件列表已成为有效的参考资源库。比如将本节内容改编为邮件列表内容时，主题就可以把小节名"邮件列表内容运营及创作经验"修改为"永不过时的七项邮件列表内容创作经验""内容营销创作七大法宝"等更容易吸引用户注意力的表达方式。

6. 来源——行业资讯、媒体、研究、意见领袖

与企业网站的内容来源一样，邮件列表的内容也可以有多个来源，包括企业内部资源及来自网络的用户内容等。例如，把博客或微博内容改编为邮件内容，用户对前期内容的反馈信息总数，利用内容产生内容（故事接龙）等。

7. 储备——临时性、应急性内容资源

对于定期发送的邮件列表，保持稳定的发送周期是非常必要的，但难免会因为某些客观原因难以创作最新的内容，因而面临内容"断炊"的困境。因此在日常工作中做好应急内容准备是必要的。只要有合理的资源储备，其实临时拼出一些应急的内容并不难，也许会别有情趣，给读者留下清晰的印象。整理一篇临时性邮件列表内容不妨从这些方面入手：工具和

网络资源推荐、行业幽默、行业名人轶事、行业基础知识和趣味问题、热点问题调查、用户经常咨询的问题及回复、用户对某些问题的看法、下期邮件列表内容预告等。

事实上，邮件内容创作与其他网络内容没有实质性差异，总体思路是一样的，都是为用户提供有价值的信息，并通过内容传递必要的营销信息。因此，关于邮件列表内容的创作经验对于企业网站内容营销、微信营销、博客及微博营销等其他内容营销方法也具有一定的参考价值。

3.3.4　微信公众号与邮件列表的比较

根据微信公众平台官方的说明，"微信公众平台，给个人、企业和组织提供业务服务与用户管理能力的全新服务平台"。微信公众号是基于微信公众平台注册的，可用于发布信息、向微信用户传递与交互信息的一种互联网工具。

从网络营销的角度来看，"微信公众号是微信用户关系网络信息发布、传播及交互生态链的一个节点，通过这个节点，连接到微信公众平台实现网络营销信息源的发布，利用微信用户关系网络实现多维度信息传播及用户交互，最终实现网络营销的各项职能。"

也就是说，通过微信公众号这个节点发布的信息，具备向整个微信用户传播的基础条件，传播的范围及速度，则取决于节点附近用户的密度及用户对信息的感知和认可程度。

微信官方并没有对微信公众号提出正式的定义，但对每个具体的微信公众号类型有定义，如什么是订阅号等。根据微信公众平台官方网站的信息，到 2016 年 12 月，微信的账号分类（即微信公众号类型）有以下三种。

① 服务号：给企业和组织提供更强大的业务服务与用户管理能力，帮助企业快速实现全新的公众号服务平台。

② 订阅号：为媒体和个人提供一种新的信息传播方式，构建与读者之间更好的沟通与管理模式。

③ 企业号：为企业或组织提供移动应用入口，帮助企业建立与员工、上下游供应链及企业应用间的连接。

2017 年 1 月 9 日，微信小程序发布，于是在微信公众平台官网首页，关于微信公众号账号的类别，显示了三项内容：服务号、订阅号、小程序。

由于微信公众号中的订阅号和服务号都具有类似的信息传递功能及操作流程，因此在本书接下来有关微信公众号营销的内容中，不再强调或区分是订阅号还是服务号，两者都统称为微信公众号，而对于企业号及小程序，由于和内容运营关系不大，则不做其他的探讨和说明。对于微信公众号营销的分析，一般是基于订阅号，其分析结论和操作方法，对于服务号的信息发布及传递同样是适用的。本书后续内容中涉及的"微信公众号营销"，均以微信订阅号营销为参照，除非需要明确分辨两者的关系时，才会特别说明。

微信公众号，也是一种基于用户许可向用户发送信息的模式，在很多方面与邮件列表具有相似之处，包括基本原理、操作流程、内容要素和内容原则等。

下面对微信公众号营销与邮件列表营销进行比较，发现它们的共同点，让不同形式的内容营销发挥协同效果。两者可比之处包括：用户订阅与退订模式、信息发布方式、内容形式及用户接收方式、营销模式与效果、两者各自的优缺点。微信公众号与邮件列表营销的比较如下。

1. 用户订阅及退订比较

微信公众号营销与邮件列表营销在基本原理和流程方面，都属于用户许可的内容营销模式，两者的流程基本一致，是许可营销理论的具体应用。

（1）邮件列表营销用户订阅流程

用户输入 E-mail 地址——收到邮件列表平台的确认邮件——用户回复确认订阅（如果是单向许可，则无须用户回复确认）——订阅成功——等待接收邮件列表内容。

（2）微信公众号用户订阅流程

用户关注微信公众号——收到公众号的自动回复信息——订阅成功——等待接收公众号订阅内容。

对比发现，除了邮件列表的双向确认之外，邮件列表营销的其他流程与微信公众号几乎一样！而微信公众号订阅之所以无须双向确认，是因为每个微信号订阅都只能是用户自行订阅，不存在其他用户盗用别人微信号随便订阅公众号（除非密码泄密被他人盗用）的情形。而邮件订阅存在 E-mail 地址错误或被别人冒用的可能，因而双向确认是必要的。同样，用户退订微信公众号也更为便捷，只要点击取消关注即可。邮件列表退订流程则需要经过用户确认邮件以免被别人错误退订。

这也就说明，微信公众号的订阅流程更为简单且可信度更高，只有用户主动关注才能订阅成功，这也是微信公众号营销比 E-mail 营销普及速度更快的原因之一。

2. 信息发布平台及发布方式比较

（1）邮件列表信息发送流程

登录邮件列表管理平台——将事先准备好的邮件内容按照一定的格式进行编辑——邮件发给自己预览检查——向所有列表用户发邮件。

（2）微信公众号信息发送流程

登录微信公众平台——将事先设计好的微信内容按照一定的格式进行编辑——微信发给自己预览检查——向所有关注微信公众号的用户群发信息。

邮件列表与微信公众号的信息发布方式几乎没有差异！区别仅在于，预览邮件要发到自己的邮箱来检查，而测试公众号文章通过微信来浏览。

3. 内容形式及用户阅读方式比较

邮件列表与微信公众号文章在内容形式上具有显著的区别：E-mail 是电子邮件内容，需要用邮件客户端软件或浏览器阅读，而微信公众号文章要用手机的微信浏览器阅读（当然在网页登录微信的情况下也可以用电脑版浏览器阅读但不能匹配最佳格式且部分触摸功能无效），这就决定了两者在内容编辑格式方面要符合自己的特点。

（1）邮件列表营销的内容格式

邮件列表营销的内容格式包括邮件标题、摘要信息、邮件正文、签名档、退订说明等基本要素，并且要适应主流网页浏览器的显示模式。

（2）微信公众号的文章内容格式

微信公众号的文章内容包括"头条"文章标题、封面图片及摘要信息、正文图文内容、作者的微信公众号推介等。

通过对比可以看出，微信公众号的内容编辑相对简单，通过简单的格式及摘要信息迅速获得用户关注及全文阅读，是微信公众号与网页内容及邮件内容的区别之一。

4. 营销模式及效果体现比较

邮件列表营销与微信公众号营销，两者都具有内容营销的基本形态及特点，营销模式及效果的体现包括：内容中直接体现品牌或产品信息、在内容中设置图片（含推广信息）、在内容中插入广告、通过超级链接链接到目标网页等。

两者的区别在于：E-mail 内容编辑自主性较高，可根据需要加入更多的外部链接（一般不受平台规则的制约）；微信公众平台的内容有比较严格的管理规范，可以设置外部链接的渠道较少，受平台限制较大。

以送达率作为效果比较的基本指标：E-mail 存在退信及用户拒收等因素，送达率通常不能达到100%；微信公众号文章群发可100%送达。不过，在用户收到信息之后，未必都会去阅读。两者都需要通过"点开率"及"阅读率"的指标来评价，但并没有简单的可比性方法。

5. 邮件列表营销与微信公众号营销的优势与缺点的比较

（1）邮件列表营销的优点与缺点

优点：作为经过20多年实践检验的传统网络营销方式，E-mail 营销具有长期稳定性及有效性，邮件内容可长期保存，便于管理，尤其在作为会员服务方面比其他营销方式有独特的优点。另外，利用 PC 和手机阅读邮件都比较方便，不受用户上网设备的影响。

缺点：邮件送达率受较多因素影响，用户更换 E-mail 地址会造成呆滞账户、用户活跃度（阅读率等）低、无法通过系统与用户直接互动或互动效率较低。此外，垃圾邮件对许可 E-mail 营销的影响也一直是一个全球化的难题。互联网应用环境的变化也不可忽视，用户使用电子邮件的习惯逐渐受社交网络及即时信息的影响，收取邮件的频率无法与即时信息或社交工具相比，因而获取信息的及时性较差。

（2）微信公众号营销的优点与缺点

优点：相对于邮件列表营销而言，微信公众号订阅及退订便捷、信息传递快捷且送达率高，同时便于用户再次传播，具有病毒性营销的基础条件。

缺点：一方面是微信相对封闭，在微信圈用户之外传播存在一定的障碍；另一方面是微信即时性的特征在微信公众号信息中同样存在，即时性强，过期信息容易被淹没，尤其当用户关注了较多数量的微信公众号时，信息的阅读率将会受到影响。

总之，许可 E-mail 营销与微信公众号营销有很多相似之处，在内容营销方面可以同步进行，根据各种营销方式的特点，使内容营销的价值最大化。

3.3.5　微信公众号营销的基本问题

通过对微信公众号基本特点的介绍可以看出，在微信营销策略中，内容策略是最重要的组成部分，直接关系到用户是否关注、是否阅读文章内容以及是否有后续转发和互动行为。因此，内容运营是微信公众号运营的基础工作，也是核心工作。下面简要介绍微信公众号营销的基本条件、运营的流程、公众号内容的基本要素和基本原则。

1. 微信公众号营销的基础条件

根据订阅型内容营销的基本流程，与邮件列表营销的三大基础条件类似，微信公众号营销也需要三个基本条件：微信信息发布平台（即微信公众平台）、一定数量的订阅者（即公众号的关注人数）、微信公众号文章内容。

微信公众号运营，是建立在微信公众平台上的账号运营，无须用户自己开发建设，这方面与邮件列表平台可以自建也可以选择第三方服务有所不同，因此，在订阅系统构建方面应遵照微信公众平台的要求，信息发布及管理则与订阅型内容运营并不存在显著差异。

2. 微信公众号运营的流程

（1）注册账号并验证

注册账号并验证包括：注册公众号、选择公众号的类型、设置公众号主体的基本信息（企业或个人）、公众号验证（企业和个人有不同的验证方式）。

（2）登录公众平台配置公众号信息

登录公众平台配置公众号信息主要包括如下几个方面。

① 公众号设置：账号头像、公众号名称、微信号、公众号简介等。其中公众号名称和微信号，一旦确定则无法改变或修改程序较为复杂（早期是无法修改的），因此一定要慎重，经过深思熟虑确定后再做设置。微信号是为了便于用户查询或推广而设置的，例如，公众号"网络营销能力秀"的微信号是 wm23com，也就是能力秀官方网站当时的域名。微信号和个人微博的个性域名，以及能力秀个人主页的个性域名设置方式和作用是类似的，都是为了突出个性化信息，其原则是便于传播及记忆。

② 设置自动回复：包括用户被添加自动回复（即新用户关注微信公众号之后给用户自动回复的欢迎或说明信息）、消息自动回复、关键词自动回复。这一功能是利用微信公众平台系统的功能实现与用户之间的自动信息回复，起到欢迎、提醒或简易查询等作用。

（3）发布微信公众号信息

发布微信公众号信息，即通过公众平台的"群发功能"向微信公众号的关注者发布信息，可选择向全部用户或部分分组用户发送。信息发布成功，用户即可在订阅号中阅读最新收到的文章内容。

（4）微信公众号运营管理

微信公众号运营管理：包括用户管理、消息管理、素材管理。其中，用户管理功能是指可以对用户分组、添加标签、加入黑名单；消息管理是用户与微信公众号之间互动的主要渠道之一，可以对用户的消息进行回复；素材管理则为发布编辑内容提供了方便，将常用的图片加入素材库以实现内容的快速编辑。

（5）微信公众号运营数据分析

微信公众平台提供的分析数据是微信公众号运营分析的基本依据，常用内容包括用户分析（用户总数、新增用户、取消关注用户等）、已发送消息统计分析（送达数量、阅读数量、分享数量等）。

除了上述基本功能之外，对于认证的高级用户，微信公众平台还提供了推广服务，其中包括广告主和流量主两个角色。广告主可以通过公众平台投放广告，如朋友圈广告和公众号广告。达到一定条件的公众号，则可以申请为流量主，可在公众号文章中投放广告，将阅读量转化为广告收入（类似于网站联盟）。

总之，微信公众平台提供了从用户关注（订阅）、用户互动交流、发布信息及信息管理到微信号运营统计数据等完整流程的服务，作为微信公众号的运营者，所做的工作主要是提供有价值的内容，并用适当的编辑格式发送给用户。因为简单，所以应用者众多，这是微信公众号营销快速发展的根本原因。

3. 微信公众号内容的基本要素

如同邮件列表营销可以归纳出邮件列表内容的基本要素一样，微信公众号内容尽管没有统一模式，但也可以发现一些共性特征。我们浏览一些有影响力的微信订阅号，可以发现通常都离不开这样的内容元素：有吸引力的头条标题及配图、清晰的标题及内容排版、明确的推广方式以及相关的菜单设计等。一般来说，可以将微信公众号内容的要素归纳为以下几个。

（1）封面设计

每一期公众号文章，就相当于一期手机期刊，好的封面设计，加上引人注意的文章标题，对提高阅读量有着直接的影响。

（2）文章标题

无论每期公众号是单篇文章，还是多篇组合，每篇文章都需要有醒目的标题，其中头条文章总是发挥着最重要的作用，因此头条文章的标题设计又是所有文章标题设计中最重要的工作。除了吸引用户直接关注并点击之外，文章标题还承担着推广的功能，如好友在朋友圈及群聊中分享、搜索引擎检索公众号文章等。因此，每篇文章的标题都需要进行合理的设计。

（3）正文内容

正文内容是公众号文章的主体，也是获得用户阅读及后续互动或转化行为的载体。需要明确的是，微信公众号文章的正文，与 E-mail 营销正文的内容有较大差异，在某些方面与网页内容比较接近，即每一篇文章都相当于一个独立的"网页"，而不是将同期的多篇内容发布到同一个页面（电子邮件内容正好相反）。

（4）发布人信息

在公众号文章标题下方，通常会有一个可点击的蓝色字体，显示的是文章发布人的信息。这个功能是微信公众平台自动实现的，无须用户操作。这里的"发布人"实际上是该微信公众号的名称，如"网络营销生态"。点击可进入该公众号的摘要页面，显示公众号的基本介绍及历史消息等，因而新用户可通过这个界面关注该公众号。因此这也是通过文章内容获得新用户关注的基本渠道。从这里也可以看出，取一个好的微信公众号名称的重要性。

（5）辅助推广信息

除了发布人信息之外，还可以在正文内容之外有意识地设置其他辅助推广信息。辅助推广有两个方面的含义：一方面，通过在文章开始或结尾处增设二维码或文字提示等方式，提醒新用户关注自己的微信公众号；另一方面，作为已关注公众号的用户，在阅读时可通过文章下方的"阅读原文"链接到网站上，或者通过图片文字等引导用户关注更多的内容。这些辅助推广信息并非必需，但一个用心运营的微信公众号，通常不会忽略这些可能的推广机会。

由于微信公众平台的规范程度较高，因此微信公众号内容的个性化元素相对较少（部分高级用户可能受限制较小），例如，不能像企业网页内容那样附加"相关链接"，不能像电子邮件那样添加超级链接，因此只能专注于内容本身及微信用户之间的推广和传播。从另外一个角度来看，这也是微信公众号文章内容的优点：用户专注于核心内容，不受其他信息的干扰。

4. 微信公众号内容的基本原则

订阅型信息源内容创建的一般规则同样适用于微信公众号内容营销，例如：有吸引力的标题、对用户有价值的内容、具有营销意识等。同时，微信公众号内容营销也有自己的特点。本书将微信公众号内容的基本原则归纳如下。

（1）用户价值原则

为用户创造价值是一切内容营销的基础，这一点在微信公众号营销中表现得更加突出和重要，因为每个阅读者都必定是个真实的微信用户，而且可能是你的微信好友，或者好友的好友。用户是第一位的，一切以用户为出发点，对于微信营销至关重要。这也是为什么在微信中很少看到"企业动态""总裁致辞"式内容的原因，而在传统企业网站中，这种内容风格却一直大行其道。

（2）内容简单性原则

微信内容是碎片化阅读模式，用户可能随时随地阅读一段信息，但是长篇大论的深度阅读往往需要用更加正式的方式。虽然在网页内容及邮件内容中也都有内容简洁的要求，但作为 PC 阅读，信息的承载量毕竟较大，而在手机阅读模式下，简单就显得尤为重要。一些阅读量超高，点赞数超高的文章，可能没有任何价值，但满足了用户的阅读习惯，当然这种经验不可复制，但从中可以看出微信内容营销简单的重要性。

（3）内容灵活性原则

与邮件列表内容系统性原则相比，微信公众号内容相对灵活，因为邮件列表通常是比较严肃的"电子刊物"，而微信公众号文章则可能是即时性、娱乐性或随意性的内容，因而可读性更强。这一原则与内容简单相辅相成，用简单的内容及灵活的形式满足用户获取信息及碎片化阅读的需求。

（4）内容可信性原则

微信营销是典型的基于网络可信度的营销方式，内容的可信性也就成为微信公众号营销的基础，无论标题多么耸人听闻或具有煽动性，但内容本身必须是可信的，否则就仅有炒作的功能，而难以发挥营销的效果。这也是微信炒作与微信内容营销的区别。

（5）内容生态化原则

微信不只是单向信息发布，用户也是内容营销系统的一部分！因此从某种意义上可以说，微信公众号营销具有网络营销的生态思维，是生态型内容营销方式。在微信内容生态中，用户无疑是整个系统的核心，因为有用户关注，内容才能发挥价值；因为用户分享，内容才得以传播并且获得更多用户关注；因为与用户互动交流，才能获得对用户更多的了解并进一步增加可信度及用户主动传播。一个好的微信公众号内容体系，应具有生态化的思想和策略，这样才能不断发展壮大。

在上述原则中，并没有强调"内容原创原则"，因为原创永远只适合少数人，而且真正原创内容的影响力，往往不如那些利用技巧"借用"原创内容的文章，所以微信公众号运营比较成功的，并不一定都是真正的内容原创者。当然原创仍然是值得提倡和推崇的，只是不必拘泥于为了原创而原创，毕竟效果比是否真原创更直接。事实上，在微信公众号运营中你可能会发现，相对于官方网站不限量发布内容显得内容稀缺，微信公众号内容的取材来源相当广泛，往往因为发布信息容量有限需要在各种内容中进行选择。因此上述微信公众号内容的一般原则也只是在运营思路及选题方向方面适当参考，至于具体的操作，大家还需要了解一些基本的技巧。

3.3.6　微信公众号运营及创作经验

微信公众号运营的目标，除了已关注用户的阅读量之外，还期望通过用户的分享转发获得更多用户的阅读和关注，因此在内容选题、标题设计和内部推广方式等方面，与企业网站内容有一定的差异。

1. 关于微信公众号内容的选题思路

微信公众号内容包罗万象，从严肃的专业知识，到新闻、娱乐八卦无所不包，几乎各个领域都有多个公众号，由于用户对内容的需求是多样的，任何一个领域都可能产生有影响力的微信公众号。一般来说，比较受关注的微信公众号内容（包括文字和图片视频等）主要包括：生活感悟类、情感类、名人隐私、热点事件、幽默搞笑等，而这些公众号的运营者大多为个人或小团队，以获得最大阅读、关注或转发为主要目标。如果从一个企业或者品牌的角度，运营这样的公众号，传播这些内容可能会与企业的价值导向及营销目标有较大的差异。所以企业官方微信公众号的内容选题范围相对就会有一定的制约，不过作为微信内容原则之一的"灵活性原则"还是有参考的必要，也就是可以从热门微信公众号的内容选题思路中，参考其灵活多样、受用户关注的内容表现形式。

本章介绍的企业网站内容、微博内容以及邮件列表内容各有特点，而微信公众号内容，几乎就是前三种内容形式的综合应用，既要满足企业官方网站内容严谨完整的基本要求，又要有微博内容的灵活多样，还需要有邮件列表内容的系统性和长期性。不过，由于微信公众号内容发布数量的限制，内容数量不能像网站或博客那样自主，大家可以在企业网站严谨内容的基础上，根据用户阅读的习惯特征，借鉴其他热门微信公众号内容的选题方法进行一定的调整，使公众号内容成为既有企业信息可信度基础，又受到用户关注的企业微信公众号内容。

例如，可以考虑从以下几个方面进行企业微信公众号的选题。

（1）优惠信息

用户关注企业微信公众号，通常出于对企业产品和服务的长期关注，如酒店、旅游、消费类产品、季节性产品等，通过微信公众号，与企业网站、商城、官方微博等同步发布优惠信息以获得更多用户的浏览和转发。

（2）顾客服务信息

只有用户关心的问题，才会获得用户关注，官方网站用户浏览最多的网页及咨询最多的问题、企业官方微博中用户评论最多的话题等，经过综合整理，无论作为企业博客内容还是作为公众号内容，都有其受关注的用户基础。

（3）产品知识类信息

对使用和保养需要有一定专业知识的产品，如汽车保养、保健养生等行业，用户也有长期关注和阅读的需求，企业微信公众号可连续发布这类产品知识。

可见，与用户直接相关的话题，才是企业微信公众号的主要选题方向，至于企业新闻、行业动态之类的内容，未必会得到用户的关注。

当然，除了企业官方微信公众号之外，同样可以运营其他领域的微信公众号，如娱乐类、知识类、行业资讯类等，不同的公众号之间进行相互推广，也是积累用户资源的常用方式。

2. 关于微信公众号文章的标题设计

与网页内容标题设计要求有搜索意识（即包含用户可能搜索的重要关键词）不同，公众号文章标题重在引起用户的关注并促使其点开内容，因此常常利用用户的好奇心理获得用户的关注和点击。

看看这些微信公众号的文章标题，你是否似曾相识：

- 深度好文，一千万人都转了；
- 这视频，笑死千万人；
- 一考生的零分作文，看了心酸；
- 看这一篇文，少死千万人；
- 史上最全……
- 震惊，这事居然是他干的……
- 常吃这四种食物等于自杀……

如果注意观察微信公众号文章，就不难发现，类似这样的"标题党"无处不在，几乎可以说，做微信的都是"标题党"！为什么？道理很简单，微信承载的信息有限，标题几乎就决定了阅读量，所以如果不加入"标题党"，你辛辛苦苦创作的内容就没人看！没有足够的阅读量，也就谈不上营销效果。可见，**即使在粉丝思维模式下，依然要追求流量效果**。

但是，标题并不是一切，标题只是在某些方面迎合了用户的心理，如果没有优质的内容基础，标题就成了名副其实的骇人听闻甚至带有欺骗的性质。有多少人愿意被再三欺骗呢？

以顾客价值为导向的网络营销价值观，对于"标题党"的存在及影响感受比较复杂：一方面要坚守价值导向希望不要被"标题党"所同化，另一方面又不能不被"标题党"产生的影响力所影响。那么，就找一个中间办法吧。

从"标题党"现象中，网络营销学习者可以借鉴的有哪些？如何把"标题党"的有效之处转化为顾客价值？这是值得认真思考和权衡的。通过对众多高阅读量微信文章的分析，我们可以把微信公众号内容进行归纳总结，这样就不难发现这些内容的一般规律。

综观上述，微信公众号标题设计所有的技巧，其实都可以集中到一个核心点：用户兴趣点。做微信内容运营，研究用户需求是必须深入细致进行的工作。此外，需要了解的是，这些所谓的技巧甚至"干货"，并非一般规律，通常具有阶段性或仅对部分用户群体有参考意义，因为用户兴趣和行为在不同阶段也会发生变化，例如，对骇人听闻的文章标题看多了也就不会再受诱惑点击了；鸡汤感悟类的内容看多了，发现大都是在浪费时间，也许就希望看一些深度的或知识性的内容。因此，好的内容及表现方式，需要在实际工作中根据对用户行为的分析不断进行调整和优化，让内容适合用户习惯，获得最好的营销效果。

另外，有关微信公众号内容的选题及写作技巧，对其他网络社区营销及社会化网络营销的内容写作，大多也是适用的，因为这些都属于基于用户可信度的碎片化的阅读方式，用户的阅读习惯是相近的。

3.4 企业官方微博内容运营

企业微博是企业官方信息源之一，与网站和博客等完全可控性信息源不同，企业微博是建立在第三方微博平台上的基于企业注册账户的运营，具有有限可控性的特点，也就是在运营规则方面受到微博平台规则的制约。当然，作为社交平台的代表之一，相比于微博平台为用户提供的网络营销价值，平台的约束几乎就可以忽略不计了，何况对所有微博用户而言，规则都是一样的，属于合理应用平台所应遵循的基本原则。

作为常用的可控型企业信息源形式之一，本节简要介绍微博的网络营销功能及内容运营维护策略。

3.4.1 微博及其网络营销价值

微博即微型博客的简称（micro blog），其雏形出现于 2005 年，全球第一个真正的微博客是 2006 年 3 月推出的 twitter.com。尽管类似的微博服务如雨后春笋般地出现，但 Twitter 一直保持着领先的优势，成为微博客的代名词。自 2009 年 8 月新浪微博在国内强势推出之后，微博迅速成为继博客之后普及率最高的互联网应用之一，基于微博平台的微博营销也成为网络营销最热门的领域之一。到 2012 年，几乎所有大型门户网站都开设了微博服务，后期随着微信等其他社交网络的高速普及，微博的影响力有所减弱，不过到 2018 年，新浪微博仍是国内用户量最大的微博平台。

相对于传统的博客，**微博的特点**主要表现在以下四个方面。

1. 微博信息发布更便捷

首先，微博对内容没有严格要求，无须文章标题，也不需要编排格式，只有最高字数的限制，中文微博通常为 140 字，英文微博通常为 140 字符（说明：新浪微博于 2016 年年初取消了 140 字的发布限制，超出的信息用折叠方式展示）。这就使得用户可以便捷地完成一篇微博的写作（哪怕只有几个字符）；其次，微博发布方式很多，如微博网站、客户端软件、手机客户端、手机短信、邮件、即时通信、多种定制的开放式应用软件、博客同步等。

2. 微博信息传播速度更快

博客信息的传播与传统网站信息传播模式类似，主要依赖于用户主动访问博客、订阅博客更新通知、通过搜索引擎检索等方式，而微博通过用户之间的互相传播（转发、@ 等）可以形成快速传播，一条热门信息几乎可以像即时信息一样在极短的时间内传递到大量用户。因而微博具有时效性强的特点。

3. 微博用户之间的交互性更强

在微博平台内，每个用户都可以与他的"关注者"通过微博内容转发、评论、私信、@ 等多种方式产生互动和再次传播。这里所谓的"关注者"，实际上并没有统一的称呼，Twitter 称之为"follower"、新浪微博叫"粉丝"、腾讯微博叫"听众"。无论名称如何，其实质都一样，即可以及时看到你发布的信息，并且通过某些方式产生互动。

4. 微博平台具有行业集中的特点

由于微博主要通过用户进行传播，在一个微博平台上用户量越大这种传播效应越显著，因此这种特点决定了微博不可能像博客那样，每个企业甚至每个用户都自己经营一个独立的微博网站，微博活动通常集中在大型微博平台上，这使得微博服务行业高度集中，领先的微博平台占有了绝大多数用户份额。这一特点意味着，微博平台蕴藏着巨大的网络营销价值（在一定程度上类似于早期大型的 B2B 电子商务平台，如阿里巴巴网站）。

由于微博的上述特点，微博一经推出，便与网络营销产生了必然的联系，微博营销的概念也就应运而生，多种微博营销应用模式不断出现，并且在大型企业中首先得到关注和应用。尽管微博的初衷是作为一种社交网络，便于朋友圈子之间进行交流，但它不可避免地被应用于商业目的，这也是许多互联网应用都经过的历程，如 BBS、电子邮件、网络聊天工具、微信等，都在一定程度上变成了网络营销工具。

本书将**微博的网络营销功能**归纳为以下九个方面。

① 与官方博客一样，每个企业也都应该有一个自己的官方微博，作为官方信息发布的另一渠道。

② 企业官方微博是企业网络品牌必不可少的组成部分。

③ 企业微博的关注者（粉丝、听众）是有价值的网络营销资源，与其他资源（如网站注册用户）一样具有长期的网络营销价值。

④ 微博可以作为网络推广活动的平台，对产品推广、促销等产生直接效果。

⑤ 微博是有效的在线互动工具，与 IM 一样在顾客服务、顾客关系方面发挥积极作用。

⑥ 合理利用微博，可以实现微博内容与企业网站/博客内容的相互融合和相互推广。

⑦ 微博具有病毒性营销的天然属性，是网络口碑传播最有效的工具之一。

⑧ 微博可应用于网络市场调研、用户行为研究等方面，是网络营销研究的辅助工具之一。

⑨ 借助于搜索引擎的实时搜索等功能，微博信息也可以实现搜索引擎传播，从而进一步扩大了微博信息传播的价值，增加了企业信息的网络可见度。

到目前为止，社会化网络营销仍在发展之中，但总体来说新功能新应用的推出速度逐步放缓，其中微博作为成熟的互联网应用之一，其基本功能已基本完善，深度应用仍在不断深化之中。

3.4.2 企业微博账户的常见形式

常见的比较规范的企业微博账号形式可以归纳如下。

1. 企业官方微博

官方微博是最基本的企业微博形式，即以企业官方信息发布的方式运营的企业微博。现在大多数网站及知名企业都开设了自己的官方微博，如当当网、携程旅行网、联想、海尔等。一般来说，企业的知名度越高通常关注者也越多。官方微博通常表现得比较严谨，而且往往以企业本身的信息为核心，因此一个企业仅有一个官方微博显得比较单一，往往会辅以其他形式的微博协同开展微博营销。在表现形式上，企业官方微博模式类似于在第三方平台开设的企业官方博客，而在内容传播方面，又类似于内部列表 E-mail 营销。

2. 企业分支机构及职能部门微博

每一个部门、每一个产品、每一个网站、每一个品牌都可以开设自己的专属微博，这在一些大企业中已经普遍采用，如在新浪微博上可以看到类似这些形式的企业微博：中国电信、中国电信客服、中国电信广东客服、中国电信广东网厅；海信集团、海信冰箱洗衣机、海信空调、海信手机官方微博、海信电视官方微博、海信电视宁波分公司；华为、华为终端官方微博、华为终端招聘官方微博、华为商城、华为网盘官方微博、华为中国区等。

企业分支机构及职能部门的微博营销，与企业官方微博的模式基本一致，仅仅是信息发布的主体差异，而在服务对象和项目方面可以比企业官方微博更具体一些，如客服微博、招聘微博等一般仅担负相应的职能，而不是作为营销的目的。

3. 企业领导人微博

有影响力的企业领导人微博，对于企业微博营销具有十分重要的意义。像王石、任志强、潘石屹这样的地产大亨，只要随便发布几条信息，即使没有提及企业的任何信息，其网络营销价值也不可低估。王峻涛，网名老榕，1997 年 11 月 2 日在四通利方网站（即新浪网的前身）以一篇网络帖子"大连金州没有眼泪"让国内球迷朋友捶胸顿足。他也曾经是中国电子商务旗帜的 8848 网站创始人，目前是 6688.com 网站创始人，也是活跃的微博用户。他的业务专用微博账号王峻涛 6688，自我介绍中是"6688.com 客户关系专用"。

联想集团董事长兼 CEO 杨元庆，也是活跃的企业领导人微博用户之一，到 2018 年 1 月他拥有将近 1600 万粉丝，发布了大量与企业活动相关的微博，对联想的社会化网络营销发挥了重要作用。

当然也有些企业高层领导可能出于面子或者担心负面影响等原因从不或者很少在微博上露面，与公众也很少有交流，其实这是社交网络恐惧症的表现，在浪费有价值的网络营销资源。作为一个企业领导人，合理利用微博等社交网络，对企业的意义更为显著。

4. 企业员工微博

每个企业员工都可以有自己的微博，甚至多个微博账户，如工作微博账户、个人生活与社交微博账户等。尽管员工微博账户的影响力可能无法与企业领导人相比，但由于多个员工的群体联动优势，员工微博仍然是微博营销不可忽视的重要力量，尤其涉及公司敏感话题的微博，员工微博的群体力量是非常重要的。这也就是很多企业鼓励员工开设微博的意义所在。事实上，微博营销是全员网络营销的形式之一，每个员工微博都是企业社会化营销的资源。

5. 行业资讯微博

以发布行业资讯为主要内容的微博，往往可以吸引众多用户的关注，类似于通过电子邮件订阅的电子刊物（邮件列表）或者 RSS 订阅之类的，微博内容成为营销的载体，订阅用户数量决定了行业资讯微博的网络营销价值。因此，运营行业资讯微博与运营一个行业资讯网站在很多方面是类似的，需要在内容策划及传播方面下很大功夫。

与此类似的还包括各种媒体微博、娱乐及热点微博账户，如冷笑话精选、幽默搞笑家等，都拥有大量粉丝。这些微博发挥着媒体的属性，将营销信息穿插其中实现微博营销的目的。

除了上面列举的 5 类常见的微博账户形式之外，还有大量以微博营销为主要目的的"非正式微博账户"，如与各种热门影视作品相关的账户、各种热点产品相关的账户、各种业务相关的账户等，如含有"搬家公司""网页设计""App 开发""互联网创业"等热门关键词的微博用户，这些账号并不一定是真正的某某公司，而是为了利用微博搜索等方式获得曝光的机会，作为微博推广的一种手段。

此外，一个公司或者部门甚至个人用户都可以注册形式多样的多个账户，从而使得微博营销的形式显得更为灵活多样，但是也更为杂乱，因而其规范性远远不及博客营销以及企业网站营销等传统的网络营销模式。

3.4.3 微博营销与博客营销的区别与联系

博客营销与微博营销虽然都是全员网络营销的表现形式，都具有内容营销及 SNS 营销的共同属性，但两者在信息源的表现形式及信息传播模式方面存在巨大的差异，这就意味着博客营销与微博营销的操作方法也必然存在显著差别。

通过对比分析微博营销与博客营销的异同，可以发现两者的本质区别，也可以找到微博营销与博客营销之间的相互关系，从而可以将博客营销的成功经验应用于微博营销，让两者相辅相成，为充分利用企业网络营销资源、实现企业整体的网络营销目标发挥更大的作用。

前已述及，博客营销是内容营销的一种形式，从信息发布与传递的角度看，与网站的内容营销没有本质的区别，因而仍然属于依赖互联网工具传播信息的模式。而微博营销信息则主要依赖于社会关系资源的传播，虽然也有一定内容营销的成分，但更多的是包含了人的行为因素，即是人的因素（社会关系）决定了微博信息传播的范围，是基于微博平台且对人的依赖。

下面我们通过四个方面详细比较分析**博客营销与微博营销的差异**。

1. 微博与博客信息源表现形式的差异

博客文章要经过标题设计、内容写作、编辑和发布的基本流程，每篇博客文章表现为一个完整的独立网页，文章标题出现在博客文章列表中，所有已发布的博客文章就组成了一个博客网站（或博客频道）的基本元素。博客营销信息源与网站信息源的形式没有实质的差异，博客营销对内容的质量有一定的专业要求，也正是这一特点决定了博客营销在实际应用中有一定的难度，成为博客营销的瓶颈之一。

与博客的表现形式不同，用户发布的微博信息，也即呈现在他的粉丝面前的，通常是一个页面中的组成元素而不是一个完整的网页内容，即与其他用户发布的信息流动态地组成了一个页面内容（除非你的这位粉丝只关注你一个人）。虽然用户发布的一篇微博也可以成为一个独立的网页（即有唯一的 URL），但是这个"网页"的信息量较少，一个表情，一个符号，或者一句话都可能作为一篇微博发布，因而"微博网页"被独立展示的机会较少，独立存在的价值相应也较低。微博信息源的表现形式，与搜索引擎搜索结果中的信息有一定的相似之处，即某网站的网页摘要信息与其他网站的摘要信息共同组成了一个"搜索结果页面"，将这些信息流动态地呈现在用户面前。

微博与博客信息源表现形式的差异表明，博客信息源的价值越高，内容编辑越专业，被展示和阅读的机会可能越大，而微博信息源的数量越多，被展示和阅读的机会可能越高。**这也就是为什么微博营销要强调微博活跃度的原因所在**。不过，据作者分析，随着搜索引擎对微博信息处理能力的提高，微博的价值及专业性也将影响其在搜索引擎中的曝光度，即搜索引擎为微博信息在平台外的传播将发挥越来越重要的作用，在这方面博客与微博有一致化的趋势。因此，微博活跃度并不是微博价值的唯一决定因素，微博信息源的专业度及价值也将成为影响其网络传播的重要因素。可见，微博信息源设计需要考虑网络可见度及网络可信度两个方面的因素。

2. 微博与博客信息传播模式的差异

企业博客可以有多种实现方式，包括自建企业博客频道与第三方平台开设博客等，而微博通常需要在专业服务商的平台上发布及管理，与企业博客的第三方博客平台模式类似。这是因为一个企业内部的微博，由于用户数量有限，很难实现大范围的信息传播。因而微博信息传播通常要依赖其所在的微博平台，如新浪微博，或者腾讯微博，或者 Twitter 等，这些微博事实上已经成为竞争激烈的营销平台。微博信息的传播渠道包括微博平台内部传播以及平台外部传播，目前内部传播为主要渠道。

（1）微博平台内部传播的方式

① 直接信息传播：发布微博信息，被关注你的好友（粉丝）直接浏览，这是最基本的微博信息传播方式。

② 社交关系传播：你的粉丝转发你的信息，从而在粉丝的粉丝中二次传播，受欢迎的信息往往能通过粉丝的转发在更大范围内传播，这也是微博最重要的传播方式之一，**这就是微博营销希望获得尽可能多的粉丝数的原因**，尤其是粉丝数量多且活跃度高的粉丝，对信息的传播能力越强。

③ 微博平台推广：利用微博平台的功能和服务扩大内部网络曝光机会，如获得平台推荐、成为微博平台的热门话题、在站内搜索中获得靠前的机会等。

（2）微博平台外部传播的方式

① 第三方平台的传播，如在公共搜索引擎搜索结果中获得展示。

② 在官方网站等其他网站的链接，如许多企业网站上的"关注××微博"，获得用户的直接访问和关注。

③ 利用微博开放平台功能（如新浪微博秀），将微博信息同步到其他网站、论坛、邮件签名档等。

④ 其他再传播方式：将微博信息作为博客素材通过博客等形式传播、转发到其他微博平台或者网络社区等。

可见，微博平台外部传播方式与内部传播有很大的差异，主要依赖于博主本人及互联网工具资源，而不是社会关系资源，这种站外传播的方式与博客的信息传播渠道比较接近，与传统网站推广方式一样，通过用户直接访问、搜索引擎检索、网站链接、用户转发进行传播，也可以利用病毒性营销、网络广告等方式进行传播。

结论

在网络信息传播渠道方面，微博更注重于平台内部用户之间的传播，站外传播能力相对较弱；而博客的信息传播方式正好相反，博客平台内部的传播力度较小，而以传统的网络传播渠道为主。实际上，这种差异正好使得微博与博客的信息传播具有互补性，也就为实现博客营销与微博营销的组合策略奠定了基础。

3. 微博与博客用户获取信息及行为的差异

由于博客营销属于传统的内容营销方式，用户获取博客信息与获取企业网站信息的方式没有显著区别，即通过用户直接访问、搜索引擎、网站内部及外部链接、其他网站的转发等方式浏览博客信息。一般来说，博客浏览者与信息发布者（博主）之间仅能实现评论、引用、转发等简单的交互沟通，因而博客浏览者主要作为单向的信息接收者。

在微博环境中，用户是网络信息发布和传播的主体，也是网络信息源及信息的接收者，同时又可以通过多种方式便捷地实现信息获取和传播。用户可以利用电脑、手机等多种终端以及多种客户端应用程序方便地获取微博信息，充分发挥"碎片时间资源集合"的价值，因而信息接收者与发布者（微博主）之间具有实时互动的基础。至于信息接收者是否继续传播他所浏览的微博信息，则可能取决于对信息发布者的信任、对微博信息的关注，以及社会关系网络中其他朋友的反应等多种因素。

将以上差异归纳起来可以看出，**从用户获取信息的方式来看**，博客营销与微博营销的区别在于：博客营销以信息源的价值为核心，主要体现信息本身的价值，用户获取信息的行为及反应也取决于博客内容的价值；微博营销以信息源的发布者为核心，体现了人的核心地位。但某个具体的人在社会网络中的地位，又取决于他的朋友圈子对他的言论的关注程度，以及朋友圈子的影响力（即群体网络资源）等复杂因素。

因此，从信息传播方式来看，微博营销与博客营销的本质区别在于：博客营销可以依靠个人的知识及能力通过各种网络渠道进行信息传播（对互联网工具的依赖）；而微博营销除了个人的知识与能力之外，还要依赖自己的社会关系网络资源才能获得信息在更大范围的传播（即对人的依赖）。

4. 微博营销与博客营销运营模式的差异

微博营销与博客营销在网络营销信息传递要素方面的差异，也就决定了微博营销与博客营销的运营及操作模式必然有重大差别，主要表现如下。

（1）构建方式的差异

企业博客通常作为企业官方网站的组成部分，而企业微博则建立在第三方微博平台上，与企业网站可以不发生直接的联系，属于企业的外部网络经营环境。因此微博营销体系的构建和启动较为简单。

（2）运营方式的差异

企业博客营销，需要长期坚持不懈的积累，博客营销的价值在于博客内容的积累效应，即博客营销注重长期效果。微博营销不仅需要持续的信息发布，同时还需要有更多的互动交流，并不断引入新鲜话题和活动，需要投入更多的关注和热情。这种差异表明，博客营销运营的核心是博客内容的内在价值，而微博营销的核心在于运营人员的能力和态度。尽管存在运营方式的差异，不过与博客营销一样，微博营销同样是对营销人毅力的考验。

（3）管理方式的差异

企业博客用户集中在一个企业可以自主控制的系统中，实现规范化管理难度相对较小，而一个企业可能有众多部门、众多员工的微博分散在不同的微博平台，且可能以个人身份展示，对员工微博很难建立起统一的管理规范，因而企业官方微博账户更具有"官方"的特色，是企业微博营销的权威信息源。

（4）运营资源的差异

博客营销积累的是网站内容资源，微博营销积累的是用户关系资源。显然用户关系资源更容易放大并快速实现营销价值。这同样表明两者不具有排斥性，博客营销与微博营销应该是互相促进协同发展的"双博组合"。

3.4.4　微博内容的传播方式

尽管微博营销的表现形式具有不规范性，不过基于对不同微博信息传播渠道等要素的分析，我们可以把微博营销归纳为八种常见的模式。

1. 模式一：企业微博共同体传播模式

一个企业可以有多个微博账号，所有相关微博账号形成了一个"内部微博社交关系网络共同体"，这些微博账号具有独立的运营权限，有各自的社交关系资源。利用企业官方微博、分支机构官方微博、企业领导人及员工微博等与企业相关的真实微博账户发布的企业微博信息，首先可以在企业各微博账户中互为传播，同时也可以通过微博平台直接传递给各相应账户的关注者，并以奖励的方式鼓励信息接收者再次传播，这是最基本、最直接的微博信息传播模式，因而也可称为自主微传播模式。

微博自主传播依赖于各微博账户本身的关注者数量及关注程度，企业可自主决定微博的内容、发布时间、重发频率等，且目标用户及传播范围明确，因而通常并不需要更多的资源投入。但是，如果微博的关注者数量较少，也就发挥不了显著的网络营销价值，而且，由于微博信息直接面向自己的关注者，如果有过多的推广信息或者方式欠妥，可能会引起部分用户取消关注等负面效果。

2. 模式二：社会关系资源传播模式

尽管一个企业的微博账户关注者数量有限，但是每个关注者同样也是一个微博信息源，每个用户都拥有或多或少的新的社会关系资源，如果关注者继续转发企业发布的信息，那么这条微博信息将继续被传播，也就是信息传播范围在不断扩大。这种利用关注者的社会资源关系继续放大传播范围的特征，正是微博营销的独特魅力之处，因而可称之为社会关系资源传播模式，也可以直观地称为"微博转发模式"。这种模式实际上与"病毒性营销"一样，利用的是网络口碑传播的效应让信息不断扩大传播范围。正如本书前面对微博所介绍的：微博具有病毒性营销的天然属性，是网络口碑传播最有效的工具之一。

理论上，社会关系资源传播模式可以实现多层次关系传播，即：①企业微博→②一级传播（直接关注者转发）→③二级传播（关注者的社会关系资源传播）→④三级传播……

因而可以通过少量的直接关注者迅速向大范围扩散。至于是否可以实现这种扩散效应，则主要取决于企业及微博内容的影响力、直接关注者的传播意愿等多种因素。事实上，对于商业信息，用户自愿主动转发的意愿往往是比较低的，因此要真正调动直接及间接社会关系资源的积极性，还需要对微博转发模式做进一步的策划和运营，也就是如下介绍的利益驱动型微博传播模式及微病毒营销模式。

3. 模式三：利益驱动型微博传播模式

如果稍微留意就会发现，在新浪微博平台的微活动应用中，可能有上万个进行中的有奖转发活动，这个数字仅仅是利用新浪微活动指定的流程和功能开展的有奖活动，此外还有不计其数的企业自己发起的各种有奖转发微博活动。新浪微活动对有奖转发的介绍是："它是从参与转发活动指定微博的人员中，系统随机抽取中奖者的一种有奖活动形式。发起者不能自行人工抽奖。"

这种有奖转发微博营销活动可被称为利益驱动型微博传播模式。有奖转发，也就是利用了用户获奖的心理参与企业微博信息的再传播，也使得参与活动的用户不再局限于企业微博的直接关注者，企业以少量的奖品投入，就可以通过利益驱动的临时网络关系资源获得信息快速传播的目的，极大地扩展了企业自主微传播及社会关系资源传播模式的影响范围。

虽然有奖转发并非微博特有的网络推广模式，但是微博转发具有高效快捷及可准确统计等诸多优点，借助于微活动平台，还可以使有奖转发更为规范，对维护活动的公平性具有积极意义，因而更容易受到用户的信任，如果活动及奖品设计有较高的吸引力，往往能在短时间内吸引众多用户参与转发。

4. 模式四：微博用户自发传播模式（微病毒营销模式）

病毒性营销的原理在微博营销中同样是适用的，而且更容易形成病毒性传播效应。利用微博用户自发传播模式的微博营销，即为微病毒营销模式。显然，要实现微病毒营销效果，基本前提是用户有自愿转发的意愿，也就是病毒性营销中强调的，对用户的价值所在。要做到这一点并不容易，需要对病毒性营销的原理及一般规律有充分的认识并制定切实可行的病毒性营销方案。

通过对一些用户转发次数较多的微博活动的分析我们不难发现，这些**用户自发传播微博营销方式的特点**都有一些类似之处，例如：

① 与当前热点事件有关，如世界杯、奥运会、某热播影视作品等，容易引起用户关注。

② 每个转发者都能从转发微博中得到一定的价值，如为自己提供了一个表达自己观点的机会、哲理性的内容对自己有启发意义、转发中获得被其他用户关注的机会、可以为自己的关注者带来某种价值等。

③ 容易实现多层次传播，即具有信息传播渠道的自动扩大效应，通常是由于微博源具有较高的影响力，而且微博信息具有争议性或者容易激发用户回答问题，从而易于产生自愿转发。

④ 可能成为微博的热门话题，热门微博得到微博平台的推动，可以实现在更大范围内的传播效应。

从这些特点中不难看出，具有病毒性营销效应的微博，必然是经过认真策划的，从信息源到信息传播渠道的设计，每个环节都符合病毒性营销的一般规律。

5. 模式五：微博平台推荐模式

无论通过哪种方式，如果成为热门微博话题获得平台的推荐，无疑对微博传播是有很大推动作用的。但由于微博营销信息本身的商业性，通常其并不适合被微博平台在热门话题中直接推荐，因此比较可行的做法，是与微博的各种专题活动、分类排行榜、微博信息搜索，以及开放平台的各种合作开发应用进行合作，获得在显著位置的推荐。当然，这种推荐可能是需要付费或者其他利益分成的。

6. 模式六：微博广告模式

微博广告是微博平台主要的收入模式之一，因此比微博平台推荐更直接的方式是，以付费的方式投放微博广告。如新浪微博在 2012 年 9 月开始推出的"粉丝头条广告"就是微博广告形式的一种。随着微博功能的不断发展，也必将产生更多的微博广告形式。例如，基于网络会员制营销原理的微博广告联盟平台或许可以成为一种实现"全民自媒体广告"的模式。

此外，在微博的主要页面直接投放展示类广告及文字链接广告，也是常见的微博推广模式，尽管与直接通过微博信息传播的模式有所差异，但同样可以达到吸引微博用户关注并参与相关活动的目的。

7. 模式七：微媒体传播模式

微博的媒体属性为微博营销带来很大的发挥空间，于是可以把微博作为媒体运营，当获得较多关注者之后，通过媒体发布一定的营销信息或者转发相关的商业信息。通过"第三方"来传递企业的营销信息，也就顺理成章地成为"微媒体传播模式"。这种模式与俗称的"草根大号转发"模式具有较高的相似性，拥有众多粉丝的名人传播方式同样也具有媒体传播的效果。因此这种"微媒体"包括多种灵活的形式，并不限于行业资讯、专题报道、媒体微博等看起来更像"媒体"的微博。

8. 模式八：微博扩展传播模式

微博营销以影响力较大的微博平台为主要信息发布及传播渠道，但微博营销可以并不局限于一个微博平台上，还可以有不同形式的扩展，包括平台扩展、信息展示形式扩展、信息传递渠道扩展等。

例如，可以利用用户重复度不高的多个微博平台的定位及服务差异，用适当的方式分别传播符合各微博用户特征的信息。同时，也可以利用微博开放平台的应用功能（如新浪微博秀）将微博传播扩展到第三方渠道，如其他网站和网络社区，也可以通过对微博进行必要的搜索引擎优化，使得企业微博信息可以展示在搜索引擎营销结果中。由于各个微博平台的功能和架构设置不同，因而可能存在搜索引擎收录和展示的差异，对此有必要针对性地了解各主要微博平台及企业微博信息在主要搜索引擎中被收录和搜索结果的状况。

3.4.5 企业微博运营管理规范

网站运营、网站优化、企业博客等都有相应的运营管理规范，因为每一种网络营销方法都有自己内在的规律，只有发现并遵循这种规律，网络营销活动才能更专业、更有效。由于微博营销还未走向成熟，运营经验总结与一般规律的研究也比较有限，因此本书仅初步探讨微博运营管理规范的六个基本方面。

1. 企业微博账户管理规范
① 企业微博责任人的职责范围。
② 企业微博账户设置（各项基本元素完整）。
③ 严谨的企业介绍信息。
④ 保持微博名称、个性域名与企业网络品牌的一致或相关。
⑤ 保持企业公告/动态及模板设置的时效性。

2. 企业微博内容规范
① 制订系统的内容选题及制作计划。
② 掌握微博内容策略及各个方向的最新动态。
③ 预留充分的时效性不强的备用内容。
④ 根据微博用户的行为特征不断调整微博内容策略。
⑤ 企业微博内容本地备份。

3. 企业微博信息发布规范

① 遵守微博平台的管理规范。

② 遵照企业微博信息审核流程。

③ 微博信息发布频率计划。

④ 在最合理的时间发布信息。

⑤ 微博应急处理措施等。

4. 用户交互管理规范

① 定期记录和分析用户数量的变化。

② 关注业内有影响力的用户及微博领先者。

③ 与活跃用户保持互动沟通。

④ 转发有价值的微博信息。

⑤ 取消关注长期呆滞账户。

5. 风险及限制性信息管理规范

① 不发布可能涉及公司机密的信息。

② 不发布可能引起纠纷的信息。

③ 不发布可能暴露个人隐私的信息。

④ 不发布过于私人生活化的内容。

⑤ 其他不适合随意发布的信息。

6. 企业微博运营效果评估

① 微博信息发布的数量与质量。

② 原创微博内容所占比例。

③ 微博的曝光量（阅读数）。

④ 用户对信息的评论与转发比例和数量。

⑤ 微博用户类型及数量增长趋势。

⑥ 微博信息的站内可见度。

⑦ 微博信息的搜索引擎可见度。

⑧ 微博对总体网络营销效果的贡献等。

上述内容尽管只是对微博运营管理的初步考虑，实际上已经包含了许多需要运营人员耐心和细致的工作，而这些工作是无法忽略或者被替代的，尤其不能简单地以付费推广的方式替代。由此也进一步表明，企业微博是一项长期战略，其价值需要经过长期的资源积累和转化的过程才能得以体现。

3.5　WIKI 词条编写与维护

WIKI 词条，即在开放式网络百科全书平台上创建的百科词条，由互联网用户自由参与编写，也就是说每个用户都可以成为 WIKI 词条的编辑者。这就意味着，一个企业自己创建的词条，可能会被其他用户重新编辑。所以，WIKI 词条是典型的基于第三方平台账户的有限控制型信息源。相比于企业微博内容和企业自媒体内容，WIKI 词条内容的可控程度更低，因而对词条的运营和维护也就显得更加重要。由于网络百科词条具有一定的网络推广价值，事实上它也成为一种网络推广工具。

本节介绍 WIKI 词条在网络营销中的作用、WIKI 词条的创建与编辑方法等基本内容。

3.5.1　WIKI 词条在网络营销中的应用

如果用某企业名称或品牌名称作为关键词在搜索引擎中搜索，在搜索结果页面中显著的位置很可能会出现该企业名称的网络百科词条，如百度百科的 WIKI 词条等。同样，人名、地名、书名、游戏名、电影名、软件名称等通常也会有自己的 WIKI 词条。如果使用手机语音搜索某些人名或企业名，往往给出的是百科词条的内容摘要。由于 WIKI 词条在搜索结果中占有重要地位，WIKI 词条已成为企业重要的第三方信息源之一。

严格来说，WIKI 词条本身只是对某个概念或者知识、事件、产品、单位名称、人名、地名、作品名称等的解释，不应该在严肃的概念解释中插入具有推广性质的内容，即 WIKI 作为网络营销工具难免会影响内容的公正性。但不能不考虑这样一个事实：为什么用户愿意无私地为百科平台网站贡献词条内容呢？如果不是为了自己的某些利益，如何才能长期坚持不懈地编辑高质量的词条内容？所以，作为一个折中，百科词条管理通常会允许一定程度上的"网络推广"行为存在，当然不能在词条内容中有过于明显的广告痕迹，否则百科平台的客观性、知识性、权威性就会下降。

国内影响力较大的中文在线百科网站包括百度百科、搜狗百科、360 百科等，各个百科平台提供的功能有一定差异，平台的用户群也有所不同，但都有一个共同的特点，即用户可以自由创建词条以及对现有词条进行编辑修改，并且这些平台都可以在一定程度上为词条编辑者提供"网络推广"的机会。

根据相关研究，开放式百科词条被应用于网络推广主要有四个方面的原因。

① 在线百科平台具有开放性，任何人都可以编辑，降低了免费网络传播的门槛。

② 在线百科平台严格的审核制度保证了词条内容具有较高的可信度。

③ 在线百科词条内容丰富，搜索引擎友好度高，因而百科词条的信息具有更高的搜索引擎可见度。

④ 百科词条中的延伸阅读等可以增加相关网页的链接，同时也是对该网页的直接推广。

因此，事实上在线百科不仅是传播知识的平台，也成为许多企业的网络推广方法。总体来说，只要遵循百科网站的编辑规范，词条内容经过严格审核，是可以实现知识传播与适量的网络推广共存的。相比于 B2B 平台信息发布、搜索引擎广告等，WIKI 词条的内容更严谨、更可信。

那么，企业一般如何利用在线百科平台开展网络推广呢？借助于百科词条内容提高企业信息的网络可见度，是 WIKI 词条网络营销价值的综合体现，同时，企业还可以通过一些具体的操作方法，充分发挥百科词条的网络推广功能。

通过对主要在线百科平台词条信息的调查分析，新竞争力网络营销管理顾问归纳出在线百科平台网络推广的六种模式。

1. WIKI 词条正文内容广告

WIKI 词条正文内容广告是在词条的正文内容中添加的具有广告功能的文字信息，如在企业名称词条中介绍企业的具体产品或服务信息，或在与企业相关的某商品词条中介绍本企业的产品信息及公司介绍等。对于企业名称词条而言，详尽的正文内容，不仅能为访问者提供有价值的信息，而且有助于提升企业形象。词条正文内容中如果包含有详尽的产品或服务介绍信息，可以增加访问者对企业信息的了解，在一定程度上实现企业产品或服务的推广。

2. WIKI 词条中的网页 URL 链接

URL 链接广告是指在词条的参考资料或扩展阅读中加入企业官方网站或其他关联信息页面的链接，URL 链接广告不仅能为企业的相关平台带来优质的外部链接，而且能直接为企业网站或相关平台带来直接访问量，是有效的外部链接资源之一。

3. WIKI 词条中的图片广告

在词条的正文中，引入图片对企业及其产品或服务进行描述，实际上发挥了图片广告的效果。相对文字来说，图片更容易让用户形成视觉上的感官认识，丰富了企业百科推广的表现形式。

4. WIKI 词条中的图片文字注释

WIKI 词条中图片文字注释的表现形式包括，底部有加粗的文字说明或者在图片本身具有文字水印宣传信息，这种方式进一步加强了图片广告的营销传播效果。

5. WIKI 词条中的相册广告

相册广告是指在百科词条正文内容中出现的图片不是单图，而是组图的形式，除此之外，在词条内容的下方，有专门的组图展示区域。相册广告是图片广告进一步的延伸和发展，能够更充分地发挥百科平台的图片广告推广价值。

6. WIKI 词条中的名片广告

名片广告是指在百科词条中出现在词条正文上方的内容，是对整个词条内容的概括和总结。名片广告可以丰富企业的词条内容，提升企业词条的专业性，另外，百度名片属于百度百科的一种关联平台，为企业制作名片可以增加企业推广渠道及企业信息的传播机会。

调查表明，上述六种 WIKI 推广模式在不同百科平台上的表现有一定的差异，主要原因在于各个平台对词条编辑规则设置的差别。

3.5.2　WIKI 词条的基本要素及一般要求

与可控型网络信息源类似，WIKI 词条的网络营销价值也是需要通过每个词条的创建、编辑和维护才能得以体现，由于 WIKI 词条内容的特殊性，充分理解 WIKI 词条的基本要素与基本要求是非常必要的。

尽管各个网络百科平台的规则有一定差异，但词条的表现形式总体是相似的。一般来说，一个内容丰富、格式清晰的优质的百科词条应包括 7 个基本要素：词条名、概述、基本信息栏、目录、正文内容、词条图片、参考资料。

1. 词条名

词条名应为专有名词或名词性词组，要使用正式的全称或最常用的名称。如果存在同名事物，可为其添加新义项。当事物具有多种称谓时，非正式或非常用的称谓可以添加为该词条的同义词。

2. 概述

概述是对词条正文内容的简明归纳，可通过提炼整个词条的正文内容所得。概述中应有对于词条所描述主体的定义性解释，还应指出词条所描述主体受关注之处。

3. 基本信息栏

基本信息栏由一批"信息项：信息内容"组成，可以让读者快速地了解与词条主体相关的基本信息。在线百科网站根据不同的词条类别，一般都提供了相应的模板。

4. 目录

词条目录是编辑者组织词条内容的好工具，它的作用和文章里的目录一样，可以将词条包含的各个方面的内容进行梳理和划分。目录共有两级，分别为一级目录与二级目录。目录应简明扼要，每个目录限 20 字以内。

词条目录将文中的段落标题进行索引，直观展示词条的章节结构，用户通过目录可以了解到词条包含了哪些方面的内容，点击其中的目录文字可以快速定位到相应的内容进行查看。

设置词条目录的方法：例如，词条"网络营销基础与实践（第 5 版）"可以梳理为这几个方面的内容："内容简介""创作背景""书籍目录""作品影响""出版信息""作者简介"。在创建或编辑词条时，单击编辑框上方的"一级/二级目录"按钮，即可在当前位置添加一级/二级目录；或者先选中要作为目录的文字，再单击"一级/二级目录"按钮。

5. 正文内容

词条正文是指用以阐述说明词条主体的文字信息，由段落或句子组成。通过文字描述，帮助读者理解词条。应注意以下两个方面的问题。

（1）规范的言语和措辞：词条内容应使用第三人称，不得含有带个人情感的主观内容以及不确切、具有宣传性质的描述。词条内容是对参考资料内容的精简整合，而非简单的搬运。当词条内容涉及时间时，应使用准确的时间，如具体的年份。

（2）词条内容与排版：词条内容应与词条主体紧密相关，每个词条都应包含可以使读者了解词条核心主题的内容，以及对词条本身的定义和详细描述。

为了使词条内容条理清晰，可使用百科网站提供的目录功能将词条内容调整为多个分支，目录名称是每个分支内容的概括和导航。每个词条都包含有多个一级目录，每个一级目录下又可以包含多个二级目录。

6. 词条图片

词条图片是对词条内容的补充，应直接体现词条主体，高清无水印，还可添加相应的图片描述。

① 上传图片的方法：光标定在需要插入图片的位置，单击"图片"按钮后，会弹出"添加图片"的浮动窗口。选择好图片之后，还需填写图片说明及设置图册位置。

② 图片及图片说明的要求：图片与词条内容直接相关；将图片插入到所对应的文字附近；图片上没有无关水印、无关网址或联系方式（QQ 号、邮箱地址、电话号码、具体地址等）等信息；图片说明与词条主体相关；无重复图片；提供较高质量的图片；避免图片排版过于

新网络营销（微课版）

凌乱；保证图片正确性，避免伪造的虚假图片。

7. 参考资料

百科词条中的参考资料相当于论文中的参考文献，为保证词条内容的真实性和权威性，词条内容的关键信息点需有可信的参考资料指正。参考资料包括网络资源类、著作资源类以及其他类。

以上是对百科词条一些常规性要素的简要说明。由于每个百科平台提供的功能和要求有一定的差异，不同百科平台的词条又有自己的特色内容，如搜狗百科平台的扩展阅读、知乎精选等，大家需要对各平台的实际情况进行了解，根据平台要求进行词条编辑和维护。

3.5.3　WIKI 词条编写方法

WIKI 词条编写包括两种基本形式：创建词条和编辑词条。对于已经存在的词条，如果有必要进行修订或补充，可进入词条编辑模式；如果词条名称尚不存在，可以进入创建词条模式。

这里以百度百科平台为例，WIKI 词条的操作流程大致如下。

① 事先确定期望编写的词条名称。

② 在百度百科创建词条入口中输入词条名。

③ 如果该词条已经存在，只能在此基础上对其进行编辑修改。

④ 如果不存在，可直接点击"创建词条"按钮新建词条。

编写高质量的 WIKI 词条，有两个方面需要重点了解：词条选题方法、词条审核通过率。这两者是相辅相成的，只有高质量的词条内容才容易获得网络百科平台的审核——你所创建或编辑的词条，要经过管理员的审核才能正常展示！当然，词条审核人员也是由志愿者组成的，当你成为百科平台的活跃用户，达到一定级别时，也可以申请成为词条审核人员。

1. WIKI 词条选题思路及编写技巧

与网页标题或博客文章标题一样，每个词条也是一个独立的网页，需要为每个词条设计一个合适的名称，这个名称既是 WIKI 词条的名称，也是该词条内容的网页标题。网页标题的重要性毋庸多言，无论是用户在百科平台内部搜索还是通过通用搜索引擎界面搜索，网页标题都是非常重要的元素。

与一般的网页标题相比，百科词条名称又有明显的特点，如简洁性、权威性、知识性等。注重词条选题及写作方法，是提高词条审核通过率的基础。

（1）企业品牌及产品相关核心词

知名企业名称、产品品牌、服务、网站、创始人等通常可以直接创建为词条名称，一般企业名称和品牌同样可以创建百科词条。例如：华为、华为公司、华为技术、华为技术有限公司、华为手机、华为商城、任正非等，在百度百科中都有独立的词条名。

（2）产品相关的知识

除了与企业及产品直接相关的词条，各种与产品相关的概念、术语、专业知识等都可以作为词条选题。例如，与移动通信相关的概念，如 CDMA、4G、5G、2K 屏等，也是常见的百科词条名。

（3）行政区划、地名、组织机构名称

从大到一个国家和地区，小到一个自然村，各个国家、各级行政区划和地名都可以作为词条名称，与此相关的各地名人、重要历史事件（如鸿门宴、项羽）等也是重要的百科词条选题范围。创建或编辑此类词条时，当地政府官方网站的相关介绍可作为参考资料。

同样，幼儿园、学校、博物馆、政府机构、社会团体、大学里的学生组织等，也是百科词条不可缺少的内容。创建或编辑这类词条时，组织和学校官网、媒体报道等都可作为参考资料。

（4）网络热词和事件、娱乐产品、畅销书等

网络热词和事件自带流量，且被新闻媒体报道的机会较多。当在朋友圈、微博看到"wuli""duang"等陌生词汇时，在搜索了解的同时可将其创建为词条。

电影、电视剧、流行歌曲、流行游戏、畅销书及作者等，也是重要的词条来源。创建或编辑自己阅读过的书籍、杂志等出版物类的词条，可考虑作为参考资料来源的链接包括：知名网站读书频道链接、出版社官方网站链接、知名网上商城图书频道（京东、当当网、亚马逊等）。

（5）百科平台提供的词条任务

如果一时没有成熟的词条名称，或者对词条选择没有充分的经验，也可以看看百科平台的分类及相关栏目，它们通常会设有词条任务，你可以直接编辑完善词条任务中的词条。由于这类词条是网络百科平台所需要的，因此通过审核的机会也会更大一些。

上面仅列出部分领域的词条选择，实际上各个领域都可以产生大量的词条名称，至于在实际工作中选择哪些词条，可以掌握一个总的原则：即选择词条名称时重点考虑那些对读者有价值的、具有权威信息来源的、在一定程度上可以将知识传播与营销相结合的内容。

至于选择在哪些网络百科平台编写词条，本书作者的建议是，如果可能，在所有重要的百科平台同时进行。每增加一个相关的词条，就意味着增加了一个扩大网络可见度的机会。

2. 提高 WIKI 词条审核通过率的技巧

无论是新创建的 WIKI 词条，还是编辑现有的词条，编写完成并提交之后，都需要等待平台的审核，通过审核的词条才能被用户阅读。对于不通过的词条，还可以再次编辑完善，重新提交等待审核。

（1）提升百科账号等级和词条通过率

网络百科平台中，每个注册用户都被评为一定的等级，账号等级可以从侧面反映百科用户的编辑熟练程度、从事时间以及创建编辑词条的经验。一些高质量的词条，只有等级和通过率达到了一定要求的用户才有编辑权限。各百科平台的具体要求略有差异，如 360 百科账号要求达到 4 级才能创建词条。

（2）编辑成复杂版本

对词条正文内容和其他方面扩展信息（如词条内链、目录、图片及图注、参考资料等）进行大幅度修改后，能够帮助读者更清晰地了解词条主体。

（3）权威的参考资料

参考资料的内容要与词条内容高度相关，例如，在"网络营销能力秀"的词条中添加介绍其他网站（例如，秀友百科网站）的内容作为参考资料，那是肯定不行的。

百科平台要求使用权威网站的报道作为参考资料，如人民网、腾讯网、中国科学院网站等。使用权威的参考资料可以增加百科词条的审核通过率。

总之，作为参考资料的网页内容不是随便一个网页都可以的，博客、论坛、自媒体平台、其他百科等网站的内容链接通常是不能作为参考资料的。

（4）使用企业创建通道

创建企业类词条，可以使用企业创建通道。在百度百科平台使用企业创建通道创建企业词条时，要求企业信息能在全国组织机构代码管理中心官网查询到。创建企业类词条的技巧如下。

① 创建词条前的准备：列出需要展示的栏目及主要内容，避免主观性词语和宣传性质的内容。

② 参考资料：企业词条需使用专业新闻机构网站、中央及地方报纸刊物、门户网站的新闻报道或工商等主管单位的备案等作为参考资料，对词条中所有关键信息点加以证明。对于一些非权威的媒体网站发布的内容，一般不可以作为百科词条的参考资料，例如，带有免责声明的媒体网站及开放性平台，如搜狐开放平台等。

知名企业一般会有媒体争相报道，参考资料的来源也就相对较多。而一些非知名的企业只能通过制造新闻吸引媒体主动关注报道或者投稿给大众媒体，投稿的文章要以媒体的口吻、新闻的视角对某件事情进行报道，相关的企业百科词条应该从新闻原文中选择。

（5）熟知各大百科平台的规则

熟悉百科平台规则和了解百科词条写作技巧，有助于提高词条的审核通过率。在百度百科平台创建或编辑的词条，同时也可在360百科、搜狗百科平台上编写，但要注意各个百科平台的审核原则及词条编辑规范的差异。例如，创建或编辑书籍类词条时，百度百科、360百科可以使用京东、当当网、亚马逊等知名的图书商城的售卖链接作为信息来源，但搜狗百科不支持。

在创建或编辑360百科、搜狗百科词条时，可适当参考百度百科词条的内容，但不能一味地复制粘贴，因为百度百科平台的词条内容也不一定都正确。还可以以词条名为关键词进行搜索，看有没有权威的媒体报道或百科平台承认的来源可信的内容作为参考资料。在添加词条图片时也要注意，360百科、搜狗百科对图片的要求之一就是无水印，但百度百科词条的图片会自带百度百科的水印，也就是说在编写360百科、搜狗百科词条时，不能直接用百度百科的词条图片。

（6）词条修改原因详尽完善

修改词条时应填写修改原因，并指出修改的内容。修改原因应明确、准确、客观。明确的修改原因可以让编辑者以及浏览者方便地找到词条内容的更新理由以及具体位置，使知识的沉淀过程更加明晰可见。当然，标准的修改原因也会提高词条更新的效率。此外，还要明确说明修改的具体区域，指出修改的具体内容，并给明具体的理由。

（7）和百科平台管理人员沟通

① 申诉：如果提交的词条版本未通过系统审核，且对系统反馈的原因有疑问，可根据百科网站提供的申诉入口提出申诉；

② 多浏览百度百科吧和百科蝌蚪团吧的内容。

例如，在百度百科吧、百科蝌蚪团吧、燃梦计划吧和百科明星团吧，可以跟其他用户交流经验、讨论问题，这样不仅能学到不少与词条相关的经验，遇到问题还可以在帖子中@吧主或者小吧主。

建议：编写词条的经验需要不断的积累，对于初学者而言，一下子掌握所有百科平台的规则没那么容易，所以刚开始不要急于求成，遇到词条审核没有通过也不必气馁，对照优质词条，不断修改和完善，最终总会通过审核的。另外，学习词条编写初期可以选择部分审核相对较宽松的网络百科网站，体验词条编写的流程和要点，待有了一定经验之后再到审核较为严格的知名网络百科平台进行操作。作为网络营销实践平台之一，秀友百科就是一个为初学者提供的 WIKI 词条演练场所，作为本书读者，可以通过网络营销能力秀官方网站注册的账号登录秀友百科开始 WIKI 词条的实践操作。

3.5.4 WIKI 词条的管理维护

在浏览 WIKI 词条时往往会看到"历史版本"的链接，说明词条版本已经进行了更新，有些热门词条的更新频率甚至相当高。所以说，WIKI 词条是可控性最低的外部网络信息源。

由于 WIKI 开放式的特点，每个用户都可以参与编辑同一个词条的部分或全部内容，因此百科词条推广往往是动态的，今天在某个词条中出现的 A 企业的信息，明天可能就变成 B 企业信息，甚至可能会出现被竞争对手利用或不正当竞争的情况。因此在线百科词条创建/编辑完成后，还需对其进行跟踪管理和维护。

根据实践经验，WIKI 词条管理维护的内容包括以下几个方面。

1. 建立合理的百科平台账户体系

网络百科账户体系包括两个方面：首先，编写百科词条是一项长期的工作，因此需要持续不断的运营，期间发生人员变动是不可避免的事情，所以应在各百科平台注册公司统一管理的账号，而不是私人账号，同时可以注册多个账号，以便分工合作；其次，个人注册的百科词条账号同样是有价值的，可以与公司注册账号协调利用。与博客的全员网络营销思想类似，网络百科词条也可以发挥全员营销的优势，每个参与者都可以为提高企业网络可见度贡献自己的力量。

2. 构建网络百科词条数据库

一个企业相关的百科词条有哪些，发布人是谁，词条中体现的网络营销元素有哪些等，这些信息对 WIKI 词条的管理必不可少，无论是专业的在线数据库还是人工编辑的电子表格文档，至少要有一个信息完整的数据库。百科词条数据库中需要记录的信息包括：词条名、网址、创建或编辑人账号、发布日期、内容元素摘要、版本更新情况、回访记录、是否需要重新编辑等。

3. 跟踪访问现有词条

回访已发布词条是一项无法替代的工作。根据百科词条数据库，在一定的周期内进行跟踪查看，如发现需要重新编辑的问题及时记录下来，尤其是注意企业的推广信息是否被竞争者所修改、参考资料链接是否失效等，根据需要对相关词条进行修改或完善。

4. 发现更多词条选题

在 WIKI 词条回访及编辑的过程中，了解其他相关词条的内容，可能发现更多有价值的词条选题，对网络百科词条运营形成良性循环。

总之，网络百科词条运营不是一劳永逸的工作，与其他形式网络营销信息源的维护相比，WIKI 词条的管理维护更加重要，需要投入必要的资源才能保持 WIKI 词条价值的持续发挥。

3.6 自媒体内容平台账号运营

自媒体意指用户可以通过某个网络平台自行发布信息，并且经过平台内部推荐传播以及用户个人的社交关系网络等渠道，在一定范围内实现信息传播及用户交互。其核心在于用户的自主性，即在网络平台规则许可的范围内发布和传播信息。

自媒体平台账户运营，是暨博客之后内容运营的又一次突破。自媒体平台不仅为用户提供了发布信息的渠道，同时也对信息的传播和推广发挥了极其重要的作用。也就是说，自媒体内容平台是内容发布与传播一体化的网络营销工具，具有"自带流量"的功能。

3.6.1 自媒体及其网络营销的意义

在本章前面介绍了微信公众号和企业微博的运营方法，微信和微博，通常也被称为"自媒体"或者"新媒体"，简单来说也就是企业或个人运营的、具有一般媒体属性的网络信息发布与传播活动。微博或者微信，是信息的载体和传播方式，即基于社交网络的信息传播。事实上互联网的很多应用都具有"自媒体"的特征，如个人主页、博客、专栏文章等，只不过这些早期的互联网应用通常以互联网工具（如搜索引擎、网站链接等）为主要传播渠道，而且具有一定的应用门槛，尚未达到社会化普及应用的程度，因此相较于社会化网络阶段的"自媒体"概念，其影响力有一定的限制，只能称为"初级自媒体"。

自从微信公众号得到普及之后，内容传播进入了一个新的历史阶段，新一代内容平台（自媒体平台）不仅为用户提供了信息发布的机会，而且将平台内数量众多的用户转化为各自媒体内容的用户，使得传统的信息传播模式发生了重大变化。于是，各种内容平台不断涌现，为企业自媒体运营和个人内容创业提供了丰富的选择机会。例如，百度百家号、头条号、搜狐号、企鹅媒体平台、网易号媒体开放平台、凤凰号、大鱼号等。当然，微信公众平台仍然在自媒体平台领域占有重要地位，成为许多企业、机构和个人构建官方自媒体的首选平台。

通俗地说，自媒体平台是自带流量的信息传播平台，正如电子商务平台上的网店一样，作为买卖双方集中的场所，电商平台为网店店主带来源源不断的潜在顾客。作为一种内容营销的手段，企业自媒体也就应运而生。

相较于企业博客、企业微博、微信公众号等"传统自媒体"而言，新一代内容平台对网络营销的特点主要体现在以下两个方面。

1. 内容营销矩阵化

由于内容平台较多，且账号主体形式多样，企业、个人和其他机构均可成为运营主体，账号昵称也多种多样，这就意味着同一个企业或个人，可能在一个内容平台同时运营多个不同类型的自媒体账号（与微博账号有类似之处），也可能在多个内容平台运营多个不同类型的账号，这样就形成了一个矩阵化、网络化的内容发布与传播体系，通过企业自媒体的有效运营，企业网络可见度可以得到极大提升。

2. 多渠道内容推广模式

传统的信息发布与传递一体化平台，对用户发布信息的推广渠道有限，如 B2B 电子商务平台、博客平台等，通常是基于网站页面的网页标题链接推广，不仅推广空间有限，而且用户获取信息的渠道比较单一，通常只能通过网页点击来实现。内容平台通过内容分析及推荐分发技术，极大地扩展了推广渠道及传播力度，为高质量的自媒体内容带来巨大的阅读量，同时经过用户社交网络的分享，内容阅读量得到快速提升。

例如，在今日头条客户端，每个用户看到的头条号信息流可能都不一样，展现给用户的信息，经过个性化内容推荐机制分批次推荐给对其感兴趣的用户。先将文章推荐给一批对其最可能感兴趣的用户（这批用户的阅读标签与文章标签重合度最高），通过对这批用户产生的阅读数据进行分析（如点击率、收藏数、评论数、转发数、读完率、页面停留时间等），决定是否将其再次推荐给下一批用户。经过类似的内容分发及用户分享，可以极大地提高内容的阅读量，系统推荐对内容的阅读量发挥着重要的影响。

由于内容平台对用户的影响力越来越大，用户在内容阅读和分享方面占用较多时间，这对企业的内容运营策略既是机会同时也是新的挑战，主要原因在于：一方面，传统内容传播渠道对用户的吸引力有一定的下降，企业需要投入更多精力在内容平台的运营上；另一方面，内容平台的推荐机制更多注重于用户的阅读量和互动量等指标，大众娱乐和生活情感等方面的内容更有优势，而企业相关的内容获得平台推荐相对较难。这就为内容营销带来了困惑：投入越来越大，效果却难以同步提升。所以，对于大量小微企业来说，内容营销的门槛相对更高了。

3.6.2 自媒体内容运营策略

无论是基于企业网站的内容，还是博客、订阅型内容，在选题和写作方面都有共同之处，尤其是博客和微信公众号内容运营的一般原则和规律，对内容平台的自媒体运营都是适用的，不过不同的内容平台有自己的规则，对内容质量的要求有一定的差异。

自媒体平台与传统内容的发布及传递最大的区别，在于自媒体平台的流量来源与内容推荐/分发渠道等密切相关。如前所述，自媒体平台不仅像博客平台那样给用户一个发布信息的渠道，重要的是它可以将内容推荐及分发到多种渠道，从而带来可观的阅读量。在一定程度上可以说，自媒体用户发布的内容是否得到平台的有力推荐，决定了内容的阅读量。一篇得到大力推荐的文章，即使该自媒体号的关注者数量不多，同样可以获得很高的访问量，这方面与微信公众号略有差异，因为微信公众号文章的阅读数量主要取决于订阅（关注）用户的数量。

例如，2017 年 11 月 8 日，腾讯内容开放平台正式启动，借助腾讯 AI 的智能分发，可以帮助内容创业者实现"一点接入、全网接通"的目标，通过企鹅号发布的内容可以同步分发到微信、QQ、QQ 空间、浏览器、天天快报、腾讯新闻、腾讯视频等多个平台。

因此，与传统网站、博客等初级自媒体相比，新一代自媒体运营的首要工作是充分了解平台对内容的要求及推荐机制，在此基础上创建高质量的文章内容，尤其是标题设计等方面与传统自媒体也有一定差异。本节仅对平台推荐规则及自媒体标题设计这两个方面给予简要介绍，至于内容选题等，可参照本章前面其他类型的内容运营策略。

1. 自媒体平台的内容推荐渠道及用户来源

每个平台都有自己的内容分发渠道和推荐机制，也就意味着它们有各自的信息传递渠道和用户来源。表3-4是部分自媒体平台的简单比较，详情可到各自媒体官方网站详细了解。

表3-4 部分自媒体平台的主要特点（2018年2月）

自媒体平台	内容推荐渠道	特点	用户来源	收益方式
微信公众号	微信客户端、搜狗微信搜索	微信用户数量大、企业官方微信普及度高	粉丝阅读、朋友圈分享、好友转发	赞赏、流量主广告分成
头条号	今日头条客户端、今日头条网站	客户端用户数量多、流量大、易申请	平台推荐、粉丝阅读、粉丝分享到其他社交媒体	赞赏、头条广告、千人万元计划、礼遇计划
百家号	手机百度、百度搜索、百度浏览器	搜索引擎友好度高、内容质量要求较高	百度搜索、手机百度及百度浏览器推荐	百度广告、补贴、内容电商、自营广告、百+计划
搜狐号	搜狐网、手机搜狐网、搜狐新闻客户端	搜索引擎友好度高、文章易通过	用户搜索、平台推荐、粉丝阅读	可自行投放广告
企鹅号	天天快报、腾讯新闻客户端、迷你首页、手机QQ新闻插件、QQ公众号、手机腾讯网、QQ浏览器	推荐渠道多样、微信公众号文章可同步展示	平台推荐、粉丝阅读	赞赏、流量主、"芒种计划"的原创补贴
大鱼号	UC浏览器、优酷、土豆、淘系客户端	流量主要来自于UC浏览器；可以与粉丝高效互动	平台推荐、粉丝阅读	赞赏、广告分成、商品佣金、大鱼计划
网易号	网易新闻客户端、网易网站、网易号频道	与粉丝跟帖互动，实现自媒体直播	平台推荐、粉丝阅读	平台分成收益、亿元激励计划

资料来源：本书作者根据从各内容平台收集的资料综合整理而成，2018年2月

2. 自媒体平台文章标题设计特点

我们很多人可能会受到一些总是能引起好奇心但实际上是故弄玄虚、表里不一的自媒体文章标题的吸引而点击，但一般自媒体平台又明确要求高质量的标题和内容，反对纯粹的"标题党"，然而实际上很多文章标题总是与真正的"标题党"难以区分。为了阅读量，很多自媒体会在文章标题上做文章，是不是说自媒体文章标题的设计一定要成为"标题党"或者其同类呢？

实际上，这种现象正是与自媒体平台的推荐机制密切相关，也反映了内容阅读者的行为特点，标题的吸引力对用户是否点击具有重要影响。当然，一个好的文章标题在任何环境中都很重要，不过在自媒体时代，尤其对于手机阅读用户而言，每屏幕显示的信息有限，标题的重要性就尤为突出。

与企业网站及博客标题相比，自媒体标题设计的主要特点包括以下几个。

（1）突出紧迫感促使用户立即行动

常用到一些表示紧迫、突发或变化很快的词汇，吸引人毫不犹豫地点击阅读或转发，例如，刚刚、很快就、马上就、紧急、重要……

（2）从用户心理角度利用悬念引起好奇心

使用户总忍不住要看看答案或结果到底是什么，其中用得最多的词汇之一是"这个"。本书作者曾就此话题写过一篇微信公众号文章：这个标题。获得100 000+的阅读量。通过搜狗

微信公众号文章搜索"这"或者"这个"，类似的悬念性文章标题非常之多。在一些平台推荐的文章中，含有这种悬念性词汇的文章标题所占比例也相当高。

（3）突出重要性和独特性

标题中常用的词汇包括重磅、独家、重要、震惊等。

（4）蹭热点的标题

互联网上热点话题层出不穷，热点话题总是能带来巨大的访问量，尤其是一些未经证实的热点内容往往成为自媒体博取流量的重要武器，这也是为什么一些自媒体内容可信度不高的原因之一。其实，蹭热点是内容选题的常用方法之一，关键是要合理利用热点，而不至于陷入造谣传谣，或者将热点应用于不合适的场合的情形。

（5）与用户密切相关的标题

本书在微信公众号选题方法中介绍过，"与用户直接相关的话题，才是企业微信公众号的主要选题方向"，这个规律对于其他自媒体标题的选题来说一样是适用的。因此，选择与用户自身利益直接相关的标题和内容，总是会获得用户关注的，如有关个人福利的、健康和安全的提醒等。

总之，自媒体内容运营中的标题设计，需要在内容平台规则许可的范围内，充分利用用户的注意力特征，获取尽可能高的阅读率。当然，无论在任何时候，内容运营的最高原则都是为用户创造价值，如果一个哗众取宠的标题却没有提供相应有价值的内容，也就堕落为纯粹的"标题党"，这是令人不齿的，这样的自媒体账号也难以长久受到用户的关注和肯定，尤其作为企业自媒体，不应一味追求点击率，更重要的是用户的长期价值。

3.7　网络媒体新闻写作与传播

正如网络百科词条作为知识传播渠道的同时具有一定的网络营销功能一样，公共新闻媒体作为一种信息传递渠道，在一定程度上也可以为企业所用，为企业创造营销价值。但企业新闻毕竟不同于社会新闻，由于企业新闻有一定的目的性，也就决定了企业新闻在表现方式、内容创建和信息传播方面有一定的特殊性。

企业新闻对网络营销的意义，不仅仅体现在企业形象方面，更重要的是扩大了企业网络信息的可见度，尤其是权威信息源网站（如人民网、新浪新闻等）的内容，对于增加企业网站的可信度发挥着非常重要的作用，例如，在编写企业网络百科词条时，这些权威新闻源网站的内容可作为参考资料来源、在企业官方网站和其他宣传内容中引用权威媒体的报道等。

当然，通过媒体发布几篇新闻，对企业的营销效果可能并不会起到立竿见影的作用，短期内也可能很难看到对销售的直接促进。因此，企业新闻传播，与官网内容运营一样，都是网络营销信息源创建与维护的基础工作，需要针对企业新闻的特点制订长期的运营计划，并熟悉新闻媒体的新闻发布及传播渠道，持续创作既有企业网络营销价值又能满足媒体新闻标准的企业新闻。

3.7.1　企业新闻的特点

尽管从形式上看属于新闻报道，但企业新闻与一般新闻并不完全一样，主要特点表现在：营销目的性、资源稀缺性、传播层次性等方面。

1. 企业新闻的营销目的性

企业新闻是以大众新闻报道的方式，通过公共媒体进行传播，实际上是新闻与营销的结合体，本质是一种公关行为，属于隐性营销，或者软营销的范畴。企业新闻在某些方面与博客营销具有一定的相似性，即营销在内容之外。新闻内容只是营销信息的载体。如果没有任何营销价值，企业对创作和发布新闻也就没有任何动力。这是企业新闻与公共媒体的社会新闻的根本区别。

由于企业的营销目的，企业新闻在新闻内容的表现方式方面难免与其他新闻有一定的差异，但又不能脱离新闻的基本要素，因此往往需要在营销和新闻之间寻求一种平衡关系，否则过于明显的营销性内容是不适合在规范的新闻媒体上发布的。

2. 企业新闻的资源稀缺性

每天都有大量的事件发生，新闻媒体也就可以获得源源不断的内容来源，但一般的企业并没有那么多的新闻点，所以利用新闻传播的资源是稀缺的。一般的媒体新闻以报道某个近期发生的事件为主，以这种标准来说，大多数非知名企业通常没有什么可以称之为新闻的事件，除非有重要的研究发现、行业技术突破或者其他可能在某些方面产生一定影响的事情，而这些通常也不一定是在企业内部发生的，可能与某些知名企业或广受关注的社会事件发生某些联系（这些事件对企业而言并不一定都是好事），如与某知名企业发生法律纠纷、被某知名企业收购、参与某重大研究或公关项目、在某招标中胜出、企业在某个热点事件中发挥了重要作用（如抗洪救灾）……但是获得这些有一定新闻价值的机会毕竟很少，而且这种新闻往往有一定的时效性，即使发布在媒体上，读者最多也就是一扫而过甚至不会留下任何印象，更重要的是，这种新闻什么时候会出现、可以发布在哪些媒体，实际上都是偶然事件，没有明确的规律性，新闻营销作为一项持续的内容运营往往有一定的难度。所以，如果出现偶然的新闻点，企业应把握这种新闻传播的机会。

3. 企业新闻的传播层次性

在权威媒体上发布一则对企业形象做正面介绍的新闻，企业作为新闻传播的受益者，会更有动力对新闻做渠道传播，以尽可能发挥企业新闻的营销价值。在很多企业网站的公共栏目中，通常会有一个"媒体报道"，将媒体发布的与企业相关的新闻进行汇总，一方面体现了企业的形象和可信度，另一方面也丰富了企业网站的内容。

一般来说，企业新闻首先由专业媒体发布，通过媒体自有的渠道进行传播，如媒体订阅者、用户直接访问媒体网站、合作媒体转发、媒体社交网络传播、搜索引擎收录等。企业收集了首发媒体的新闻源信息之后，再通过企业的信息发布和传播渠道以引用、转载、汇编等方式进行传播，从而实现企业新闻的多层次、多渠道传播。

总之，企业新闻在信息源的形式、发布渠道和传播方式等方面有明显的特点，不仅与公众新闻有一定的区别，同时与企业的官方信息源及分享型信息源也有显著差异，需要在企业新闻写作、发布渠道、传递方式等方面进行针对性的设计和维护。

3.7.2　企业新闻创作思路

作为一种不可控型的信息发布渠道，企业新闻发布的权力掌握在媒体手中，因此企业新闻首先要满足新闻媒体对新闻内容的要求，同时，企业新闻的特点也决定了创作企业新闻，尤其是可以在权威媒体发布的企业新闻并不是件简单的事情。根据作者对行业的研究和企业新闻写作的实践经验，本书总结了部分思路供大家参考。

1. 新闻来源：挖掘企业新闻点的途径

企业新闻不是杜撰出来的，而是对已经出现的、具有一定影响力的某个事件或事实的记录或分析提炼，因此企业新闻的撰写首先应立足于企业在经营管理活动中的重要事件，从中发现具有新闻价值的话题。当然，也可以有计划地主动挖掘新闻线索，如通过企业社交关系网络与用户互动获得用户参与和反馈的信息，并总结分析用户最关注的话题。此外，关注行业发展动态，积极与行业重要事件对接，从中发现企业在行业中的优势，经过专业分析，将研究结论提升为企业新闻。

事实上，只要对本企业和所在行业有深度的认识，企业总是能源源不断地挖掘出值得关注的新闻点。不过这也说明，企业新闻写作，不只是文字应用能力的体现，还需要有一定的行业洞察力和分析研究能力。

2. 新闻质量：确保新闻内容的可信性

企业新闻无须滥竽充数，低质量的新闻对网络营销没有意义，每一篇新闻内容都应为读者带来价值，至少做到内容可靠、数据准确、经得起推敲。可信度是企业新闻的基础，企业必须为自己的言论负责。对于企业提供的原始新闻资料，在媒体发布之前，媒体编辑/记者可能会与企业联系，就某些方面的问题进行求证和确认，企业应该可以明确地说明相关新闻的来源及事实根据等背景资料。

3. 新闻营销：合理设计企业网络营销元素

切记，企业新闻不是营销文案！从企业市场总监的角度来看，他们自然希望新闻中的影响元素越多越好，但是过于"市场化"的新闻也就不是新闻了，而且很可能无法通过新闻媒体的审核，连被发布的机会都没有。但是如果没有适当的营销元素，企业新闻又无法实现营销价值，因此需要在新闻和营销之间找到一个合理的表现方式。一般来说，企业新闻的营销目的可通过这些元素体现：品牌可见度、企业领先地位、产品品质、用户好评、技术领先、市场占有率、企业领导人见解、行业研究数据等。另外，要尽可能以自然合理的方式将企业的官方网络标识放在新闻内容中，如网址、官方微博、微信等（这些信息可能会被媒体编辑人员删除，但如果你的原始新闻稿不提供，一定不会有人帮你添加）。

企业完成新闻创作之后，下一步工作就是要将新闻稿发送到媒体编辑部，也就是通常说的新闻发稿渠道。一般来说，接受公众投稿的媒体都会公布新闻投稿渠道，可以通过媒体网站、官方微博、微信等渠道收集投稿方式，向媒体直接投稿是企业新闻发布最简单的方法，通过与媒体的沟通，也有助于企业建立与媒体之间的长期关系。另外，也有一些第三方机构"代理发布企业新闻"的服务，实际上是通过代理机构掌握的媒体关系向媒体投稿，这可以节省企业的时间，提高企业新闻的发布效率。有关企业新闻的发布渠道，本书暂不做更多的介绍，大家在实际工作中可以根据企业的资源情况不断总结适合自己的新闻发布策略。

3.8　企业负面信息问题分析

企业负面信息，表现为有损企业形象、可能对用户造成误导或者降低对企业信任的内容，负面信息可能是对企业真实问题的反映，也可能是与事实不符的评论，甚至有可能是由于不正当竞争而恶意发布的信息。无论哪种情况，都是企业不希望看到的，为保护企业的网络形象，对负面信息的来源及形式进行分析并做出合理的处理也是必要的。正如淘宝卖家都不喜欢用户差评，总会想办法降低差评带来的负面影响一样。

扫码看视频：

知识点 10：企业负面信息来源及形式

3.8.1　企业负面信息的表现形式及来源分析

企业负面信息的来源较多，例如：用户对产品质量或售后服务不满，与企业之间沟通不畅，产生不满情绪，于是在一些论坛、贴吧、博客、网络问答平台、社交网络、网络群聊等场合发表自己的不满；用户通过电子商务平台发表对企业产品的低分评价；企业问题被网络媒体曝光等。也就是说，除了企业可以自行控制的官方信息源网站之外，其他任何第三方网站平台都可能成为企业负面信息的发布和传播渠道。

从信息发布和传递渠道来看，负面信息表现为以下几个常见形式。

1. 用户通过分享型渠道发布的负面信息

无论是博客、贴吧、论坛、电商平台的用户评论，还是微博、微信、图片和视频分享平台等，凡是用户可以自主发布信息的渠道，几乎都可能成为企业负面信息的发布和传播渠道，这些渠道集信息发布与传播为一体，发布在相关网站的信息还可能通过搜索引擎进行传播。也就是说，分享型渠道出现企业负面信息的可能性最大，并且由于用户分散或用户匿名发布，为企业及时收集和处理负面信息带来一定困难。

2. 通过搜索引擎传播的企业负面信息

搜索引擎并非负面信息的发布渠道，但作为常见的信息传递渠道，搜索引擎对负面信息的传播发挥着重要影响，同时由于搜索引擎的索引缓存页面通常保存较长时间（如百度快照），即使信息源网站及时删除了负面信息页面，在一定时期内的搜索结果中仍可能看到负面信息内容。这是搜索引擎搜索结果中的 "特殊信息源"，搜索引擎按照规则自认消除缓存信息需要一定的时间。

3. 新闻媒体的负面报道

一般来说，新闻媒体的报道如果涉及企业负面信息，只要报道内容是客观的，企业通常没有理由要求媒体进行更改或撤销，企业应客观看待媒体报道，做出积极回应，并建立与媒体的良好关系。

4. 政府网站公告中含有企业负面信息

发布在政府网站的信息具有权威性（如法院公告、工商税务公告等），可长期存在且无法消除，如果在政府公告中含有企业负面信息（如侵权、违约、偷税漏税、企业失信等），对企业的网络品牌将产生一定的影响。

总体来说，涉及个人用户发布的企业负面信息，由于来源渠道较广，内容表现形式多样，其他用户对这些信息的真实性也难以判断，通常会对企业造成不利影响。

3.8.2　企业负面信息的常见处理办法

既然负面信息不可杜绝，那么企业只能积极面对了。事实上，如本书前面所述（见 2.2.3

网络营销信息源的类别和特征），"不可控信息并非真的不可控制，而是要根据发布主题和内容进行相应的操作和处理"。

负面信息作为一种不可控的信息源形式，而且由于信息发布渠道很多，发布人的目的各不相同，因此企业对负面信息的处理没有统一的模式，也很难说哪种方式最有效，不过一般来说可以从以下几个方面来考虑。

1. 企业正面信息引导

无论是媒体报道中的负面信息，还是用户发表的不满情绪，企业都应积极面对，正确认识企业存在的问题，并用客观的态度回复相关的疑问，树立企业的正面形象，并在相关渠道发布正面信息，积极引导用户对企业的认识。

2. 与负面信息发布人沟通联系

解铃还须系铃人。如果通过公共平台可以与负面信息发布者取得联系，那么企业应理性看待用户发布的信息，通过沟通解释争取获得用户的谅解，使用户删除或修改已发布的负面内容。

3. 与网站管理人员联系

如果企业无法与用户取得联系或沟通效果不佳，并且用户发布的信息确实属于虚假信息或恶意中伤，企业可通过网站平台联系管理人员，提供事实说明理由，请求平台协助删除相关信息。

4. 通过法律途径解决

对于恶意发布企业负面信息且无法通过沟通解决的，企业可以通过法院起诉的方式获得法律的支持。但法院判决需要较长时间，同时也可能面临取证困难的问题，甚至无法通过网站平台获得信息发布者的联系方式，连民事诉讼立案都存在困难。

5. 建立负面信息监测体系

鉴于负面信息可能对企业造成重大伤害，尤其是负面信息发布很久直到出现严重后果时才被企业发现，那么企业将会非常被动。因此，比较合理的方案是，建立企业负面信息监测体系，以便企业及时发现出现的负面信息并做出相应的处理。

上述办法可作为处理负面信息的一般思路，至于具体到某个平台，还要针对平台的特点及负面信息的形式采取相应的措施。此外，对于企业重大的危机问题，如在众多媒体和社交网络中出现企业的负面报道，这就不仅仅是想办法消除负面信息的问题，而是要积极面对，并实施系统的危机公关方案。

📖 本章小结

内容运营决定或影响着各种网络信息传递的渠道及方法，内容运营的核心是网络营销信息源系统的构建及维护。本章介绍部分有代表性的信息源的构建与维护方法。

企业网站是完全可控型网络营销信息源的代表，对其他类型的信息源的构建与传播具有重要的支持作用。企业网站的五大特征：权威性、可控性、长期性、稳定性、适应性。企业网站内容的创作步骤：分析用户对该信息的需求、初选网页标题、创建网页正文内容、内容素材及发布准备。企业网站内容营销五大策略：内容营销方针、内容来源扩展、内容细节优化、内容推广、网站内容规范。

企业博客文章写作的一般原则包括五个主要方面：文章内容符合法律法规；正确处理个人观点与企业立场的关系；博客文章应注意保密；博客文章必要的声明；要有版权意识。博客文章的一般要素：文章标题、博客正文内容（及图片等附加信息）、合理的内容编辑以及必要的相关链接等。

订阅型内容运营方式与网站内容运营方式的区别：订阅型内容运营要先有一定数量的用户，这样信息源才能发挥价值，网站内容通常是发布之后才陆续获得用户的浏览和传播。许可 E-mail 营销和微信订阅号都是许可营销原理的具体应用形式。邮件列表内容策略的基本原则：目标一致性、内容系统性、内容来源稳定性、内容精简性、内容灵活性、邮件内容的合适格式。微信公众号内容的一般原则：用户价值原则、内容简单性原则、内容灵活性原则、内容可信性原则、内容生态化原则。

微博营销内容则主要依赖于社会关系资源的传播，人的因素（社会关系）决定了微博信息传播的范围，这基于微博平台且对人的依赖。微博内容的八大传播模式：企业自主微传播模式、社会关系资源传播模式、利益驱动型微博传播模式、微博用户自发传播模式（微病毒营销模式）、微博平台推荐模式、微博广告模式、微媒体传播模式、微博扩展传播模式。

WIKI 词条是基于第三方平台账户的有限控制型信息源。百科词条的基本要素：词条名、概述、基本信息栏、目录、正文内容、词条图片、参考资料等。WIKI 词条的管理维护：建立合理的百科平台账户体系、构建网络百科词条数据库、跟踪访问现有词条、发现更多词条选题。

自媒体平台不仅为用户提供了发布信息的渠道，同时也对信息的传播和推广发挥了极其重要的作用。自媒体运营的首要工作是充分了解平台对内容的要求及推荐机制，在此基础上创建高质量的文章内容，尤其是标题设计等方面与传统自媒体也有一定差异。新一代内容平台对网络营销的特点：内容营销矩阵化、多渠道内容推广模式。

企业新闻及负面信息都是不可控的信息源。与一般新闻相比，企业新闻的主要特点表现为：营销目的性、资源稀缺性、传播层次性等。负面信息的常见形式：用户通过分享型渠道发布的负面信息、通过搜索引擎传播的企业负面信息、新闻媒体的负面报道、政府网站公告中含有企业负面信息。

第4章 渠道运营

【学习目标】

① 了解渠道运营的基本思想及常用网络推广方法；
② 熟悉网站内部资源类型及站内推广方式；
③ 熟悉引导型网络推广的特点，掌握搜索引擎营销的基本原理、模式及方法；
④ 认识社会关系资源推广的基本内容，了解微博转发的常见方式；
⑤ 了解价值关系资源传递的常见方法，了解微分销和众筹营销的形式；
⑥ 了解病毒性营销的基本原理和一般流程。

网络营销信息传递渠道运营，是在信息发布渠道既定的情况下对信息源进行的网络推广及维护，通过尽可能多的信息传递渠道，扩大信息网络可见度、提高网络可信度并获得用户资源及直接转化等效果。

每一种信息传递方式都有若干种不同的网络推广方法，在对网络营销信息传递渠道模式进行归纳分析的基础上，本章重点介绍了四类信息传递方式的部分常用网络推广方法，如图 4-1 所示。

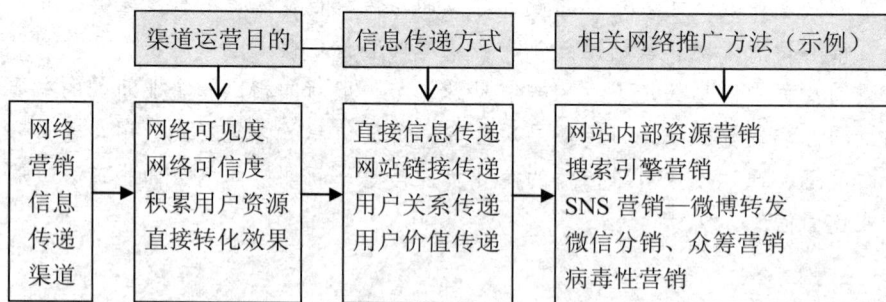

图 4-1　网络营销信息传递与网络推广内容框架

4.1 网络营销信息传递渠道的基本形式

网络营销信息传递涉及信息源、信息传递渠道、用户三个方面的相互作用，作为网络营销信息传递系统的中心环节，信息传递渠道发挥着前后上下连接及交互的作用，是影响网络营销信息传递的重要因素。网络信息传递渠道维护的目的在于为用户获取信息提供便利的条件，实现将信息源通过信息传递渠道传递给用户。

网络营销信息传递渠道的功能通过网络推广方法得以实现，而网络推广方法的基础是对网络营销工具和资源的合理利用。因此，网络营销渠道运营的基本内容是以网络营销信息传递工具为基础的网络推广方法体系。

本书第 2 章列举了常见的网络信息传递方式（见 2.3.2 小节），只有具备其中至少一项功能，才能称之为网络营销信息传递渠道。为了构建网络营销渠道运营的基本框架，通过对这些信息传递方式的分析，我们可以将它们进一步整合为**网络营销信息传递渠道运营的四种基本形式**。

1. 直接信息传递

直接信息传递是指用户之间或用户与渠道之间发生的信息传递，即信息源无须通过第三方网站或平台的信息存储和中转，缩短了信息传递渠道。其特点是：可实现高效的信息传递、具有一定的私密性，同时信息源具有不稳定性的一面，信息发出或接收之后可能无法重复获取。例如，两用户之间的在线聊天信息或电子邮件，可能存在信息源难以溯源及保存的问题。

直接信息传递网络营销方法： 在本书 3.3 节中介绍的邮件列表营销和微信公众号运营实际上就属于直接信息传递的常见方法，只要用户订阅了邮件列表，或者关注了微信公众号，企业就可以将信息直接传递给用户。在本章中，我们还将介绍一种直接信息传递方法：网站内部资源营销，即利用网站的内容和服务资源，通过网页浏览器或其他播放器向网站访问者直接传递相关的营销信息（见 4.2 节）。

2. 网站链接传递

网站链接传递，也称为引导型信息传递，是指信息源和用户之间需要通过信息中介的链接引导实现信息传递，也就是说，用户并非直接通过网址访问网站，但通过引导信息最终仍然要来到网站获取信息源。例如，当用户在某个网页或者微信公众号内容中看到一幅网络广告图片，其实用户并不能直接看到信息源的全部，而是要通过点击该广告的链接获取详细的信息源。事实上，许多网络推广都是通过网站链接传递实现的。

引导型信息传递网络营销方法： 在已介绍过的信息源运营的相关内容中，博客内容中的相关链接、WIKI 词条中的扩展阅读和参考资料等，都可以理解为引导型信息传递。本章以搜索引擎营销为代表介绍引导型网络信息传递渠道运营方法，后续章节中的网络广告也属于常见的引导型信息传递网络营销方法。

3. 用户关系传递

通过社会化网络平台，相互关联的用户之间可以实现信息传递和交互，这些信息可能来源于用户，也可能来源于其他信息源，用户的社会关系网络发挥着信息传递的作用，成为基于社交关系网络的信息传递渠道。用户关系传递，是基于网络可信度信息传递的基础。

社交关系信息传递网络营销方法：社会化网络营销大多属于社交关系信息传递方法，如微博营销、微信营销（朋友圈分享、微信群、公众号互推）等。本章以微博转发和微分销为例，介绍社会关系型网络推广方法。

4. 用户价值传递

用户价值传递是通过利益关系建立的信息传递渠道，通过信息传递及行动实现利益共享，这种渠道可能是基于社交关系网络，也可能是通过某种商业平台，如微商的微信分销、网站联盟平台、众筹平台等，都是以利益为导向的用户价值传递。

用户价值传递网络营销方法：本章以微分销及众筹营销为例，介绍基于价值关系资源的网络推广方法。另外，本书第 7 章中介绍的网络会员制营销（见 7.4 节），在某些方面也具有价值传递营销的思想，但价值传递方式有一定的差异。

网络营销信息传递渠道的四种基本形式，构成了网络营销信息传递渠道运营的基本框架，也是网络推广方法体系设计的参考依据。

4.2 网站内部资源推广方法

网络营销信息源构建的基础是网站内容运营，网站推广的基础同样离不开网站运营。网站内部资源推广（简称站内推广）是基于网站运营的网络推广方式。网站是重要的网络营销工具和资源，无论在传统 PC 网络营销时代，还是传统 PC 网络营销与移动网络营销并存的时代，网站的作用都是不可忽视的。

站内推广的含义主要体现在三个方面。

① 通过网站内容运营，积累对用户有价值的网页内容资源，并通过搜索引擎、网站链接等常规推广方式获得尽可能多的潜在用户资源。

② 充分利用内部资源，让来到网站的访问者获得尽可能多的有效信息，并为销售提供尽可能多的支持。

③ 为其他网络推广方法提供支持，例如，用户关注企业社交网络账号、为 SNS 账户运营提供内容资源、为网站搜索引擎推广提供网页内容数量和质量等。

网站内部资源推广方法的基本思路包括：构建站内推广资源、推广重要网页、提高用户关注度。

4.2.1 网站内部推广资源的形式及价值

用户通过浏览器输入网址或通过收藏夹访问网站，在一定程度上反映了网站对用户的长期价值。当网站有一定的内容和用户访问量基础时，便具备了内部推广的价值。从网站内部推广的表现形式划分，网站内部推广资源可分为三类：网页内容资源、站内网络广告资源、网站链接资源。这三者都是在网站功能和结构完整的基础上，通过网站运营来实现的，也就是说构建站内推广资源、开展网站内部推广是网站运营工作的一部分。

1. 网页内容资源

网站内容表现为一个个网页，可以说网站内容是网站的血肉，每个网页都可能成为用户访问的第一入口，或者离开网站的最后一个界面。一般来说，网站内容越丰富，获得用户访问的机会越多，因此网站内容运营的基础是发布尽可能多的、对用户有价值的网页内容。这样，当用户通过某种渠道来到网站时，就可以对用户进行重点推广。

网页内容资源推广的方式，通常通过两种常见的方式得以实现：重点网页推广和站内专题推广。

（1）重点网页推广

一个网站中可能含有众多网页，其中有些网页可能是最重要的，例如，当前重点推广的产品、重要的企业新闻等，对这些内容页面应该比普通网页更为重视，在网页标题策划、内容摘要、关键词设计、内容写作及版面设计等方面应更加专业，为用户提供更有价值的信息。同时对于重要的内容页面，可作为重要关键词词库的"着陆页"，成为页面链接的目标网页，并且在"页面推广专区"及"站内链接"中给予重点体现，创造被用户发现和浏览的更多机会。

（2）站内专题推广

除了"重点网页"之外，还可以根据需要开设"专题"，将一系列相关话题的页面组成一个专题页面，其表现形式类似于新闻网站中的专题新闻。例如，一些旅行社网站通常会将"十一黄金周旅游""春天赏花""冬雪专线"等制作为专题来重点介绍当前的热点旅游产品。

不过，网站内部推广对网站运营状况有一定的要求，如果网站内容贫乏，缺乏有效的内容运营，那么网站内部推广也就无从谈起。

2. 站内网络广告资源

网页是网络广告的载体，企业可以合理利用网页的广告区域为自己的企业/产品进行重点推广。站内广告以首页广告轮播图、网页顶端 Banner、右侧图片或者文字广告等形式最为常见。资讯类网站的广告资源更为丰富，广告形式也多种多样。

在浏览门户网站的新闻内容网页时，大家如果留意一下就会发现，除了正文区域之外，通常在网页的右侧、下方还有一些相关的图片或者文字链接，其中主要是广告内容。事实上，一般商业网站的模板设计中，通常将正文区域、网页模板顶部和导航等公共区域之外的位置称为"推广区"，以明确这些属于内容页面的推广专区。页面推广区主要通过文字、尺寸较小的图片（按钮广告）、摩天柱式广告等方式进行重要产品、服务或者专题报道的推广。

网页模板中的推广区域，也是实现站内关键词链接的常用方式，"站内链接"是搜索引擎优化中链接策略的基本组成部分。

3. 网站链接推广资源

超级链接是实现网页推广的重要方式之一，通过链接将用户引导到目标网页。网站链接包括站内链接和站外链接。

（1）站内链接

站内链接的形式比较广泛，导航菜单、站内文章列表等所包含的超级链接都可以认为是内部链接，不过作为网站内部推广形式的站内链接，特指为了达到推广的目的而专门建立的链接。这种狭义的站内链接的主要形式包括：网站首页或者栏目首页的重点推荐（如热门产品推荐等）、网页正文内容中的关键词链接、内容页面推广专区的推荐内容等。站内关键词链接在为用户提供站内信息引导的同时，也对网站的搜索引擎优化发挥了明显的作用。

（2）站外链接

站外链接，即链接到其他网站，主要形式包括：网站首页专门规划的互换链接（友情链接）区域、网页内容正文中的相关关键词链接、内容页面推广区的文字链接等。其中互换链接是为了采用互换资源推广而设计的，用于与其他网站进行链接；正文中的链接通常为把相关内容链接到可靠的信息源网站，或者本企业相关业务的网站/网页；内容页面推广区的外部链接则用于对本企业的其他相关业务进行推广，这是关联网站推广常用的形式之一。例如：网络营销能力秀官方网站首页的右下方链接了若干与能力秀相关网站的网页，这就属于站外链接的一种表现形式。

> **实用技巧**
>
> 为了避免对用户造成导航迷失，减少跳出比例，外部链接应该适量，尤其是，一般网站不采用在主导航直接链接到其他网站的外部链接方式。

4.2.2 网站内部资源推广的基本原则

网站运营是一项长期的工作，内部资源推广同样不是一次性的工作，需要与网站运营原则保持一致，按照一定的规范来操作。网站内部资源推广的基本原则主要包括以下几个方面。

1. 网站规划与运营的目标一致原则

网站内部推广依赖于网站的网络营销功能和运营水平，需要在网站规划和建设中提供必要的技术支持，如站内广告管理功能、专题内容管理、页面推广区管理、网页内容关键词链接、网站首页友情链接区域及链接管理等。网络营销是一个系统工程，网站规划和建设应该在企业总体网络营销策略的指导下进行，与网站运营目标协调一致，如果把网站建设作为与网站运营脱节的独立工作，必将为网站运营带来不必要的麻烦。实际上很多网站都是在运营一段时间之后发现效果才考虑专门进行"网站优化"的，这样不仅浪费了资源，也浪费了经营时间，造成网络营销中的多重浪费。

2. 网站内容运营的用户价值原则

在网站栏目结构及功能等要素既定的情况下，网站内容运营直接影响站内推广的成效，那么是不是网站内容越多越好？事实上，网页内容的质量和数量是同等重要的，网站内容创建应坚持用户价值原则，为用户提供有价值的内容，而不仅仅是关注用户的注意力。与网站主题无关的内容，或者对潜在用户没有价值的内容，即使能带来较大的访问量，也难以获得用户的信任和转化。

3. 站内资源推广的适度原则

网站是网络营销工具，但并不仅仅是工具，网站内容是为了用户而创建的，应保持良好的用户浏览体验，开展站内资源推广应适度，避免过度的站内广告和链接等。与网站内容的用户价值原则一样，网站链接也应该以帮助用户方便获取相关信息为基本出发点，并且建议网站链

新网络营销（微课版）

接数量控制在一定范围之内，如首页互换链接 10 个以内，文章内容中的链接不超过 5 个。

4. 网站内部推广的持续性原则

网站内部推广是一项长期的、持续性的运营工作，并不像搜索引擎广告那样是立竿见影的推广方法，在短期内甚至难以用量化的数据来衡量这项工作的价值，因此对网站内部推广不宜抱以急功近利的心态。

此外，网站内部推广往往与其他网络推广方法同时进行，多种方法相互配合，实现综合网络推广效果的提升。

4.3　搜索引擎营销

搜索引擎是用户获取信息的常用工具，搜索引擎营销是典型的引导型网络营销方法（网站链接推广）之一。搜索引擎营销，也常被称为搜索引擎推广，就是当用户通过搜索引擎检索时，通过点击搜索结果中的链接来到某个网站获取进一步的信息，对网站来说，就是通过搜索引擎的链接获得了用户。

搜索引擎搜索结果页面的信息引导链接是搜索引擎营销得以实现的基础，而这些引导信息来源于网页内容，经过搜索引擎的信息索引和组织，成为用户可以选择点击的引导型信息源。可见，搜索引擎营销与网站内容运营也密切相关。

搜索引擎营销的常见形式包括搜索引擎优化（基于自然搜索结果，SEO）和搜索引擎广告（在搜索结果页面投放的商业广告）。

4.3.1　搜索引擎营销的基本原理及内容体系

搜索引擎营销，简单来说，就是通过搜索引擎实现的网络营销信息传递。只有当用户通过搜索引擎获取信息时，搜索引擎营销才具备得以实现的基础。

从网络营销信息传递的角度来看，搜索引擎营销是一种引导型信息传递渠道，通过搜索结果的信息及链接，引导用户进入到信息源所在网页，从而实现一个信息传递的过程。在这个过程中，搜索结果页面的信息对用户的选择发挥着重要的影响，事实上发挥着"引导型信息源"的作用，因而搜索引擎推广是引导型网络推广方法的典型代表。

在用户通过搜索引擎获取信息的过程中（见图 4-2），搜索引擎为用户每次搜索而生成的搜索结果页面（SERP），是根据用户搜索所使用的关键词以及搜索引擎数据库的信息动态生成的，不同时间的搜索结果可能并不完全相同。

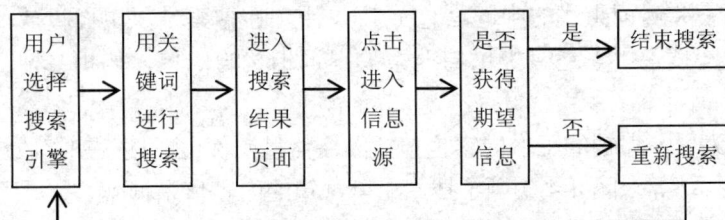

图 4-2　用户通过搜索引擎获取信息的过程

例如，对于同一个搜索引擎来说，当搜索引擎收录的网页数据库更新后，可能增加了一些新的网页，而一些原有的网站因为关闭或改版等原因可能不再成为相关信息。同样，当用户更换关键词重新搜索时，会呈现出新的搜索结果页面。如果用户利用同样的关键词在不同的搜索引擎中搜索，获得的搜索结果通常会有明显差异。

可见，在搜索引擎传递信息的过程中，用户搜索所用的关键词是形成搜索结果页面信息的基础，而搜索结果页面的内容则为用户提供了若干相关引导信息的选择，每一条引导信息，通常根据不同网站的相关内容的网页而生成。至于用户最终选择点击哪一条引导信息，则与引导信息对用户的吸引力、用户对引导信息的信任、引导信息在搜索结果页面中的位置以及其他附加信息（如是否标注为广告）等因素有关。

进一步分析我们可以发现，搜索引擎营销得以实现的基本过程如下。

① 企业将信息发布在网站上成为以网页形式存在的信息源（包括企业内部信息源及外部信息源）。

② 搜索引擎将网站/网页信息收录到索引数据库。

③ 用户利用关键词进行检索（对于分类目录则是逐级目录查询）。

④ 检索结果中罗列相关的索引信息及其链接 URL。

⑤ 用户根据对检索结果的判断选择有兴趣的信息并点击 URL 进入信息源所在网页。

这样便完成了企业从发布信息到用户获取信息的整个过程，这个过程也说明了搜索引擎营销的基本原理。图 4-3 表达了搜索引擎营销的信息传递过程。

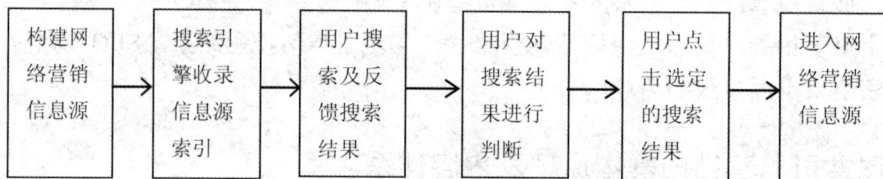

图 4-3　搜索引擎营销的信息传递过程

在上述搜索引擎营销过程中，包含了五个基本要素：信息源（网页）、搜索引擎信息索引数据库、用户的检索行为和检索结果、用户对检索结果的分析判断、用户对选中检索结果的点击。

这就意味着，搜索引擎营销的研究范围不仅是搜索引擎本身，还包括用户的搜索行为、信息源对搜索引擎引导信息的影响、搜索结果页面生成的规则、不同搜索引擎的差异等。也就是说，搜索引擎、用户、信息源及搜索结果的引导信息等共同组成了搜索引擎营销的基本要素。其中，搜索引擎营销的信息源主要包括三个方面：网站原始信息源（也是网络推广的目标信息源，在搜索引擎广告中称之为着陆页）、搜索结果页面的引导信息源（搜索引擎根据用户搜索关键词生成的中间信息）、广告用户在搜索结果页面投放的搜索引擎广告信息。此外，有些搜索引擎还会提供与搜索关键词相关的信息，如相关搜索、相关图片和相关产品等。

相应地，搜索引擎营销的工作内容也包括网络信息源优化、搜索引擎收录及管理、用户搜索行为及后续行动等。图 4-4 勾画了搜索引擎营销的内容体系框架。

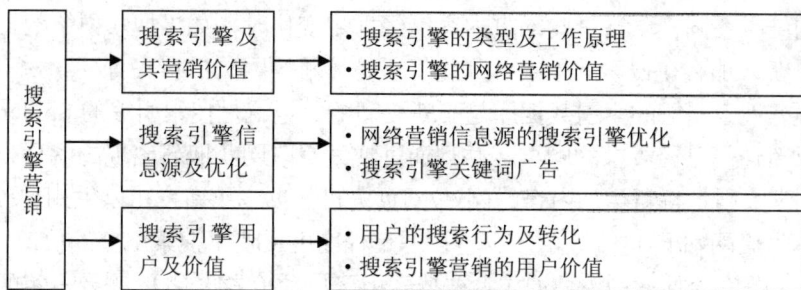

图 4-4 搜索引擎营销的内容体系框架

4.3.2 搜索引擎的基本原理与发展演变

扫码看视频：

知识点 11：搜索引擎营销的目标层次原理

目前我们通常所说的搜索引擎（如百度搜索、搜狗搜索等），形式上是一个网站，而在智能手机搜索中，则可能是安装在用户手机上的 App 应用（如百度手机搜索）。无论哪种表现形式，搜索引擎的基本功能都是搜索信息，包括网页、图片、音乐、视频、文档等。

通过搜索引擎，当用户输入关键词后，即刻可以反馈出相关的信息，但是，不同的搜索引擎其原理是不同的。如果留意的话，就会发现，当使用不同的搜索引擎，同一关键词在不同搜索引擎中得到的结果是不同的，不仅反馈的信息数量不同，排列位置也会有一定差异，在一个搜索引擎中排名靠前的网站，在另一个搜索引擎中很可能没有踪影。也正是因为这种原因，使得用户对某些搜索引擎有所偏爱，而对其他类型的搜索引擎，可能只在特殊情况下才会使用，如搜狗搜索特有的微信公众号搜索功能。

实践体验

① 用某个你感兴趣的关键词（如某运动鞋品牌名称）在三个不同的搜索引擎中进行检索，看看搜索结果页面信息是否有差异，并将搜索结果页面保存在本地硬盘。

② 一个月后，再用同一关键词搜索，分别比较三个搜索引擎搜索结果页面内容的变化。

从搜索引擎的发展历程来看，搜索引擎可分为两类：一类是分类目录，另一类是纯技术型的全文检索搜索引擎。早期的搜索引擎以分类目录为主，后来技术型搜索引擎逐渐成为主流。

Yahoo 是分类目录的典型代表，国内的搜狐、新浪等搜索引擎也是从分类目录发展起来的。这种"搜索引擎"并不采集网站的任何信息，而是利用各网站向"搜索引擎"提交网站信息时填写的关键词和网站描述等资料，经过人工审核编辑后，如果符合网站登录的条件，则输入数据库以供查询。分类目录的好处是，用户可以根据目录有针对性地逐级查询自己需要的信息，而不是像技术型搜索引擎一样同时反馈大量的信息，且这些信息之间的关联性并不一定符合用户的期望。

技术型搜索引擎（如 Google、百度等），其原理是通过机器手（即 Spider 程序）到各个网站收集、存储信息，并建立索引数据库供用户查询。用户利用搜索引擎检索的信息并不是搜索引擎即时从互联网上检索得到的，通常所说的搜索引擎，其实是一个收集了大量网站/网页资料并按照一定规则建立索引的在线数据库，这样，当用户检索时才可以在很短的时间内反馈大量的结果。同样，当一些网页内容已经发生变化时，如果搜索引擎数据库中的信息还没有及时更新，那么在搜索结果中看到的将不是最新的网页信息。

一般来说，搜索引擎的索引数据库是不断更新的，也就是搜索引擎的 Spider 程序每隔一定周期就要重新访问已经收录的网页，并且通过搜索互联网获取新出现的网页，对于分类目录型的搜索引擎，则是将新增加内容的网站/网页资料数据库更新发布以供用户检索。因此搜索引擎数据库收集网站/网页的数量多少也在一定程度上反映了搜索引擎的价值。这也就意味着，当一个网站提交给搜索引擎后（或者被搜索引擎自动检索收录），需要一定的周期才能被用户检索到，不同搜索引擎的这个周期也不一样，有的需要几天，有的也许需要一个月甚至更长的时间。不同的网站由于内容更新频率不同，搜索引擎收录和更新信息的周期也不一样，对于一些内容更新很快的新闻网站来说，也许网页内容发布几分钟后就有可能出现在搜索结果中。这种现象也表明，搜索引擎的索引信息与网页信息源的状况密切相关。

4.3.3　搜索引擎营销的发展历程与主要模式

搜索引擎营销的模式随着搜索引擎技术的不断发展，经历了从登录分类目录、搜索引擎自然检索、搜索引擎关键词广告及广告联盟等阶段。与之相对应的是，搜索引擎营销的知识也在不断演进，从简单到复杂，至今已经发展为一个相对完整的搜索引擎营销知识体系。

1. 搜索引擎营销的发展演变

搜索引擎营销是随着搜索引擎技术的发展而逐渐产生和发展的，从国内外的发展状况来看，搜索引擎营销的模式大致经历了四个发展阶段。

第一阶段（1994—1997 年）：将网站免费提交到主要搜索引擎。

早期的搜索引擎营销主要任务就是将网站提交到搜索引擎，并通过 Meta 标签优化设计获得比较靠前的排名。由于主要的分类目录网站 Yahoo 所产生的巨大影响力，当时的一些观点甚至认为，网络营销就是网址推广，只要可以将网址提交到雅虎网站并保持其排名比较靠前，网络营销的主要任务就算基本完成，如果可以排列在第一屏幕甚至前五名，那么就意味着网络营销已经取得了成功。当然，仅仅做到这一点还远远不够，何况网络营销的内容也决不局限于此。

随着搜索引擎分类目录收录网站数量的增多，通过逐级浏览的方式检索信息变得非常麻烦，并且，大约有一半的用户并非通过主页进入网站，如果其他页面没有提交到搜索引擎，便失去了被用户发现的机会。因此，"将一个网站所有的网页都提交给搜索引擎"成为当时增加网络可见度的一种常见策略。虽然从理论上说可以将一个网站的所有页面全部提交给分类目录，但实际上是不可能的，因为这不仅要占用营销人员大量的时间和精力，而且，也可能会受到搜索引擎管理人员的拒绝。因此，传统的分类目录型搜索引擎的劣势越来越明显：一方面，除了网站首页之外，同一网站的次级栏目和页面的登录使得分类目录的内容显得臃肿和重复，增加了用户检索信息的难度；另一方面，由于大量的信息没有提交到搜索引擎，也使得一些有价值的信息无法被检索到，这也影响了搜索引擎营销的效果。

在搜索引擎营销发展的第一个阶段中发生了几起对搜索引擎营销具有较大影响的事件，这些事件本身也成为搜索引擎营销方法演变的印证。

① 1994 年，Yahoo、Lycos 等分类目录型搜索引擎相继诞生，搜索引擎的网络营销价值逐渐体现出来，搜索引擎营销的思想也就是这时开始出现的。当时搜索引擎营销的任务就是

将网站提交到主要的搜索引擎上。

② 1995 年，可以自动将网站提交到搜索引擎的软件诞生，网站管理员可以轻松地一次将网站提交到多个搜索引擎，但由于部分网站滥用这种软件，不断提交同一个网站或者同时提交同一网站中大量的网页以求网站总处于最新位置，或者占领搜索引擎收录网页的主要内容，因此这种软件的问题很快被搜索引擎发现，搜索引擎开始拒绝这种自动登录软件提交的信息。

③ 1995—1996 年，基于网页 HTML 代码中 META 标签检索的搜索引擎技术诞生，这种利用 META 标签改善在搜索引擎中排名的技术很快成为搜索引擎营销的重要方法。这就是后来被称之为"搜索引擎优化"的方法的萌芽。同时也出现了一些利用 META 标签欺骗搜索引擎的做法，这种方式曾在一段时间内非常有效并且非常流行，成为当时搜索引擎营销的"核心技术"。这种状况也迫使搜索引擎的检索技术不断改进。

④ 1997 年，搜索引擎优化与排名自动检测软件问世，这使得网站管理员或网络营销人员可以检查网站搜索引擎优化设计的水平，并且了解网站被搜索引擎收录的情况，据此可以进一步制定针对性的搜索引擎营销策略。

第二阶段（1998—2000 年）：技术型搜索引擎的崛起引发的搜索引擎优化策略。

为了适应爆炸式增长的网页数量，并且增加信息检索的相关性，以 Google 为代表的纯技术型的搜索引擎得以迅速发展。2000 年后，Google 已成为搜索引擎营销的最主要工具，其重要程度已经超过搜索巨头雅虎，尽管分类目录式的搜索引擎并未退出历史舞台，并且有时仍然在发挥重要作用，但由于 Google 所具有的特点而使其表现出更大的网络营销价值，如收集网页数量多，检索结果相关性强，高质量的网页（网站）排名靠前等，Google 的排名计算法则不仅仅是根据网页本身的代码和内容来判断网页是否被收录以及排名状况，而且结合了网页之外的因素，其中重要的指标之一，就是网站被其他网站链接的数量。这种算法的基本思想是基于网站总是链接有价值的其他网站。

"链接广度"（link popularity，有些地方翻译为"链接流行度"）一词就是这个时期出现的。因此搜索引擎营销的方式在利用 META 标签优化获得好的排名的基础上逐渐发展成为内容更为丰富的"搜索引擎营销策略"，其中包括与其他网站的链接（当然网站链接并不仅仅是为了搜索引擎营销，链接本身也具有一定的网站推广价值）。Google 之所以能保证搜索结果的准确和公正，还有一个原因是 Google 制定了一系列反垃圾信息政策，早期基于 META 标签检索的搜索引擎中常用的欺骗搜索引擎获得好的排名的方法对于 Google 是行不通的，甚至可能作弊网站所有的网页被拒绝收录。

为了适应技术型搜索引擎的特点，搜索引擎优化的主要方法由早期单纯的 META 标签优化发展为适应搜索引擎检索的网页内容的优化设计、增加网站被高质量网站链接的数量、提高网站总体质量等。一个网站一旦被 Google 收录，其站内所有的网页都可以自动被收录，只要这些网页符合搜索引擎收录的规则。

在这个阶段，搜索引擎营销仍然以免费为主，但随着网络经济泡沫的破裂，搜索引擎开始进入收费时代，搜索引擎的营销法则也随之发生重大改变。

第三阶段（2001—2003 年）：搜索引擎营销从免费向付费模式转变。

搜索引擎登录一直是网站推广的基本手段，其中一个重要原因是利用搜索引擎登录网站是免费的，但是从 2001 年下半年开始，国内外主要搜索引擎服务商陆续开始了收费登录服务。收费服务自然会影响部分网站登录的积极性，不过也为网站提供了更多专业的服务，从功能上为网络营销提供了更为广阔的发展空间，从而提高了营销的效果。从免费到付费的转变，是搜索引擎营销的一次重大变革。就国内外主要搜索引擎的收费方式来看，当时主要有两种基本情况：比较简单的一种类似于原有的在分类目录上登录网站，区别仅仅在于只有当网站缴纳费用之后才可以获得被收录的资格，另一种则是购买关键词广告。这种关键词广告至今仍是付费搜索引擎营销中的重要方式之一。

关键词广告与传统的搜索引擎登录和排名有很大的差别，实质上属于网络广告的范畴。简单来说就是在搜索引擎的搜索结果中动态发布广告的一种方式，关键词广告出现的网页不是固定的，而是当有用户检索到你所为之付费的关键词时，该网页才会出现在搜索结果页面的显著位置。例如，Google 关键词广告最早仅出现在右侧，被标注为"赞助商链接"，以区别于左侧正常的网页检索结果，后来左侧搜索结果的上面或者下面也可能出现广告信息，而标注的方式在不同时期也有所不同。

关键词广告从 2001 年开始表现出强劲的增长势头，在 2002 年的关键词检索市场中更是一枝独秀，成为引人注目的新型网络广告形式，2003 年的增长速度更为显著。2005 年，搜索引擎广告已经占据整个美国网络广告市场的 41%（见表 4-1）。

表 4-1　美国网络广告市场的广告形式及份额（2000—2005 年）

网络广告形式	2000 年	2003 年	2004 年	2005 年
传统展示广告	47%	21%	19%	20%
搜索引擎广告	1%	35%	40%	41%
分类广告	7%	17%	18%	17%
Rich Media	2%	10%	10%	8%
E-mail 广告	1%	3%	1%	2%

资料来源：本书作者根据美国交互广告署 IAB 网站相关资料整理而成。

与一般的展示类 Banner 广告相比，关键词广告有三个方面的优势。

第一，在关键词检索页面投放广告具有较高的定位程度。

第二，用户可以根据需要通过更换关键词等方式对广告效果进行控制，比一般网页上的静态广告更换要方便得多。

第三，这种关键词检索的广告形式通常以 CPC（Cost Per Click，点击付费）模式定价，并且广告用户可以自行控制每天的最多预算，因而大大减少了无效浏览所要付出的代价，比一般网络广告按显示次数或者显示时间来收费更有吸引力。

由于关键词广告所具有的这些优势，因此在付费搜索引擎营销中其成为重要的形式之一，也成为收费搜索引擎营销的代表。关于关键词广告应用中的有关问题，将在本章后面进行介绍。

第四阶段（2004 年之后）：搜索引擎优化被高度重视，关键词广告爆发式增长。

与整个企业的网络营销发展阶段相对应，2004 年之后是网络营销市场的高速发展阶段，搜索引擎营销的地位受到企业的高度重视，无论是基于搜索引擎自然检索的搜索引擎优化，还是关键词广告付费模式，都得到爆发式增长。国内的中文搜索引擎百度在这个阶段突飞猛进，在中文搜索引擎市场迅速超越 Google 并把 Google 远远地抛在后面。

为了适应搜索引擎营销市场的需求及对搜索引擎营销专业知识的要求，大批搜索引擎优化公司及搜索引擎广告代理机构诞生，一个真正意义上的搜索引擎营销时代蓬勃发展起来并逐渐走向成熟。直到 2018 年，尽管新兴的 SNS 营销、移动营销、视频直播等转移了许多营销人员的注意力，但搜索引擎营销市场仍然处于稳定发展中。

在搜索引擎广告的发展历程中，特别值得一提的是，搜索引擎 Google 将网络会员制营销（网站联盟）的模式应用于搜索引擎广告，创造性地发明了基于网页内容定位的网络广告（Content-Targeted Advertising），其正式名称为 Google Adsense。Google 于 2003 年 3 月正式推出这种按内容定位的广告，2004 年 10 月开放了中文网站的 Adsense 会员注册，本书作者当时的个人网站"网上营销新观察"是国内最早一批成为 Google Adsense 会员（内容发布商）的网站之一，也可能是国内最早拿到 Google Adsense 佣金的网站（Google 美元支票上显示的签发日期是 2004 年 11 月 22 日）。作者曾在个人网站上发布文章记录了这一事件（见"收到 Google 寄来的支票了，有点出乎意料"）。有关网络会员制营销的原理，在本书第 7 章将详细介绍。

其实，Google 并不是关键词广告及按内容定位广告的首创者，也不是这个领域唯一的经营者。其当时的主要竞争对手 Overture 也推出了类似的广告形式"效果付费"（Overture 的这项 Pay-For-Performance 服务可以将赞助商的广告链接放在许多合作伙伴的网站上，其中主要是与搜索有关的业务。Overture 后被 Yahoo 收购），MSN 搜索等也相继提供类似的关键词广告联盟。此后不久，国内最大的中文搜索引擎百度也推出了类似的服务如"网站搜索联盟和主题推广"，后来统称为"百度联盟"，可以在会员网站展示百度的广告。

2004 年之后的十多年时间内，尽管从表面形式上看，搜索引擎营销并没有像前几个阶段那样发生革命性的变化，但仍然在不断发展和创新之中，如多种分支领域的搜索，如图片搜索、新闻搜索、博客搜索、地图搜索、视频搜索、实时搜索、商品搜索等，在搜索结果页面展示的信息也从早期单一的纯文本网页信息到图文结合及多媒体形式的综合信息，甚至还可以根据用户的需求分析直接给出答案等。搜索引擎功能的不断丰富，也为搜索引擎营销带来了更多新的内容，而且搜索引擎的搜索算法也在不断调整，因此搜索引擎营销的知识也更为广泛。

2. 搜索引擎营销模式的演变

尽管搜索引擎营销已经经历了四个发展阶段，但每个阶段的搜索引擎营销方式并非完全排斥的，通常是在保持前一阶段仍然有效的基础上，出现了新的搜索引擎营销模式。例如，最早的分类目录网站推广的方法至今仍适用，只不过现在有的分类目录重要程度有所下降或者不再像早期那样收录网站。例如，百度旗下的 hao123 导航网站以及百度网址大全、搜狗搜索引擎所属的网址导航等都仅提供部分大型网站的链接，与传统分类目录不同的是，这些导航网站不一定有详细的行业分类，并且通常不轻易接受新网站的登录申请。

到目前为止，**搜索引擎营销的常见方式**可归纳为以下几种。

（1）免费登录分类目录

早期的免费登录分类目录型搜索引擎为网站推广提供了最基本也最有效的手段，成为搜索引擎营销的开端，随着技术型搜索引擎重要性的提高，现在传统分类目录网站的影响力已经越来越小。不过免费分类目录在网络营销发展史上的地位不可替代，它为后期搜索引擎营销的发展打下了基础。

（2）付费登录分类目录

这种方式类似于原有的免费登录，仅仅是当网站缴纳费用之后才可以获得被收录的资格。与分类目录网站的总体趋势一样，曾经有一定影响力的付费登录分类目录的方式目前也已经越来越少，因而这种方式也只是作为一种参考方法。鉴于目前分类目录营销已经处于搜索引擎营销的边缘地位，本书将不再详细介绍分类目录的登录方法等内容，本章后面仅重点介绍搜索引擎优化和搜索引擎关键词广告营销方法及相关的问题。

（3）搜索引擎优化

搜索引擎优化即通过对网站栏目结构和网站内容等基本要素的优化设计，提高网站对搜索引擎的友好性，使得网站中尽可能多的网页被搜索引擎收录，并且在搜索引擎自然检索结果中获得好的排名效果，从而通过搜索引擎的自然检索获得尽可能多的潜在用户。搜索引擎优化是 2004 年之后最重要的搜索引擎营销模式之一。一些没有专门进行搜索引擎优化的网站，如果网站的要素符合搜索引擎收录的要求，也可能通过搜索引擎获得一定的访问量，实际上这也是搜索引擎优化推广的范畴，属于自然适应性优化。但只有通过系统的网站优化才可以获得长期效果。搜索引擎优化是"免费"的网络推广方法，不过这并不意味着不需要投入运营资源，仅仅是不必向搜索引擎支付收录和展示的费用而已。

（4）搜索引擎关键词广告

搜索引擎关键词广告即通过为搜索引擎服务商付费的方式，使得当用户用某个关键词检索时，在搜索结果页面专门设计的广告链接区域显示企业的广告信息。由于关键词广告信息出现在搜索结果页面的显著位置且与用户搜索的内容有一定的相关性，因而比较容易引起用户的关注和点击，这是快速扩大搜索引擎可见度的有效方式，也是目前搜索引擎营销市场中较成熟的推广模式。

基于网页内容定位的广告也是关键词广告的一种模式（即关键词广告联盟），只有广告客户才能选择是否启用内容网络联盟。启用内容网络联盟意味着广告主的广告可以出现在更多内容相关的网站而不仅局限于搜索引擎的搜索结果页面，由于单位时间内广告展示和被点击的次数更多，因而这也就意味着可能需要更多的广告预算。

此外，由于更多搜索引擎模式的出现，如本地搜索、博客搜索、购物搜索、地图搜索、视频搜索、语音搜索等，相应的搜索引擎营销模式也可能会出现。由于这些都是搜索引擎在某些领域的具体细分模式，在搜索引擎营销的基本方式上与常规搜索引擎具有一定的相似性，并且这些细分搜索引擎的影响力还比较小，因此本章暂不专门介绍这些搜索引擎及其在网络营销中的应用。

4.3.4　搜索引擎营销的一般内容

尽管搜索引擎不断地发展演变，相应的搜索引擎营销也有多种不同的模式，不过从根本上来说，搜索引擎营销的基本思路是相对稳定的，主要包括以下五个方面的内容。

1. 构造适合于搜索引擎检索的信息源

网页信息源被搜索引擎收录是搜索引擎营销的基础，这也是网站建设和网站运营之所以成为网络营销基础的原因，企业网站中的网页及相关元素等是搜索引擎检索的基础。由于用户通过检索之后还要来到信息源获取更多的信息，因此这个信息源的构建不能只是站在搜索引擎友好的角度，还应该包含用户友好，因此网络营销导向的企业网站优化不仅是搜索引擎优化，而是包含三个方面，即对用户、对搜索引擎、对网站管理维护的优化。

在讨论搜索引擎营销时，一般情况下，我们主要针对的是搜索引擎对于各种网页的检索。除了基于对网页的检索之外，也有一些专业领域的检索，如 Google 的新闻组和图片检索，百

新网络营销（微课版）

142

度的图片、视频、新闻、地图检索，搜狗的微信公众号搜索等，一些搜索引擎也可以对特定的文档格式进行检索，如 DOC、PDF、PPT 等。

2. 创造网页被搜索引擎收录的机会

网站建设完成并发布到互联网上并不意味着就可以自然达到搜索引擎营销的目的，无论网站设计得多么精美，如果不能被搜索引擎收录，用户便无法通过搜索引擎发现这些网站中的信息，当然就不能实现网络营销信息传递的目的。因此，让尽可能多的网页被搜索引擎收录是网络营销的基本任务之一，也是搜索引擎营销的基本步骤。

早期的搜索引擎（分类目录）通常不会自动收录网站的信息，需要网站管理人员将网站信息逐个提交给每个搜索引擎。当前主流的网页搜索引擎，通常可以根据链接关系自己在互联网信息中搜索新网站及原有网站新发布的网页内容，但并非对每个网站都会给予收录，这主要取决于搜索引擎对网站质量的分析判断。有些搜索引擎也支持人工提交网站地图或网页目录信息，以便为搜索引擎收录网站提供更多的机会。如果一个网站发布后长期未被搜索引擎收录，则需要对网站进行分析诊断，确认其是否符合搜索引擎的收录条件，或者通过被其他网站链接、向搜索引擎提交网站信息等方式增加被收录的机会。

3. 让网站信息出现在搜索结果中的靠前位置

搜索结果页面的信息尽管很多，但用户关注程度最高的往往是搜索结果页面中靠前的若干项信息。网站/网页被搜索引擎收录仅仅是获得引导推荐的基础，还需要让企业信息出现在搜索结果中靠前的位置。这就是搜索引擎优化所期望的结果，因为当用户输入某个关键词进行检索时搜索引擎结果会反馈大量的信息，如果企业信息出现的位置靠后，被用户发现的机会就大为降低，搜索引擎营销的效果也就无法保证。

4. 以搜索结果中有限的信息获得用户关注

通过对搜索引擎检索结果的观察可以发现，并非所有的引导信息都对用户有吸引力，用户通常不会点击检索结果中的所有信息，而是对搜索结果进行判断，从中筛选一些相关性最强、最能引起其关注的信息进行点击，进入相应网页之后获得更为完整的信息。如果希望用户点击搜索结果，就需要对搜索引擎收集信息的方式进行针对性的设计，设计的主要元素包括：网页内容的原创性、网页标题、网页摘要信息、网页 URL、网页标题与正文中的关键词及其与正文的相关度等，当然网站的整体专业水平和运营状况也至关重要。

5. 为用户进入信息源获取信息提供方便

用户通过点击搜索结果而进入网站/网页，是搜索引擎营销产生效果的基本表现形式，用户的进一步行为决定了搜索引擎营销是否可以最终为企业带来收益。用户来到网站之后可能会为了了解某个产品的详细介绍而成为注册用户，但是否最终转化为购买者还取决于更多的因素，如产品本身的质量、款式、价格等是否具有竞争力。在此阶段，搜索引擎营销将与网站信息发布、顾客服务、网站流量统计分析、在线销售等其他网络营销工作密切相关，在为用户获取信息提供方便的同时，与用户建立密切的关系，使其成为潜在顾客，或者直接购买产品。

事实上，搜索引擎也在不断的发展变化中，不同时期的搜索引擎功能和引导信息源的形式也有一定差异。因此，尽管搜索引擎营销的基本原理是长期稳定的，但对搜索引擎营销的研究和应用，还与搜索引擎的发展演变及搜索规则的变化密不可分。

据此，我们可以将搜索引擎营销的一般内容归纳为"搜索引擎的目标层次原理"。根据这一原理，搜索引擎营销可分为四个层次：（1）存在层；（2）表现层；（3）关注层；（4）转化层，如图4-5所示。

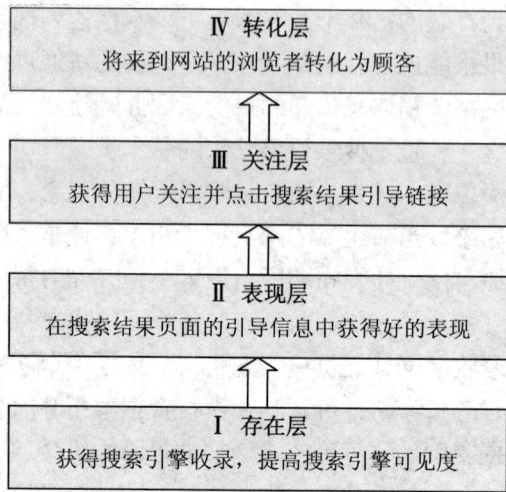

```
┌─────────────────────────────────────────┐
│          Ⅳ 转化层                        │
│     将来到网站的浏览者转化为顾客           │
└─────────────────────────────────────────┘
                    ↑
┌─────────────────────────────────────────┐
│          Ⅲ 关注层                        │
│   获得用户关注并点击搜索结果引导链接        │
└─────────────────────────────────────────┘
                    ↑
┌─────────────────────────────────────────┐
│          Ⅱ 表现层                        │
│   在搜索结果页面的引导信息中获得好的表现     │
└─────────────────────────────────────────┘
                    ↑
┌─────────────────────────────────────────┐
│          Ⅰ 存在层                        │
│   获得搜索引擎收录，提高搜索引擎可见度       │
└─────────────────────────────────────────┘
```

图 4-5 搜索引擎营销的目标层次示意图

关于搜索引擎营销的四个层次，简要说明如下。

第一层：搜索引擎营销的存在层。

存在层的基本目标是网站中尽可能多的网页在主要的搜索引擎中获得被收录的机会，这是提高网站信息搜索引擎可见度的基础。因此，一个网站被搜索引擎收录的网页数量通常被认为是搜索引擎营销的评价指标之一。付费搜索引擎广告也是提高搜索引擎可见度的方式之一，其表现是当用户用尽可能多的关键词搜索时在搜索结果页面都可以出现企业的付费推广信息。

第二层：搜索引擎营销的表现层。

表现层的目标是在被搜索引擎收录的基础上尽可能获得好的被推荐机会，即在搜索结果中有良好的表现，包括引导信息与用户搜索关键词的相关性、引导信息在搜索结果中的位置等。用户关注的通常只是搜索结果中靠前且引导信息有吸引力的少量内容。此外，如果利用主要的关键词检索时网站在搜索结果中的表现不佳，通常也可以利用关键词广告等方式作为补充手段来实现好的被推荐机会。同样，如果在分类目录中的位置不理想，则需要同时考虑在分类目录中利用付费等方式获得靠前的排名。

第三层：搜索引擎营销的关注层。

关注层直接表现为用户通过搜索引擎的检索结果是否会点击来到网站，也直接关系到网站的访问量。由于只有受到用户关注，经过用户比较选择后的信息才可能被点击，因此该层次被称为关注层。从搜索引擎的实际情况来看，仅仅做到被搜索引擎收录并且在搜索结果的引导信息中排名靠前是不够的，因为用户会对多条相关搜索结果进行比较和判断，包括信息源网页的可信度、搜索引擎引导信息是否符合用户的期望等。通过对网络营销信息源的优化设计，可以在一定程度上改善其在搜索结果页面引导信息的表现，因为搜索结果页面的引导信息主要与基础信息源网站的搜索引擎优化状况相关。例如，一个没有网页标题的页面，搜索引擎是无法自动为引导信息生成一个合理的网页标题的。

第四层：搜索引擎营销转化层。

转化层也是搜索引擎营销的最高目标——将来到网站的访问者转化为真正的顾客，即将通过搜索引擎带来的网站访问量的增加转化为企业最终的收益。转化层是前面三个目标层次的进一步提升，是各种搜索引擎营销方法所实现效果的集中体现，但并不是搜索引擎营销的直接效果。从搜索引擎营销的各项工作如信息源发布、搜索引擎收录并获得用户点击到最终产生收益，期间的中间效果表现为网站访问量的增加，网站的收益是由访问量转化所形成的，从访问量转化为收益则是由网站的功能、服务、产品等多种因素共同作用而决定的。

搜索引擎营销的转化层属于战略层次的目标，其他三个层次的目标则属于策略范畴，具有可操作性和可控制性的特征。实现搜索引擎营销的基础目标，即从存在层、表现层到关注层，是搜索引擎营销的一般内容。

4.3.5 搜索引擎优化的基本思想和表现

扫码看视频：

知识点 12：搜索引擎优化的价值传递关系

本书前面已经多次出现过搜索引擎优化的概念，但并未给出详细的解释。其实，在我们认识了搜索引擎营销的目标层次原理之后，对于搜索引擎优化，在一定程度上可以说已经朦朦胧胧地意会了：就是通过获得搜索引擎可见度从而实现潜在用户的关注并使其成为网站的浏览者直至将其转化为顾客。

所以，搜索引擎优化，实质上是为了用户通过搜索引擎获取有价值的信息而对整个信息发布及传递流程进行的系统的优化设计，搜索引擎优化的出发点和目的是用户而不是搜索引擎。通过本节的介绍，您将对搜索引擎优化的含义及方法有更系统的认识。

1. 基于网络营销生态思维的搜索引擎优化思想

搜索引擎优化（Search Engine Optimization，SEO），从表面的含义来看，就是让网站更容易被搜索引擎收录，并且当用户通过搜索引擎进行检索时使网站在检索结果中获得好的排名位置，从而实现通过搜索引擎获得网站用户的目的。这是对搜索引擎优化的初级认识，在搜索引擎营销发展的初期曾一度居于主导地位。

不过，这样的认识不仅不够全面，而且很容易引起争议，尤其是会被搜索引擎视为敌人——因为许多从事搜索引擎优化的人员专门针对搜索引擎的规则缺陷实现某些关键词在搜索结果中排名靠前，这样不仅干扰了搜索引擎检索排名的公正性，给用户通过搜索引擎获取信息形成误导，也损害了搜索引擎服务商的利益。这样的搜索引擎优化思想与网络营销中的用户价值原则是不一致的，从长远来看是不具有生命力的。

真正意义上的搜索引擎优化是以用户为导向，通过信息发布与传递的整个流程的优化设计，"协助"搜索引擎为用户提供最有价值的引导信息，使得信息源网站、用户、搜索引擎三者形成一个和谐的信息发布、引导与获取系统，分别实现各自的价值。在用户通过搜索引擎获取网站信息的过程中，用户、搜索引擎、信息源网站三者之间的价值传递关系表现如下。

（1）用户：通过搜索引擎搜索结果的引导信息到达信息源网站获取所需要的信息，表现为信息获取的价值。

（2）搜索引擎：通过网站信息源丰富搜索数据信息，为用户提供搜索结果，连接用户与信息源网站，获得用户搜索数量的网络广告价值。

（3）信息源网站：通过为搜索引擎提供优质信息源，获得搜索引擎的引导，实现了网站访问量的增加和用户的转化。

可见，在搜索引擎信息传递系统中，真正的价值源泉来自于用户对信息获取的需要，所以搜索引擎优化的最终目的，是对用户获取信息价值的满足，企业信息源网站的搜索引擎优化以及搜索引擎搜索结果引导信息的规则，都是为了这个同样的目标。这种搜索引擎营销思想与网络营销生态思维是一致的，体现了以用户为核心的网络营销理念。

基于网络营销生态思维，在对传统搜索引擎优化思想和方法进行重新梳理和思考的基础上，本书作者在 2018 年提出了如下的**搜索引擎优化定义**。

"搜索引擎优化是搜索引擎信息传递系统的组成部分，是为用户通过搜索引擎获取有效信息而进行的网站基础信息源及搜索引擎搜索结果引导信息的优化设计，构建用户、搜索引擎、信息源网站三者之间的价值传递关系。"

根据这一定义，搜索引擎优化的基本内容包括用户获取信息、网站基础信息源、搜索结果引导信息，搜索引擎的核心是三者之间的价值关系，而不仅是信息传递。

网站基础信息源的优化，是指通过对网站栏目结构、网站内容、网站功能和服务、网页布局等网站基本要素的合理设计，使得用户更加方便地通过搜索引擎获取有效的信息。所以，搜索引擎优化，实质上是为了用户通过搜索引擎获取有价值的信息而对整个信息发布及传递流程进行的系统的优化，搜索引擎优化的出发点和目的是用户而不是搜索引擎。

对于搜索引擎优化的认识，也有一个演变的过程。在本书作者于 2002—2016 年出版的网络营销著作中（如《网络营销基础与实践》第 2～5 版），传统的搜索引擎优化定义是这样的：

"搜索引擎优化是网站优化的组成部分，是通过对网站栏目结构、网站内容、网站功能和服务、网页布局等网站基本要素的合理设计，使得用户更加方便地通过搜索引擎获取有效的信息。"

在这种传统的搜索引擎优化的定义中，涉及几个重要关键词：网站优化、网站基本要素、用户、获取有效信息。这表明，在以企业网站为主导的传统网络营销时期，搜索引擎优化重视的是网站内部基本要素的合理化设计，并且搜索引擎优化的着眼点并非只是考虑搜索引擎的排名规则，同时更为注重为用户获取信息和服务提供方便，也就是说，搜索引擎优化的最高目标是为了用户，而不是为了搜索引擎。这种传统的搜索引擎优化思想并没有完全过时，只是对现阶段的网络营销环境有一定的不适应，只能反映当时的网络营销应用状况，突出了网站（也就是企业基础信息源）的重要性，以及系统的网站优化对搜索引擎搜索结果的影响。而在网络营销生态思维主导的环境中，更加注重信息源网站、用户及搜索引擎三者之间的互动关系及价值传递。

实际上，当一个网站对用户获取有效信息非常方便、并且可以为用户不断提供有价值的信息，这样的网站在搜索引擎中的表现通常也比较好，这表明搜索引擎优化是以用户为导向的网站运营效果的自然体现，因为搜索引擎的检索原则是为用户提供与检索信息最相关的内容，这与搜索引擎优化的目的是一致的。反过来讲，如果网站的基本要素及运营缺乏对用户有价值的设计和内容，即使用其他的方式来获得搜索结果的排名效果也是没有实际意义的。

2. 网站搜索引擎优化的表现

从搜索引擎营销效果的角度来看，一个网站的搜索引擎优化，根据搜索引擎目标层次的观点，最终表现为网站更容易通过搜索引擎获得潜在用户，这主要体现在以下几个方面。

① 网站内容丰富：网页内容被各搜索引擎收录数量较大，即在搜索引擎数据库中的存在度较高。

② 网站的搜索引擎可见度高：利用众多关键词搜索，在搜索结果中都可以出现网站的引导信息。

③ 搜索结果引导信息更有吸引力：与用户搜索关键词相关度更高，网站引导信息完善，具有较高的可信度，容易获得用户关注和点击。

④ 用户转化率高：来到网站信息源页面的潜在用户，通过对网站内容价值的判断以及对网站用户体验的综合评判，实现从浏览者到最终顾客的转化。

从用户角度看网站的搜索引擎优化，首先表现在其是否可以通过搜索引擎获得有价值的信息，也就是网站有较高的搜索引擎可见度。用户主要依赖搜索结果的引导信息，这涉及网页标题及内容摘要、网页网址等信息的相关性及完备性。反之，网站对搜索引擎的友好性就存在问题。

下面就是一些**网站对搜索引擎不友好**的部分表现。

① 网站结构层次不清，网站导航系统让搜索引擎"看不懂"。

② 网页中大量采用图片或者 Flash 等 Rich Media 形式，没有或者很少有可以检索的文本信息。

③ 网页没有标题，或者标题中没有包含有效关键词。

④ 网页正文中有效关键词比较少。

⑤ 在网页代码中堆砌关键词。

⑥ 在网页代码中使用用户不可见的文本信息（如字体颜色与背景色一样、尺寸为 1 个像素的滚动字幕等）。

⑦ 大量使用动态网页让搜索引擎无法检索。

⑧ 网站 URL 层次过多。

⑨ 复制的网页内容（多个 URL 指向的网页内容一样）。

⑩ 采用过渡页、桥页等欺骗搜索引擎的方法。

⑪ 没有被其他已经被搜索引擎收录的网站链接。

⑫ 网站与大量低质量的网站链接，如没有相关性的网站、作为 Link Farm（链接工厂）的网站、自动链接网站、留言簿等。

⑬ 网站中充斥大量欺骗搜索引擎的垃圾信息，如"过渡页""桥页"、颜色与背景色相同的文字等。

⑭ 网站内容长期没有更新。

⑮ 网站中含有许多错误的链接。

相应地，一个具备搜索引擎友好性的网站通常和上述特征相反，给用户的感觉是自然、专业、可信，因而搜索结果的引导信息更容易获得用户的关注和点击。

听起来搜索引擎优化好像很复杂甚至有些神秘，其实当明白了搜索引擎优化的基本思想和表现之后你将会发现，这些"优化"本来就应该是网站规划建设和网站运营中应做到的基础工作。

4.3.6　搜索引擎优化的基本内容

如前述定义，搜索引擎优化体现了用户、搜索引擎、信息源网站三者之间的价值传递关系，用户通过搜索引擎获取信息主要取决于搜索结果的引导信息，而引导信息取决于搜索引擎的收录及排名算法、搜索引擎对信息源网站的评级、信息源网页提供的基本元素等。

因此，搜索引擎优化的主要工作内容也就是从这些方面进行的，可分为三个部分：信息源网站基本要素优化、适应搜索引擎的优化、对用户获取信息的优化，具体内容如图4-6所示。

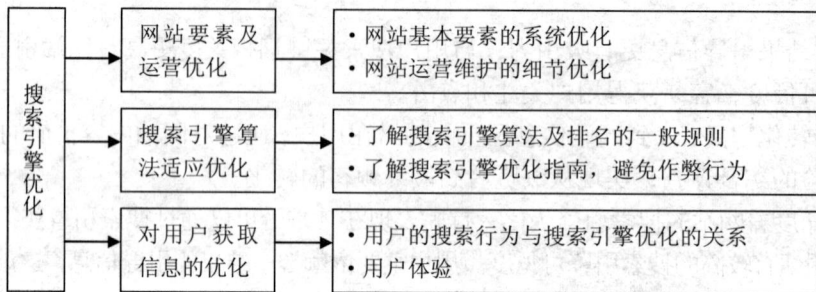

图4-6 搜索引擎优化的基本内容

实际上，搜索引擎优化的内容相当繁多，用厚厚的一本书的内容来描写也许才可以讲得更详细一些，本节仅仅是搜索引擎优化方法的入门知识，更多的方法和技巧还需要在实践中不断体验和总结。

1. 网站基本要素的搜索引擎优化

网站的搜索引擎优化状况，有些方面是在网站规划和设计过程中就已经确定的，在网站建成之后的一定阶段内无法做出频繁的调整，这将对网站的搜索引擎优化产生一定的影响，主要体现在网站基本要素的优化方面。网站基本要素中的网站栏目结构、网页布局、网页 URL 层次等，都与搜索引擎优化密切相关。

例如，在 4.3.5 小节中列出的网站对搜索引擎不友好的表现中，网站结构层次不清、网站 URL 层次过多等都属于基本要素问题，应尽可能在网站建设过程中就满足搜索引擎获取信息的需要。当然，在网站运营一段时间之后进行改版时引入搜索引擎优化方案也可作为一种补救措施。

关于网站基本要素的优化，主要从四个方面进行：清晰的网站栏目结构和导航系统、网页布局合理、适当的网页格式、网页 URL 层次。

（1）清晰的网站栏目结构和导航系统

网站栏目结构与导航奠定了网站的基本框架，决定了用户是否可以通过网站方便地获取信息，也决定了搜索引擎是否可以顺利地为网站的每个网页建立索引，因此网站栏目结构被认为是网站优化的基本要素之一。网站栏目结构对网站的推广运营发挥了至关重要的作用，不合理的网站结构和导航系统将造成严重的后果，不仅影响搜索引擎收录网页，而且即使用户来到网站也难以方便地获取有效信息，即对用户易用性和搜索引擎友好性都是不利的。

案例

网站中多产品分页设计方法的问题

经常看到这样的网站：假定某个企业有 100 种产品，在产品目录页面每个页面安排

新
网
络
营
销
（
微
课
版
）

了 1～10 种产品，然后用户要逐级点击"下一页"来查看其他产品，这样不仅非常麻烦，而且也影响搜索引擎收录。稍微好一点的网站设计，可能是列出每个网页的链接，用户可以通过第一个产品目录页面直接进入到第 N 个网页。

下面是某网站的产品分页设计截屏图。

本类产品共计132个，共分11页显示，您目前浏览的是第 5 页
第一页 前一页 1 2 3 4 5 6 7 8 9 10 11　下一页 末页

从链接关系上说，这样的网站结构并没有什么错误，理论上讲搜索引擎一般也可以按照这种层次链接关系检索各个相关网页（实际上可能因为网页链接层次过深而使相关网页被搜索引擎忽略或者降低权重）。如果站在用户的角度上来看，这样的网站结构设计问题就大了：一般的用户，除非他特别需要从这 100 多个产品（10 多个网页）中逐个了解每一种产品信息，否则很难有耐心逐个网页查看。

合理的网站栏目结构，其实没有什么特别之处，无非是能正确表达网站的基本内容及其内容之间的层次关系，站在用户的角度考虑，使得用户在网站中浏览时可以方便地获取信息，不至于迷失，做到这一点并不难，关键在于对网站结构的重要性有充分的认识。归纳起来，**合理的网站栏目结构主要表现**在以下几个方面。

① 通过主页可以到达任何一个一级栏目首页、二级栏目首页以及最终内容页面。

② 通过任何一个网页可以返回上一级栏目页面并逐级返回主页。

③ 主栏目清晰并且全站统一。

④ 每个页面有一个辅助导航。

⑤ 通过任何一个网页可以进入任何一个一级栏目首页。

⑥ 如果产品类别/信息类别较多，设计一个专门的分类目录是必要的。

⑦ 设计一个表明站内各个栏目和页面链接关系的网站地图。

⑧ 通过网站首页一次单击可以直接到达某些最重要内容的网页（如核心产品、用户帮助、网站介绍等）。

⑨ 通过任何一个网页经过最多三次单击可以进入任何一个内容页面。

（2）网页布局合理

网页布局，也就是为一个网页分配各项内容的展示位置和方式，让用户方便地找到自己所需要的信息。网页布局的搜索引擎优化在网页设计中很容易被忽略。例如，我们经常看到一些网站将左上角设置为用户登录/注册框，左侧设置为内容滚动更新的最新信息等，这些网页布局对搜索引擎优化而言就不是最好的选择。

网页布局的改进需要从用户和搜索引擎两个角度来考虑。网页布局对于用户获取信息以及搜索引擎索引信息都有较大的影响，因此其也被认为是网站结构优化的基本要素之一。网页布局与网站内容是密切相关的，合理的网页布局是为了更好地展示网页内容。

在网页布局的优化方面需要注意的一些问题如下。

① 最重要的信息出现在最显著的位置。

② 希望搜索引擎抓取的网页摘要信息出现在最高位置（根据网页 HTML 代码顺序）。

③ 网页最高位置的重要信息保持相对稳定，以便搜索引擎抓取信息。

④ 首页滚动更新的信息（如新闻动态等）应该有一定的稳定性，过快滚动的信息容易被搜索引擎蜘蛛错过，这就要求给予滚动信息足够的空间。

此外，各个网页的布局设计还有必要根据用户的浏览习惯进行一些调研，在此基础上考虑一些重要信息的位置安排和表现形式。例如，用户浏览网页注意力的"F 现象"表明，用户注意力集中度最高的区域主要集中在网页左上方，形成一个倒三角区域，这一现象对于网页布局设计有一定的参考价值。

（3）网页格式的搜索引擎优化

网页格式包括动态网页和静态网页两种基本形态。静态网页比动态网页对搜索引擎更具有友好性，这是基本常识，因此在可能的情况下将动态网页转化为静态网页是基本的优化措施之一。对于某些难以全部实现静态化的网站，在网页设计中应采取"静动结合"的对策。

静态网页的缺点在于其管理维护和交互功能方面的限制，静态网页的优点在于信息内容的稳定性，这为搜索引擎在网上索引网页信息提供了方便，因为这些静态网页总是存在的，只要搜索引擎根据某个链接关系发现这个网页，就很容易抓取这个网页的信息。这就好比派出所对某个地区的人口进行管理一样，对于常住人口总是比较容易管理的，只要根据户口本的信息上门去核对就可以，而对于大量的流动人口，要想获取这些人员的信息就比较复杂，除非在某个时期让所有的流动人口都暂时停止不动，等待公安人员来检查证件并进行登记，或者让每个流动人员都"链接"（挂靠）到常住人口的户籍本上。

网站建设采用静态网页形式只是有助于搜索引擎索引信息，但并不意味着只要是静态网页就一定会被搜索引擎收录，而动态网页就一定不会被搜索引擎收录，一个网页是否能在搜索引擎索引时有好的表现，并不完全取决于其是否是静态网页，更重要的还在于网站结构和导航、网页中的文字信息，以及网页的链接关系等。实际上，现在大多数搜索引擎对动态网页的收录都不存在技术方面的障碍，但冗长的网址对于用户而言也并不友好，如果将很长的网址分享到社交网络，或者将其作为参考资料罗列到网页或文章中，都显得很不方便。

在人口管理上，将"动态人口"转化为"静态人口"不太现实，但在网站建设中是可以做到这一点的。与静态网页不同的是，动态网页的内容是当用户有点击请求时，其才从数据库中调出返回给用户一个网页的内容，也就是说，这个动态网页实际上并不是一个存放在服务器上的独立文件，当没有用户请求时这个动态网页实际上是不存在的。这样，当搜索引擎蜘蛛在网上漫游索引网页信息时，动态网页自然就不容易被收录到了。

事实上搜索引擎也收录了大量的动态网页信息，那么这些动态网页怎样才能被搜索引擎收录呢？其实动态网页被搜索引擎收录和静态网页被收录的原理是一样的，只是两种网页表现形式的差异造成了搜索引擎索引这些文件的方式有所不同，动态网页只有通过链接关系被搜索引擎蜘蛛发现才可能被收录。如果一个动态网页信息发布到服务器之后，没有任何一个网站/网页给出链接，那么这个动态网页几乎是无法被搜索引擎检索到的。

其实，静态网页被搜索引擎收录也是同样的道理，如果新发布的网页信息没有被任何一个被搜索引擎已经收录的网页所链接，即使网页是静态形式也不能被搜索引擎收录。既然如此，为什么说静态网页比动态网页更容易增加被搜索引擎收录的机会呢？其实还是由网页之

新网络营销（微课版）

间的超级链接关系所决定的。在静态网页之间建立的链接关系，如同每个静态网页本身一样，都是固定存在的，这样搜索引擎检索就很容易通过逐级链接收录所有相关的网页，而在动态网页内容的链接关系中，除非这个动态网页已经被搜索引擎收录，其中链接的其他网页才可能被收录。

我们可以利用搜索引擎找几个相关的例子来观察一下，搜索结果中存在动态网页的话会有哪些特点，为什么这些网页会被搜索引擎收录，并将搜索结果与其他静态网页的搜索结果情况相比较。

通过观察分析不难发现，对于动态网页，如果希望被搜索引擎收录，就需要增加该网页URL被链接的机会，这种链接不仅可以是在自己的网站上，也可以是在其他的网站上。这实际上也是增加动态网页搜索引擎可见度（动态网页搜索引擎优化）的常见方法之一。当然，对于动态网页搜索引擎优化最好的方法，还是把动态网页转化为静态网页发布，并且遵照搜索引擎优化的一般规律，在网站栏目结构、导航系统、网页标题和 META 标签设计、网页布局等方面做好优化工作。

（4）网页 URL 层次的搜索引擎优化

与动态网页相关的另一个问题是，如果网页的 URL 层次过深，同样会影响网页的搜索引擎优化效果。我们可以思考一下，为什么网站的首页容易被搜索引擎收录并且网页在搜索引擎中的权重相对较高？其中的原因之一是，网站首页通常放在网站的根目录下，网页层次简单。例如，长虹集团的首页网址是顶级层次，而产品与服务栏目首页为 4 层。

随着网页层次的增加，一般来说，网页在搜索结果中的级别也在降低，有些网站把首页顶级域名重定向到多层次 URL 之后，通过 Google 工具条检测可以看到，这样的网站首页 PR 值通常为 0，这表明层次过多的网页在搜索引擎的检索结果中几乎没有任何优势。

网页 URL 层次的搜索引擎优化要点如下。

① 网站首页：必须保证把 index 文件放在根目录下。

② 一级栏目首页：网页 URL 最好不超过 2 个层次。

③ 详细信息页面，如企业信息和产品信息，最好不超过 4 个层次。

2．网站运营维护的搜索引擎优化

网站基本要素具有相对稳定性，其搜索引擎优化具有阶段性的特征。在网站基本要素优化既定的基础上，网站的搜索引擎优化则体现在网站运营维护的工作细节中，每一个方面的长期积累都可能成为影响网站搜索引擎优化水平的不可忽视的因素。与搜索引擎优化结果密切相关的网站运营维护工作主要包括：每个网页内容元素及编辑的优化、网站外部链接的优化、网站内容的原创性及更新等。

（1）网页内容元素的搜索引擎优化

一个网页的基本元素包括网页标题、关键词、内容摘要、内容正文中的文字信息、图片及 alt 属性描述、网页编辑方式等。另外，网页源代码中的 META 标签（关键词和页面描述等）对搜索引擎优化也有一定的影响。

在介绍网站内部资源时将网页数量作为重要的网络营销资源，其原因在于网页内容也是带来用户的方式之一，符合搜索引擎优化的网页可以通过搜索引擎源源不断地带来用户。每增加一个网页的内容，也就意味着为满足用户的信息需求增加了一点机会。基于这种认识，新竞争力网络营销专家胡宝介在搜索引擎战略大会（2006年3月17日，南京）的演讲中提出了"网站优化——让每个网页都带来潜在顾客"的观点。

通过搜索引擎优化，让每个网页都能带来用户，这一观点成为网站优化思想在网站推广应用方面的经典语录，事实上也是网站内容引流的经典方法。因为，"一个网站的首页只有一个，而网站内容页面可以不断增加"，这也就意味着，网站的搜索引擎优化不只是关注网站首页，而是应该注重每一个网页的优化。并且，为用户提供丰富信息的网站，将通过搜索引擎获得更多的访问量，因此对任何一个网站来说，内容质量的高低都是影响网站效果的核心因素。由此也进一步说明网站内容优化在搜索引擎优化策略中的地位至关重要。

根据实践经验，网站页面内容元素优化的主要包括如下内容。

① 每个网页都应该有独立的、概要描述网页主体内容的网页标题。

② 每个网页标题都应该含有用户可能用于搜索的有效关键词。

③ 每个网页都应该有独立的反映网页内容的 META 标签（关键词和网页描述）。

④ 每个网页的主体内容都应该含有适量的、有效的关键词文本信息。

⑤ 网页内容编辑应段落清晰，符合用户阅读习惯，合理利用小标题等重点元素。

⑥ 网页内容中的图片应设置相关的 alt 属性，且与网页内容相关。

⑦ 网页内容中关键词的站内链接和站外链接适当。

由于网页标题在页面内容优化中占有重要地位，下面我们进行重点介绍，其他因素本书不再详细介绍，读者可参考其他书籍或网络资源。

历届网络营销能力秀实践项目的最后一项都为实践总结报告（如第17期能力秀的实践报告说明），在要求中总会特别强调实践报告标题的重要性，并给出了相应的指导，这些指导内容也都来自于网页内容搜索引擎优化的基本要求。因为每一份实践总结报告发布到网站上，都是一个独立的网页，报告的标题也就是网页的标题。每一个网页都应该有一个能准确描述该网页内容的独立标题，正如每个网页都应该有一个唯一的 URL 一样，这是一个网页区别于其他网页的基本属性之一。

根据网络营销教学网站的解释，"网页标题是对一个网页的高度概括，一般来说，网站首页的标题就是网站的正式名称，而网站中文章内容页面的标题就是文章的题目，栏目首页的标题通常是栏目名称。"

根据这一解释，在企业网站中，产品介绍页面的网页标题应该以该产品名称相关的内容作为标题，而不应把企业名称作为标题，尤其不应让所有网页共用一个标题。从网站内容页面的网页标题设计的现状来看，绝大多数企业网站都没有对此引起足够的重视，这样不仅为用户来到网站之后获取相关信息带来一定麻烦，更糟糕的是，这种不专业的网页标题使网页在搜索引擎推广方面缺乏优势，用户可能根本无法通过搜索引擎检索发现这个网页。

详细内容页面，如企业新闻内容、具体产品的详细介绍等，是某项业务、某个产品最全面的信息，也是用户获取详细信息的最终渠道。因此内容详尽且容易被用户通过搜索引擎检索到是对内容页面内容策略的基本要求。从网页被搜索引擎收录和用户获取详细产品信息的角度来看，每个产品信息网页都有可能为公司带来潜在客户，因此不夸张地说，网页标题设计直接影响了网站的总体网络营销效果。

经过对大量网站的研究，作者对网页标题设计的观点是：在设计网页标题时，应注意同时兼顾对用户的注意力以及对搜索引擎检索的需要。这一原则在实际操作中可通过以下三个方面来体现，这三个方面也可以被认为是**网页标题设计的一般原则**。

第一，网页标题不宜过短或者过长。

一般来说6～10个汉字比较理想，最好不要超过30个汉字。网页标题字数过少可能包含不了有效关键词，字数过多会让搜索引擎无法正确识别标题中的核心关键词，而且也难以让用户对网页标题（尤其是首页标题，代表了网站名称）形成深刻印象，也不便于其他网站链接。

第二，网页标题应概括网页的核心内容。

当用户通过搜索引擎检索时，在检索结果页面中的内容一般是网页标题（加链接）和网页摘要信息，要引起用户的关注，网页标题发挥了很大的作用，如果网页标题和页面摘要信息有较大的相关性，摘要信息对网页标题将发挥进一步的补充作用，从而引起用户对该网页信息点击行为的发生（也就意味着搜索引擎推广发挥了作用）。另外，当网页标题被其他网站或者本网站其他栏目/网页链接时，一个概括了网页核心内容的标题有助于用户判断是否点击该网页标题链接。

第三，网页标题中应含有必要的关键词。

用户使用某些关键词搜索，如果这些关键词包含在网页标题中，那么该网页在搜索结果中将被赋予较高的权重，因此要尽量让网页标题中含有用户检索所使用的关键词。以网站首页设计为例，一般来说首页标题就是网站的名称或者公司名称，但是考虑到有些名称中可能无法包含公司/网站的核心业务，也就是说没有核心关键词，这时通常采用"核心关键词＋公司名/品牌名"的方式作为网站首页标题。但是如果是为了"优化"而在网页标题中堆砌关键词，不仅没有核心，而且有制造垃圾信息的嫌疑。

上述关于网页标题设计的三个方面其实都考虑了搜索引擎检索网页的特点，也就是说，网页标题设计将有利于搜索引擎检索作为重要因素，即使如此，这里仍然强调，与网页内容写作一样，网页标题写作首先是给用户看的，在这个前提之上考虑对搜索引擎检索才有意义。可见网页标题设计并不是一件随意的事情，尤其对网站首页标题设计，不可不慎重。

不过有一种典型的情况，细心的读者可能会有这样的经历，就是在浏览淘宝网站某些产品页面的标题时可能会发现，通常是堆积大量关键词，而且这些往往比常规的网页标题在站内搜索中更有优势。这种情况和淘宝网站站内产品搜索方式有一定关系，至于这种现象是否会长期存在，我们不妨予以关注。

（2）网站外部链接的搜索引擎优化

由于技术型搜索引擎把一个网站被其他相关网站链接的数量作为评估网站级别的因素之一，因此在搜索引擎优化中需要适当考虑网站链接。常用"链接广度（Link Popularity）"来描述一个网站被链接的数量。根据搜索引擎制订的网页级别排名规则，在其他方面差不多的情况下，链接广度高的网站在搜索结果中排名靠前。不过，搜索引擎的算法也在不断发展，近年来一些搜索引擎对外部链接的权重有了新的规则，外部链接的影响可能不如从前那么直接，但总体来说仍然是比较重要的。

关于网站链接的概念Inbound Link /Outbound Link

"Inbound Link"，可直译为"来自外部网站的链接"，也就是我们通常所说的一个网站"被其他网站链接的数量"，或者简称为"外链"。与 Inbound Link 有相近意义的词汇还有"Incoming Link"等。有些地方直接将这一指标等同于网站链接广度（或称链接广泛度）。

Inbound Link 指标可以通过一些专用软件和工具进行检测，网上也有多种免费资源可以利用。例如，利用搜索引擎 Google 在搜索框中键入命令 site：www.domain.com 则可以获得网站被其他网站链接的数量，而在雅虎网站输入的命令则不同为 site：http://www.domain.com。

这里有必要说明的是，不同检测工具、不同搜索引擎的检测结果可能并不一致，这是因为各个检测工具对网站外部链接的定义不一致，或者因为数据库信息不同步等。

与"Inbound Link"相对应的一个词汇是"Outbound Link"（其同义词是"External Link"），也就是一个网站链接其他网站的数量，这两个指标并不一定相同，一般来说，部分大型企业网站被链接的数量通常较多，而链接到其他网站的数量可能很少，一些小型网站两项指标可能都很小。

Inbound Link 和 Outbound Link 的具体意义是指：假定有三个网站 A、B、C 之间发生了链接关系，当网站 A 上链接了 B 和 C，那么 B 和 C 各获得 A 网站的 1 个 Inbound Link，而 A 网站则是 2 个 Outbound Link，如果 B 网站链接了 A 网站，而 C 网站并没有链接 A 网站，那么 A 网站的 Inbound Link 数量为 1 个。在搜索引擎优化中，搜索引擎排名算法中要计算的是一个网站的 Inbound Link 数量，而不是 Outbound Link，因此如何增加有效的 Inbound Link 就成为搜索引擎优化要考虑的一个方面。当然这仅仅是搜索引擎优化的一个方面而已，也不必过分夸大其作用。

资料来源：网上营销新观察。

不过要注意的是，对任何搜索引擎而言，网站内容的相关性是最重要的因素，网站链接仅处于次要地位。而且，搜索引擎并不把链接广度作为考察被外部网站链接的唯一因素，它同时还要考察外部链接网站的质量（如网站的访问量和链接网站之间的相关程度等），一个高质量网站的链接，其重要程度高过多个低质量网站的链接效果，因此建立链接广度并非要不加取舍地与众多网站建立链接关系，事实上这样做的结果不仅不能提高排名，有时还会适得其反。

例如，一些自动登录搜索引擎的软件能否在增加链接广度方面发挥作用呢？如果用这种自动登录的方式将信息登记到许多网站上，并不能提高网站排名。原因很简单，自动提交的所谓搜索引擎通常都是一些没有多大知名度且访问量也不高的网站，你的信息是否可以从数据库中被其他搜索引擎检索到都是疑问。而且，作为以分析网站链接关系为看家本领的搜索引擎，对于搜索引擎领域的情况非常熟悉，如果链接网站不是搜索引擎，仅仅是为了增加链接广度，这样的花招很容易被搜索引擎识破。

增加链接广度不仅是为了搜索引擎优化，同时也是网站推广的常用方法。然而在搜索引擎优化的实际工作中，由于很多 SEO 片面夸大外部链接的作用，往往通过增加大量网站链接的方式来获得网站在搜索引擎中的排名，甚至采用种种不合理的方式来获得外部链接，如在留言簿和博客中大量制造关键词链接。

案例

SEO通过博客文章留言增加网站链接广泛度

下面是在营销人博客"搜索引擎排名秘诀 - 丑陋的 SEO 秘诀写照"文中的一个截屏图。

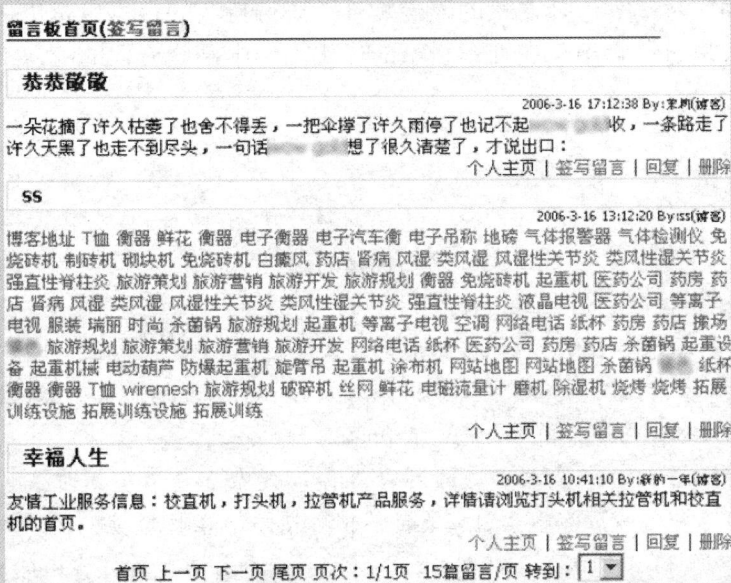

上面图中每个词组都链接到一个 URL，这样就为每个关键词增加了一个外部链接，当这种链接数量比较大时（也就是在多个网站发布类似的信息），该关键词在搜索引擎中就获得了检索结果排名的优势。这种通过发布大量垃圾链接来增加链接广度的手段，即使偶尔得逞也不可能持久，甚至还有被搜索引擎删除网站的可能。

资料来源：营销人博客。

（3）网站运营中的其他搜索引擎优化

本书前面内容多次强调，在搜索引擎信息传递流程中，用户是决定的因素，网页内容是为用户创建的，因而持续为用户创建有价值的内容，是网站运营的基础工作，这也在客观上增加了网站的搜索引擎优化水平。

实践经验表明，在网站运营方面影响搜索引擎优化的因素还有很多，举例如下。

① 网站内容的原创性：这就意味着复制的网页内容将影响网站的搜索引擎评级。复制网页包含复制本站的内容（即将同样的内容发布为多个网页），以及复制其他网站的内容。

② 网页内容中有效文本信息数量：一般来说，一个网页的文本信息过少或者过多都不符合用户阅读的习惯，在搜索引擎看来也是不友好的表现。

③ 网站内容更新频率：内容更新速度快、新网页增长较多的网站，通常会受到搜索引擎的重视，在网页收录及搜索结果中更有优势。

④ 网站域名及网页 URL 的稳定性：一些网站因频繁改版或其他原因进行调整，就可能会因为网页 URL 变化而影响搜索引擎收录及搜索结果的排序，大量失效的网页（404 错误）同样会影响搜索引擎对网站的评价。

⑤ 不要欺骗搜索引擎：网站前台页面中用户肉眼不可见的文本信息或图片、不合理的网页重定向、为搜索引擎而设计的过渡页（桥页）、在内容中插入不相关的文字及链接等，都是不适当的"搜索引擎优化"方式，只能适得其反。

总之，搜索引擎优化是网站专业水平的综合体现，是系统性网站优化工作的一部分，仅仅通过增加网站链接等外部要素的改善是难以获得持久的搜索引擎优化效果的。通过下面的案例分析也可以看出，在搜索引擎的优化工作中某些方面的疏忽都可能造成严重后果。

案例

Batteries网站优化的经验和教训

Batteries 是美国领先的电池销售网上商店，2004 年该网站进行了一次改版，当时为了避免出现大量死链接，网站保留了旧版的网页，因此搜索引擎在索引新版网页的同时也收录了大量多余的旧网页，结果搜索引擎以为 Batteries 复制网页内容，属于搜索引擎作弊，导致 Batteries 在搜索引擎上的自然排名急剧下跌。

新版还有大量由动态技术生成的网页，造成搜索引擎索引困难，以上原因导致Batteries 在 2004 年改版后在搜索引擎的自然排名方面一落千丈。后来该网站与一家知名搜索引擎营销公司合作，该公司对网站进行了彻底优化，并删除了多余的旧版网页，四个月之内，网站被 Google 收录的网页数量剧增，以电池相关的诸多关键词在 Google 和Yahoo 的排名均在显著位置。

为了进一步提升搜索引擎优化效果，Batteries 在 2006 年计划发布 30 个微型内容子站，这些子站商品包含各类电池如碱性电池、笔记本电脑电池等的产品目录。子站还提供与电池产品有关的教育性内容和幽默性文章，并有链接指向 Batteries 网上商店进行购买。Batteries 已于 2006 年 2 月发布了 5 个内容子站。

Batteries 网站优化的经验和教训值得一些关注搜索引擎优化的网站借鉴。现在，"搜索引擎优化"在搜索引擎服务商眼里是一个敏感词汇，几乎与"搜索引擎垃圾"是同一含义，尤其是那些以种种不合理方式提高搜索引擎关键词排名为目的的 SEO，更是让搜索引擎深恶痛绝，欲置之死地而后快。

搜索引擎排名不等于搜索引擎优化，更不等于真正意义上的网站优化，网站优化与搜索引擎排名有着本质的区别，如果对搜索引擎检索规则理解不够深入，片面追求搜索引擎检索关键词的排名效果，难免进入搜索引擎优化误区，其结果将是受到搜索引擎的惩罚，直至网站彻底被搜索引擎删除。

资料来源：新竞争力，2006 年 2 月。

实际上，目前搜索引擎对于网站改版可能引起的问题已经给予关注，并且提供了一些必要的引导和网站改版工具。例如，百度站长工具中专门设置了"网站改版工具"及"闭站保护"等功能，以便能让百度搜索引擎了解网站改版后的域名变化，或者以适当的方式表示网站因调整暂时关闭，尽可能减少因网站改版引起的资源损失。

3. 了解搜索引擎的算法规则及优化指南

了解搜索引擎对网站的基本要求，以及搜索结果排序算法，对网站的搜索引擎优化意义非常重大，根据算法中的元素有针对性地优化网页可以得到好的搜索效果。于是，探索搜索引擎排序算法，几乎是每个从事 SEO 的人都希望得到的"葵花宝典"。但是，搜索引擎排名算法作为搜索引擎的核心机密，外人想完全得到几乎是不可能的，事实上也是没必要的。只要从用户获取信息的角度，做到网站基本元素的合理设计并用心运营维护，就具备了实现向用户传递有效信息的网络营销目的。

搜索引擎排名的算法一直在不断发展，搜索结果信息的展示也在不断改进，现在的搜索结果页面与十年前相比已经有很大的不同，不仅有基础的网页信息，而且还有更多根据智能算法提供的解决方案及产品推荐等。

根据《人工智能》（李开复，王咏刚著，文化发展出版社）一书中的介绍（P15）：

"最传统的网页排序算法是找出所有影响网页结果排序的因子，然后根据每个因子对结果排序的重要程度，用一个人为定义的、十分复杂的数学公式将所有因子串联在一起，计算出每个特定网页在最终结果页面中的排名位置。"

"谷歌很早就开始用机器学习技术帮助搜索引擎完成结果排序。这一思路和传统算法不同。在机器学习的方向里，计算网页排序的数学模型中的每一个参数不完全是由人预先定义的，而是由计算机在大数据的基础上，通过复杂的迭代过程自动学习得到的。"

可见，人工智能和深度学习对搜索引擎算法的影响深刻，搜索引擎的信息处理技术仍处于高速发展之中。作为网站运营人员，对搜索引擎算法的研究毕竟是有限的，而且永远跟不上搜索引擎算法的更新。本书前面介绍的搜索引擎优化的基本内容，包括网站基本要素和内容运营要点等，无论搜索引擎排名算法如何演变，这些基础元素都依然不会过时。所以，做好该做的基础工作，才是搜索引擎优化工作的基本原则。

不过也并不是说，只能被动甚至盲目地应对搜索引擎规则的变化，深入理解搜索引擎的基本原则，并不断增加对搜索引擎的了解是非常必要的。其实，各主要搜索引擎都为站长提供了必要的搜索引擎优化指南，以帮助站长了解搜索引擎欢迎什么样的信息，讨厌哪些不合理的做法。所以，要研究搜索引擎收录网页及搜索结果排序的规则，首先了解搜索引擎官方提供的指南是必不可少的。至于更多的实战经验，还需要不断的实践和总结。

扩展阅读

Google的网站管理员指南（节选）

遵循这些指南将有助于 Google 查找、索引并对您的网站进行排名。即使您选择不采纳这些建议，我们也强烈建议您对"质量指南"多加留意，其中简要说明了一些可能造成网站从 Google 索引中被彻底删除的违禁行为。网站被删除之后，Google.网站或 Google

所有合作伙伴网站的搜索结果中都不会再显示该网站。

1. 设计与内容指南

- 网站应具有清晰的层次结构和文本链接。每个网页应至少可以通过一个静态文本链接打开。

- 为用户提供一个网站地图，列出指向网站重要位置的链接。如果网站地图上的链接超过或大约为100个，则需要将网站地图拆分为多个网页。

- 网站应具有实用性且信息丰富，网页文字应清晰、准确地表述要传达的内容。

- 要考虑到用户会使用哪些字词来查找您的网页，确保网站上确实包含了这些字词。

- 尽量使用文字而不是图像来显示重要的名称、内容或链接，因为Google抓取工具无法识别图像中所含的文字。

- 确保title和alt标记具有说明性且表达精准无误。

- 检查链接是否损坏，并确保HTML格式正确。

- 如果采用动态网页（即网址中包含"?"字符），请注意并非每一个搜索引擎蜘蛛都能像抓取静态网页一样抓取动态网页。动态网页有助于缩短参数长度并减少参数数目。

- 将给定网页上的链接限制在合理的数量内（少于100）。

2. 质量指南—基本原则

- 设计网页时该考虑的是用户，而不是搜索引擎。不要欺骗用户，或提交给搜索引擎一种内容，而显示给用户另一种。这种做法通常称为"隐藏"。

- 请不要为了提高搜索引擎排名而弄虚作假。一个简单分辨是非的方法是：您是否可以坦然地跟竞争对手网站解释您对网站所做的事情。另一个有用的测试即扪心自问："这能否给我的用户带来帮助？如果不存在搜索引擎，我是否还会这样做？"

- 请不要参与旨在提高您的网站排名或PageRank的链接方案。尤其要避免链接到违禁的网站或"恶邻"，因为您自身的排名可能受到这些链接的负面影响。

- 请不要使用未授权的计算机程序提交网页、检查排名等。这些程序会耗用计算机资源并违反我们的服务条款。Google不建议使用WebPosition Gold™这类产品向Google发送自动查询或用程序编写的查询。

3. 质量指南—具体指南

- 请不要使用隐藏文本或隐藏链接。
- 请不要采用隐藏真实内容或欺骗性重定向的手段。
- 请不要向Google发送自动查询。
- 请不要使用无关用语加载网页。
- 请不要创建包含大量重复内容的多个网页、子域或域。
- 请不要创建安装病毒（如特洛伊木马）或其他有害软件的网页。
- 请不要采用专门针对搜索引擎制作的"桥页"，也不要采用如联属计划这类原创内容很少或几乎没有原创内容的"俗套"（Cookie Cutter）方式。

- 如果您的网站参加联属计划，请确保您的网站可为其增添价值。请提供独特而相关的内容，使用户有理由首先访问您的网站。

最后，请牢记Google在网站管理员指南中的一句话："请扪心自问：我这样做能否帮助我的用户？如果不存在搜索引擎，我是否还会这样做？"

百度提供的搜索引擎优化指南

百度提供了许多有关搜索引擎优化的学习指南，下列网页及文档资料，对搜索引擎优化人员来说，是必读内容，搜索引擎优化人员要深入理解搜索引擎的规则及建议，以免在搜索引擎优化中出现无法挽回的损失。其实仔细看一下相关内容，有些描述在若干年前已经出现在本书作者写作的相关文章或书籍中。

- 百度搜索引擎工作原理。
- 选择网站关键词的方法，网站内容创作的大忌。
- 编辑人员如何带着 SEO 思维来工作，编辑如何撰写对搜索引擎友好的标题。
- 《百度搜索内容质量白皮书》连载一。
- 搜索引擎优化建议。
- 《百度搜索引擎网页质量白皮书》。
- 《百度搜索引擎优化指南 2.0》。
- 《百度移动搜索优化指南 2.0》。

更多资料详见百度站长学院。

另外，由于搜索引擎优化需要投入较多的精力并经历较长的时间才能体现效果，并不像投放搜索引擎广告那样立竿见影，一些急功近利的网站运营者很可能采用一些作弊手段实现"快速优化"，成为实际上的垃圾 SEO。为提高搜索结果的质量，搜索引擎一直在与搜索引擎垃圾（Spam）做斗争。一些对 SEO 产生浓厚兴趣又不求甚解更不愿脚踏实地进行网站基本要素优化的人，很容易因为盲目的"优化"而陷入搜索引擎优化作弊的误区。

所谓搜索引擎垃圾即针对搜索引擎而采取的作弊行为，造成搜索结果成为事实上的垃圾信息。如大量重复的关键词、复制的网站或网页、用户不可看到的文字、欺骗性的网址重新指向、专门针对搜索引擎的入门网页等。如果网站被发现采用了搜索引擎垃圾的方式进行优化，将受到搜索引擎的处罚。

为了获得高质量的搜索信息，尽量减少搜索引擎垃圾，针对网站搜索引擎优化的需要，各大搜索引擎都会给网站运营人员提供一些基本方针和指导，这些非常值得网络营销人员，尤其是搜索引擎营销人员深入学习和领会，并贯彻到搜索引擎营销工作中去。

4. 用户的搜索行为与搜索引擎优化

本书关于搜索引擎营销的观点认为，搜索引擎信息传递的价值源泉来自于用户对信息获取的需要，这就意味着，用户在搜索引擎信息传递系统中发挥着决定性的作用，搜索引擎及信息源网站的出发点都是为用户提供最有价值的信息。那么，对用户而言，什么信息是有价值的？用户又是如何搜索的？用户更关注哪些搜索结果？

作为搜索引擎的用户，我们或许都有过这样的经历：用某个关键词搜索，在搜索结果页面点击某些引导信息，点进去之后发现和自己期望的信息并不一致，甚至页面上只是一些广告内容，有些点击后无法打开网页，或者打开网页后各种广告遮挡了有限的屏幕空间，无法找到自己期望的信息，有些也许只是某个论坛用户发布的几个文字……

对于这类搜索体验，很难说获得了用户价值。这种情况也是搜索引擎所不希望的。所以，搜索引擎优化，首先是对用户体验的优化。其实不难理解，用户对搜索引擎搜索结果及信息源网页的期望很简单。

- 无论我怎么搜索，你都在那里。
- 无论我问什么问题，你都有答案。
- 选择了搜索结果引导信息，要让我顺利点击进去。
- 我点击进去，你不要欺骗我，给我完整的信息……

其实，满足用户搜索信息的期望并不难，与我们做好网站基本要素和运营优化的目标及思路是完全一致的。在搜索引擎优化中，同样不能忘记搜索引擎营销的最高目标是为了用户。

扩展阅读

关于长尾理论及其对搜索引擎营销的启示

长尾理论可以很好地解释用户的关键词检索行为及效果转化，对制订有效的搜索引擎营销策略具有积极意义。例如，用户通过搜索引擎检索的所有关键词中，20%的关键词产生了80%的访问量。是不是另外20%的访问量就不值得花费精力关注呢？新竞争力网络营销管理顾问的研究认为，事实可能正好相反，因为另外仅带来20%访问量的关键词可能转化率更高。这与20/80原理所解释的含义是截然不同的。

下面我们对长尾理论及其对搜索引擎营销的意义做更详细的探讨。

什么是长尾理论呢？根据维基百科的解释，长尾（Long Tail）是2004年Chris Anderson在给连线杂志的文章中首次使用的词汇，用以描述某种经济模式如亚马逊网站或Netflix。长尾术语也普遍使用于统计学中，如对财富分布或词汇应用的统计。

长尾理论的基本原理：只要存储和流通的渠道足够大，需求不旺或销量不佳的产品所共同占据的市场份额可以和那些少数热销产品所占据的市场份额相匹敌甚至更大。即众多小市场汇聚成可与主流大市场相匹敌的市场能量。

下面是部分研究者所给出的长尾示意图：图4-7表明了主体、长尾巴与总量之间的关系；图4-8为searchenginewatch网站创始人、资深搜索引擎营销专家Danny Sullivan利用100个关键词通过Overture检索时为网站带来访问量产生的"长尾现象"的示意图。

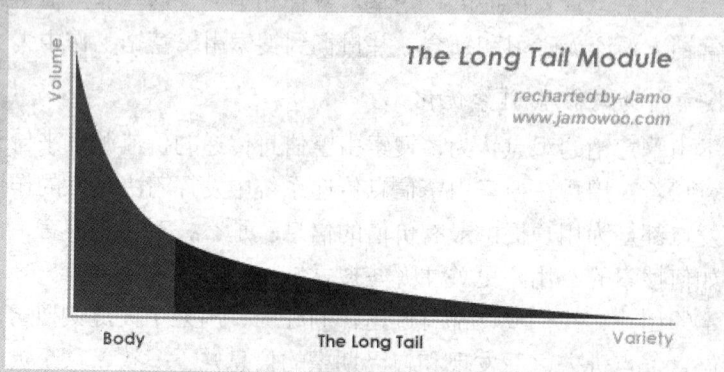

图4-7 主体、长尾巴与总量之间的关系

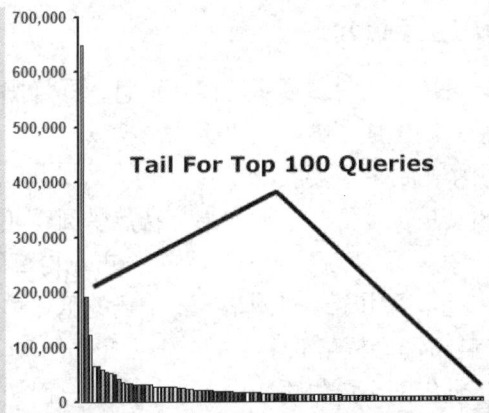

图 4-8　100 个关键词通过 Overture 检索时为网站带来的访问量

从图 4-8 中可以看出，与 20/80 定律不同的是，长尾理论中"尾巴"的作用是不能忽视的，经营者不应该只关注头部的作用。长尾理论已经成为一种新型的经济模式，被成功应用于网络经济领域。例如，Google 就有效地利用了长尾策略。Google 的 Adwords 广告使得无数中小企业都能自如投放网络广告，而传统的网络广告投放只是大企业才能涉足的领域。其 Adsense 广告又使得大批中小网站都能自动获得广告商投放的广告。Adwords 和 Adsense 因此汇聚了成千上万的中小企业和中小网站，其产生的巨大价值和市场能量足以抗衡传统网络广告市场。如果 Google 只是将市场的注意力放在 20%的大企业身上（像许多门户网站的网络广告策略那样），那么也很难创造现在的辉煌了。同样，网上零售巨人亚马逊的商品包罗万象，而不仅仅是那些可以创造高利润的少数商品，结果证明，亚马逊模式是成功的，而那些忽视长尾，仅仅关注少数畅销商品的网站经营状况并不理想。

长尾理论对于搜索引擎营销中的关键词策略非常有用。虽然少数核心关键词或通用关键词可以为网站带来可能超过一半的访问量，但那些搜索人数不多却非常明确的关键词的组合——即长尾关键词同样能为网站带来可观的访问量，并且通过这些长尾关键词检索所形成的顾客转化率更高，往往会大大高于通用关键词的转化率。例如，一个利用通用词汇"律师"进行检索到达网站的访问者与一个搜索"北京商标权纠纷律师"到达网站的访问者相比，后者更加容易转化成该网站的客户。这也是研究用户关键词检索行为分散性以及分散关键词策略的价值所在。

有些研究文章认为，关键词"长尾"为网站所带来的 20%的访问量创造了网站 60%的收益。这个数字当然是很难考证的，但至少可以肯定的是，把注意力完全集中在少数热门关键词上是远远不够的，何况对用户搜索行为的研究表明，大部分用户并不是仅用一个词汇进行检索，为了获得更为准确的检索效果，用户往往采用 2—3 个关键词组合来搜索，有些用户甚至采用 5 个以上词汇的组合，这些多词汇组合往往就是关键词"长尾"的主要组成部分。

与利用长尾理论解释搜索引擎关键词策略异曲同工的方法，是对用户关键词检索分散性的研究。作者在网上营销新观察的"网站访问统计分析"专题中对于用户检索行为分散性及其策略，曾有多篇文章进行过探讨。长尾理论从另一个角度解释了用户关键词检索的分散性，并且提出应该对通用关键词之外的分散关键词给予足够的重视。

4.3.7　搜索引擎关键词广告简介

搜索引擎关键词广告，是广告主付费展示的商业信息，同样出现在搜索结果页面，与搜索引擎自然搜索结果等信息共同组成了搜索结果页面。搜索引擎广告是企业常用的搜索引擎营销方式之一，也是搜索引擎平台的主要收益模式。

搜索引擎关键词广告因其更加灵活和可控性高等特点受到企业的认可。相关统计数据表明，到 2006 年年底搜索引擎广告已几乎占全部网络广告市场份额的半壁江山，2011 年之后仍然保持着这种市场份额，近年来由于手机网络广告市场的迅速扩大，关键词广告的市场份额有所下降，到 2015 年，其市场份额略低于手机广告（2015 年全年搜索引擎广告占 34%，手机广告占 35%）。2016 年全年网络广告份额中，手机广告全面超越搜索引擎广告且差距快速拉大（两者分别占 51%和 24%，其中手机搜索广告占手机广告的 47%），不过搜索引擎广告的重要性仍然不可替代。

1. 搜索引擎广告及其表现形式

并不是每个网站都可以通过搜索引擎优化获得足够的访问量，尤其是一个竞争激烈的行业中大量的企业网站都在争夺搜索引擎检索结果中有限的用户注意力资源时，很多企业会受到搜索引擎自然检索推广效果的制约，因此企业往往采用付费搜索引擎广告与搜索引擎优化的组合策略。

付费搜索引擎广告，就是在用户利用搜索引擎检索信息时在检索结果页面出现的、与用户所检索信息有一定相关性的广告内容。出现在搜索结果页面左侧的搜索广告，也具有信息流广告的特征。

最早的付费搜索引擎竞价排名开始于 2000 年。1998 年创建于美国的搜索引擎 Overture 以成功运作竞价排名模式而著名，并且带动付费搜索引擎营销市场蓬勃发展。Overture 在 2003 年 7 月被雅虎以 16.3 亿美元的价格收购，成为雅虎搜索引擎营销体系的组成部分。

关键词广告是搜索引擎服务商的主要赢利模式，目前国内影响力较大的搜索引擎包括百度、谷歌和搜狗，每个搜索引擎都有各自的关键词广告服务，在表现形式上也有较多的相似之处，只是在具体的广告投放模式、广告展示及标注方式、广告管理方式、每次点击的价格等方面有一定的差异。下面以百度和谷歌为例介绍关键词广告的表现形式。

百度关键词广告，最初叫竞价排名。竞价排名最初的含义，是指在搜索引擎检索结果中，依据付费的多少来决定广告的排名位置，付费高的网站信息将出现在搜索结果最靠前的位置。这里所说的付费，是指用户每点击一次检索结果的费用。由于这种纯粹按照付费来决定排名的方式可能出现广告与搜索结果的相关性不高或者其他容易引起误导的情形，因此逐步演变为考虑了更多因素而形成的综合排名模式，并更名为"百度推广"，广告展示位置主要是在搜索结果的上方及右侧。

百度关键词广告标注的名称后来又经历多次变更，除了竞价排名和百度推广之外，曾经使用的名称还包括"推广链接""推广""商业推广""广告"等。与百度类似，谷歌搜索结果页面的广告标注方式也在不断的调整之中，如"赞助商链接""相关广告""广告"等。搜索引擎以这种标注或者不同背景色的方式区别付费信息与免费检索信息，以尽可能减少信息误导。从百度和 Google 搜索引擎广告形式的不断调整中也可以看出，在兼顾收费广告和自然检索的公正性方面，搜索引擎服务商也在不断改善。

考虑到搜索引擎广告的展示方式和标注名称仍有可能不断调整，建议读者通过搜索某产品名称或旅游景点等关键词（如"九寨沟旅游"），了解搜索引擎广告的最新形式。

此外，除了搜索结果页面的广告之外，搜索引擎关键词广告也会出现在联盟网站的网页上。在有关搜索引擎的营销发展历程中已经介绍，基于内容定位的搜索引擎广告，也就是采用了网络会员制营销模式的关键词广告，可以将广告展示在合作网站的网页上，并且广告形式更加灵活，可以是各种规格的图片展示广告，也可以是文字链接广告。这是搜索引擎关键词广告的延伸模式。百度、Google、搜狗、360 搜索等，目前都有提供这种网站联盟形式的关键词广告，广告主可以选择是否在合作伙伴（内容发布商）网站展示自己的广告。

由于这种模式的广告设计、投放、管理等与关键词广告的基本模式类似，因此本章不再系统介绍关键词广告联盟的操作内容。有兴趣的读者可以自己到各搜索引擎联盟（百度联盟首页网址、搜狗联盟首页网址、Google Adsense 首页网址）进行更多的了解。

2. 搜索引擎关键词广告的十大特点

关键词广告之所以得到快速发展，成为最有效的付费网络推广模式，这与关键词广告自身的特点密不可分。本书作者在《网络营销基础与实践（第 5 版）》中较全面地总结了关键词广告的特点，这对于进一步理解搜索引擎广告具有一定的参考价值。

（1）关键词广告是"立竿见影"的网络推广模式

搜索引擎是目前用户获取网页信息的主要渠道之一，只要投放了关键词广告，当用户搜索时，企业的相关推广信息会立刻出现在搜索结果页面，广告显效快，远比搜索引擎优化效果更为直接。而且由于广告展示在自然搜索结果前列，用户关注程度更高，对于竞争性激烈的行业，关键词广告的优势更为显著。

（2）搜索引擎关键词广告的灵活自主性

由于关键词广告管理系统的功能越来越强大，广告用户可以实现灵活自主的广告投放，包括广告投放的区域、时段、每天每月的最多消费金额等。例如，可选择只有在广东省上网的用户而且是中午 12 点到晚上 8 点之间才展示自己的广告；还可以设置每天最多投放 200 元或者 1 000 元，这样当达到消费限额之后广告就停止展示，使得预算可控。

（3）按有效点击次数付费，推广费用相对较低

按点击付费（Cost-per-Click，CPC）是搜索引擎关键词广告模式最大的特点之一，对于用户浏览而没有点击的信息，企业将不必为此支付费用，相较于传统展示类网页网络广告按照千人印象数（CPM）收费的模式来说，这种模式更加符合广告用户的利益，使得网络推广费用相对较低，而且完全可以自行控制。因此，搜索引擎广告成为各种规模的企业都可以利用的网络推广手段。

（4）关键词广告的用户定位程度较高

由于关键词广告信息出现在用户检索结果页面，与用户获取信息的相关性较强，因而搜索引擎广告的定位程度高于其他形式的网络广告。而且，由于用户是主动检索并获取相应的信息，具有更强的主动性，符合网络营销用户决定营销规则的思想，属于绿色健康的网络营销模式。

（5）关键词广告形式简单，降低广告制作成本

关键词竞价的形式比较简单，通常是文字内容，包括标题、摘要信息和网址等要素，关键词不需要复杂的广告设计，因此降低了广告设计制作成本，使得小企业、小网站，甚至个人网站、网上店铺等都可以方便地利用关键词竞价方式进行推广。

（6）关键词广告投放及管理效率较高

关键词广告推广信息不仅形式简单而且整个投放过程也非常快捷，大大提高了投放广告的效率。与其他广告模式相比，关键词广告管理更为高效。例如，对广告展示内容的调整非常方便，可方便地修改广告标题、内容摘要、链接 URL 等信息。广告主也可以随时调整关键词的设计，如对于广告展示次数太低、每次点击费用太高的关键词等都可以进行更换或者取消广告投放。

（7）关键词广告引导用户到达页面的针对性更强

关键词广告所链接的页面，通常被称为着陆页，即用户单击广告链接到达的第一个页面。关键词广告所链接的 URL 由广告主自行设定，可以引导用户来到任何一个期望的网页，理想的方式是为广告设置一个专门的着陆页而不仅是到网站首页。在自然检索结果中，搜索引擎收录的网页信息是网站运营人员无法自行确定的，其出现在哪个网页无法自行选择，因而这也是关键词广告针对性更强的一个原因所在。

（8）关键词广告具有原生广告的一般特点

关键词广告出现在搜索结果页面，作为搜索结果的组成部分，广告内容与自然搜索信息融为一体，共同组成了完整的网页内容，因而更容易受到用户信任和点击。因此关键词广告的点击率通常比展示类广告要高，当然其中也包括用户误点击的成分。搜索引擎通常会在搜索结果中对广告信息给予标注，但仍有相当比例的用户无法区分或没有意识到其中的广告信息。

（9）关键词广告效果一目了然

当购买了关键词广告服务之后，服务商会为广告用户提供一个管理入口，可以实时在线查看推广信息的展示、点击情况以及广告费用的消费信息，经常对广告效果统计报告进行记录和分析，对于积累搜索引擎广告推广的经验、进一步提高推广效果具有积极意义。

（10）关键词广告是搜索引擎优化的补充

搜索引擎优化是网站基本要素优化的反映，通常无法保证很多关键词都能在搜索引擎检索结果中获得好的排名，尤其是当一个企业拥有多个产品线时，搜索引擎优化难以做到覆盖面很广，这时采用关键词广告推广是对搜索引擎自然检索推广的有效补充，综合利用关键词广告与搜索引擎优化更有利于提升搜索引擎营销的效果。

上面列举了搜索引擎关键词广告的一般特点，具体到不同的搜索引擎，还会有一些自己的特点，例如，Google 提供了信息非常全面的在线帮助信息，关键词推荐和效果跟踪分析工具给专业用户带来了极大的便利，并且在 Google 投放和管理关键词广告的整个流程都可以在线完成。这些具体的差异，需要大家在实际工作中去比较和发现，以便发挥每个搜索引擎最大的网络推广价值。

在搜索引擎推广的实际工作中，搜索引擎广告和搜索引擎优化通常不是独立的，两者可以同时进行，形成更全面的搜索引擎营销组合策略，以占据有限的搜索结果推广空间，这样不仅可以发挥更好的网络推广效果，同时也是一种合理的网络营销竞争方式。

4.3.8 搜索引擎的网络营销价值解析

作为传统的重要网络推广工具之一，搜索引擎的核心价值在于发挥网络营销信息传递渠道的作用，事实上，搜索引擎除了网络推广之外，还有更多的网络营销价值。根据作者的研究，搜索引擎的网络营销功能可分为三个方面：网络信息传递功能、网络营销管理功能、网络营销竞争功能。

搜索引擎在网络营销中的作用具体表现在六个方面：网站推广工具、网络品牌传播渠道、产品网络推广工具、网上市场调研工具、网站优化检测工具以及为竞争对手制造网络推广壁垒等，如图 4-9 所示。

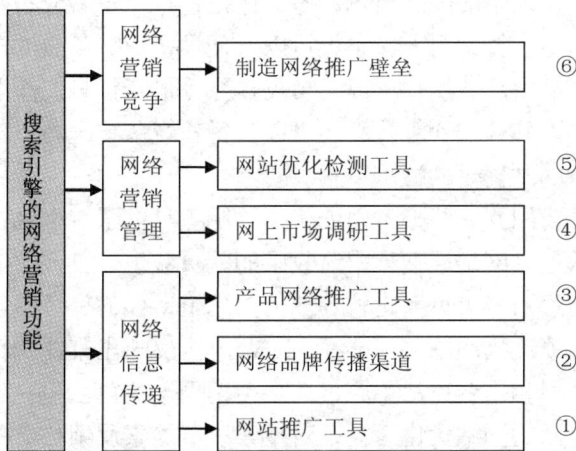

图 4-9　搜索引擎的网络营销功能示意图

搜索引擎的六大网络营销功能简介如下。

（1）搜索引擎作为网站推广的工具

在用户获取信息的所有方式中，搜索引擎是应用最广泛的网络工具之一，这就意味着，搜索引擎对网站推广将发挥最有效的作用。因为，所谓网站推广，也就是为用户发现网站信息并来到网站浏览信息创造机会，而搜索引擎正是通过搜索结果中有限的摘要信息将用户引导到信息源网页。一个设计规范且内容丰富的网站，通过搜索引擎自然检索获得的访问量占网站总访问量的 60%是很正常的现象，有些网站甚至 80%以上的访问者都来自搜索引擎。一些网站采用自然检索与付费搜索引擎关键词广告相结合的方式，获得了更好的效果。所以，学习网站推广，首先要对搜索引擎有充分的了解。

（2）搜索引擎是网络品牌传播渠道之一

企业品牌信息在互联网上存在并且可以被用户所发现，是网络品牌传播的必要条件。一个知名企业或者产品的信息理所当然地应该可以通过搜索引擎检索到（即有足够高的搜索引擎可见度），否则就表明该企业的网络品牌传播存在严重的缺陷。可见，在网络品牌建设过程中，搜索引擎这一传播渠道是不可忽视的。企业的网站信息应该被主要搜索引擎收录（即增加网站的搜索引擎可见度），从而获得被用户发现的机会，否则再精美的网站也宣传不了企业的品牌形象。现实中部分企业网站过于注重视觉效果而忽视了搜索引擎可见度的要求，实际上是缺乏对网络品牌传播的真正认识。

（3）搜索引擎对产品促销的价值

除了网站推广和网络品牌传播之外，对于网上销售网站来说，搜索引擎也是常用的产品推广工具，这就是为什么在搜索某些产品名称时在搜索结果中会出现很多网上零售网站的付费关键词广告的原因所在。一般来说，用户以"产品名称"或者"品牌名+产品名称""品牌名+产品名称+购买方式"等关键词进行检索时，往往表明用户已经产生了对该产品的购买意向，也就意味着在搜索引擎结果中占据有利位置（包括自然搜索结果和付费广告）将会对产品的网络推广发挥积极效果。对于电子商务网站而言，这种产品网络推广也属于网站推广的内容，并且更具有针对性。

（4）搜索引擎作为网上市场调研的工具

无论是获取行业资讯、了解国际市场动态，还是进行竞争者分析，搜索引擎都是非常有价值的市场调研工具。通过搜索引擎，不仅可以方便地了解竞争者的市场动向，还可以方便及时地获得竞争者的产品信息、用户反馈、市场热点等最新信息。企业通过搜索引擎获得的初步信息，结合专业的网站分析和跟踪，还可以对行业竞争状况做出理性的判断。

（5）搜索引擎作为网站优化的检测工具

网站优化分析往往要用到一些搜索引擎优化检测工具以了解网站在搜索引擎结果中的表现，如检查网站链接数量、网站被搜索引擎收录的网页数量、某些关键词在搜索结果中的表现、与竞争者网站的搜索引擎可见度比较等。但实际上，任何一种搜索引擎优化工具都不能完全反映所有的搜索引擎优化问题，只能在一定范围内反映出某些指标的状况。这是因为每个搜索引擎对网页的索引和排名算法不同，而且搜索引擎的算法也在不断变化中。其实搜索引擎才是最直接、最全面的网站优化工具，对搜索引擎检索反馈信息的详细分析，是研究网站搜索引擎优化状况最有效的方法之一。

（6）利用搜索引擎营销策略为竞争对手制造网络推广壁垒

对于任何一个搜索引擎而言，同一关键词检索结果中的信息数量都是有限的，而且用户往往只关注搜索结果中靠前且相关度最高的信息内容，这就意味着，同一个关键词在搜索结果中被用户发现的机会是有限的，即搜索引擎推广资源的相对稀缺性。当一个网站占据有利的排名位置，同时也就意味着其竞争者失去了这一机会。利用搜索结果的这一特点，企业可以设计合理的防御性网络营销策略，为竞争对手制造网络推广壁垒，即避免让竞争者获得最有利的搜索引擎推广机会，如购买搜索引擎检索页面有利位置的广告、对网站进行系统的搜索引擎优化，以及同一公司的多网站策略（关联网站）等。

搜索引擎的网络营销价值，在实际应用中可能有单一的或者多种综合的表现形式，企业信息在搜索引擎搜索结果中的表现，往往也作为网络营销效果的评价指标。

扩展阅读

搜索引擎的发展历程

1993 年 6 月，美国麻省理工学院学生 Matthew Gray 开发了一个名为"WWW Wanderer"的网络机器手程序，这个程序对搜索引擎的思想产生了重要影响，不过这并不是真正意义上的搜索引擎，当时该学生开发的目的在于协助估计互联网的规模，如搜索联网计算机的数量等，但是这种机器手爬行程序后来发展成为搜索引擎的核心，至今仍被广泛应用于搜索引擎中。在这种搜索程序出现之前，也出现过其他一些搜索工具，如诞生于 1990 年，主要适用于 FTP 网站匿名文件索引的 Archie 等，但这些搜索工具并非应用于万维网，因为当时 www 也还没有诞生。Archie 是一个可搜索的 FTP 文件名列表，用户必须输入精确的文件名搜索，然后 Archie 会告诉用户哪一个 FTP 地址可以下载该文件。基于 http 与 www 技术的迅猛发展，后来的搜索引擎主要应用于 www 上的检索，从这种意义上说，"WWW

Wanderer"程序的出现才标志着搜索引擎的诞生。本书所讲的搜索引擎，在没有特别说明的情况下，均指基于万维网的搜索方式，此前的信息检索方式，由于现在已经很少应用，因此这里不做详细介绍，在网络营销教学网站搜索引擎营销基础知识中有相关背景知识资料，有兴趣的读者可以参考，这些内容包括：搜索引擎发展历程回顾，基于 WWW 的搜索引擎的诞生，WWW 之前的信息检索方式，如 Archie 和 Wais 等。

从 1993 年开始，各种搜索引擎不断诞生，有些中途夭折，也有一些发展成为全球著名的搜索引擎，至今仍然在搜索引擎领域发挥着重要作用，如我们熟知的 Yahoo!、Lycos、Google 等。表 4-2 是国外部分有影响力的搜索引擎的简要介绍。

表 4-2　国外部分搜索引擎的简要介绍

创建日期	搜索引擎名称	简介
1993.6	WWW Wanderer	第一个 Spider 程序，是搜索引擎的雏形
1993.11	Aliweb	Aliweb 并非全文搜索引擎，而是通过检索各个网站自己为描述网站信息而遵照一定格式编写的特别索引文件
1994.2	Yahoo!	由斯坦福大学的两名博士生，美籍华人杨致远（Jerry Yang）和 David Filo 共同创办。属于人工分类的分类目录搜索方式，目前仍是最有影响力的搜索引擎之一。曾使用过 Altavista、Inktomi、Google 等搜索引擎的网页搜索服务。2003 年 7 月 14 日以 16.3 亿美元收购了搜索引擎 Overture
1994.2	JumpStation	最早采用蜘蛛爬行技术的搜索引擎之一，可惜只是昙花一现，创始人 Jonathon Fletcher 大学毕业开始工作后即放弃了该搜索引擎的经营
1994.3	World Wide Web Worm	由美国科罗拉多大学教授 Oliver McBryan 所创建的基于蜘蛛爬行技术的搜索引擎。1999 年 12 月被 GoTo，也就是现在的 Overture 所收购
1994.6	Webcrawler	美国华盛顿大学学生 Brian Pinkerton 创建，曾被多家公司收购，包括 Excite、AOL、Excite 的再次收购，最终为 InfoSpace 所拥有
1994.7	Infoseek	最早将搜索引擎作为可赢利的商业模式经营。1998 年被迪士尼公司收购
1994.7	Lycos	以搜集的网页数量巨大并且增长迅速而著称，1994 年 7 月 20 日发布时拥有的数据量为 54 000 个，不到一个月的时间就增长到 390 000 个网页，到 2003 年 9 月，收集的网页数量已经超过 30 亿个
1995.3	SavvySearch	由美国科罗拉多州立大学学生 Daniel Dreilinger 所创建，SavvySearch 是最早的多元搜索引擎之一。1999 年 10 月被 CNET 收购，更名为 Search
1995.3	Metacrawler	美国华盛顿大学硕士生 Eric Selberg 和 Oren Etzioni 创建，一些文献中认为它是最早的多元搜索引擎。1997 年被 InfoSpace 公司收购
1995.9	Excite	由 6 个斯坦福大学的毕业生创建，2002 年 5 月，被 InfoSpace 收购的 Excite 停止自己的搜索引擎，改用多元搜索引擎 Dogpile
1995.9	Inktomi	由加州伯克利分校计算机科学助教 Eric Brewer、博士生 Paul Gauthier 创建，Inktomi 的发布曾引起了极大轰动，很大原因在于其首创了大规模并行处理技术
1995.12	AltaVista	由于采用了大量创新技术，AltaVista 发布的第一天就受到极大关注，有超过 30 万用户使用。AltaVista 是第一个支持自然语言搜索的搜索引擎，第一个实现高级搜索语法的搜索引擎（如 AND、OR、NOT 等）。AltaVista 也声称是第一个支持用户自己向网页索引库提交或删除 URL 的搜索引擎，并能在 24 小时内上线。AltaVista 最有趣的新功能之一，是能搜索有链接指向某个 URL 的所有网站。2003 年 2 月 AltaVista 被 Overture 收购，而同年 7 月，Overture 又被 Yahoo 收购
1996.4	Ask Jeeves	Ask Jeeves 是风险投资家 Garrett Gruener 和技术专家 David Warthen 合作的产物。与其他搜索引擎不同的是，Ask Jeeves 并非一般的关键词检索或者分类目录方式，而是提供提问式的搜索服务，被称为"虚拟在线传达室"（virtual online concierge）

创建日期	搜索引擎名称	简介
1996.5	HotBot	1996 年 5 月诞生时由 Inktomi 所拥有，2002 年 12 月重新发布，现在归 Terra Lycos 所有。HotBot 所检索的独立搜索引擎包括 Inktomi、Google、AlltheWeb 以及 Teoma
1996.10	LookSmart	创始人为 Tracey Ellery 和她的丈夫 Evan Thornley，是一个富有自己特色的分类目录
1996.12	Dogpile	由美国律师 Aaron Flin 创建，其出发点是觉得当时的分类目录如 Yahoo 等反馈的信息很少，而全文检索的搜索引擎如 AltaVista 等反馈的信息又特别多，让人无所适从，因而创建了这个多元搜索引擎
1998.2	Overture	Overture 的特色在于其竞价排名的模式使得网站可以根据支付费用的多少来决定排名位置，尽管它不是这种模式的首创者，但却是最成功的运作者。2003 年 7 月被 Yahoo 收购
1998.9	Google	创始人为斯坦福大学毕业生 Larry Page 和 Sergey Brin，被认为是第二代搜索引擎的代表，其核心优势在于独特的网站排名算法。Google 目前是全球最受欢迎的搜索引擎
1999.5	AlltheWeb	由挪威公司 FAST 所创办，声称拥有最大的网页索引数据库。2003 年 4 月被 Overture 收购，与同年 2 月被收购的 AltaVista 整合在一起。Overture 于 2003 年 7 月又被 Yahoo 收购
2001.4	Teoma	Rutgers 大学的一批计算机科学家于 2000 年 4 月策划筹建，1 年后正式面世，2001 年 9 月 11 日被提问式搜索引擎 Ask Jeeves 收购，2002 年 4 月重新发布
2001.9	Wisenut	由最早的比较购物网站之一的 mySimon 公司联合发起人兼 CTO 韩裔 Yeogirl Yun 创立。2002 年 4 月被分类目录提供商 LookSmart 收购

说明：表中资料主要来源于 Chris Sherman，"Search Engine Birthdays"，2003.9.9，Search Engine Watch，部分内容参考了作者为"搜索引擎 9238"的"搜索引擎发展史"一文所提供的资料。

从表 4-2 的资料中也可以看出，1994—1998 年是国外搜索引擎的快速发展时期，出现了许多至今已成为全球知名品牌的搜索引擎，而在 2001 年之后，几乎没有新的有影响力的搜索引擎出现，这也说明搜索引擎领域的竞争结构发生了明显变化，搜索引擎的技术日益成熟，由于竞争加剧，以及进入壁垒的提高，创建新的搜索引擎变得比较困难，新进入者以及原有的搜索引擎为了扩大自己的市场地位，一般要通过合作和并购等方式来进行。也正是因为搜索引擎领域进入相对稳定的发展阶段，搜索引擎作为网络营销工具的价值才日益表现出来。

相较于美国来说，国内的互联网起步较晚，正式开通于 1994 年 4 月，搜索引擎的发展自然也比较落后，并且数量也比较少，直到 1995 年才出现国内第一个基于互联网的全文检索搜索引擎。由于国内搜索引擎的发展历程缺乏全面的资料记载，因此本书暂时无法系统介绍中文搜索引擎的发展历程。在中国搜索引擎的发展历史中，早期的搜索引擎如悠游中文、搜索客、北极星、若比邻、常青藤、北大天网等曾经都有较大的影响力，但其中有些已经销声匿迹，有些则经历业务转型或者专注于某些领域的搜索，目前常用的中文综合搜索引擎有百度、搜狐（搜狗）、新浪、网易等，以及国外品牌搜索引擎提供的中文服务，如雅虎中文、Google 中文等。

2010 年之后，随着智能手机的普及，方兴未艾的人工智能技术在搜索引擎中的应用越来越多，其中包括语音搜索、位置搜索、图像识别等，这为搜索引擎开辟了更广阔的发展空间。

4.4 微博转发：基于社交关系资源的网络推广

如果说搜索引擎营销是网络营销工具时代传统网络推广的主流方法，并代表着以互联网工具为载体构建信息传递渠道的基本思想，那么在社会化网络时代，网络营销的主流思想和方法则是以社交关系资源网络实现信息传递和价值传递，每个用户都成为社交网络中信息发布和传递的一个节点。

社交关系，简单来说也就是在社会化网络中你同其他用户之间的连接和沟通，包括一对一直接联系、互相关注或单向关注、社群中的互动、参与社会化网络活动等。所以，基于社交关系的网络推广，其实也是社交关系资源合作，都是基于用户许可并主动进行的网络传播。

到 2018 年，社会化网络兴起并迅速发展将近十年，在网络营销中应用比较成熟的社交关系资源有微博、微信、聊天工具、内容平台等。本节简要介绍基于微博社交的网络推广。

微博作为一种泛社交工具，经历了快速发展之后，由于微信等紧密型社交网络的兴起，微博的社交功能逐渐淡化，但作为社会化网络营销的常用方法之一，微博营销在企业信息源发布及传播方面仍然表现出较强的生命力。

在本书第 3 章，总结了企业微博营销的八种常见模式（见 3.4.4 节 微博内容的传播方式），其中包括：企业微博共同体传播模式、社会关系资源传播模式、利益驱动型微博传播模式、微博用户自发传播模式、微博平台推荐模式、微博广告模式、微媒体传播模式、微博扩展传播模式。在这八种常见模式中，微博转发传播出现在多种微博营销模式之中，微博转发对微博营销的重要性可见一斑。微博转发，既是基于微博社交关系的直接网络推广，也是社交关系资源合作推广的方式之一。

本节总结了实现微博转发的八种常见方式：内容驱动转发、好友友情转发、互换资源转发、关联账号转发、大号代理转发、利益驱动转发、互助联盟转发、微公益转发等。

1. 内容驱动转发：粉丝自愿转发

微博营销是内容营销的形式之一，通过高质量的内容吸引粉丝自愿转发是微博运营效果的体现，粉丝转发体现了微博内容受欢迎的程度，说明微博运营卓有成效。因此内容运营是微博运营的重要工作之一，其主要包括选择适合粉丝转发的内容，如热点、心灵共鸣、实用知识、有益于朋友的话题等，获得粉丝的关注和认同感，再以适当的方式鼓励转发，于是形成良性循环发展。不过，作为产品或服务类信息，如果没有精心的策划，要获得粉丝的自愿转发，还是有一定难度的，需要更好的创意，将"广告即内容"的营销思想落实到每条微博信息中。

2. 好友友情转发：社交人品价值

微博好友及忠诚的支持者是社交网络中的强关系，通常也是微博转发的核心力量。从一定程度上可以说，微博转发与否体现了你的社交人品。因此，维护社交网络强关系是需要特别重视的工作。网络社交与现实社交本质是一样的，用心关注、平等沟通、礼尚往来等社交礼仪对促进友情转发是必不可少的。不要总是到需要转发微博的时候才想起你的朋友。

3. 互换资源转发：粉丝资源合作

每位微博运营者都希望自己的微博内容获得他人的转发，在这种共同愿望下，相关内容的微博博主之间开展资源合作便具备了一定的基础，正如网站站长之间通过网站友情链接实现合作推广一样，大家也可以通过沟通交流，与合适的微博博主开展合作，相互转发微博，发挥各自粉丝资源的营销价值，实现相互推广的目的。

4. 关联账号转发：求人不如求己

我们在前述企业微博账号共同体传播模式中提到过，企业各相关账号之间相互关联，可互为推广，要充分利用企业的微博社交关系资源。关联微博转发在某些方面效果更加显著，如企业新产品发布、危机公关等。利用企业自己运营的微博账号体系，对重要的微博进行集中转发，几乎是每个企业都在运用的基本方式。关联微博转发在运营思路上和电商平台网店的"刷单"或"刷好评"类似，虽然不能完全反映用户的真实心声，但对于扩大网络可见度，的确是有一定效果的。

5. 大号代理转发：投放自媒体广告

大号转发微博是效果明显的推广方式之一，主要是基于大号众多的粉丝资源及个人品牌价值，尤其是产品推荐类微博，其他用户转发未必能引起关注，但选择微博大号帮助转发可能会有较好的效果。事实上转发微博也是很多名人及公众人物"自媒体广告"常见的粉丝资源变现方式。如果没有微博大号朋友或对等的资源可以互换，那么通常是要为大号转发付费的，但这种自媒体广告往往没有统一的收费标准，也很难有专业的效果跟踪评价方式，因而可能要承担一定的风险。

6. 利益驱动转发：微博有奖活动

有奖转发通常会得到较多的响应，尤其是微博大 V 或者知名企业发起的活动，参与转发的人数众多。通过微博官方应用中的微博活动可实现有奖转发的整个流程及活动数据统计分析。当企业社会关系网络资源不足，或希望借助于微博平台的推动在更大范围内传播信息时，设计对用户有吸引力的有奖转发活动，也不失为有效的方法。不过，这是典型的利益驱动型的微博转发活动，与网络可信度没有直接的关系。如果你拥有较多的粉丝，通常都不好意思为了抽奖而转发这样的微博活动。

7. 互助联盟转发：微博互推工具

一些"草根"账户或新账户因社交资源不足或其他方面的不足难以获得粉丝转发或合作转发时，可以考虑利用第三方微博互推工具实现转发。在微博应用广场有很多可以互粉及互相转发的应用工具，微博互推联盟就是其中的一个应用。微博互推联盟为普通用户提供了互粉、互相转发微博等服务，互推工具还可以监控不诚信的行为，保护多方合作者的权益。这种互推基于积分来实现，即你求别人转发要支付积分，而帮他人转发可以获得积分，互粉或互推的用户之间属于以利益为基础的临时社会关系。不过这种临时社会关系缺乏相关性及信任基础，在互助推广方面难免有一定的盲目性。

8. 微公益转发：微博转发捐助

通过公益转发获得用户关注，提升企业品牌形象，也是常见的微博转发形式之一。根据微博公益平台对转发捐助的介绍："微公益转发捐助产品是一款针对企业用户需求的公益营销产品，企业通过公益活动和微博转发企业正能量，并实时分析营销效果，获得专属的公益页面和真实的爱心粉丝，将传播做到最大化。"

无论选择哪种微博转发方式，都应当考虑到粉丝接受的程度，坚持信息适量原则，不要因为过多的转发内容而失去粉丝的信任。

4.5 基于价值关系资源的网络推广

基于价值关系资源的网络推广方式已经诞生多年，并已在多个领域的网络推广中得到广泛应用。例如，亚马逊网站于 1996 年 7 月首创的网络会员制营销（Affiliate Programs，也称网站联盟、联属网络营销等），就是最早的具有生态思维的价值型网络营销方法之一，本书 4.4 节提出的搜索引擎优化定义，同样是基于搜索引擎优化的生态化思维，可见生态化思维在网络营销的多个领域都得到体现。

基于价值关系资源的网络推广方法，在以可信度为基础的社会化网络营销中，得到更广泛的应用和快速发展，其中，微信分销系统和网络众筹更具有代表意义。

4.5.1 基于微信的微生态营销系统

微信常被作为移动社交网络的代表之一，但微信的应用领域已经远远不限于社交，微信营销也远不是传统的网络营销工具思维模式所能包含的，微信是工具，也是平台，更是一个强大的互联网商业生态系统。但无论微信在网络营销中的应用怎么发展，基于社交关系资源这一基础是不变的，无论是微信社群营销、微商、微信分销等，都离不开用户的社交关系网络。

在本书前面订阅型内容运营的相关章节中，我们介绍过微信公众号的功能及运营方法，微信公众号仅仅是微信在网络营销应用中的一个方面。基于微信的用户社交关系，还可以实现企业网络营销信息传递与用户价值传递相结合，形成包括企业、微信平台、用户及其社交关系网络为一体的微生态营销系统，成为社会化网络营销的新形态。

本节探讨微商与微分销、微生态营销系统的要素等基本问题。

1. 网络营销视野中的微商与微分销

微商，是近年来热门的移动电子商务概念之一，通常是指通过移动社交网络的信息传递实现的销售模式，其中通常会涉及微营销、微信分销及朋友圈营销等概念。本书作者认为，微营销包括两个方面的含义：第一，是通过微博、微信等移动社交网络开展的网络营销活动；第二，是在个人社交圈子这个相对微小的范围内进行信息传递与交易，实际上是市场细分原理在移动商务中的具体应用，也就是面向个人社交网络的市场营销活动。

微分销则是通过微博、微信、微店等方式进行网络推广和销售，形成销售之后，参与分销（转发信息）的用户可获得一定比例的佣金。狭义的微分销则特指为微信分销，也就是通过微信公众平台实现的多级分销、三级利益（二级赢利）模式。微信分销是一个比较具体的概念，已经有成熟的产品和技术支持，已成为众多微商首选的微营销模式。

在网络营销课程设计的实践项目中，2015 年秋季网络营销能力秀（第 14 期）活动方案中有一项微信商城营销实践活动，营销内容包括一个互联网金融网站的在线理财产品及一个实体企业的保健枕头，两者产品形态不同，但营销模式类似，都是利用微信分销三级返利的原理，通过微信转发邀请好友关注商家的微信公众号，实现交易后参与转发邀请好友者可以获得一定的佣金。这种分销返利营销就是微商或微分销的常见模式，通过微信平台，在商家、多级分销用户及直接用户之间形成一个以社交关系为基础的利益共享的微生态系统。

可见，与微博转发的推广模式相比，微商及微分销是在信息传递的基础上与价值传递相结合，通过用户的利益预期提高用户主动参与信息传递的积极性，具有一定的生态型营销思维。当然，由于利益驱动，这种微生态营销系统在产生的初期也存在一定的潜在风险和问题，需要在法律的约束下不断完善。

2. 识别微分销与网络传销

相较于传统的销售模式，多层次营销（Multilevel Marketing，MLM）属于一种创新。其优点是，在 MLM 活动中销售者同时也是消费者，在获得了消费权的同时也获得了销售权，并且可以通过发展下级销售人员获利，因而其有更高的积极性去发展和培训下级销售人员。但是由于多层次销售模式不断发展演变，有些具备欺诈的性质，以发展下线销售人员为主要的获利手段，实质上成为非法传销活动，带来了一系列的经济和法律问题。

可以认为，微分销与多层次营销原理类似，也就是营销人员除了通过直接销售产品获利之外，还可以通过发展下级销售商（或称代理商、分销商）获得多级销售佣金，但微分销与传统的多层次营销又有显著的区别，主要体现在其营销层次限制在一定的范围内。但有些企业或组织，以微分销名义发展多层次营销，有些甚至多达十个层级，成为典型的网络传销。网上搜索"网络传销"可以发现，此类案件层出不穷，且形式多变，具有较大的欺骗性。

多层次营销在我国台湾地区称为"多层次传销"，又称结构行销（Structure Marketing）或多层次直销（Multilevel Direct Selling）。多层次营销发源于 20 世纪的美国，参与营销的人员获取销售奖金的方式有两种：第一，可以经由销售产品及服务给消费者而获得零售奖金；第二，他们可以从直属下线的销售额或购买额中赚取佣金，并且可以从下线的下线销售额中赚取佣金。也就是说，这种营销组织形式是多层次的，参与的层级越多，位于上端的营销人员获利越大。与多层次营销相关的概念还包括金字塔式销售、传销等。

金字塔式销售（Pyramid Scheme），在我国香港地区被称为"层压式推销"，我国台湾地区则称之为"老鼠会"。与通常的多层次销售不同，采用金字塔式销售的公司通常没有提供任何产品或服务，或者其是以高出市场的价钱出售产品，参与者付入会费或高价购买产品后，要介绍其他人入会才有收入，上层的参与者可以分享下层参与者的入会费，一层压一层，如金字塔一样，参与者通过介绍其他人加入而赚取佣金。1964 年层压式推销由美国人威廉·帕特里克在加州所创，当时的公司名为"假日魔法公司"，在短短的 8 年间其业绩从第一年的 52 万美元蹿升至 1972 年的 2.5 亿美元。

实际上，多层次营销、传销与金字塔式销售等概念之间的关系和区别并不是很清晰，除非是专业人士，否则很难明确区分，而且在不同的国家和地区，对这些概念及其合法性的规定也可能有较大差别。例如，中国大陆与香港、台湾地区对此的规定也不太一致。金字塔式销售由于存在明显的欺诈性质，在许多国家和地区被视为非法活动。在我国香港地区，金字塔式销售属于违法行为，但并没有禁止多层次传销。在我国台湾地区，多层次传销是合法的商业行为，被一些正规经营的大型"直销"业者所采用，但金字塔式销售则为非法行为。

在中国大陆地区，多层次传销与金字塔式销售被统称为传销，属于经济犯罪。1990 年 11

月 14 日，雅芳成立，其是中国第一家正式以传销申请注册的公司，正式名称为"中美合资广州雅芳有限公司"，注册地为广州。此后，各种名目的传销公司遍地开花。到 20 世纪 90 年代中期，以销售化妆品为主的雅芳获得快速发展，在沿海城市和省会城市，随处可以接触到"雅芳小姐"。由于传销带来了众多经济和社会问题，1994 年 8 月 11 日原国家工商行政管理局发出《关于制止多层次传销活动违法行为的通告》，9 月 2 日再次发出《关于查处多层次传销活动中违法行为的通知》，正式宣布传销为违法活动。1998 年 4 月 18 日，发布的《国务院关于禁止传销经营活动的通知》，宣布全面禁止传销。

国务院于 2005 年 8 月 23 日公布《禁止传销条例》和《直销管理条例》，分别自 2005 年 11 月 1 日和 2005 年 12 月 1 日起施行。2009 年 2 月 28 日，第十一届全国人大常委会第七次会议通过刑法修正案，在第二百二十四条后增加一条与传销相关的条款，正式将传销视为刑事犯罪：

"组织、领导以推销商品、提供服务等经营活动为名，要求参加者以缴纳费用或者购买商品、服务等方式获得加入资格，并按照一定顺序组成层级，直接或者间接以发展人员的数量作为计酬或者返利依据，引诱、胁迫参加者继续发展他人参加，骗取财物，扰乱经济社会秩序的传销活动的，处五年以下有期徒刑或者拘役，并处罚金；情节严重的，处五年以上有期徒刑，并处罚金。"

至此，传销在中国成为众所周知的违法犯罪活动。但各种名目、各种形式的变相传销活动并未绝迹，尤其随着互联网的发展，出现了多种网络多层次销售的案件，这种现象至今仍然没有绝迹，时不时还会看到公安机关破获某特大传销团伙的新闻报道。

那么微信分销的"多层次营销"基因与传销是否具有相关性，如何体现与传销的区别呢？

根据业内人士的共识，微信分销属于多级分销、三级利益关系的结构。也就是说，其并不是金字塔式销售，每个销售人员在不同的层级中实际上是平等的地位，每个人的利益都只能来自下方一级和二级代理的销售。例如，我邀请我的朋友购买了某互联网金融公司的理财产品，朋友又邀请朋友成功购买了产品，那么我将从朋友及朋友的朋友实现的销售中获得一定的佣金，朋友的朋友再邀请更多的朋友实现再多的销售，也与我的利益无关。如果利益关系超出了三级，就涉嫌多层次营销或传销。

3. 微信分销模式的潜在问题分析

微信分销模式是微商得以快速发展的基础，数量庞大的微信用户的社交关系网络与利益关系相结合，使得微信分销模式得到快速发展，为众多微店、微商城所采用，成为社群网络营销的常用方式之一。不过，微信分销在快速发展的同时也面临一定的风险，有些方面值得引起重视，以免在实践中发生重大损失。

（1）法律风险：三级返利分销与多层次营销的界限

微信分销模式与多层次营销或传销事实上并没有明确的界限，在实际应用中容易被混为一谈。关于利用微信公众平台实施不正当分销的行为，微信官方在"微信公众平台关于整顿多级分销模式行为的公告"（2015 年 2 月 15 日）中提出了两个方面的违规示例，对于违规行为将给予永久封号的处罚。这两个示例如下。

① 通过分销模式依据下线销售业绩提成。

② 以许诺收益等方式诱导用户滚动发展人员。

我们根据这个示例分析，可能许多微信三级返利分销模式都属于违规行为，尤其是多级代理有差价的产品，很难把握是否违规的尺度。但实际上许多提供微信分销系统的产品及微商城的分销仍然利用这种方式开展营销活动。在缺乏法律依据的情况下，这种分销模式是否违规，裁决权掌握在微信公众号管理平台手里，什么情况下会成为被整顿的对象，仍然有较大的不确定性。一旦超过微信许可的界限，公众号被封，也就意味着整个商业流程的中断，所有的资源投入都将前功尽弃。

（2）用户入口风险：微信公众号是唯一的入口

采用微信分销模式的企业微商城，大多将微信公众号作为唯一的用户入口，用户只有关注公众号才能进行分享、购买等行为。这种状况对于企业商城推广有较大的制约，一旦公众号被封，企业将会遭受严重损失。

另外，当用户通信录数量较多，或者关注的微信公众号较多，那么微信信息流数量庞大，公众号信息得到用户特别关注的机会将大大降低，如果长时间没有新的信息发布，公众号将被大量的信息流所淹没。

（3）社交关系风险：利益损害社交关系

微信分销模式主要基于微信用户的社交关系，但是过度的社交推广也可能引起一系列的问题，不仅个人无法获得收益，严重的还会影响个人的社交资源。例如：

- 透支个人社交资源，降低个人的信誉度，成为社交圈中不受欢迎的人。
- 过度推广分享，缺乏针对性，使发布的信息成为干扰信息，也影响个人的最终收益。
- 对企业或产品无充分的了解，盲目加入分销，因无收益而影响持续积极性。
- 参与过多的微信分销，无所适从，浪费时间和流量。

（4）企业信誉风险：殃及分销链

微信分销发展初期可能有很多企业一哄而上，但这些企业中有些可能并不具备充分的条件或具有不规范之处，开展微分销具有一定的盲目性。如果用户选择企业不当，在社交网络中传播企业信息不仅个人无法获得利益，也可能为分销链上的用户带来意想不到的法律纠纷和经济损失。尤其在快速发展的移动电子商务中，鱼龙混杂的事情屡见不鲜，一些企业利用移动互联网新兴的营销手段欺骗用户，用户又缺乏足够的辨别能力，最终成为受害者。

当然，这些问题是发展中的潜在问题，可以通过合理的跟踪管理及早发现并尽量避免，微信分销作为一种有影响力的生态型网络营销模式，值得企业给予高度关注和积极尝试。

4. 微生态营销系统的一般特征

作为基于社交网络资源的微生态营销模式，微信分销系统有其优势，也存在一些潜在的问题。如果企业可以扬长避短，发挥这种基于用户社交关系的微分销模式的优势，建立持久的、和谐的微生态营销系统，比短期获得快速裂变式的发展更有长期价值。

借鉴微信分销模式，我们不妨从其他形态中做一些分析，将会带来更广阔的思路。例如，对于非实物商品交易的微信分享推广，如注册会员，假设每注册一个会员由商家给予 2 元奖励（现金或提供某种优惠券），其中发送邀请的人和被邀请的人各得 1 元，这样，不管处于多少层次之下，邀请者和被邀请者的权益总是平等且互利的，同样是利用微信邀请好友加入的方式，但明显与多级返利或多层次营销有着本质的不同，真正形成了一种消费者也是营销者、人人参与、人人受益的微生态关系。事实上，这种模式在滴滴打车、e 袋洗等优惠券分享式营销中取得了很大成功。

将这种思路应用于实物产品的微分销，经过合理的规则设计，其实仍然可以发挥很好的裂变式营销效果。例如，通过销售渠道体系的扁平化设计，即不设置传统的一、二、三级代理关系，每个用户都是企业微商城的代理同时也是消费者，用户获得利益来自两个方面：一是自行消费获得的返利（即相当于代理价购买）；二是邀请好友加入，好友消费时获得一定的佣金（即作为推广者获得的收益），但被邀请的好友并非下级代理关系，是同等的社交伙伴关系，即好友再邀请好友加入与我不发生利益关系。

这种模式中用户可以用"代理"的价格消费，同时又可以作为"推广者"分享给好友获得营销收益，所有用户地位相等，权益相等，大家处于一个和谐的生态关系中。这种微生态营销系统，不存在通过多级利益一夜暴富的幻想，但为所有参与的成员带来了实际的价值。

综合上述思路，我们可以将一个和谐的微生态营销系统的一般特征归纳如下。

（1）用户地位及利益均等

每个用户既是消费者又是推广者，在系统中推荐人和被推荐人均可获得同等的利益，避免了被推销或被发展为下线的嫌疑，有利于维持长久的可信任的社交关系。

（2）两级相关利益

除了我的消费优惠利益之外，社交推广仅和我相邻的上下两级之间发生利益关系，隔级则无利益关系，体现了付出才有收获的公平原则，同时使参与者有动力推荐更多的直接好友加入到微生态营销系统中来。

（3）企业信誉保证

系统中的优惠及利益来自系统发起的企业。由于用户与企业之间可能经由多级社交关系推荐，每级用户关注企业是出于用户之间的信任传递，用户可能对企业及产品一无所知，因而用户与企业之间的信任关系并不稳固，出现纠纷将无从追究企业责任，因此参与微生态营销的企业应具备良好的信誉保证。

（4）社交平台的技术及用户支持

微生态系统的用户来自于社交网络，需要以公共社交平台的技术支持和用户关系网络为基础。完善的用户加盟管理及效果跟踪管理系统是所有生态型网络营销方法的基础，微生态营销平台在保证与微信平台无缝连接的基础上，同时应具备易用、快捷、稳定的基本要求。

本节介绍的微生态营销方法以企业产品和服务为分析对象，其实，微生态营销方法不仅可以应用于产品及服务推广，对于其他社会化营销活动同样具有适用性，包括宗教、政府公关乃至社交活动等。例如，在微博上，时常可以看到一些号召力强的大V玩这样的互粉游戏：大V发布一条号召粉丝之间互粉的微博，粉丝在下面发布评论，每个粉丝与自己相邻的（或者后面的）10个粉丝互粉，这样每人就可以获得100个粉丝。这就是社群的力量，同时也见证和体现了微生态营销思想的价值。

可见，微生态营销，不仅是一种网络营销方法，同时也是一种网络营销思想。微生态营销思想与网络营销的总体思想是一致的，其实很多网络营销方法都包含着网络营销的生态思维，如内容营销、病毒性营销、资源合作、网站联盟（网络会员制营销）等。

4.5.2　基于网络众筹的网络营销模式

众筹，并非为营销而生，但由于其基于社会化网络基础且具有明确的价值关系，实际上成为一种具有争议性的但不乏成功案例的网络营销模式。众筹营销与微信分销一样，是以价值资源为基础的生态型网络营销方法。

众筹是指个人或小企业通过互联网向大众筹集资金的一种项目融资方式。众筹（Crowdfunding），也叫公众集资、群募，指个人或企业透过互联网展示和宣传计划内容、原生设计与创意作品，并与大众解释让此作品量产或实现的计划。有兴趣支持、参与及购买的群众，可借由"赞助"的方式，让此计划、设计或梦想实现。

根据网上传播的较多的说法，最早的众筹是一些艺术家们为完成艺术创作或演出活动而向公众募集赞助。世界上产生的第一个众筹活动，是 1997 年的英国乐团 Marillion。他们通过从广大的群众中募集款项，成功地募集了 6 万美元，并成功地完成了美国的巡回演出。

全球第一个众筹网站平台，公认的是 2009 年 4 月 28 日成立于美国的 Kickstarter 网站，其专门为具有创意方案的企业筹资。Kickstarter 早年的业务增长十分迅速，到 2010 年 Kickstarter 就有 3 910 个成功项目，捐款 27 638 318 美元，项目的成功率为 43%。在 2012 年 10 月 10 日，该网站拥有 73 620 个启动项目（3 426 个正在进行）成功率为 43.85%，累计捐款资金达 3.81 亿美元。

1. 众筹的网络营销意义

基于互联网的众筹在 2010 年后发展迅猛。国内众筹同样得到快速发展，不仅出现了一大批专业的众筹网站，淘宝网和京东商城等大型电商平台也都推出了众筹平台。众筹以项目融资为初衷，由于结合了网络营销的思想和方法，事实上也是一种有效的网络营销手段。

众筹之所以得以实现，与其中的营销思想密不可分，即以顾客价值为导向，利用适当的信息发布与传播渠道为用户提供有价值的信息，获得用户关注、参与或购买等预期结果。可见，众筹的过程完全符合网络营销信息传递的原理，因而具有网络营销的天然属性。这样也就不难理解众筹与众筹营销的联系了。

归纳起来，众筹的网络营销意义主要体现在以下五个方面。

① 微社群资源：参与众筹的用户，是出于对同一产品或服务的共同兴趣，因此众筹是建立以兴趣为主导的微社群资源的有效途径。

② 网络调研：新创意、新产品是否获得用户的关注和支持，用户关心的问题有哪些，在众筹的过程中可以充分收集用户的意见，众筹结果就是一份高质量的网络调研报告。

③ 可见度与可信度：企业在众筹平台发布的项目信息，作为一种网络信息发布与传播手段，对于增加企业网络信息可见度，获得潜在用户关注有独特的价值，如果项目众筹融资成功或超出预期，众筹项目还具有明显的网络公关效果，有利于提升企业网络可信度。网络可见度与可信度都是企业网络营销的核心要素。

④ 产品预售：通过众筹项目为用户提供高预期附加值，实际上相当于以团购甚至更优惠的价格预购产品，企业提前获得顾客并筹集资金，用户则获得实际的优惠。

⑤ 顾客价值：顾客价值是网络营销的最高原则，包括信息价值、产品价值、参与和体验价值、顾客服务价值等，这些在众筹过程中都将得到充分的体现，这是其他网络营销方法所不具备的特点。

总之，众筹营销是一种以顾客价值为基础、以预期效果为导向、发布众筹的企业与参与者共同营造的具有社会生态化特征的网络营销方法。这也是本书将众筹营销称为众生态营销的原因。

关于众筹营销的案例，有兴趣的读者可以进行网络搜索，例如，娱乐宝众筹电影、乐视盒子众筹营销、罗辑思维的会员费招募等，从中或许可以得到一些启发，但这些过于火热的案例通常没有可复制性。在淘宝和京东的众筹平台上，有很多正在进行中的众筹项目，大家可以跟踪了解，或许可以对众筹有更多的认识。由于新兴模式变化过快，今天的热点可能不久之后会因某些问题被抛弃或被否定，因此本书不对具体的案例做深入的分析，大家可参考最新的网络资讯了解相关内容。

至于众筹营销的实现方式及操作技巧，其实亲自操作一下比阅读任何"干货分享"都更有价值。大家可选择自己信任的众筹平台（如京东众筹或淘宝众筹），根据平台的操作说明，一步一步完成众筹项目的资料准备、项目发布及管理。当然，首先在平台上向人气旺的众筹项目学习也是必不可少的。

2. 众筹营销的基本要素与本质特征

通过对众筹网络营销意义的分析可以看出，众筹营销的核心是通过众筹平台实现众筹发起人与众筹支持者（或称加盟者）之间的价值连接。实现众筹营销的基本要素包括以下几项。

① 众筹平台：提供众筹项目发布、浏览、用户沟通、投资及管理等基础功能。

② 众筹发起人：即项目的策划者及运营者，担负着众筹项目发布管理及众筹成功后项目的运营、兑现支持者的回报等一系列工作。发起人应对众筹项目及投资回报等做真实、详尽的解释，以争取尽可能多的支持者。

③ 众筹支持者：参与众筹的支持者，也是众筹项目的直接用户和未来受益者，为众筹提供资金支持，与发起人沟通交流对产品的建议等。

可见，众筹是通过众筹平台将众筹项目发起人与支持者连接起来，实现相互支持、利益共享。相应地，**众筹营销也就是众筹发起人利用众筹平台将支持者连接起来，形成一个以项目（产品或服务）为核心，以价值为导向的利益圈子。**

从本质上看，众筹营销是预期利益主导下的社会化营销，在某些方面可认为是网络社群营销的一个分支。众筹营销与其他价值型网络营销及社交资源网络营销有一定的相似之处。例如，微分销是通过直接关系资源的拓展挖掘更多的社交资源并将其转化为直接收益；网络会员制营销是通过网站广告链接将主网站当前的流量资源转化为广告主的销售收益；网络社群营销是社群发起人将 SNS 的现实营销资源及社群成员未来的营销价值融合为一体，实现当前营销及未来营销的预期。如果说微分销和网络社群营销分别为现实资源的转化及现实与未来资源价值的集合，那么众筹营销就是一种未来营销模式，即将可提供资金的支持者的收益预期"折现"或"预售"为当前的销售效果，并且在产品的设计和生产过程中持续得到支持者的关注。这是众筹营销与其他生态型营销模式的主要区别。

因此，众筹营销的本质特征是价值驱动的未来营销。

根据本书作者对京东等众筹平台部分项目的观察发现，许多众筹项目实际上并没有多少创意性，对资金的需求也不高，通过众筹的方式以相对优惠的价格预售产品才是企业的主要目的。当然，众筹与网上销售（同样可以预售）的方式不同，只有充分利用平台的特性，才能取得较好的营销效果。

此外，作为一种新生事物，相关政策和法规相对滞后，众筹也存在一些融资、股权和法律等方面的风险。一般来说，众筹本身存在的问题，通常都会反映在营销过程中，例如信息欺诈、回报承诺过高增加运营成本、项目支持者过少造成众筹失败等。因此，众筹营销还需要更多的实践检验及行业规范。

4.6 综合型网络推广：病毒性营销

在网络营销方法体系中，许多方法都具有网络推广的价值，但并不一定每一种方法都采用专有的信息传递工具，它们甚至没有明确的网络营销信息传递渠道特征，例如，网络文档分享、电子书下载、网络社群转发等，这些信息可以通过多种互联网工具进行传播，如可以通过网站下载，也可以通过 E-mail、网络聊天工具、网络社交平台直接传递，也就是说，这类信息的传递方式具有多渠道适应性。病毒性营销就是这样一种长期有效的综合型网络推广方法。

所谓病毒性营销，是指信息传播方式像病毒传播方式那样快速蔓延，并不是利用计算机病毒去进行网络推广。病毒性营销方法和病毒没有任何关系，实际上也没有人喜欢自己的计算机出现病毒。真正意义上的病毒性营销不仅不具有任何破坏性，相反还能为传播者以及营销活动的实施者带来一定的价值（如心情愉悦、资料收集，或许还有某种利益）。病毒性营销是一种网络营销方法，也是一种网络营销思想，其背后的真正含义在于充分利用外部网络资源（尤其是免费资源）扩大网络营销信息传递渠道。因此，可以认为，病毒性营销是一种利用其他用户的资源免费快速传播信息的一种网络推广方式。

病毒性营销是一种低成本、传播速度快的营销方式，常为网络营销人员所追捧。这种"让内容带来用户、让用户带来更多用户"的营销模式听起来有点不可琢磨，不过深入研究仍可发现其一般规律，且具有可复制性、可操作性的特点，是一种经得起时间考验、经得起实践检验的实用型网络营销方法。

从根本上来说，病毒性营销是内容营销、网络分享营销、社交关系营销等方法相结合实现的多渠道传播。也就是说企业在创建网络营销信息源时，要充分考虑到信息对用户是否有价值及用户传播的意愿和传播方式，从而可以通过用户及社会关系网络不断向更大的范围传递信息，实现"病毒性传播"的效果。

4.6.1 病毒性营销的基本原理

2000 年 2 月，本书作者在一篇翻译文章"病毒性营销的六个基本要素"（原作者为美国电子商务顾问 Ralph F. Wilson 博士）中，首次将"Viral Marketing"一词翻译为"病毒性营销"（后期有些文章中翻译为病毒式营销，描述的是同一个概念）。该文介绍了病毒性营销的基本原理、要素及实施案例。随后本书作者对病毒性营销进行了多年的跟踪研究，并总结了病毒性营销的步骤、基本思想和一般规律。病毒性营销成为网络营销方法体系中跨内容、跨工具、跨渠道、跨资源的一种综合型网络推广方法。

扫码看视频：

知识点 14：病毒性营销的本质

1. 病毒性营销的基本原理

病毒性营销并非真的以传播病毒的方式开展营销，而是通过用户的关系网络，信息像病毒一样传播和扩散，利用快速复制的方式传向数以千计、数以百万计的受众。例如，微博中的用户自愿转发、微信的朋友圈及群分享等，就是病毒性营销模式的体现，在 SNS 普及之前，电子邮件、网上聊天工具、手机短信等都是常用的病毒性营销传播工具。

由于这种传播是用户之间自发进行的，信息的传播是不需要付费的，因此病毒性营销也成为免费网络营销方法的典型方式之一。其实病毒性营销不仅是一种实用的网络推广方法，也反映了一种充分利用各种资源传递信息的网络营销思想。

2. 病毒性营销的六个基本要素

Ralph F. Wilson 博士将一个有效的病毒性营销战略归纳为六个基本要素。

① 提供有价值的产品或服务。

② 易于向他人传递的信息源形式。

③ 信息传递范围很容易从小向很大规模扩散。

④ 利用社会关系网络主动传播。

⑤ 利用大众化的互联网工具传播。

⑥ 利用别人的资源进行信息传播。

根据这一基本规律，企业在制订和实施病毒性营销计划时，应该进行必要的前期调研和针对性的检验，以确认自己的病毒性营销方案满足这六个基本要素。

3. 病毒性营销的经典范例

下面我们通过案例来进一步说明病毒性营销的基本原理和流程。

> **案例**
>
> #### Hotmail经典的病毒性营销方法
>
> 1996 年，Sabeer Bhatia 和 Jack Smith 率先创建了一个基于 Web 的免费邮件服务，即现在为微软公司所拥有的著名的 Hotmail.com。许多伟大的构思或产品并不一定能产生征服性的效果，有时在快速发展阶段就夭折了，而 Hotmail 之所以获得爆炸式的发展，就是由于被称为"病毒性营销"的催化作用。
>
> Hotmail 的用户数量是有史以来发展最快的，无论是网上还是网下，也无论是任何产品还是印刷品。Hotmail 是世界上最大的电子邮件服务提供商，它在创建之后的 1 年半时间里，就有 1200 万注册用户，而且还在以每天超过 15 万新用户的速度发展。在申请 Hotmail 邮箱时，每个用户被要求填写详细的人口统计信息，包括职业和收入等，这些用户信息具有不可估量的价值。
>
> 令人不可思议的是，在网站创建的 12 个月内，Hotmail 花在营销上的费用还不到 50 万美元，而 Hotmail 的直接竞争者 Juno 的广告和品牌推广费用是 2 000 万美元。在提供用户注册资料时，有些用户会担心个人信息泄密，因此比较谨慎，也就是说，免费邮件的推广也有一定的障碍，那么，Hotmail 是如何克服这些障碍的呢？答案就在于：病毒性营销。
>
> 当时，Hotmail 提出的病毒性营销方法是颇具争议性的，为了给自己的免费邮件做推广，Hotmail 在邮件的结尾处附上："P.S. Get your free E-mail at Hotmail"，接收邮件的

人将看到邮件底部的信息，然后，收到邮件的人们继续利用免费 E-mail 向朋友或同事发送信息，这样就会有更多的人使用 Hotmail 的免费邮件服务，于是，Hotmail 提供免费邮件的信息不断地在更大的范围内扩散。现在几乎所有的免费电子邮件提供商都采取类似的推广方法。因为这种自动附加的信息也许会影响用户的个人邮件信息，后来 Hotmail 将 "P.S." 去掉，将强行插入的具有广告含义的文字去掉，不过邮件接收者仍然可以看出发件人是 Hotmail 的用户，每一个用户都成了 Hotmail 的推广者，这种信息于是迅速地在网络用户中自然扩散。

在这个病毒性营销的经典范例中，基本操作流程如下。

（1）提供免费 E-mail 地址和服务。

（2）在每一封免费发出的信息底部附加一个简单标签："Get your private, free E-mail at http://www.hotmail.com"。

（3）人们利用免费 E-mail 向朋友或同事发送信息。

（4）接收邮件的人将看到邮件底部的信息。

（5）这些人会加入使用免费 E-mail 服务的行列。

（6）Hotmail 提供免费 E-mail 的信息将在更大的范围内扩散。

病毒性营销与生物性的病毒不同，因为数字病毒可在国际间不受制约地迅速传播，而生物病毒往往需要直接接触或在其他自然环境的作用下才能传播。尽管受语言因素的限制，Hotmail 的用户仍然分布在全球 220 多个国家和地区，在瑞典和印度，Hotmail 是最大的电子邮件服务提供商，尽管它没有在这些国家做任何的推广活动。虽然 Hotmail 的战略并不复杂，但是，其他人要重复利用这种方法，却很难取得同样辉煌的效果，因为这种雪球效应往往只对第一个使用者才具有杠杆作用。

资料来源：网上营销新观察。

Gmail 的邀请模式也是成功的病毒性营销案例之一，只不过与 Hotmail 所采取的方式完全不同。

案例

Gmail邀请模式的病毒性营销效果

Google 于 2004 年 4 月 1 日愚人节那天推出的超大空间 Gmail 也采用了典型的病毒性营销模式。由于这个特殊的日子，而且当时主要的免费邮箱服务商如 Yahoo 等仅提供 5MB 的邮件空间，所以很多人以为这不过是 Google 的一个玩笑而已，并把这个当作玩笑来传播。

Gmail 是搜索引擎 Google 提供的免费邮件服务，其特色不仅在于有超过 2.5GB 的邮箱空间（每时每刻都在继续增长中，这对当年的免费邮箱来说简直是一个天文数字），而且还在于其将电子邮件与高效的搜索技术相结合，使用户可以更加方便地管理自己的 E-mail 信息。Gmail 还具备在邮箱中直接与在线好友进行聊天（Google talk）等多项特色功能。

本书作者在写作《网络营销基础与实践（第 3 版）》时（2006 年 11 月）Gmail 仍然没有开放给所有用户随意注册，而是采用邀请函的模式。直到 2007 年 2 月 14 日，Gmail

才正式开放注册。这一病毒性推广活动持续了将近 3 年时间。

根据 Google 对 Gmail 的说明，由于其仍在对 Gmail 进行测试和改进，因此还无法让所有人使用。现在 Gmail 对新用户注册加入采用了邀请模式，新用户申请 Gmail 邮箱需要得到其他用户的邀请。所以，要申请 Gmail 邮箱，你首先要获得一个已经成为 Gmail 用户的邀请邮件，你只需要把自己的名字和其他电子邮件地址告诉你的朋友，让你的朋友在 Gmail 邀请函模板中输入您的信息并点击发送邀请函，这样当你收到邀请邮件之后，点击访问邮件中的链接，按照提示步骤就可以注册自己的免费 Gmail 邮箱了。

Gmail 发布初期每个新用户可以获得 6 个邀请资格。随后，一个注册 Gmail 用户最多可以发出 100 份邀请函（有些为 50 份或者更少，部分新注册用户可能暂时没有邀请资格）。

由于 Google 的 Gmail 邀请函是一种"稀缺资源"，因此很多用户为了获得一份邀请函而想尽各种办法，早期一些拥有邀请函的用户甚至到 eBay 去拍卖。本书作者由于在网站发表文章介绍过如何获得 Gmail 邮箱邀请，结果每天收到数十封索取邀请函的电子邮件，而且一些谈论 Gmail 邀请函的博客文章往往也是最受关注的内容，并且会有大量读者留言希望获得一份 Gmail 邀请。可见，Gmail 获得了用户的广泛认可，利用口碑传播达到了品牌推广的目的。

事实上，对于已经成为 Gmail 邮箱的用户，当邀请函用尽之后，Google 会不定期重新赠送邀请函。这也就表明，Google 对这种信息的传递途径是经过精心设计的，有效地利用了用户的社交网络和口碑传播资源。

直到现在（2018 年），Gmail 仍然是最受用户欢迎的免费邮箱之一，其免费存储云空间已经超过 15GB，邮件空间也作为"云端硬盘存储空间"的一部分。

资料来源：网上营销新观察。

前面两个案例中 Hotmail 和 Gmail 都是提供的免费邮箱服务，尽管两者所采用的病毒性传播途径不同，但均达到了同样的效果：几乎无须投入市场推广费用而获得大量用户。当然，这种"免费"仅仅是相对于一般的付费或投入其他资源进行网络推广而言，实际上为用户提供免费服务仍然是要付出设备及运营服务成本的，只是获得用户的成本相对较低而已。

4. 病毒性营销与病毒之间的界限

通过上述案例我们也可以看出，病毒性营销的过程和病毒没有任何关系。病毒性营销的基本思想只是借鉴病毒传播的方式，其本身并不是病毒，不仅不具有任何破坏性，相反还能为传播者以及病毒性营销的实施者带来好处。

但在病毒性营销的实际操作中，如果没有认识到病毒性营销的本质是为用户提供免费的信息和服务这一基本原则，有时可能就真的成为传播病毒了，尤其是利用一些"技术手段"来实现的所谓病毒性营销模式，如自动为用户计算机安装插件、强制修改用户浏览器主页地址、自动转发邮件，或者带有欺骗性的转发获奖或自动收红包送 QQ 币等，这些都不能称之为病毒性营销，而是真正的网络病毒，或者传播虚假信息，乃至网络欺诈。

5. 病毒性营销的基本思想

"病毒性营销是一种网络营销方法（常用于网站推广、网络品牌推广），即通过提供有价值的信息和服务，利用用户之间的主动传播来实现网络营销信息传递的目的；病毒性营销同时也是一种网络营销思想，其背后的含义是如何充分利用外部网络资源（尤其是免费资源）扩大网络营销信息传递渠道。"这就是病毒性营销的基本思想。这一基本思想是制订、实施病毒性营销计划的基本指导原则。[8]

6. 病毒性营销的其他成功案例及基本要素比较

除了 Hotmail 这一最成功的病毒性营销案例之外，还有很多其他的成功案例。下面我们再举几个国际著名网络服务商的成功案例。

（1）ICQ

1998 年 7 月，在被 AOL 以 3 亿美元现金收购之前，ICQ 属于以色列的一家公司，当时已经拥有了 1 200 万实时信息服务注册用户。ICQ 的通信方法也类似于病毒性传播方式。通信双方都需要下载安装客户端软件，然后，用户会通过电子邮件等方式告诉自己的朋友或同事，请他们利用这种网上实时通信工具，就这样一传十，十传百，越来越多的人加入到 ICQ 用户的行列。

（2）Amazon

Amazon 同时采取会员制和病毒性营销两种方式来进行推广，到 2000 年年底大约有 50 万会员网站链接到 Amazon 网站，2004 年年初，这个数字又增加到 90 万个，用户通过在会员网站点击链接到 Amazon 网站的 Banner 广告完成的网上购物，会使会员网站获得一定的佣金。Amazon 采用的病毒性营销手段，是鼓励顾客送给朋友一本书作为礼物，当收货人收到礼物时，印刷在包装品上的宣传资料就为 Amazon 做了广告。

（3）Geocities

Geocities 为用户提供免费建立个人网站的服务，用户邀请朋友访问自己的网页，当有访问者来访时，Geocities 的弹出广告会邀请访问者使用 Geocities 的服务。

（4）eGroups

eGroups 允许用户建立在线讨论组和工作组，通过邀请朋友或同事加入来达到宣传自己的目的，其发展前 410 万用户的速度甚至比 Hotmail 还要快（注：eGroups 后被雅虎公司收购，改名为 Yahoo! Groups）。

下面我们用列表的形式对比上述四个网站所采取的病毒性营销战略中的基本要素。

表 4-3　病毒性营销案例比较

网站名称	是否免费	传播方式	规模限制	传播动机	传播网络	传播资源
Amazon	是	拷贝 HTML 代码	需要数据库支持	获得收入	会员网站访问者和电子杂志	会员网站和电子邮件
ICQ	是	下载软件	需要大型服务器	聊天、交流	家庭、朋友、同事	使用自己的 E-mail
Geocities	是	建立网站	需要大型服务器和硬盘空间	个人表现欲望	家庭、朋友、同事	会员的 E-mail
eGroups	是	网络社区	需要大型服务器	工作交流、同行交流	同事、学术	会员的 E-mail

资料来源：Web Marketing Today，Issue 71，2000.2.

关于病毒性营销的研究文章

本书作者对病毒性营销的研究始于 1999 年，对病毒性营销的研究内容已比较成熟，并且已公开发布了许多相关的研究文章，希望深入研究病毒性营销的读者，可参考以下内容。

- 病毒性营销基本思想。
- 病毒性营销的一般规律。
- 病毒性营销研究专题。

4.6.2 实施病毒性营销的五个步骤

在对病毒性营销进行系统研究，并实施了多个成功案例之后，本书作者于 2005 年 2 月总结了"成功实施病毒性营销的五个步骤"。

与各种内容运营（如网站内容、订阅型内容）的选题、创作、发布、运营推广等步骤类似，实施病毒性营销的五个步骤包括：病毒性营销方案的规划和设计、独特的病毒性营销创意、信息源和传递渠道的设计、原始信息渠道发布、病毒性营销效果跟踪管理。

1. 病毒性营销方案的整体规划

病毒性营销绝不是随便可以做好的，首先要有规划及方案设计，并付出心血制作让人眼前一亮并产生转发冲动的内容。病毒性营销方案规划，包括营销目标计划、用户价值分析、内容策划、传播方案、预期效果等。在进行方案规划时，应确认方案符合病毒性营销的基本思想，即传播的信息和服务对用户是有价值的，并且这种信息易于被用户自行传播。

2. 病毒性营销创意

病毒性营销需要独特的创意，并且病毒性营销方案也需要精心设计（无论是提供某项服务，还是提供某种信息）。最有效的病毒性营销往往是独创的。独创性的计划最有价值，跟风型的计划有些也可以获得一定效果，但要做相应的创新才更吸引人。同样一件事情，同样的表达方式，第一个是创意，第二个是跟风，第三个做同样事情的则可以说是无聊了，甚至会遭人反感，因此病毒性营销之所以吸引人就在于其创新性。在设计方案时，一个需要特别注意的问题是，如何将信息传播与营销目的结合起来？如果仅仅是为用户带来了娱乐价值（如一些个人兴趣类的创意）或者实用功能、优惠服务而没有达到营销的目的，这样的病毒性营销计划对企业的价值不大。反之，如果广告气息太重，可能会引起用户反感而影响信息的传播。

3. 信息源、信息发布渠道和信息传播渠道的设计

虽然说病毒性营销信息是用户自行传播的，但是这些信息源、信息的发布和传递都需要进行精心的设计。例如，要发布一个节日祝福的动画或小视频，首先要对祝福内容进行精心策划和制作，使其看起来更加吸引人，并且能让人们自愿传播。仅仅做到这一步还是不够的，还需要考虑这种信息的传递渠道，是在某个网站下载（相应地在信息传播方式上主要是让更多的用户传递网址信息）、还是用户之间直接传递文件（通过电子邮件、IM、社交软件等）或者通过微信群转发？如果希望适用于多种传播方式，就需要对信息源进行相应的配置和管理。

4. 原始病毒性营销信息的发布和推广

最终的大范围信息传播是从比较小的范围内开始的，如果希望病毒性营销方法可以很快传播，那么对于原始信息的发布也需要进行认真筹划。原始信息应该发布在用户容易发现，并且用户乐于传递这些信息的渠道上（如活跃的网络社区、微信公众号、微信群等），如果必要，企业还可以在较大的范围内去主动传播这些信息，等到自愿参与传播的用户数量比较大之后，才让其自然传播。

5. 病毒性营销的效果跟踪管理

当病毒性营销方案设计完成并开始实施之后（包括信息传递的形式、信息源、信息发布渠道、信息传递渠道），病毒性营销的最终效果实际上是无法控制的，但并不是说就不需要对这种营销效果进行跟踪和管理。实际上，对病毒性营销的效果进行分析是非常重要的，企业不仅可以及时掌握营销信息传播所带来的反应（例如，网站访问量的增长、微信粉丝增加的数量等），也可以从中发现这项病毒性营销计划可能存在的问题，以及可能的改进思路，将这些经验积累起来，为下一次病毒性营销计划提供参考。

总之，病毒性营销具有自身的基本规律，成功的病毒性营销策略必须遵循病毒性营销的基本思想，同时病毒性营销也是一项艰苦的创意性活动，不要指望会有自发形成的完全没有资源投入的病毒性营销。

4.6.3 长效病毒性营销方案实例及启示

前面介绍的 Hotmail、Gmail、ICQ 等都是一些著名的大型公司，或者从当初的小公司发展成为著名的大公司，它们有实力提供免费服务，有条件几年不盈利来吸引用户的注意力，因此具备开展病毒性营销的基础条件，但并不是每个企业都有这样的条件，也不是每个企业利用病毒性营销都可以取得举世瞩目的成就。

不过，一般的小公司、小网站通常也可以利用病毒性营销的思想和方法，根据自己的资源合理设计病毒性营销方案，在一定范围内取得明显的效果。对于一些小企业或小型网站来说，病毒性营销不一定要很大规模，力争在小范围内获得有效传播是完全可以做得到的，很多病毒性营销的创意适合于小企业，比如提供一篇有价值的文章、一部电子书、一张优惠券、一张节日祝福卡、一则幽默故事、一篇微型小说、一个免费下载的游戏程序等，只要能恰到好处地在其中表达出自己希望传播的信息，都可以在一定程度上发挥病毒性营销的作用。

例如，利用电子书作为病毒性营销的载体，以知识为内容营销的方式几乎可以说是长盛不衰，永远有效的，而且适用于各种规模的企业或网站。当然，前提是创建真正对读者有长期价值的信息源。

案例

永不过时的电子书下载——病毒性营销方法

（1）时代营销网的电子书病毒性营销案例

时代营销网于 2003 年 6 月建立，它是由国内知名网络顾问公司时代财富经营的网络营销专业门户网站（几年后因公司业务转型该网站关闭）。由于时代营销并非一个营利性的商业网站，因此它在网站推广方面也基本没有投入专门的资金，而是利用现有的部分网络营销资源进行推广，在网站发布初期就制订并采用了病毒性营销的推广方法。

由本书作者策划并参与编译、注释、制作的电子书《网站推广 29 种常用方法》作为病毒性营销工具，发挥了相当大的作用，这本书的原作者正是前面提及的 Wilson 博士。1997 年 12 月 1 日，Wilson 博士发表了 "23 Ways to Promote Your Site"，该文章被广泛传播，成为阐述网络营销方法的经典文章之一。随着网络营销环境的不断发展变化，虽然文中所提到的一些方法仍然有效，但有些内容发生了重大变化，因此 Wilson 博士对该文进行了修订和补充，于 2003 年 6 月 4 日推出了最新版本的 "29 Ways to Promote Your Website"。在这篇文章中，Wilson 将网站推广策略分为 5 个主要类别，29 种方法：搜索引擎策略（8 种方法）、链接策略（4 种方法）、传统方法推广（4 种方法）、E-mail 推广（4 种方法）、混合方法（5 种方法）、付费广告策略（4 种方法）。

由于 Wilson 这篇文章具有较大的影响力，很容易得到快速传播，也就是说，其具备了病毒性营销工具的特征，时代营销充分利用了这篇文章的病毒性推广价值。在看到最新文章发表后，时代营销当即与 Wilson 博士取得联系，征得原作者许可后，时代营销网的工作人员将该文翻译为中文，并根据国内网络营销的现实情况和有关研究以"时代营销注"的形式，对原作中每种方法都给出注释和建议，为读者提供更为丰富的内容，时代营销网将"网站推广 29 种常用方法"制作为 exe 格式的电子书供读者免费下载。

该电子书制作完成之后，分别在时代营销网站、网上营销新观察和专门提供电子书下载的 E 书时空三个网站给出链接，尽管这三个网站都属于小网站，时代营销更是刚刚发布几天没有任何知名度的网站，但却取得了出人意料的效果：在电子书发布后的 10 天内已经有超过 2 万人下载！也就是说，至少有 2 万人通过这部电子书中的信息知道了时代营销，其中很多人成为时代营销早期的用户群体，时代营销网站也取得了比预期要好得多的推广效果。时代营销作为专业的网络营销信息网站，用自己的实际行动创造了网络营销的经典案例。

（2）电子书病毒性营销的更多实战案例

借鉴时代营销电子书营销的成功经验，2005 年，新竞争力网络营销管理顾问成立初期，也利用免费电子书作为病毒性营销工具进行网站推广，每次都获得比较显著的效果，电子书、免费研究报告、深度研究文章等知识营销手段也成为新竞争力主要的网络营销方法。

例如，40 多页的免费电子书《搜索引擎优化（SEO）知识完全手册——基于新竞争力网站优化思想的 SEO 优化指南》在 2005 年 4 月首次发布之后，迅速引起大量关注，甚至一些用户将电子书放到淘宝网站销售。业内人士惊叹：好大一病毒！其产生的影响力可想而知。

然而，用户和读者不知道的是，为了这部电子书，在当时 SEO 知识还不够系统，可参考资源不多的情况下，主要靠自己的实践体验和总结，新竞争力的工作人员辛苦创作了六个月！后来该电子书又经过数次修订，以保持内容的长期有效性。

此后，《Google Adwords 关键字广告高手速成指南》《博客营销研究》《网站推广 120

种方法》等当时的热点网络营销方法电子书相继发布,在传播专业知识的同时,不仅发挥了一定的网络推广效果,这些内容营销资源,也奠定了新竞争力网络营销顾问的专业地位。

电子书病毒性营销的启示:病毒性营销思想永不过时!

互联网工具在变,但互联网传递信息的实质不变,用户对有价值的信息的需求也不会变。病毒性营销的载体和形式会变,信息传递方式会变,但病毒性营销思想及其价值不会过时。

资料来源:

(1)时代营销网病毒性营销案例;

(2)新竞争力研究成果。

本章小结

本章在对网络营销信息传递渠道模式进行归纳分析的基础上,重点介绍了四类信息传递方式的部分常用网络推广方法。网络营销信息传递渠道运营的四种基本形式是:直接信息传递、网站链接传递、用户关系传递、用户价值传递。代表性的网络推广方法包括:网站内部资源营销、搜索引擎营销、SNS营销-微博转发、微信分销、众筹营销、病毒性营销。

作为直接信息推广的应用案例,本章介绍了网站内部资源推广的意义及方法,主要思路包括:构建站内推广资源、推广重要网页、提高用户关注度。

搜索引擎营销是典型的引导型网络营销方法(网站链接推广)之一,其常见形式包括搜索引擎优化和搜索引擎广告。本书将搜索引擎营销的一般内容归纳为"搜索引擎的目标层次原理"。根据这一原理,搜索引擎营销可分为四个层次:存在层、表现层、关注层、转化层。搜索引擎优化体现了用户、搜索引擎、信息源网站三者之间的价值传递关系,主要工作内容可分为三个部分:信息源网站基本要素优化、适应搜索引擎的优化、对用户获取信息的优化。搜索引擎关键词广告同样出现在搜索结果页面,与搜素引擎自然搜索结果等信息共同组成了搜索结果页面。

作为用户关系传递的应用方法代表,本章总结了微博营销的常见模式及微博转发推广的常见方式。实现微博转发的八种常见方式:内容驱动转发、好友友情转发、互换资源转发、关联账号转发、大号代理转发、利益驱动转发、互助联盟转发、微公益转发等。

作为基于价值关系资源的网络推广方法,本章介绍了微信分销和网络众筹营销的基本概念和思路。一个和谐的微生态营销系统的一般特征:用户地位及利益均等、两级相关利益、企业信誉保证、社交平台的技术及用户支持。众筹营销也就是众筹发起人利用众筹平台将支持者连接起来,形成一个以项目(产品或服务)为核心,以价值为导向的利益圈子。众筹营销的本质特征是价值驱动的未来营销。

病毒性营销是一种长期有效的综合型网络推广方法。病毒性营销是将内容营销、网络分享营销、社交关系营销等方法相结合实现的多渠道传播。本章介绍了病毒性营销的基本原理、实施病毒性营销的基本步骤和一般规律。

第5章 用户运营

【学习目标】

① 理解用户的来源渠道及用户连接方式；
② 从用户的角度理解用户数据类型及主要来源；
③ 了解网络营销数据分析的基本思路；
④ 熟悉网站流量统计指标的网络营销意义；
⑤ 掌握网站访问统计分析方法及分析报告的基本内容。

网络营销信息源运营及信息传递渠道运营，都是为了向用户传递有价值的信息，用户连接是建立用户关系、积累用户资源的基本手段，用户数据源于用户，数据分析的基础是用户行为，数据分析的目的是更好地、持续地为用户创造价值。

本章从用户的角度分析了用户来源的基本形式及用户连接的方式，介绍了用户数据的类型及来源，提出了网络营销用户数据分析的基本思路，并以网站访问统计分析为例详细介绍了网站用户访问指标的含义及网站访问分析方法。图 5-1 所示为网络营销用户与数据分析内容框架。

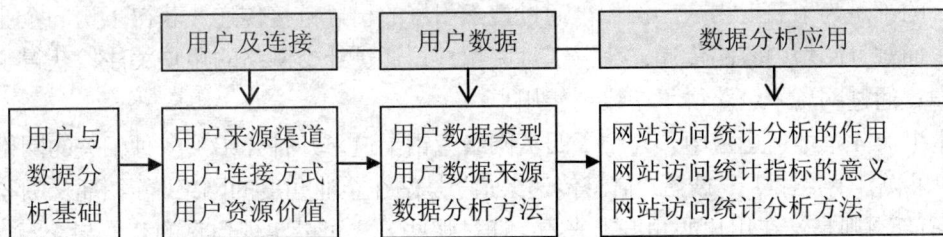

图 5-1 网络营销用户与数据分析内容框架

5.1 网络营销中的用户来源与用户连接

在本书第 2 章网络营销中的用户与信息交互（见 2.4 节）中，介绍了网络营销角度的用户及其网络营销意义，并总结了网络营销信息传递系统中用户信息交互的价值，主要体现在三个方面：用户价值、运营效果、用户资源。这也从用户的角度说明，只有在为用户创造价值的基础上，网络营销才能产生运营效果并进一步积累有效的用户资源。

因此，网络营销的目标是为用户创造价值。获得用户并与用户建立密切的连接关系，是创造用户价值的基本手段。在网络营销中，用户来源的渠道有哪些？如何建立用户连接渠道，用户连接方式及连接能力？如何实现用户资源的积累并实现用户转化？这些都是用户运营的基本问题。

5.1.1 网络营销中的用户来源渠道

当我们打开微博，看到自己的粉丝数在不断增长，在一定程度上会有一些成就感——我的社会关系资源又增加了！对于企业也是一样，在社会化网络中，粉丝数量的增长，就意味着网络营销资源及潜在用户数量的增加，所以用户数量成为评价企业网络营销效果和资源的重要指标之一。当然，用户数量也包括网站访问量、注册用户量、在线购买用户数量、企业信息订阅用户量等。

在网络营销信息传递系统中，用户通过信息传递渠道获取、接收信息及参与互动，可见用户对网络营销信息源、传递渠道及信息交互都发挥着直接的作用。在这个过程中，企业通过网络信息传递渠道的运营"获得"用户，用户获得所需要的信息、商品、服务或其他价值。所以说，网络营销中的用户可能来源于网络营销信息传递的各个渠道，用户可以获取信息或参与信息交互的每个环节都成为潜在的用户来源渠道。

根据本书网络营销信息传递渠道功能的分析，每一种信息传递方式、每一种网络推广方法，其目的都是为了获得用户。例如，通过搜索引擎的引导链接传递，获得了访问企业网站的用户；通过订阅型内容的传递，获得了订阅用户；通过社交网络的用户关注，获得了社交关系用户；通过网店平台获得了在线销售用户……

在本书第 4 章渠道运营中，介绍了四类网络营销渠道，并且介绍了多种相关的网络推广方法。如果说，"网络推广"或者"信息传递渠道"是站在企业角度的网络营销术语，那么"用户来源渠道"，则是站在用户的角度上来看，通过哪些方式可以实现信息的获取与交互。也就是说，我们可以将网络信息的传递方式换一个角度，作为"用户信息的获取方式"来看，这样也就容易理解用户来源渠道了。

在本书第 2 章中列举了十多种常见的网络信息传递方式（见 2.3.2 节），与第 4 章研究渠道运营的方式类似，本章从用户运营的角度，将这些信息传递方式整合为**用户来源渠道的四种基本形式**。

1. 用户主动获取企业信息

网络营销为用户主动获取企业信息提供了多种选择，例如，直接访问企业网站或 App、通过第三方网站平台获取信息（如网络百科、电子商务平台）、通过搜索引擎搜索企业或产品信息、主动订阅企业信息（如邮件列表、微信公众号）、关注企业社交网络账号（如企业微博）

等，这些方式几乎包含了大部分企业常用的网络营销方法，或者说，大部分网络营销方法都应考虑到用户主动获取信息的特点。同样的信息源，用户可能直接进入，也可能通过企业的网络推广而进入，这两种形式并不矛盾。

2. 通过用户社交关系分享推荐

社交关系传递，是社会化网络阶段影响用户获取信息的重要因素之一，与基于互联网工具和资源的信息传递方式不同，通过用户社交关系分享获取信息有可信度基础，更容易让用户接受，这是现阶段各种 SNS 营销方法受到重视的原因所在。与用户主动获取企业信息的方式不同，通过社交关系获取信息与每个用户在社会关系网络中的位置有一定关系，取决于他的社交关系网络规模及关系链紧密度等因素，并且通过社交网络获取的信息有一定的偶然性，这就意味着企业对社交关系分享的可控程度比较弱，用户个人意愿占主导地位。

3. 用户被动接收企业信息

除了用户主动获取信息及通过社交关系获取信息之外，企业主动推送且用户无法拒绝的某些网络广告信息对用户的影响仍然不可忽视，如 E-mail 广告、某些网页或应用软件的弹出广告、手机 App 开屏广告、App 推送信息、网络视频中的贴片广告和暂停广告等，这些属于用户被动接收的企业信息。相对而言，部分具有原生广告特征的广告形式如搜索引擎关键词广告、社交网络信息流广告、网络红包广告等形式更容易为用户所接受，不过用户被动接收信息的现象在短期内仍不会消失。

4. 用户与企业的连接沟通

当用户与企业建立连接关系之后，用户获取信息的方式将与单纯的主动或被动接收信息的方式有一定差异，一方面用户可以主动联系企业获取他需要的信息，另一方面企业也可以根据用户的需求分析主动为用户提供他可能感兴趣的信息、向用户推荐相关的产品或服务等。企业和用户之间建立起和谐的生态关系，通过利益和价值连接，用户也可能成为企业的合作伙伴或推广资源，如通过用户社交网络或内容平台实现的信息分享及口碑传播、通过用户社交关系资源或网络流量资源实现的价值传递等。

从以上用户来源渠道来看，无论是用户主动获取信息，还是被动获取信息，或者受社交关系影响而获取信息，在一定程度上都会受到网络营销的内容运营和渠道运营的影响，也就是说，企业的网络营销活动会对用户获取信息的方式产生直接的影响，这也从用户的角度说明了网络营销的有效性。相对而言，用户与企业连接和沟通的方式，对于企业获取用户信息及合作推广等行为更为直接，也更具针对性，是用户来源渠道中对维护顾客关系、发挥用户价值、促进用户转化最活跃的方式之一。

5.1.2 网络营销中的用户连接渠道

用户是企业的网络营销资源和收益来源，当企业/网站通过网络推广获得用户之后，如何与用户保持联系，充分发挥用户资源的价值呢？前述用户来源渠道的四种形式中，用户与企业的连接沟通是最有效的方式之一。

从网络营销的角度来看，**用户连接**是指通过互联网应用与用户之间建立的关联关系，其目的是为了向用户传递有价值的信息、提供顾客服务、增进顾客关系、

扫码看视频：

知识点 15：网络营销中的用户连接渠道

提升顾客价值并发挥用户资源价值。本书以"用户连接"的概念来描述企业与用户之间建立的关系，是用户运营的基础内容之一。

与网络营销信息传递的方式（也就是获得用户的方式）类似，实现用户连接的方式也有多种，例如：信息连接、功能连接、服务连接、用户关系连接、社交关系连接、价值连接、利益连接等，实现多渠道用户连接，增强与用户的连接强度，是提高用户资源价值的重要手段。一般来说，用户连接渠道越多，用户沟通越畅通，用户对企业的信赖程度和满意程度也会越高，意味着用户可以为企业带来更大的价值。

案例分析

携程网的用户连接渠道

在第九届中国网络营销大会上（北京，2016 年 7 月 30 日），本书作者冯英健在主题演讲"下一代网络营销的核心思想"中提出了一个观点：用户连接决定未来！其中以携程网的用户连接方式为例，阐述了用户连接的途径和连接层次。本书作者作为携程网的资深用户，对携程网与用户之间的连接关系有一定的体会。

这是我使用携程网印象较深的一些经历：一般来说，当需要通过携程网预订机票或宾馆时，我会通过计算机登录携程网站，或者用手机 App 登录，完成预订后通常会收到携程网发来的确认短信，在出行之前，还会收到含有目的地天气等信息的短信提醒。旅行前后如果遇到问题，可以通过 400 电话咨询或办理变更。当旅行结束，如果某些项目有返现优惠，一般会收到携程网发来的电子邮件，通过电子邮件中的链接登录携程网站完成确认流程。由于在携程网上预订宾馆和机票等可能有积分或优惠券，所以平时我也有可能登录携程网站使用积分兑换奖品等。几年前关注了携程网官方微博，在服务方面遇到问题时，也曾通过微博@携程旅行网并很快得到了回复。另外，我不定期还会接收到携程网的短信促销信息。也就是说，我与携程网联系的主要方式包括：手机、短信、网站、App、E-mail、微博等，常用的服务主要包括：在线预订、客服、会员服务、积分兑换、返现优惠及在线优惠券等。通过多种方式的连接，我与携程网之间建立起比较紧密的关系，每当想预订旅行产品时我首先会考虑到携程网的服务。

根据对携程网站用户连接方式的分析，我个人常用的仅仅是一部分，事实上，携程网提供及利用了当前几乎所有常用的用户连接渠道，以多渠道实现了信息传递及价值传递。例如：

① 通信工具连接：呼叫中心、手机/固话、短信、E-mail、QQ。

② 网络平台连接：官方网站、App、用户评论、网络分享。

③ 社交网络连接：官方微博、微信公众号、微信订阅号、小程序。

④ 利益与价值连接：积分、钱包、优惠券、分销联盟。

⑤ 网络渠道连接：搜索引擎、网络广告平台、电子商务平台产品销售……

此外，针对某些具体服务，还通过以"兴趣"划分的主题微信群，将同一目的地的旅游者与携程网建立起互动交流关系，这种被称为"微领队"的社群活动，可称为又一种用户连接与产品营销模式。

资料来源：本书专用案例，2018 年 1 月。

互联网发展至今，用户在网络营销中的地位日益重要，经历了从虚拟、松散、注册、联系、关联到社群关系的演变，企业与用户的连接方式、信息传递方式及价值传递方式也更加丰富。携程网的用户连接方式在大型电子商务网站中有一定的代表性，表明用户连接能力已成为社会化网络时代企业竞争优势的基础之一。

5.2　网络营销中的用户数据类型及来源

企业与用户建立连接，无论是松散的还是紧密的，也无论是临时的还是长期的，都会为企业记录用户行为创造基础条件。例如，一个用户通过搜索引擎检索，点击搜索结果中的引导信息来到一个网站，浏览了一个网页后便离开该网站。这个用户可能没有给企业带来任何直接收益，不过这并不意味着用户信息没有价值。对于企业而言，这个用户是谁，如何联系用户，这些并不重要，重要的是，这个用户留下了访问网站的一些信息：用户来自哪个地理区域、IP 地址是什么、通过哪个搜索引擎引导、用户搜索使用的关键词是什么、他访问了哪个网页、停留了多长时间、是否点击页面中的某些链接、他所使用的上网设备及操作系统类型等。也就是说，用户留下了访问网站的数据，当这些数据积累到一定数量，便具备了用户数据分析的价值。

可见，网络营销中的数据通常是用户的参与或交互而产生的，如网站的注册用户数量、网站浏览量、广告点击率、文章转发量等。有价值的数据来源于用户连接，在每个数据的背后都是用户的行为，从这一角度同样可以说明，用户是网络营销的核心。因此，网络营销数据分析的基础是在整个网络营销信息传递及交互系统中的用户行为记录，了解用户数据类型与数据来源，也就成为用户运营及数据分析不可缺少的基本内容。

用户数据是用户信息及行为的量化记录，用户信息的范围很广，如用户个人信息（性别、年龄、职业、联系方式等）、用户的社交关系信息、用户使用搜索引擎的记录、在社交网站发帖的记录、回复或转发其他用户的记录、在网上商店发布的产品评价、在线购买产品的订单记录、每笔订单的金额、一个月内网上支付的金额、支付的方式等，可以说用户只要上网，就会留下各种信息。每个用户的信息及行为记录，是用户数据统计的基本单位，将同一网站所有用户或某种共同属性的用户信息进行统计，就成为具有一定网络营销意义的用户统计数据，如某网站在某时间内的访问量、某网店在某个时间内的订单总数及人均订单金额等，这些数据便具有了网络营销分析的意义。

由于用户数据范围非常广泛，可以记录的用户数据也就很多，需要进行适当的分类，才能为分析用户数据提供支持。在传统的市场细分中，通常依据人口统计信息及个人偏好等因素对用户进行分类，如用户性别、年龄、所在地区、教育程度、收入范围、消费目的、消费偏好等。这些信息实际上仅仅是用户的基础信息，在网络营销中，用户数据信息更为丰富，可以记录的用户行为数据更多，由于数据范围很广，且用户行为有一定的分散性，这也为数据分类带来一定的困难。

网络营销研究有价值的数据，可以从微观和宏观两个角度来考虑：微观数据，也就是与企业直接相关的用户数据，通常可通过一定的技术方法自行收集和统计，如网站访问量、注册用户信息等，或者相关平台或服务商可以提供的数据，如微博账号的粉丝数及微博浏览量等；宏观数据，是与整个互联网应用环境相关的数据，如上网人口数量及各省所占比例、网

第 5 章　用户运营

191

络营销服务市场规模及各种网络营销服务所占份额、在线销售网站数量及年销售额等。

微观数据和宏观数据对网络营销研究都有重要作用，不过考虑到宏观数据通常由国家相关部门（如 CNNIC）和第三方行业协会或调查研究机构（如 IAB、eMarketer）统计和发布，企业通常并不参与数据的统计分析过程，因此在网络营销中以微观数据的获取和统计分析为主。

从企业的角度来看，由于只有与用户连接，才能产生并记录用户数据，因此基于本书建立的网络营销信息传递系统及前面对用户来源渠道及连接渠道的分析，网络营销分析中常用的数据可分为以下类型。

1. 用户个人信息

用户个人信息，也是用户的基础信息，在与企业建立连接之前同样存在并有一定的稳定性，自用户进行信息获取的准备开始，用户的个人信息就成为可记录的用户行为数据，而当用户成为网站的注册用户或在线购买用户，他还将提供更多的如个人联系方式等信息。

常见的个人信息包括：性别、年龄、职业、学历、收入水平、地区、联系方式、在线订单记录等。

个人信息数据来源：注册用户在线提交。注册方式包括在某网站自行注册或者授权第三方服务商使用其信息等。例如，作为携程网的注册用户，在使用携程网合作伙伴提供的用车服务之后，你的个人信息可能也会被提供用车服务的商家所利用。商家在获取用户个人信息时，应注意对个人信息进行保护。

扩展阅读

用户个人信息保护与个人信息适量原则

在填写网站注册资料时，网站若要求用户公开越多的个人信息，或者是要求用户公开其关注程度越高的信息，参与的用户将越少。为了获得必要的用户数量，同时获取有价值的用户信息，需要对信息量和信息受关注程度进行权衡，尽可能降低涉及用户个人隐私的程度，同时尽量减少不必要的信息。即在网络营销中获取用户个人信息应适量，这样才能保证网络营销与个人隐私的和谐。

"个人信息适量原则"是本书作者总结的，是在开展个性化营销及顾客服务中应遵循的一般原则。个人信息的适量原则可以从两个方面来理解：一方面，在用户可以接受的范围内获取尽可能多的用户信息；另一方面，应当以尽可能少的、最有价值的用户信息来保证网络营销的需要。

根据这一原则，在各种注册程序中对于信息选项要进行充分的论证，既要考虑到用户公开个人信息的心理承受能力，又要保证获得的用户信息都有切实的价值，对于可有可无的信息，坚决取消，而对于用户关心程度较高的信息，则应采取慎重的态度，只有到非常必要时才要求用户提供，同时不要忘记公开个人隐私保护条款，尽可能减少用户的顾虑。个人信息适量原则与个人信息保护政策是同一问题的不同表现方式，应作为网络营销的一条重要法则。

资料来源：《网络营销基础与实践（第 5 版）》第 8 章，冯英健著，清华大学出版社，2016 年 9 月。

2. 网络信息传递渠道及用户来源渠道信息

除了用户直接访问企业网站之外，用户还可能通过第三方渠道的引导来到企业信息源页面（如搜索引擎），也可以通过第三方平台获取企业的信息（如微博、电子商务平台），用户与第三方渠道或平台连接产生的数据由相应的网站掌握，不过多数第三方网站都提供了部分可以利用的数据，其中包括用户的总体行为数据，以及为平台注册账号提供的专属统计数据。这些大型网站平台拥有大量的用户数据，这也是互联网行业大数据的主要来源。

数据来源：取决于第三方网站平台可以提供的信息。

企业网络营销分析可以利用的部分第三方网站数据如下。

① 部分搜索引擎提供的公共数据：百度指数、百度精算、搜狗指数、谷歌趋势等。

② 微信公众平台为订阅号提供的统计数据：关注人数及变化、文章阅读人数、分享人数等。

③ 淘宝网站为卖家提供的统计数据：流量来源分析、订单详情分析、商品成交分析等。

④ 新浪微博为注册用户提供的数据：粉丝数、微博阅读数、转发数、评论数、点赞数等（当然你也可以查看你的粉丝或者竞争者的相关数据）。

此外，如果选择了付费网络推广，还可以利用网络营销服务商提供的专题统计数据，如搜索引擎广告统计数据、网络广告统计数据、分类广告统计数据、视频广告统计数据等，每一种服务都有相应的统计指标，如展示次数、点击次数、送达率、浏览量、阅读量、互动量、转化率等。

3. 与网络营销信息源相关的数据

当用户来到企业信息源网站或企业 App，也就进入了企业可掌控用户数据源的领域，企业通过网站统计分析工具，可以获得详尽的用户访问记录，这成为企业第一手用户数据分析资源，也是最全面、最完整的用户行为统计数据。

数据来源：企业网站自行收集和统计，可利用统计软件，也可以利用第三方平台提供的网站统计服务（如百度统计）。

本章后续内容将系统介绍网站访问统计指标的含义及网站访问统计分析方法。

4. 定向调查数据：在线调研

并非企业需要的所有信息都可以通过网站上的用户数据获得，对于有些方面的数据，企业可根据需要进行定向调查获取，至于调查的方式，可自行开展调查，也可以委托专业机构进行调查。在线调研是获得企业所需专项数据的常用方式，如用户对某品牌产品的认知度调查、用户满意度调查等。同时，在线市场调研也是网络营销的基本职能之一。

扩展阅读

在线调研的常用方法

常用的网上市场调研方法包括：网上搜索法、网站及邮件跟踪法、网站用户抽样调查法、网站投票法、固定样本调查法、在线调查问卷。其中在线调查问卷是应用最广，也是专业程度最高的网上调研方法之一。

（1）开放性市场资料收集：网上搜索法

利用搜索引擎，可以获得大量有用的市场资料，该方法可用于市场调查数据收集、行业竞争分析等。网上搜索是最简单、最有用的网上调研方法之一。网上搜索通常作为收集第二手资料的手段，但是利用搜索引擎强大的搜索功能也可以获得大量的第一手资料。利用网上搜索可以收集许多有价值的调查资料，如大型调查咨询公司的公开性调查报告，大型企业、商业组织、学术团体、著名报刊等发布的调查资料，政府机构发布的调查统计信息等。

（2）行业网站资料收集：网站及邮件跟踪法

由于互联网数据的开放性和动态性，利用搜索引擎收集市场资料通常适用于临时性的调研，对于需要长期跟踪收集的行业网站资料，则可以利用网站及邮件跟踪的调研方法。一般来说，可以提供大量第一手市场信息和第二手资料的网站有：各类网上博览会、各行业经贸信息网、企业间电子商务（B2B）网站、行业垂直网站、大型调研咨询公司网站、政府统计机构网站等。此外，关注相关网站的社交网络信息（如官方微博等）也是收集最新资料的有效方式。

（3）网站用户满意度调查：网站用户抽样调查法

网站用户抽样调查法，常用于对本网站易用性、用户满意度等方面的调查，即将事先设计好的调查问卷，通过技术方式随机发放给网站的浏览者，浏览者填写问卷并提交即完成了一个样本的调查过程。这是一种综合性的网上市场调研方法，集问卷调查、投放、回收于一体。网站用户抽样调查的基本原理是，利用设定好的规则对网站访问者进行跟踪分析，对于符合要求的用户，在其访问网站时会弹出一个调查说明及问卷，这种方式与传统市场调查中的拦截调查方式是类似的。例如，在某一天或几天中某个时段访问网站的用户，或者来自某些地区、某些 IP 地址段等的访问者，当他们进入网站打开一个网页后，网页会弹出调查问卷，等待用户填写并提交。

（4）简易网络小调查：网站投票法

当你登录自己的微博，除了发布图片和文字等基本信息之外，有没有注意到"更多"中的"投票功能"？其中的基本元素包括投票标题（最多 25 字）和自己定义的若干个投票选项（2~20 项），此外还有一些高级设置，如单选/多选、投票结束时间、用户参与投票成功后的文字说明等。这就是一个典型的网站小调查，也称为网站投票。其实在很多网站都可以看到类似的网站小调查功能，在一些新闻网站的内容页面下方，有时也会出现用户观点的小调查。在微信公众平台的功能管理中，也有类似的投票管理功能，可以将投票插入到微信公众号文章内容中。

这种调查方式也属于在线问卷的一种，只是通常比较简单，只有几个可选的项目，用户选择后点击提交即完成了一次在线调查，不会占用太多时间，很多用户也就乐意随手参与一下调查。这种简易的网络调查，可以用于多种目的，尤其是了解用户对某事件的看法，当参与用户数量较多时，调查结果是相当有说服力的。

（5）长期调研：固定样本调查法

为获得长期调研结果并使得调查结果具有可靠性和可比性，一种专业的市场调研方法是固定样本调查。同传统调查中的固定样本连续调查法道理一样，根据调查目的的要求，用合理的抽样技术选定固定样本用户，当然，这些用户必须是可以经常上网的用户，对固定样本用户给予必要的培训，说明调查目的，提出一定的要求，由各样本用户按照要求将所要调查的内容记录下来，定期提交给市场调研项目的负责人，在资料提交形式上，既可以通过网站提交在线表单，也可以通过电子邮件等方式发送。

（6）专业在线调查问卷：在线调查表

利用在线调查表获取信息是最常用的在线调研方法，也是在线调研的重点内容。在线调查表广泛地应用于各种专业的调研活动，这实际上也就是传统问卷调查方法在互联网上的表现形式。最简单的调查表可能只有几个问题需要回答，或者几个答案供选择，一个复杂的在线调查可能有几十个甚至更多的问题。

例如，中国互联网络信息中心（CNNIC）所发布的中国互联网络发展状况统计中的部分内容就是利用在线调查表来收集有关信息，调查的内容涉及用户的上网习惯、个人资料、对互联网领域一些热点问题的看法等，通过对这些调查数据的整理，形成了内容丰富的调查报告。

开展在线调查问卷工作，除了需要专业的调查问卷设计之外，网站还需要相应的技术功能支持。开发一个完善的在线调查系统其实并不简单，尤其当被调查用户较多、调查数据量较大时，对在线调查系统的要求还是比较高的，相应的开发和维护成本也很大。因此很多专业的调查往往委托第三方专业的在线调查机构来操作。本书第1章的互动小调查，就是采用腾讯问卷免费在线调查系统。

资料来源：选自《网络营销基础与实践（第5版）》第8章，冯英健著，清华大学出版社，2016年9月。

除了上述数据类型外，在网络营销的具体方法中可能还会用到更多类型的数据，例如，在搜索引擎营销中提到的用户搜索行为数据、用户注意力"F现象"、搜索结果页面的相关搜索等。事实上，还有更多的用户数据可能没有被详细记录，或者难以给出明确的定义，这种状况可能与多种因素有关，如对用户行为数据认识的欠缺，或者记录用户行为的技术限制等原因。不过可以肯定的是，与网络营销相关的数据会越来越多，数据来源渠道也会更加多样，相应地，网络营销数据分析方法和能力也需要不断发展和提高。

扩展阅读

大数据是什么类型的数据？

最先经历信息爆炸的学科，如天文学和基因学，创造出了"大数据"这个概念，如今，这个概念几乎应用到了所有人类致力于发展的领域中。

大数据并非一个确切的概念。最初，这个概念是指需要处理的信息量过大，已经超出了一般计算机在处理数据时所能使用的内存量。因此工程师们必须改变处理数据的工具。这促使了新的处理技术的诞生，如谷歌的MapReduce和开源Hadoop平台（最初源于雅虎）。这些技术使人们可以处理的数据大大增加。更重要的是，这些数据不再需要用传统的数据库表格来整齐地排列———些可以消除僵化的层次结构和一致性的技术也出现了。

大数据是人们在大规模数据的基础上可以做到的事情，而这些事情在小规模数据的基础上是无法完成的。大数据是人们获得新的认知、创造新的价值的源泉。大数据还是改变市场、组织机构，以及政府与公民关系的方法。

大数据的精髓在于我们分析信息时的三个转变，这些转变将改变我们理解和组建社会的方法。第一个转变，在大数据时代，我们可以分析更多的数据，有时候甚至可以处理和某个特别现象相关的所有数据，而不再依赖随机采样；第二个转变，研究数据如此之多，以至于我们不再热衷于追求精确度；第三个转变因前两个转变而形成，即我们不再热衷于寻找因果关系。

大数据中的"大"不是绝对意义上的大，虽然在大多数情况下是这个意思。大数据是指不用随机分析法这样的捷径，而采用所有数据的方法。

大数据是一种资源，也是一种工具。它告知信息但不解释信息。它指导人们去理解，但有时也会引起误解，这取决于它是否被正确使用。

问题讨论: 本节前述网络营销中的数据类型中，哪些是大数据？大数据如何应用于网络营销？

资料来源: 选自《大数据时代》[英] 维克托·迈尔-舍恩伯格，肯尼斯·库克耶著，盛杨燕，周涛译，浙江人民出版社，2013 年 1 月。本书作者根据相关内容整理而成。

5.3　网络营销中的数据分析思路

数据本身仅仅是数据而已，通过对数据的分析赋予数据意义才有价值，也就是通常说的，让数据说话，尤其在大数据时代，了解数据分析方法的意义更加重要。数据分析在网络营销中的应用几乎与网络营销同时诞生，例如，最早的网络广告就有浏览量和点击率等统计数据，电子邮件营销有发送量、送达率、开信率等统计数据，网站运营中有页面浏览数、IP 数等统计数据。尽管网络营销的各个分支领域都离不开数据记录和数据分析，但作为一种系统的网络营销数据分析方法，它到目前的研究还比较初级。

5.2 节对网络营销数据类型的分析中，除了在线调研数据属于传统的"小数据"之外，通过网站实时记录的用户数据，实际上都有大数据的属性，尽管有些企业获得的原始数据数量无法和大型网站平台相比，没有达到所谓大数据的量级，但事实上大数据的分析方法依然是有效的，而且多年来企业一直在采用这些方法，尽管在网络营销数据分析的早期并没有大数据这个概念。

📓 **数据分析**

大数据时代的经典案例

在《大数据时代》一书中，有两个经典案例被多次提及，它们对数据分析的意义有一定的启发。这两个案例也经常在一些大数据相关的文章中被提及。

大数据案例之一: 谷歌通过搜索数据预测流感

在 2009 年，谷歌公司通过大数据分析准确预测到甲型 H1N1 流感爆发，这比官方数据提前了几周，因此，"谷歌成了一个更有效、更及时的指示标"。谷歌公司通过观察人们在网上的搜索记录来完成这个预测，而这种方法以前一直是被忽略的。谷歌保存了多年来所有的搜索记录，而且每天都会收到来自全球超过 30 亿条的搜索指令。谷歌公司把 5 000 万条美国人检索频率最高的词条和美国疾控中心在 2003 年至 2008 年间季节性流感传播时期的数据进行了比较，他们希望通过分析人们的搜索记录来判断这些人是否患上了流感。为了测试这些检索词条，谷歌公司总共处理了 4.5 亿个不同的数学模型。在与 2007 年到 2008 年美国疾控中心记录的实际流感病例进行对比后，他们的预测与官方数据的相关性高达 97%。和疾控中心一样，谷歌可以判断出流感是从哪里传播出来的，而且非常及时，不会像疾控中心一样在流感爆发后一两周才能做到。

大数据案例之二：亚马逊网站的商品推荐系统

相关商品推荐现在几乎被用于所有电子商务网站，这似乎是一项司空见惯的功能，不过在 1998 年，电子商务网站还处于发展的初期时，这的确是一项重大创新。这项创新来自于最大的电子商务网站亚马逊。据说，亚马逊销售额的三分之一都来自于它的个性化推荐系统。这一推荐系统就源于对用户购买行为的历史数据的分析，结合当前的用户浏览行为进行综合分析而实现的。

资料来源：选自《大数据时代》 [英] 维克托·迈尔-舍恩伯格，肯尼斯·库克耶著，盛杨燕，周涛译，浙江人民出版社，2013 年 1 月。本书作者根据相关内容整理而成。

从这些案例可以看出，拥有大数据资源并具有专业的分析能力和创新应用能力，是大数据发挥价值的重要前提，通过对大数据的分析，不仅可以及时发现当前正在发生的问题，也可以有效预测未来即将出现的结果。"大数据的核心就是预测。它通常被视为人工智能的一部分，或者更确切地说，被视为一种机器学习"。《大数据时代》书中这样描述大数据与预测的关系。

可见，大数据的特点不仅在于数据量巨大，而且在于它可以不断产生新的数据，将实时数据分析和历史相关数据相结合，就可以做出合理的预测。预测，而不仅仅是历史数据的总结，这是大数据分析的意义所在。与大数据分析的核心思想相比，传统的网络营销数据分析更注重对历史数据的总结，并作为网络营销运营诊断及效果评价的依据，而对于网络营销预测能力则有一定的欠缺。

根据网络营销数据分析的传统方法和经验，借鉴大数据的分析思想，本书总结一些适用性的数据收集及分析思路，供大家在网络营销实际应用中参考。

1. 建立网络营销数据化思维：一切皆可数据

数据分析对网络营销的价值越来越高，在网络营销中建立数据化思维也就日益重要，日常的网络营销活动，除了直接的用户数据之外，在网络营销内容运营和渠道运营等方面实现数据化也是非常必要的。看似司空见惯的、最不可能数据化的内容往往蕴藏着未被挖掘的数据宝藏。例如，一篇普通的网页内容或微信公众号文章内容，在传统的工作中，通常只是创作并发布即告一段落，但是如果将这些很普通的工作内容数据化，对后期的效果分析或许将产生意想不到的效果。可以数据化的内容很多，例如，一篇文章在确定主题之前有哪些备选主题、参考资料来源于哪些方面、引用了多少概念、提出了多少新观点、该文章的字数、关键词及出现频率、文章标题字数、图片数量、文章发布时间、发布了哪些渠道……只要是你想到的、可以记录的数据，从长远来看都是有价值的。

正如《大数据时代》一书通过对 19 世纪中期航海日志数据化的案例分析之后得出的结论："数据其实可以从看上去最不可能的东西中提取出来。"

所以说，没有不可数据化的内容，只怕没有数据化的思维。

2. 扩展数据来源渠道：用户是数据之源

本书前面已经阐述过关于用户与数据的观点：网络营销中的数据通常是用户的参与或交互而产生的，有价值的数据来源于用户连接。可见，有目的地扩展与用户连接和沟通的渠道、获得用户积极主动的参与，不仅是用户运营的基本内容，也是扩展数据来源渠道的有效方法。每一种用户连接渠道都是用户数据的来源，和用户的每一次互动、每一次沟通，都可以留下一系列可以记录的数据。例如，用户沟通的方式、时间、用户提到哪些问题、多少问题是以前已经出现过或者其他用户提到的、哪些是新发现的问题、这些问题分别属于哪个方面（如网站易用性问题、浏览器兼容问题、购物流程问题等）……用户沟通中的问题可能是千差万别的，这都不足为怪，不过如何记录这些问题仍然需要建立在数据化思维的基础上。

事实上，没有十全十美的数据统计工具，只有十分用心的数据挖掘。

3. 取之不尽的互联网公共数据：处处留心皆数据

第三方渠道在用户获取企业信息的方式中发挥着重要的作用，作为公开的信息发布或传递渠道，第三方平台通常包含着大量的开放性公共数据，每个用户都可以自由收集和使用这些数据。例如，在某个时间段内搜索引擎收录的某行业所有企业网站的网页数量、某行业正在投放搜索引擎关键词广告的企业数量、某类网络百科词条的浏览量、微博中热门话题的阅读量、竞争对手的网络可见度……只要是和企业有一定关系的数据，都是有用的数据。

问题是，互联网上不是缺少数据，而是缺乏发现和记录数据的动力。

4. 数据分析能力：无可替代的网络营销能力

数据分析能力，是网络营销人员的八大能力之一，也是企业网络营销竞争优势的基础之一。网络营销内容数据化、多渠道获取数据，都是为了对数据进行有效的分析。如果缺少对数据分析的认识，即使有再多的数据，数据也只是数据，数据不会自动说话。当然，数据分析和网络营销人员的专业知识及经验密不可分。

可以说，网络营销中数据不是万能的，但没有专业的数据分析能力是万万不能的。

尽管数据分析对于网络营销具有重要意义，不过不可否认的是，对部分中小企业而言数据分析仍然难以引起重视，不如搜索引擎营销、博客营销等常规网络营销方法一样具有普适性。数据分析在一般企业的网络营销中很难占有重要地位，客观原因是，这些企业缺少数据来源及数据分析能力，而背后的主观原因，仍然是对数据分析的价值认识比较欠缺。

5.4　数据分析应用：网站访问统计分析

网站访问统计数据是大数据在网站运营中的一种具体形式，具有信息全面、完整、实时的特点，在各种网络营销数据来源中，它也是获取方式最方便的数据源。网站访问统计分析，是指在获得用户访问网站基本数据的前提下，对有关数据进行统计、分析，分析结果可用于网站运营的效果评价，并发现用户访问网站的规律，将这些规律与网络营销策略等相结合，从而发现目前网络营销活动中可能存在的问题，为进一步修正或重新制定网络营销策略提供依据。网站访问统计分析是网络营销中应用最成熟的数据分析领域之一。

归纳起来，网站访问统计分析对网络营销管理的意义主要表现在以下几个方面。

① 及时掌握网站运营状况，减少盲目性。

② 分析各种网络营销手段的效果，为制定和修正网络营销策略提供依据。

③ 通过网站访问数据分析进行网络营销诊断，包括对各项网站推广活动的效果分析、网站优化状况诊断等。

④ 了解用户访问网站的行为，为更好地满足用户需求提供支持。

⑤ 网站访问量等可以作为网络营销效果评价的参考指标。

数据分析一直是网络营销的基本内容，也是网络管理工作的内容之一，其中网站访问统计分析是应用最早、技术最成熟的数据分析方法。通过在线网站流量统计系统或者网站流量分析软件可以获得网站流量的基本数据，这些数据是网站访问统计分析的基础。一般的网站流量统计系统都具备一定的统计分析功能，但总体来说这些通用性的统计分析软件多局限于数据记录和对现有数据进行简单的汇总，并据此制作出图表曲线之类的分析报告，这些信息对于了解网站的访问量情况发挥了积极作用。但是一般的网站流量统计系统在用户访问行为的分析方面很难深入，这些模式化的分析结果实际上难以与网络营销策略结合起来，也就无法为网络营销工作提供有效的指导。

同样的现象、同样的一组数据，不同专业层次的分析人员可能得出不同的结论，无论是大数据分析还是小数据分析，与分析人员的实践经验和专业能力都有较大的关系。真正对网络营销有价值的网站统计分析并不仅仅是对流量数据的简单汇总，有些地方涉及多方面的工作，需要具备系统的网络营销实践经验，以及其他第三方数据的支持等。因此，在网站流量统计分析的管理中，对网站访问统计数据分析能力的差异决定了网络营销管理水平的高低。

可见，网站访问统计分析是网络营销专业人员的必备知识，对于专业的网站访问统计分析报告，不仅可以从中清晰地看到网站运营的成果，并且可以从中发现网站访问与网络营销策略之间的关系。

5.4.1 网站访问统计指标简介

网站访问统计分析通常被简称为网站流量统计，其实一般的网站统计平台可以提供的网站统计数据不仅仅限于网站流量（访问量），还包含了用户来源、用户访问的页面、用户概况及访问行为等多种统计数据。表 5-1 是百度统计和 51yes 网站统计系统提供的主要统计信息对比。

表 5-1　部分网站访问统计平台的主要统计数据

	百度统计	51yes 网站统计系统
网站访问概况	当日实时访问量及预测、来源网站及受访页面等部分排行数据	同时在线人数、最近百位访客 IP、当日实时访问量及预测
流量分析	实时访客、访问量趋势分析、PC/ App 占比跨屏分析	访问量每日分时分析、每星期分析、每月分析、每年分析
用户来源分析	搜索引擎及关键词、外部链接、广告跟踪	用户来源网址、受访页面网址、搜索引擎及关键词、用户回访率、广告来路

	百度统计	51yes 网站统计系统
用户信息统计	用户职业、性别、新老访客比例、地理区域、上网设备类型、屏幕分辨率、浏览器类型、操作系统类型等	用户性别、年龄、学历、收入、地理区域、上网设备屏幕分辨率、浏览器类型、操作系统类型等
优化分析	网站安全性、网页搜索引擎抓取、网站速度、网站外链等	暂无

资料来源：本书作者根据百度统计及 51yes 网站统计后台整理，2018 年 1 月。

从表中的比较可以看出，不同的网站统计平台所统计的指标有一定的共性，对某些具体指标的定义和数据获取方式也可能存在一定差异，但总体来说，网站访问统计的基本数据不外乎这几个方面：用户的基本信息、用户浏览信息的设备及方式、用户获取信息的渠道（即来源网站或引导网站）、用户访问网站的行为（访问了哪些网页、停留了多长时间、是第一次访问还是重复访问）、网站被用户访问的结果（为网站带来了多少访问量）等。从网络营销信息传递的要素来看，这些指标可以分为四类：网站信息源被访问的指标（网站访问统计指标）、网络营销信息传递渠道指标（用户来源及行为指标）、用户信息及上网方式指标、网站环境状况指标，其中每类指标中又包含若干数量的具体统计指标。

下面简要介绍各类指标所包含的常用具体指标。

1. 网站访问统计指标

网站访问统计指标，即作为信息源的网站被用户访问的网页数量，也就是网站的访问量，它是评价网站运营效果的主要指标，主要包括如下几个方面。

① 独立访问者数量（Unique Visitors）：在一个统计周期内（通常为 24 小时）访问网站的总人数。

② 独立 IP 数量：在一个统计周期内访问网站的总 IP 数，如果多个用户共用一个 IP 地址，则显示为一个 IP。独立 IP 数量通常小于独立访问者数量。

③ 重复访问者数量（Repeat Visitors）：在一个统计周期内多次访问一个网站的人数。

④ 页面浏览数（Page Views，PV）：在一个统计周期内所有用户浏览的网页数量总和，一般来说，一个用户多次重复浏览一个网页，只记录为一个 PV。

⑤ 每个访问者的页面浏览数（Page Views Per User）：每个用户访问不同页面的总数。

⑥ 某些具体文件/页面的统计指标，如页面显示次数、文件下载次数等。

2. 用户来源及行为指标

用户来源及行为指标主要反映用户是如何来到网站的（即通过哪些信息传递渠道）、在网站上停留了多长时间、访问了哪些页面等，主要的统计指标包括如下几个方面。

① 受访页面：即用户来到网站所访问的网页（URL）。

② 访问时间：用户来到网站到离开之前所经历的时间。

③ 用户来源网站（也叫"引导网站"），即用户通过什么网站的链接来到网站。

④ 用户所使用的搜索引擎及其主要关键词，这是搜索引擎引导分析的重要指标。

⑤ 一天之内用户在不同时段访问网站的数量等。

一些网站访问统计工具甚至可以进一步分析访客在网页上的点击行为，即访客在这个页面上点击了哪些链接，也就表明用户对哪些信息关注程度更高，这对分析网页的信息及布局具有重要参考价值。

3. 用户信息及上网方式

这类指标反映了用户的基本信息及用户浏览网站的方式，主要包括如下几个方面。

① 用户的基本信息：性别、年龄、学历等。

② 用户上网设备类型：PC 或智能设备。

③ 用户浏览器的名称和版本。

④ 访问者计算机分辨率显示模式。

⑤ 用户所使用的操作系统名称和版本。

⑥ 用户所在地理区域的分布状况等。

4. 网站环境状况指标

① 网页打开时间：用户从单击一个网页链接到网页全部下载完成所需要的时间，也就是网页访问的速度。

② 跳出率：即用户来到某网页之后离开该网站的比例。

③ 错误率：用户访问网页出错的比例。

此外，部分网站统计平台提供网站安全性分析评价（如百度统计），主要是基于网站数据的分析对网站进行综合评价，存在风险的网站将有可能被搜索引擎、浏览器互联网工具等提示网站访问有风险，甚至被降低权重。

在网站访问统计指标中，有些常用指标对网络营销的意义非常重大，往往受到更多的关注，这些指标包括：页面浏览数、独立访问者数量、每个访问者的页面浏览数、用户来源网站（来路统计）、用户使用的主要搜索引擎及其关键词检索等。下面我们对相关指标及其网络营销意义进行简要介绍。

5.4.2　网站页面浏览数及其网络营销意义

在网络广告的相关内容中，多次提到浏览数这一指标。网页浏览数（或称页面下载数、网页显示数）在网站访问统计中也是一项重要的指标，相关指标还包括每个访问者的平均页面浏览数等。在实际工作中，对这项指标的对比分析经常会出现一些容易造成混淆的地方，因此在研究网站流量统计分析的有关问题时，有必要对网页浏览数的真实意义做一些讨论。

1. 网站页面浏览数的基本含义

（1）页面浏览数

网站页面浏览数是指在一定统计周期内所有访问者浏览的网页数量。页面浏览数也就是通常所说的网站流量，或者网站访问量，常作为网站流量统计的主要指标。如果一个访问者浏览同一网页三次，那么网页浏览数就计算为三个。

不过，页面浏览数本身也有很多疑问，因为一个页面所包含的信息可能有很大差别，一个简单的页面也许只有几行文字，或者仅仅是一个用户登录框，而一个复杂的页面可能包含几十幅图片和几十屏的文字，同样的内容，在不同的网站往往页面数不同，这取决于运营及设计人员的偏好等因素。例如，一篇 6 000 字左右的文章在新浪网站通常都放在一个网页上，而在有些专业网站则很可能需要 5 个页面，对于用户来说，获取同样的信息，新浪网的网站统计报告中记录的页面浏览数是 1，而其他的网站则是 5 个。

在网络广告的常用术语中也介绍过，由于页面浏览实际上并不能准确测量，或者不同网站的页面浏览数可比性不高，因此现在 IAB（Interactive Advertising Bureau，互动广告局）推荐采用的最接近页面浏览的概念是"页面显示"。无论怎么称呼，实际上也很难获得统一的标准，因此页面浏览指标对同一个网站进行评估时意义比较明确，而在不同网站之间比较时说服力就会大为降低。

（2）每个访问者的页面浏览数

这是一个平均数，是指在一定时间内全部页面浏览数与所有访问者相除的结果，即一个用户浏览的网页数量。这一指标表明了访问者对网站内容或者产品信息感兴趣的程度，也就是常说的网站"黏性"。如果大多数访问者的页面浏览数仅为一个网页，表明用户对网站没有多大兴趣，或者是通过某种渠道（如搜索引擎）临时获取某方面的信息，达到目的之后即离开网站。但应注意的是，由于各个网站设计的原则不同，对页面浏览数的定义不统一，同样也会造成每个访问者的页面浏览数指标在不同网站之间的可比性较低。

扩展阅读

ALEXA统计数据与网站的访问量指标

尽管存在统计指标定义无法统一的问题，但在网站统计时仍不得不利用页面浏览数等相关的指标。例如，ALEXA 全球网站排名系统中的综合排名，就是根据网站的独立用户数量和每个用户的页面浏览数两项指标相乘来计算的。因此可以看到这样的情况：两个网站相比，A 网站的 Reach 数量（统计指标为百万用户中访问该网站的用户数量，即 "Reach"）高于 B 网站（假定 A 网站为 100，B 网站为 60），但 B 网站每个用户的页面浏览数高于 A 网站（假定这项指标 A 网站为 1，B 网站为 2），其结果是，独立用户量小的 B 网站在综合排名中高于 A 网站，因为 B 网站的总流量较高（B 网站总流量为 120，A 网站为 100）。

网络营销人员都希望自己网站的平均页面浏览数高，这项指标高有其好的一面，但同时也可能说明网站在信息层次方面可能存在问题。借助于 ALEXA 的全球网站统计数据，通过对多个有影响力的专业信息网站的每个用户页面浏览数进行分析，结果发现那些无须用户登录即可浏览的网络营销相关专业的信息类网站，每个用户的平均页面浏览数都比较低（通常在 1.5～2.5），而一些论坛或者需要用户先登录的网站，平均网页浏览数都比较高（相应地，在同样 Reach 数量的情况下这些网站的 ALEXA 网站综合排名也比较高），但这并不一定意味着这些网站的真正价值就高于那些用户平均浏览数低的网站。还有另外一种情况，有些网站用户经过 1—2 次点击即可到达最新的内容页面，有些网站则可能需要 5 次以上的点击才能看到内容，这样，后者的每个用户页面浏览数就较高，但这并不是因为用户对网站内容的兴趣大，而是因为网站信息层次较深的问题。可见，要对这些问题进行严格的对比，也是比较麻烦的事情，因此这里只能进行模棱两可的讨论。

资料来源：网上营销新观察。

通过各种网站页面浏览数的对比分析，作者对网站流量统计指标中页面浏览数问题的观点是：如果没有对一个网站的实际状况进行具体分析，单纯看页面浏览数（以及每个用户的页面浏览数）本身只能大致反映出一个网站的访问量情况，但并不能说明网站内容是不是真的对用户具有"黏性"，尤其不要为每个访问者的平均页面浏览数很高而自豪，如果这个数字太高，反而可能说明网站设计存在一定的问题。当然，如果这一指标过低也可能说明网站内容在某些方面存在问题。

2. 网站页面浏览数统计指标的网络营销含义

在网站流量统计的分析报告中，给出的网站的页面浏览数一般是在一个统计时期内的网页浏览总数，以及每天的平均网页浏览数。这个数字反映了网站的访问量情况，可以作为网站推广运营效果的评价指标之一，但是仅从网页浏览总数或者每天的平均网页浏览数中实际上发现不了对网络营销分析有很大价值的信息。那么除了表明网络营销的效果之外，应该如何在网页浏览数与网络营销之间建立关联关系呢？

根据网站流量数据分析的实践经验，网页浏览数对网络营销分析主要有以下4个方面的意义。

（1）页面浏览数历史数据与网站发展阶段特征的对比分析

例如对3个月来网站每天的页面浏览数进行分析，从中分析网站流量的发展趋势，并且将这些数据与网站所处阶段的特点结合起来分析，对于新发布的网站，如果网站页面浏览数处于明显上升的趋势，那么与网站发展阶段的特征是基本吻合的，否则就应该进一步分析，为什么这期间网站访问量没有明显上升。类似的，如果网站处于稳定阶段，网页浏览数应该相对稳定或有一定的波动，但如果数据表明页面浏览数在持续下滑，则说明网站很可能出现了某些问题，比如网站内容和服务方面存在问题，或者出现了新竞争者造成用户转移，或者在保持老客户方面存在问题致使用户流失现象比较明显等。

（2）分析网页浏览数的变化周期

当网站运营一段时间之后，网站处于相对稳定阶段，这期间网站访问量会表现出一定的周期性规律，比如在每个星期一到星期四，访问量明显高于星期五到星期天，而在同一天中，上午10点和下午3点可能是网站访问的高峰，掌握了这些规律之后，可以充分利用用户的访问特点，在访问高峰到来之前推出最新的内容，这样便于最大可能地提高网站信息传递的效果。

（3）通过每个访问者的页面浏览数变化趋势分析网站访问量的实际增长

每个用户的页面浏览数反映了用户从网站获取信息的多少，一般来说这个平均数越高，说明用户获取的信息量就越大（一个例外情况是，网站提供的信息对用户有价值，但用户获取信息不方便因而造成平均页面浏览数过大，如需要多次点击、查找信息不方便、每个页面的信息量过小等）。通过对每个访问者的页面浏览数变化趋势进行分析，如果发现这一数据基本保持稳定，那么当与网站页面浏览数进行对比分析时，页面浏览数的变化趋势就反映了网站总体访问量的变化，如果平均页面浏览数有较大变化，则需要对网站的独立用户数、网页浏览数等指标进行比较分析，这样才能发现网站访问量变化的真正趋势。因为如果每个用户的页面浏览数增加，即使独立用户数没有增长同样也会使得总的页面浏览数增加，反之，如果独立用户数保持稳定，但每个用户的页面浏览数下降了，也会造成网页浏览数的减少。因此，单纯从网站页面浏览数的变化情况角度进行分析，还不足以说明网站的总体访问量的变化趋势，需要与独立用户数、每个用户的页面浏览数等进行比较分析。

（4）通过各个栏目（频道）页面浏览数的比例分析重要信息是否被用户关注

通过 ALEXA 全球网站排名系统，可以看到一些网站各二级域名栏目的访问量占网站总访问量的比例，这一信息对于了解各频道访问量的大小，以及选择将网络广告投放在哪个频道具有一定的参考价值。虽然这种数据来自第三方的统计，且它们所采用的方法并不一定可靠，并且对于大多数访问量较低的网站来说，信息的准确性较差，不过这种分析思路可以推广到任何一个网站，只是需要对自己网站各个栏目的页面访问数进行统计，一般的网站流量统计分析软件中都有这样的功能。

通过对各个栏目页面浏览数的比例分析，可以看出用户对哪些信息比较关注，也可以获得访问网站首页的用户比例等信息。这些数据对各个重要网页的重点推广具有重要意义，例如，可根据自己的期望决定采用搜索引擎关键词广告推广时应该链接到哪些页面、注册快捷网址时直接到达哪些页面等。这一比例分析通常也会反映出一个重要事实：对于绝大多数网站来说，多数用户通常并不是首先来到首页，然后才根据首页导航逐级进入其他页面的。

关于页面浏览数的分析及其应用，上面介绍的是一般的内容，在网络营销管理的实际工作中大家还可以获得更多有价值的信息，比如根据对某些重要页面的跟踪分析，可以获得在一个时期内的访问统计规律，或者对某项网站的推广方案进行相关分析，从而判断网站推广的效果等。

此外，上述内容中也提到了网站独立用户数（独立访问者）对网站流量访问统计分析的影响，独立用户数也是网站访问统计分析的重要指标之一，接下来我们将给予详细介绍。

5.4.3 独立访问者数量及其网络营销意义

1. 独立访问者数量的基本含义

独立访问者数量，有时也称为独立用户数量或者独立 IP 数量（尽管独立用户和独立 IP 之间并不完全一致），是网站流量统计分析中另一个重要的数据，并且与网页浏览数分析之间有密切关系。独立访问者数量描述了网站访问者的总体状况，指在一定统计周期内访问网站的数量（如每天、每月），每一个固定的访问者只代表一个唯一的用户，无论他访问这个网站多少次。独立访问者越多，说明网站推广越有成效，也意味着网络营销的效果卓有成效，因此，独立访问者数量是最有说服力的评价指标之一。相较于页面浏览数统计指标，网站独立访问者数量更能体现出网站推广的效果，因此对网络营销管理具有重要意义。

一些机构的网站流量排名通常都是依据独立访问者数量进行排序的，如调查公司 Media Metrix 和 Nielsen/NetRatings 对美国最大的 50 家网站访问量的排名，就是以独立访问者数量为依据的，统计周期为一个月，无论用户在一个月内访问网站多少次，都记录为一个独立用户。不过值得说明的是，由于不同调查机构对统计指标的定义和调查方法不同，对同一网站监测得出的具体数字并不一致。

2. 独立访问者数量的网络营销意义

在网站流量分析中，独立访问者数量（独立用户数量）对网络营销主要有以下几个作用。

（1）独立访问者数量比较真实地描述了网站访问者的实际数量

相较于网页浏览数和点击数等网站流量统计指标，网站的独立访问者数量对网站访问量的描述更有说服力，尽管这种统计指标本身也存在一定的问题。目前对独立访问者数量的定义，通常是按照访问者的独立 IP 来进行统计的，这实际上和真正的独立用户之间也有一定差别，比如多个用户共用一台服务器上网，使用的是同一个 IP，因此通过这个 IP 访问一个网站的实际用户数量（自然人）不管有多少，在网站流量统计中都算作一个用户，而对于采用拨号上网方式的动态 IP 用户，在同一天内的不同时段可能使用多个 IP 来访问同一个网站，这样就会被记录为多个"独立访问者"。

当然也可以采用更精确的方式来记录独立访问者数量，但可能存在一定的技术难度，或者会影响到对访问者其他信息的统计，如用户所在地区、用户使用的（Internet Service Provider，互联网服务提供商）名称等，因此在网站流量统计中，这种"精确统计"的方式并不常用。所以，尽管独立 IP 数量与真正的用户数量之间可能存在一定差别，但目前的网站统计中仍然倾向于采用 IP 数量的统计。

（2）独立访问者数量可用于不同类型网站访问量的比较分析

在"网站页面浏览数分析"中介绍过，通过每个访问者的页面浏览数变化趋势分析网站访问量的实际增长时需要用到独立访问者数量统计指标，因为对于不同的网站，用户每次访问的网页数量差别可能较大，对于新闻、专题文章等内容的网站，用户可能只是浏览几个最新内容的网页，而对于一些娱乐性的网站如音乐、图片、明星八卦等，则很可能每次访问会浏览几十个甚至更多的网页，这样仅仅用网站页面浏览数就很难比较两个不同类型网站的实际访问者数量，因此独立访问者数量是一个通用性的指标，可以用于各种不同类型网站之间访问量的比较。

（3）独立访问者数量可用于同一网站在不同时期访问量的比较分析

与不同网站的用户平均页面浏览数有较大差别的情况类似，同一个网站在不同时期的内容和表现会有较大的不同，用户平均页面浏览数也会发生相应的变化，因此在一个较长时期内进行网站访问量分析时，独立访问者数量指标具有较好的可比性。

（4）以独立用户为基础可以反映出网站访问者的多项行为指标

除了网站的"流量指标"之外，网站统计还可以记录一系列用户行为指标，如用户电脑的显示模式设计、电脑的操作系统、浏览器名称和版本等，这些都是以独立用户数量为基础进行统计的。同样，在一个统计周期内同一用户的重复访问次数也可以被单独进行统计。

5.4.4 用户来源网站分析及其网络营销意义

用户来到一个网站的方式通常有两种：一种是在浏览器地址栏中直接输入网址或者点击收藏夹中的网站链接，另一种则是通过其他网站的引导而来（包括搜索引擎），也就是来源网站。用户来源网站，有时也称为引导网站，或者推荐网站（Referring Site）。

许多网站统计分析系统都提供了用户来源网站统计的功能（来路统计功能），这对于网站推广分析具有重要意义，通过这些统计资料可以了解到你的用户来自哪里，以及各个来源网站占多大比例等。

1. 用户来源网站分析的主要统计指标

通过对用户来源网站的统计，可以了解到用户来自哪个网站的推荐、哪个网页的链接，如果是通过搜索引擎检索，还可以看出用户是来自哪个搜索引擎、使用什么关键词进行检索，以及你的网站（网页）索引出现在搜索结果的第几页、第几项。一般来说，通过网站流量统计数据可以获得的用户来源网站的基本信息包括：

① 来源网站（网页）的 URL 及其占总访问量的百分比；

② 来自各个搜索引擎的访问量百分比；

③ 用户检索所使用的各个关键词及其所占百分比。

在获得上述基础数据的前提下，可以继续分析获得更加直观的结果。

① 对网站访问量贡献最大的引导网站；

② 对网站访问量贡献最大的搜索引擎；

③ 网站在搜索引擎检索中表现最好的核心关键词。

2. 用户来源网站分析的网络营销意义

关于访问者来路的统计信息为网络营销人员从不同方面分析网站运营的效果提供了方便，至少可以从中看出部分常用网站推广措施所带来的访问量，如网站链接、分类目录、搜索引擎自然检索、投放于网站上的在线显示类网络广告等。以搜索引擎为例，通过对来源网站的分析，可以清晰地看出各个搜索引擎对网站访问量的贡献，每个搜索引擎的重要程度如何，是不是值得去购买他的付费搜索服务，在分析后应该就很清楚了，这样更有利于选择对网站推广有价值的搜索引擎作为重点推广工具，从而减少无效的投入。

不过，这些基本统计信息本身所能反映的问题并不全面，有些隐性问题可能并未反映出来。例如，根据分析，某个关键词对于一个网站可能很重要，但是通过对主要搜索引擎带来访问量的分析发现，只有其中一个搜索引擎带来了访问量（通过自然搜索而不是付费推广），但并不能因此而否定其他搜索引擎的价值，还需要做进一步分析才能知道是自己网站本身的问题，还是搜索引擎的问题。另外，网站访问量增长（或者下降）的原因，是因为某些推广措施所引起，还是另有其他原因？对这些问题的深度分析，则需要考虑更多的关联因素。

另外，一家企业网站被竞争者所关注是很正常的事情，竞争者访问的频度如何，主要关注哪些内容等都是值得研究的问题，根据详细的网站访问统计，甚至可以据此分辨出"谁是我们的朋友，谁是我们的敌人"，如果有必要，还可以针对主要竞争者设计专门的网页，以便为竞争对手的监视活动制造错觉。

5.4.5 用户使用的搜索引擎和关键词统计

在网站来路的统计分析中，可以看出用户是来自哪些网站的引导，其中也包括搜索引擎的引导，用户通过某个搜索引擎检索并来到一个网站，这个搜索引擎便成为引导网站中的一个。对于来源于搜索引擎的用户，通过网站统计数据可以获得更多的信息，其中对搜索引擎营销最有价值的一项统计信息是，用户通过什么搜索引擎，以及使用什么关键词进行检索。这些统计信息对了解用户使用搜索引擎的习惯很有价值，对这些数据的分析结论可以用来更有效地改进网站的搜索引擎推广策略。

从网站推广管理的角度来看，在所有的网站访问量统计资料中，搜索引擎关键词分析的价值甚至远高于独立用户数量和页面浏览数这些被认为是最主要的网站流量统计指标，因为用户搜索统计信息会告诉网络营销人员，用户是怎么发现你的网站的、他们使用哪些搜索引擎检索、利用这些关键词检索时你的网站在搜索结果中的排名状况——这些通过自己的主观想象往往是做不到的。但是，从大量零散的搜索引擎关键词信息中获得非常有价值的结论，并用于改进网站的搜索引擎推广策略，有时并非简单的事情，需要专业人士的综合分析。有关搜索引擎关键词的分析方法，将在本章后面进行实例分析。

5.4.6 其他网站访问统计指标及其网络营销意义

除了前面介绍的几种重要的网站访问统计指标之外，还有一些值得关注的网站访问统计信息，这里一并介绍如下。

1. 某些具体页面的统计指标

通过网站访问量统计，可以获得某些具体页面被访问和下载的次数，也可以统计出每个页面访问量占总访问量的比例。这种统计信息为跟踪分析某项具体的网络营销活动提供了方便。例如，为了评价某个新产品的情况，在新发布的产品页面，可以看到这个页面每天被浏览/显示了多少次，如果提供了产品说明书下载或者在线优惠券下载，还可以根据用户的下载次数来评价网络营销所产生的效果。这一指标通常被用作对某些推广活动的局部效果评价，将网站统计资料与所采取的网站推广手段相结合进行分析，可以得出网站访问量和营销策略之间的联系。例如，一个网站在 10 月进行了一次有奖竞赛活动，根据该月网站访问量的变化情况可以检验这次活动的效果如何。

2. 用户访问最多的页面（受访页面）

有些网站首页是用户访问最多的页面，但并不都是这种情况，实际上许多网站首页的访问量占全站访问量的比例可能不足 10%。这是因为用户可能从多个页面进入网站，尤其是当网站内容页面的搜索引擎优化状况比较好时，通过内容页面来到网站的比例会更高一些。通过网站访问统计数据，可以清楚地看到哪些网页对网站访问量的贡献最大，同时，对于那些比较重要而没有获得用户充分关注的网页，可以通过分析找出其问题所在，经过优化设计获得更多的访问者。

3. 用户访问量的变化情况和访问网站的时间分布

大多数网站的统计分析软件都提供了按不同时间单位收集的用户数量分布数据，如每天统计报告中按照小时的访问量进行统计，每月统计报告中则以每天的访问量为单位，这样，既可以从一段较长的时期来了解网站访问量的变化情况，也可以详细了解一天中每个小时的网站访问量情况。从月统计报告中可以看出每个星期中哪几天是访问高峰，而从每天的统计报告中则可以看出每天出现的访问高峰时间，这样，在进行网站维护时可以充分利用这些信息，例如，在访问高峰期到来之前更新网站内容，在网站访问量最低的阶段进行数据备份、服务器维护、在线测试等，以免影响用户的正常访问。

4. 用户浏览器的类型

微软 IE 浏览器一直占有浏览器市场最大的份额，现在浏览器越来越多，虽然大多数浏览器以 Internet Explorer 为内核，但不同浏览器的界面设计及部分处理功能有所差异，即使同样是 IE 浏览器，不同版本的浏览器的特性也有所不同，这样如果是那些针对某一版本的浏览器进行设计的一些功能，在其他版本中就可能无法正常工作。另外，新的浏览器还在不断出现，也会吸引一部分用户使用，从用户浏览器类型的统计中，也可以发现一些有价值的问题。比如，随着火狐浏览器用户数量的增加，网站设计的浏览器兼容性问题需要重新得到重视，否则可能出现令网页设计师感到难堪的结果，如在 IE6 中显示正常的网页，到火狐浏览器中可能变得一团糟，甚至连菜单都无法正常显示。同样，早期的网站设计即使在当时对各种浏览器的适应性都很好，但在新浏览器中可能会出现一些兼容性问题，如果是重要的内容，就有必要对前期的网页模板进行适应性调整。

5. 访问者计算机分辨率显示模式

与用户使用浏览器的特征类似，访问者计算机分辨率设置的变化情况也可以通过网站访问统计获得。早期的很多网站上往往有这样的提示："建议用户采用 800 像素×600 像素模式获得最佳显示效果"，然而实际上现在用户的计算机显示器分辨率可能为 1 024 像素×768 像素或者更高，如果没有注意到用户浏览习惯已经发生变化，将无法提供符合大多数用户浏览习惯的网站设计。这些用户访问网站的信息，都可以通过网站访问统计数据获得。由此也说明，网站访问统计并不仅仅是为了评价网站的访问效果，而是具有多方面的价值。

6. 用户所使用的操作系统

通常情况下，用户使用不同的操作系统与网络营销之间没有直接的联系，不过当需要对用户行为进行深入的监测时，了解用户使用的操作系统就有独特价值。比如，苹果 iPad 或者 Android 操作系统用户比例的增加，可以认为是平板电脑或者手机访问者的增加，那么目前的网站设计对平板电脑及手机的适应性如何？这就需要进行测试并根据发现的问题对网站模板设计进行调整，以便为移动上网用户提供更好的浏览效果。对用户操作系统的统计是网站流量统计软件的基本功能之一，一般的统计系统都提供这一数据。

7. 每个访问者的平均停留时间

访问者停留时间的长短反映了网站内容对访问者吸引力的大小，通过对每个访问者平均停留时间的分析，可以得出许多有价值的结论：如果许多访问者在 20—30 秒内离开你的网站，很可能是由于页面下载速度太慢，也可能是由于网站内容贫乏或其他设计缺陷；此外，如果你发现许多访问者在某些页面停留的时间过长，那么可能要对其他页面进行改进。不过，由于每个人的阅读速度和网络接入速度不同，阅读同样数量的网页所花的时间可能有一定的差别，不同网站网页的平均信息量也不相同，因此根据这些信息也只能在一定范围内进行粗略的判断。

8. 访问者所在地区和 IP 地址

本书在一开始对网络营销概念的认识中就提出了网络营销不是虚拟营销的观点，其中原因之一就在于，网站的每个访问者的所在地区、IP 地址和其在网站上的点击行为等信息都可以通过网站流量统计系统被详尽地记录下来。一般来说，用户来自各地，用户 IP 地址也比较分散，不过从一个较长的时期来看，可以获得用户来源地区的有关统计信息特征，这对于开展地区性网络营销具有一定的参考价值。

5.4.7　数据分析实例：搜索引擎关键词分析

由于搜索引擎对网站推广的作用长期处于重要地位，因而通过搜索引擎带来的访问量也就成为网站流量统计分析中最受关注的指标之一。前面已经介绍，通过网站流量统计数据可以看出用户来自哪些搜索引擎、用户使用哪些关键词进行检索、各搜索引擎带来的访问量等基本信息。通过这些信息如何对网站的搜索引擎营销状况进行评价呢？

1. 网站搜索引擎检索访问量统计案例

表 5-2 是某流水线设备企业网站访问统计的真实数据。这里仅列出了网站在一个月的统计周期内通过搜索引擎带来访问量的基本数据，其中包括：用户使用检索数量最多的前十个关键词及其占全部检索数量（2111 次）的百分比，以及用户搜索使用的全部（8 个）搜索引擎及每个搜索引擎带来的访问量占全部搜索的比例。

表 5-2　某网站一个月的访问统计数据

关键词	检索次数	占检索总数比例	搜索引擎	搜索数量	占搜索总数比例
流水线设备	64	3.03%	百度 Baidu	1 269	60.12%
生产流水线	61	2.89%	Google	318	15.06%
自动化设备维修	49	2.32%	360 搜索	229	10.85%
发动机装配线	35	1.66%	搜狗 Sogou	166	7.86%
流水线	31	1.47%	腾讯 SOSO	79	3.74%
装配流水线	27	1.28%	微软 Bing	44	2.08%
皮带输送机安装	27	1.28%	Yahoo 搜索	5	0.24%
摩托车生产线	27	1.28%	网易 Yodao	1	0.05%
生产流水线设备	23	1.09%			
流水线管理制度	23	1.09%			
合　计	367	17.39%	合　计	2 111	100%

资料来源：利用 51yes 统计工具获得的统计数据。

通过该网站的访问统计数据可以看出：

① 用户检索所使用的关键词是比较分散的，前 10 个检索最多的关键词数量合计仅占全部关键词数量的 17.39%。

② 用户使用搜索引擎是比较集中的，带来访问量最大的三个搜索引擎占检索总数的 86.03%，仅百度带来的访问量就占搜索引擎带来访问量总数的 60.12%。

此外，通过网站来路统计数据分析可以看出，在这期间，搜索引擎带来的用户量（IP 数量）占全部用户量的比例为 55.95%，用户自行输入网址（或通过收藏夹）的比例为 27.43%，通过其他网站链接来访的用户占 16.62%。

可见，网站访问统计数据告诉我们这样的基本事实：搜索引擎是用户获取网站信息的首要渠道；用户检索行为的分散性以及用户使用搜索引擎的集中性都很明显。

2. 网站统计数据可能无法反映出来的信息

用户所有的检索行为都会被记录在网站流量统计报告中，但是，有些数据可能无法通过流量报告反映出来，对于这些问题，就需要进行专业的分析了。

仍以表 5-2 中的网站统计数据为例，假定该企业另外有一项重点推广的产品"手机装配流水线"，通过网站访问统计报告，如果很少甚至没有用户利用相关词汇检索来到网站，对于这种情况，是什么原因造成的呢？

初步分析，可能有以下三种原因。

① 产品名称不被用户所了解，因此用户一般不使用这个产品名称相关的关键词进行检索。

② 该产品相关的网页设计不合理，如网页标题没有含有核心关键词、网页内容中的关键词设置不合理、在产品列表页面没有使用正确的产品名称而是用产品型号作为关键词等。

③ 利用"手机装配流水线"及其长尾关键词检索，在搜索结果中，竞争者网站获得了绝对优势，很难看到本企业网站的相关信息。

实际上，上述第三种原因很可能是第二种原因造成的。根据分析，对相关网页进行诊断，就可以发现问题所在，根据问题进行相应的优化处理，对下一阶段的搜索引擎推广具有积极意义。

当然，这个假定的情形所反映的只是隐藏在网站流量统计数据背后现象的一种，类似的问题可能还有很多，比如，为什么用"流水线设备"检索时用户主要来源于百度，而通过其他搜索引擎获得的访问者寥寥？这种情况下应该采用哪些方法获得最佳推广效果？

对这类现象的分析，可以为搜索引擎推广带来这样的启示。

① 有些重要的关键词为网站带来了可观的访问量，由于在各个搜索引擎中的表现情况并不一致，如果从网站流量统计数据中发现了这个问题，就可以采取针对性的措施，进一步扩大搜索引擎推广的效果。

② 同一个关键词在不同的搜索引擎中检索，检索结果往往是不同的，对于若干个重要的关键词，有必要对各个主要搜索引擎进行逐个研究，从而发现自己网站的搜索引擎优化的总体状况。

③ 有些关键词在一定时期内可能有较多的用户检索，但可能随着时间的推移而发生变化，从而对网站访问量造成影响，这些信息同样可以通过搜索引擎关键词统计数据分析发现，因此对网站流量统计数据进行定期分析是必要的。

④ 网站流量统计分析不仅要分析统计数据本身，还要对数据之外的相关因素进行分析，从而对搜索引擎营销过程进行跟踪，不断改善影响搜索引擎营销效果的因素。

3. 网站流量统计中的搜索引擎关键词分析期望结果归纳

通过前面对有关网站访问的真实数据和假设问题的分析发现，在网站流量统计分析中，搜索引擎关键词分析有两个特点：第一是用户所使用的关键词的分散性为网站流量分析带来困难；第二是同一个重要关键词在不同搜索引擎中检索时网站排名状况的差异，以及同一关键词在不同时期的用户关注程度转移等问题。这些数据分析的复杂性使得要获得专业的网站流量统计分析有一定的难度，甚至会让人有些无从下手。

例如：对于一个为自己网站带来访问量很少的搜索引擎，是什么原因导致其带来的访问量低，是该搜索引擎的用户搜索数量本来就少，还是自己的网站在该搜索引擎中的排名位置有问题？是否可以改善这种状况？又如：对于一个重要的关键词，假如它占全部搜索访问量的比例为 5%，如果我们想进一步知道，这个关键词在每个搜索引擎中的表现情况，该怎么办呢？诸如此类的问题，一般的网站流量统计系统都不会做得非常深入，通常只是一些大致的数据分析，这些对于了解网站的运作情况可以发挥初步的作用，但对于专业的网络营销分析，就显得远远不够了。

那么，通过**搜索引擎关键词分析期望获得的有价值的结果**有哪些呢？包括前面一些分散的介绍，这里我们一并归纳如下。

① 关于各个搜索引擎重要程度的统计：哪些搜索引擎为网站带来了访问量？在统计结果

中应包含各个搜索引擎的名称、在一定统计周期内（比较理想的是每周和每月）每个搜索引擎为网站带来的用户数量，以及每个搜索引擎占总搜索访问量的百分比。

② 关于关键词使用情况的统计：用户利用哪些关键词进行检索？在关键词应用状况的统计中，应包括在一定统计周期内（比较理想的是每周和每月）若干重要关键词为网站带来的访问量（用户数量），以及每个关键词占总搜索访问量的百分比。

③ 关于最重要的搜索引擎分析：对于前面已经列出的若干重要关键词（假定为10个），每个关键词在最重要的搜索引擎（占搜索访问量比例最高的搜索引擎）中的排名情况如何？这些可能需要根据用户通过搜索引擎的来源路径查看才能知道。

④ 关于最重要关键词的分析：对于用户使用比例最高的重要关键词（如5~10个），在每个搜索引擎中的表现如何？

⑤ 关于分散关键词的分析：如果前10个关键词带来的访问量不到搜索引擎总访问量的40%，那么可以肯定这具有非常明显的关键词分散性，对于超过搜索总访问量60%的关键词，具有哪些特征？

⑥ 搜索引擎带来的访问量占网站总访问量的百分比：这项数据反映了搜索引擎对一个网站推广的重要程度，也是制定网站推广策略的重要参考指标之一。一般来说，内容丰富且网站优化状况较好的网站，搜索引擎带来的访问量占总访问量的60%以上都是正常的。但是一个网站的访问量如果严重依赖搜索引擎，也可能说明一些潜在问题，如用户回访率较低、企业或产品品牌知名度不高等。

根据基本的网站搜索引擎关键词统计信息，当获得了上述六个方面的分析结果之后，就可以初步断定该网站用户使用搜索引擎的一般特征，并据此改善搜索引擎营销的策略。

4. 网站流量统计中的搜索引擎关键词分析方法

用户利用搜索引擎检索关键词的分散性，为网站流量分析带来了很大的难题，虽然网站流量统计数据中的统计信息让网络营销人员可以了解用户通过哪些搜索引擎以及使用哪些关键词来到网站，但是要从中获得系统的分析结论是比较困难的，这就需要采取一定的方法对这些分散的关键词进行分析。

针对关键词分析的特点，下面我们介绍一些有效的搜索引擎关键词分析方法，包括关键词聚类统计、关键词排名深度分析、对重要网页的跟踪统计等常用方法，供大家在进行网站流量分析时参考。

（1）搜索引擎关键词分析方法之一：关键词聚类统计分析

关键词聚类统计分析方法，就是根据网站流量统计获得的基本信息，对类似的关键词进行聚合归类，将大量分散的关键词归纳为若干小的类别，这样每个类别中的关键词数量相对集中，比较容易看出用户使用关键词检索的规律。这种方式虽然不够严格，但对于了解用户检索的一般特征具有统计意义，因此常作为关键词分析的方法之一。

（2）搜索引擎关键词分析方法之二：关键词排名深度分析

所谓关键词排名分析，也就是根据用户使用各种关键词的频率选出若干个最重要的关键词。这些基本数据在一些网站流量统计分析软件的分析结果中可以获得，比如，在网站流量统计结果中分别列出前十位关键词所占的比例，这些信息反映出用户使用关键词的大致特征，但由于关键词分散的因素，最重要的关键词所占的比例可能也不到10%，使用率最高的前十个关键词占全部关键词的比例总计也许还不到30%。

这样对于大量的关键词就无法进行研究,而这些重要关键词在不同搜索引擎中的表现也可能有很大差异。为了充分利用这些有限的关键词统计信息,就需要对这些关键词进行深度分析以获得更有价值的结论。对关键词进行深度分析的方法有很多,例如,选取用户使用率比较高的5～10个关键词,研究这些关键词是否覆盖了网站所期望的主要关键词,以及每个关键词在各个主要搜索引擎中的表现,对于关键词表现不佳的搜索引擎采取针对的措施,如进一步进行优化设计、购买关键词广告、加大竞价排名每次点击费用等。

（3）搜索引擎关键词分析方法之三:对重要网页的跟踪统计

网站流量统计可以对整个网站进行统计,也可以对某个页面进行单独统计。由于整个网站内容较多,关键词分散是在所难免的,而对于某个具体网页/栏目/频道,由于内容集中于某一领域,这样,用户通过搜索引擎检索来到网站所使用的关键词相对也比较集中,有望获得若干具有集中趋势的关键词。通过对一些重要页面（比如首页以及产品介绍等期望用户发现的网页）的分别跟踪统计,比较容易获得部分重要关键词的统计规律。这种针对重要网页分别跟踪统计的方法是常用的网站分析方法之一,在搜索引擎关键词分析中发挥了明显的作用,大大降低了由于关键词的分散性造成的网站流量分析难度。

网站流量统计分析工作包含的内容很多,搜索引擎关键词分析的方法也不止上述三种,在网络营销管理的实际工作中还可以总结出更多的经验和分析方法。这里介绍的三种针对用户关键词检索分散性的分析方法,实际上也反映出一种具有普遍意义的网络营销管理思想:用户访问网站的行为千差万别,网站流量统计分析软件的功能也不可能尽善尽美,但仍然可以采取一些方法对网站统计数据进行有效的分析,其中实践经验具有举足轻重的作用。这也进一步说明了本书所强调的网络营销的基本特征之一是实践性:没有深入的实践体验,对网络营销的理解只能是空洞的、表面的。

5.4.8 数据分析应用:网站访问统计分析报告写作

在了解网站流量统计指标的意义及获取数据的方法之后,就可以考虑制作网站访问统计分析报告了。网站访问统计分析报告是网站运营管理人员必不可少的工作,也是网络营销人员必须掌握的基本功。本节介绍了网站访问统计分析报告的写作方法和部分案例。

尽管网站访问统计分析报告无须统一的格式,但考虑到这项工作是连续的、长期的,通常需要对比历史数据,因此应尽可能做到数据详尽、分析全面,使其对网站运营管理具有长期价值。因此,建议首次为网站制作统计分析报告时参考以下基本步骤。

① 设计网站访问统计分析报告表格。

② 获取当月网站流量统计数据,并将主要指标填入表格中。

③ 根据网站运营日志,填写本月网站运营维护内容摘要。

④ 本月网站运营状况小结,包括与上月相比的变化情况等。

⑤ 网站运营分析:问题及接下来的工作计划等。

实际上,在完成了网站访问统计分析报告表格的设计之后,其他的工作就是在表格中添加相应的内容了,因此一个适合本网站运营管理需求的表格是非常重要的,这里介绍两种表格供大家参考。

模板 1：基础型网站访问统计分析报告模板

下面的网站统计分析模板内容比较简单,仅对网站统计数据中的部分重要信息进行分析,旨在反映网站推广的效果和问题,可作为一般的网站运营月度报告档案资料。

网站访问统计分析报告

网站基本信息		
网站名称		
网　址		
统计日期	自　年　月　日　至　　年　月　日	
1．网站访问量统计指标		
	网站访问量统计摘要	当月数量	比上月增长（%）
（1）	平均每天独立用户数量：		
（2）	平均每天网页浏览数：		
（3）	每个用户平均访问时间：		
（4）	网站首页浏览平均数：		
（5）	用户直接访问所占比例（%）		
（6）	通过搜索引擎检索访问量所占比例（%）		
2．重要网页统计信息		
说明：访问量（页面浏览数）最大的 10 个页面 URL 及其分别占总访问量（页面浏览数）的比例。		
3．用户来源统计信息		
说明：对访问量贡献最大的 10 个网站（包括搜索引擎和网站链接等）所带来的访问量及其占总访问量的比例。		
4．搜索引擎关键词分析		
说明：用户通过搜索引擎所使用的最主要的 10 个关键词,也就是通过搜索引擎为网站带来访问量最多的关键词列表。		
5．其他相关参考统计信息		
说明：竞争者信息、其他第三方数据等。		
6．网站访问统计分析总结与下阶段工作建议		
说明：根据前面的网站流量统计信息,结合本月推广运营工作的内容,分析网站运营工作的阶段成果与存在的问题,分析问题的原因及解决办法,提出下阶段工作的相关建议。		
报告人（签名）：　　　　　　　　　　　　　　　　　　　　　　　　报告日期：　　年　月　日		

模板 2：运营诊断型网站访问统计分析报告模板

网站访问统计分析报告

网站基本信息		
网站名称		
网　址		
统计日期	自　年　月　日　至　　年　月　日	
1．网站运营统计数据		
	上月数据	本月数据

网站已发布网页数量		
百度收录数量		
Google 收录数量		
Yahoo 收录数量		
新客户数		
回访客户数		
网站外部链接数量		

2．网站有效访问数量统计数据

	上月数据	本月数据
网页浏览数量（PV）		
独立用户数量（IP）		

3．用户访问页面统计（TOP10）

网页（URL）	访问数量（PV）	占总访问量比例（%）

4．用户来源网站（TOP10）

网页（URL）	访问数量（PV）	占总访问量比例（%）

5．搜索引擎带来访问量最大的关键词（TOP10）

关键词	访问数量（PV）	占总访问量比例（%）

6. 网络推广与效果总结

主要内容包括:

-
-
-
-
-
-

说明:根据前面的网站流量统计信息,结合本月推广运营工作的内容,分析网站运营工作的阶段成果与存在的问题,分析问题的原因及解决办法,提出下一阶段工作的相关建议。

报告人(签名):

报告日期: 年 月 日

本章小结

  本章分析了用户来源的基本形式及用户连接的方式,介绍了用户数据的类型及来源,提出了网络营销用户数据分析的基本思路,并以网站访问统计分析为例详细介绍了网站用户访问指标的含义及网站访问分析方法。

  用户来源渠道的四种基本形式:用户主动获取企业信息、用户社交关系分享推荐、用户被动接收企业信息、用户与企业的连接沟通。

  网络营销中常用的数据类型:用户个人信息、网络信息传递渠道及用户来源渠道信息、网络营销信息源相关的数据、定向调查数据。

  根据网络营销数据分析的传统方法和经验,借鉴大数据的分析思想,总结了部分数据收集及分析的思路:建立网络营销数据化思维——一切皆可数据、扩展数据来源渠道——用户是数据之源、取之不尽的互联网公共数据、数据分析能力——无可替代的网络营销能力。

  作为网络营销数据分析最成熟的领域之一,本节介绍了网站访问统计数据的意义及分析方法。网站访问统计指标大致可以分为三类,每类包含若干数量的具体统计指标。这三类指标分别是:网站流量指标;用户行为指标;用户浏览网站的方式。

第6章 网络营销服务与市场

【学习目标】

① 了解网络营销服务市场的主要服务内容;

② 认识网络广告的基本条件与本质特征;

③ 熟悉网络广告的主要类别和形式;

④ 了解常见网络广告的形式及特点。

网络营销的基础运营重点在于企业自行构建和维护网络营销系统的各个环节,利用自有资源或可用的第三方资源来实现网络营销的目的,这是企业网络营销的基础。不过有时候仅靠企业自己的网络营销能力是不够的,借助于外部服务可以更快速地实现企业网络营销的目标。蓬勃发展的网络营销服务市场,对企业开展网络营销提供了丰富的外部资源。

网络营销服务市场属于网络营销环境运营的组成部分。本章介绍了网络营销服务市场的概况,并以付费网络广告为例,介绍了网络广告的常见形式及特点(见图6-1)。

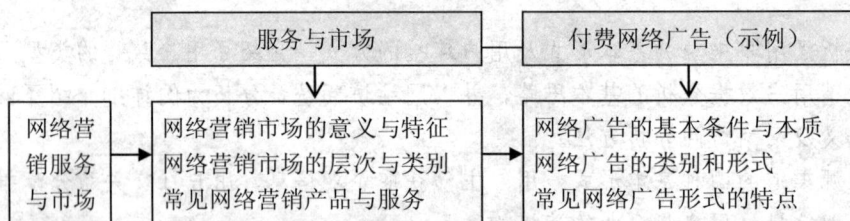

图 6-1 网络营销服务与市场内容框架

6.1 网络营销服务市场的意义与特征

网络营销信息源发布及维护、网络信息传递渠道建设、用户及数据分析等都属于专业的网络营销工作，需要专业的网络营销人员来操作，但在现实中并不是每个企业都有足够的专业人员，或者有些方面每个企业独立运营需要投入的资源过高，因此有些服务需要由第三方专业服务来完成。例如，在线调查系统、网站联盟系统虽然都可以由企业自行开发，但可能存在开发成本高、利用率低等问题，采用第三方平台服务更为合算。又如，企业新发布一款产品，如果利用自有资源渠道推广，可能需要较长的时间，会错过市场机会，但如果利用网络广告服务商的现有资源进行推广，则可以获得快速占领市场的机会。

合理利用专业的网络营销服务，即使企业没有专职的网络营销人员，也可以根据企业的营销资源及目标开展必要的网络营销工作，并且大大缩短了企业网络营销运营的周期，使企业可以快速获得预期的网络营销效果。

从网络营销的发展历程来看，网络营销服务市场的意义主要体现在以下三个方面。

① 行业价值：网络营销市场化，有利于增加社会对网络营销的整体认识，实现合理的行业分工，对网络营销领域的发展具有一定的促进作用。

② 资源价值：网络营销产品和服务是企业外部的网络营销支持系统，企业通过一定的资金投入即可获得必要的网络营销资源，如企业官方网站建设、App 开发、网络推广、平台账户运营等，快速实现将资金转化为网络营销效果。

③ 检验价值：有效果的网络营销服务才有生命力，根据网络营销市场产品的应用状况，也可以从一定程度上检验该产品的网络营销价值。曾经热门的服务，在一段时间之后可能因无人问津而退出市场。例如，收费登录分类目录网站曾经作为付费网络推广服务有一定的市场，随着搜索引擎收录信息方式的演变而逐步被淘汰；随着搜索引擎广告、社会化媒体广告等网络广告新形式的发展，电子邮件广告的市场份额越来越小，也反映了企业越来越不重视这种推广方式。

此外，网络营销服务市场的发展状况也反映了网络营销领域的创业机会，为网络营销创业方向提供了参考。

网络营销服务商及网络营销产品是企业网络营销的外部资源，企业开展网络营销需要合理利用内部资源与外部资源。事实上，没有一个企业可以自己完成所有的网络营销工作而不与任何网络营销服务商打交道，因此充分认识网络营销服务的价值，了解网络营销服务行业的网络营销服务商以及他们的主要产品及服务是非常有必要的。

可见，网络营销服务市场与企业营销人员、从业者、网络营销学习者等都有一定的关系，了解网络营销服务市场的发展，对学习和应用网络营销均有重要意义。

从网络营销的发展历程来看，网络营销服务市场的基本特征表现在以下几个方面。

① 网络营销服务与互联网发展密切相关：网络营销离不开互联网应用环境，每一种互联网工具的诞生和发展都可能产生相应的网络营销服务，因而网络营销服务产品与互联网工具特征一致。

② 网络营销服务以效果为核心：从网站推广对访问量、注册用户数量的要求，到网上商店运营对订单数量和销售额的目标，以及社交网络粉丝数量和用户参与数量指标，网络营销服务通常以效果为导向，企业购买网络营销服务是对网络营销效果的期望。

③ 网络营销服务市场分散化：除了网络营销基础服务和网络推广平台（如域名注册服务、B2B 电子商务平台、门户网站网络广告、搜索引擎广告等）之外，大多数网络营销服务企业的市场规模较小，行业分散化特征明显，这也意味着网络营销服务市场稳定性不高，产品和服务变化较快。

以上这些特征表明，网络营销服务市场是在互联网基础服务基础上的网络营销应用，以网络推广及效果管理为主要内容，随着互联网的发展而处于不断变化之中，网络营销产品和服务具有阶段性的特点，有些产品和服务的生命周期可能比较短暂。

6.2　网络营销服务市场的层次及类别

网络营销的各个环节都有相应的服务，如信息源构建环节（网站建设、平台付费账户），到网络营销信息传递渠道中的各种网络推广（展示类广告、搜索引擎广告、分类广告），再到用户及管理分析（咨询、诊断、舆情分析、流量分析），都有相应的付费产品和服务。

根据企业网络营销的流程和需求层次，通常可以将网络营销产品及服务分为三个层次：互联网应用基础服务、企业网络推广服务、运营维护及顾问咨询服务。三者所包含的服务内容列举如下。

① 互联网应用基础服务：属于信息源构建的技术支持系统，如域名注册、虚拟主机/主机托管、云主机、网站建设、企业商城系统、企业邮箱、自助建站平台、企业 App 开发、微商城开发等。

② 企业网络推广服务：B2B 电子商务平台、搜索引擎广告及代理服务、网络展示广告、网上商店平台、分类目录、在线黄页、网站联盟、E-mail 广告、网络视频广告、分类广告、社交媒体广告、内容平台自媒体广告等。

③ 运营维护及顾问服务：网络推广效果管理工具、在线客服系统、网站流量统计、大数据服务、社交网络代运营、网店模板、电子商务代运营、咨询及培训、舆情分析、网络公关、网络营销市场研究等。

目前中小企业及个人创业者基础数量庞大，他们对互联网基础服务有较大的需求，是网络营销不可缺少的服务内容。由于国内的互联网巨头如百度、腾讯、阿里巴巴、新浪、搜狐等同时也是网络推广（包括网络广告）服务平台，因此它们占有大部分的网络营销服务市场份额。运营维护及顾问服务则应用深度较高，但应用面较小且比较分散，市场规模相比网络基础服务和推广服务要小一些。

网络营销服务市场三种服务模式的市场规模与服务深度的对比示意图如图 6-2 所示，网络营销服务模式及特点比较如表 6-1 所示。

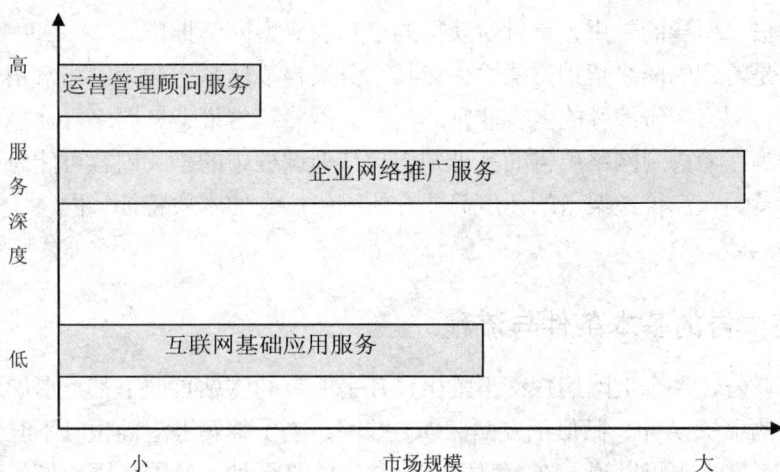

图 6-2　网络营销服务类别及市场规模示意图

表 6-1　网络营销服务模式及特点比较

	互联网基础服务	网络推广服务	运营维护及顾问服务
市场规模及趋势	较大，且稳定增长	最大，快速增长	较小，增长速度较快
产品/服务特点	标准化程度高，对客服依赖较低，便于实现在线购买和管理	平台式、规模化，用户可自主操作或在客服的指导下操作	产品形态分散，标准化程度低，对专业服务人员依赖较高
单位企业消费规模	需求范围广，消费金额相对较小，单项服务几十元到几千元	取决于企业网络营销预算，年投入几千元到亿元以上	需求差异较大，单项服务费从数百元到数百万元
与网络营销效果的关系	域名主机等只要能保持正常访问即可，网站、App、网上商城等与运营效果有密切关系	对效果有直接影响，取决于网络推广服务的有效组合及企业的应用能力	对效果有直接且显著的影响，取决于企业所选择的服务内容及服务商的专业水平

　　这里有必要说明的是，网络营销服务市场处于不断发展变化之中，尽管这个行业在快速发展，但不可避免的是一些产品或企业只能适应一定时期内的市场需求。新产品新服务不断涌现的同时，一些价值不高或者不容易被用户接受的产品会不断地被市场淘汰，尤其是运营维护及顾问服务，存在较大的不确定性，而网络营销基础服务则相对稳定。

　　在本章后续内容中，我们以网络推广服务中的付费网络广告为例，介绍常见的网络广告形式及特点。

6.3　付费网络推广：网络广告

　　在网络营销服务市场中，网络广告是最重要的领域之一。网络广告以用户向网络广告媒体或广告服务商付费为基础，获得网络推广资源，用资金换取网络推广的效果，是最直接、高效的网络营销方法之一。从网络营销信息传递方式来看，网络广告属于链接信息传递，网络广告发挥着信息引导的作用,是付费获得的信息引导型网络推广。

网络广告是常用的网络营销方法之一,其本身又自成体系,成为网络营销体系中一个相对完整的分支。网络广告涉及的内容非常广泛,如网络广告设计、网络媒体投放策略、网络广告效果监测等。考虑到网络广告的基础知识与其他课程中的相关内容可能有一定交叉,本书主要从网络营销信息传递渠道的角度简要介绍网络广告的本质特征、网络广告的常见形式及信息传递特点等。

6.3.1 网络广告的基本条件与流程

对于网络广告,每个上网用户都不陌生,几乎所有的网站页面上都有形形色色的网络广告,一些常用的手机 App、微信朋友圈、QQ 空间、电子邮箱等上面也时不时会出现不同类型的广告信息,基本上可以说,在互联网上网络广告是无处不在的,网络广告的形式更是多种多样,可见网络广告具有强大的生命力,同时也表明其在网络营销方法体系中的地位不可动摇。

相对于其他免费的网络推广方法,网络广告的基本特点之一是付费,即需要向广告服务商或广告媒体支付网络广告投放费用,可见网络广告具有显著的目的性和针对性,即通过资金投入,利用专业网络媒体的用户资源实现企业网络推广的目的。

1. 网络广告的基本条件

除了广告预算资金之外,通过网络广告实现信息传递一般**需要具备三个基本条件**。

① 网络广告设计:包括网络广告展示的引导信息(广告内容和形式)及目标信息源(着陆页)设计,通过明确的诉求,为广告投放及管理做好准备。其中着陆页可能是直接到达企业网站的指定页面,也可能是服务商提供的专用页面。

② 网络媒体及用户资源:网络广告媒体的价值是通过其用户资源体现出来的,因此网络媒体和用户是不可分割的整体,用户是网络广告价值的核心,选择网络媒体的前提是拥有预期的潜在用户资源。

③ 网络广告投放及效果评价:网络广告的优点之一是方便的投放及效果管理,因此广告服务商应具备提供专业的广告投放管理系统及效果分析报告的能力。

2. 网络广告的基本流程

简单来说,网络广告的基本要素包括:网络广告信息源、网络广告媒体及用户、网络广告管理系统。

相应地,网络广告的一般流程就是从这些基本要素入手,实现每个环节的基本任务和目标。一般来说,**网络广告的基本流程可分为五个阶段。**

① 企业网络营销计划阶段:确定营销目标、网络广告形式、预期效果及广告预算等。

② 网络广告策划设计阶段:网络广告及着陆页面策划设计。

③ 网络媒体选择与评估阶段:选择网络媒体,分析用户资源。

④ 网络广告投放阶段:针对媒体的广告资源投放相应的广告内容。

⑤ 网络广告效果管理阶段:跟踪分析网络广告效果,不断优化广告及投放策略。

其中前两个阶段主要取决于广告主,其他环节则与网络广告服务商及用户行为密不可分,可见投放网络广告不仅是企业自己的事情,而是与网络广告服务商、网络媒体及用户密切相关的系统性工作。

6.3.2 网络广告信息传递的本质

网络广告是借助于服务商的网络资源向互联网用户传递营销信息的一种手段，是对用户注意力资源的合理利用。网络广告通常不会单独出现，而是作为其他内容或服务资源的补充。例如，传统的网页展示广告，在用户浏览网页内容的同时，其受到广告信息的吸引，从而点击广告，来到广告信息源页面了解详细信息。而在搜索引擎搜索结果页面出现的关键词广告，也是作为搜索结果内容的一部分展示，用户关注并点击之后会来到广告主的网站。

网络广告本身不是一个互联网工具，并且网络广告信息传递并非依赖单一的互联网工具，所有可以传递网络信息的工具，如网页浏览器、视频播放器、电子书阅读器、电子邮件、手机 App 等，都可以传递网络广告信息。

尽管网络广告形式多样，信息传递的方式也各不相同，不过，如果透过现象看本质，每一个网络广告都是一个信息源与信息传递渠道的结合体，即通过广告展示的信息源（引导型信息）链接到广告着陆页面，实现从引导信息到完整信息的传递过程。用户浏览广告并对广告展示信息产生兴趣，接着点击广告来到广告主的信息源页面浏览完整信息并实现某种转化，如关注、注册、订阅、在线购买等。

用户从浏览到点击网络广告的过程，与搜索引擎营销的流程是一致的，两者同属于引导型信息传递，主要差异仅仅是引导信息源形式的不同。因此，搜索引擎营销的目标层次原理，对于网络广告同样具有指导意义，不过网络广告信息传递又有自己的表现形式和特征。例如，与用户主动通过搜索引擎搜索信息不同，用户浏览网络广告信息通常是在浏览网页内容或打开某些软件时被动接受的。也就是说，对于传统的网页广告而言，通常是事先设置网络广告，当用户浏览网页内容时向其展示网络广告的内容，不过随着网络广告的智能化，现在的网页广告也可以在用户访问某个网页时根据用户的行为分析数据而投放与其相关的广告。例如，你通过浏览器搜索过某类产品，在浏览网页时该网页可能就会投放与该产品相关的广告信息。

综上所述，网络广告信息传递的基本特征如下。

1. 网络广告信息传递渠道的非特定性

网络广告可以认为是一种信息传递渠道，但这种传递渠道具有非唯一性。由于网络广告类型很多，可以通过多种方式展示，多种网络营销工具都可以作为网络广告的信息传递渠道，这也就意味着网络广告作为信息传递渠道具有多样性。

2. 网络广告信息的非独立性

网络广告不是独立的信息源，需要依附于有价值的信息和服务，离开了对用户有价值的内容，也就不会有用户浏览，网络广告便无法实现网络营销的目的。网络广告这一基本特征表明，网络广告的效果并不是单纯取决于网络广告自身，还与其所发布的环境和依附的载体有着密切关系，这也说明了为什么有些形式的网络广告可以获得较高的点击率，如搜索引擎关键词广告、SNS 信息流广告等，而网页上的一般 Banner 和文字链接广告点击率却在持续下降。

3. 网络广告信息的非完备性

由于网络广告承载的信息有限，即使具有部分互动功能的广告通常也只能实现有限的用户交互行为，因此网络广告本身难以承担直接销售产品的职责，而且广告一般展示在其他网络平台上，广告主难以进行深入的用户转化工作，因此广告主通常利用网络广告将用户引导到其自己的网站空间，以获得用户的进一步浏览、注册、购买等行为。这也就不难理解，无论网络广告怎么演变，作为一种信息引导模式，其效果主要体现在用户浏览和点击的数量上，因而浏览量和点击率对于网络广告而言一直是重要的评价指标。由于网络广告所传递的是非完备的营销信息，因此，网络广告的核心思想在于通过引导型信息获得用户的关注并产生进一步的点击行为，通过引导链接到达信息源页面完成后续转化。

4. 网络广告的交互性与和谐性

网络广告应体现出用户、广告主和网络媒体三者之间和谐的交互关系。

网络广告的三个基本要素表明，网络广告涉及广告主、网络媒体及用户，网络广告的交互性也是因此而产生的。在谈论网络广告的交互性时，通常是从用户对网络广告的行为角度来考虑。如对于一些富媒体广告及信息流广告，用户可以根据广告中设定的一些情景做出选择，在即时信息广告中甚至可以实时地和工作人员进行交谈，不过这种交互是有限的，其实并没有反映网络广告交互的完整含义。

网络广告交互性的真正意义在于其体现了用户、广告主和网络媒体三者之间的交互关系。也就是说，网络媒体提供高效的网络广告环境和潜在用户资源，广告主则可以自主地进行广告投放、更换、效果监测和管理，而用户可以根据自己的需要选择自己感兴趣的广告信息及其表现形式并做出相应的行为。也只有建立了三者之间良好的互动关系，才能实现网络广告的和谐环境，让网络广告真正成为便于企业采用的网络推广手段，让用户在获取信息的过程中关注广告，网络广告的价值也才能最大限度地发挥出来。

网络广告这种和谐的交互关系具有一定的理想特征，但离现实并不遥远，一些网络广告形式已经具备了初步的和谐性。例如，SNS 媒体的信息流广告（如微信朋友圈广告）、某些原生广告形式已经表现出较好的、和谐的交互关系。

6.3.3 网络广告的类别及主要形式

自 1994 年 10 月 27 日网络广告出现至今已经有 20 多年的历史，网络广告的形式一直处于发展演变之中，有些广告形式发展缓慢（如邮件广告）、有些广告形式因具有一定的强制性而逐渐被冷落（如弹出广告）、有些广告形式获得快速发展（如搜索引擎关键词广告）、有些广告则更符合移动化、社交化网络用户获取信息的习惯（如信息流广告），不过值得一提的是，最早的 Banner 广告形式一直延续到现在且仍是常用的网络广告形式，表明其一直体现着网络广告内在的本质特征。

到目前为止，互联网上有哪些主要的网络广告形式？它们各自有哪些特点？根据美国互联网广告署（IAB）每季度及每年度发布的美国网络广告市场的收入报告，其中的网络广告形式也成为分类的主要参考依据。美国互联网广告署 IAB（Internet Advertising Bureau）成立于 1996 年，会员包括交互式广告和营销领域的知名公司，2001 年年初 IAB 更名为交互广告署（Interactive Advertising Bureau）。IAB 通过对网络广告的收入进行跟踪，按季度发布调查报告，这些调查结果也成为分析和认识网络广告发展状况的重要依据。本书根据 IAB 自 2000 年之后发布的《美国网络广告收入报告》整理出报告中列出的各年度不同类别的网络广告形式（见表 6-2）。

表 6-2　美国网络广告形式分类（2000—2017 年）

年度	网络广告形式
2000	旗帜广告（Banners）、赞助式广告（Sponsorships）、分类广告（Classifieds）、推荐式广告（Referrals）、插播式广告（Interstitials）、邮件广告（E-mail）、富媒体广告（Rich Media）、关键词广告（Keyword Search）、其他形式（Others）9 种形式
2001	旗帜广告、赞助式广告、分类广告、推荐式广告、插播式广告、邮件广告、富媒体广告、关键词广告、上架费（占位费）（Slotting Fees）9 种形式（注：2001 年将上架费广告替换了 2000 年的其他形式广告）
2002	同 2001 年
2003	展示性广告（Display Ads）、赞助式广告、分类广告、推荐式广告、插播式广告、邮件广告、富媒体广告、关键词广告、上架费（占位费）（Slotting Fees）9 种形式[注：2003 年 IAB 将旗帜广告（Banners）的概念替换为展示性广告（Display Ads）概念]
2004	展示性广告、赞助式广告、分类广告、推荐式广告、邮件广告、富媒体广告、搜索引擎广告（Search）、上架费（占位费）8 种形式[注：2004 年 IAB 将关键词广告（Keyword Search）概念替换为搜索引擎广告（Search）]；其次，对比 2003 年的数据，IAB 将插播式广告归入富媒体广告概念，因此网络广告形式由 9 类减少为 8 类]
2005	展示类广告（Display Related）、分类广告、引导/推荐式广告（Lead Generation/Refferals）、邮件广告、搜索引擎广告 5 种形式[注：2005 年的展示类广告概念包括了 2004 年中的展示广告、富媒体广告、赞助式广告以及上架费广告 4 种形式的概念；而 2005 年推荐式广告的加入（Lead Generation）强调这部分广告收入统计来源于广告客户因为网络广告而获得回报所支付的网络广告费用]
2006	展示性广告（Display Ads）、赞助式广告、分类广告、引导广告（Lead Generation）、邮件广告、富媒体广告、搜索引擎广告 7 种形式[注：2006 年 IAB 又将展示类广告（Display Related）和展示广告（Display Ads）的概念重新进行了替换]
2007	展示性广告（Display Ads）、赞助式广告、分类广告、引导广告、邮件广告、富媒体广告、搜索引擎广告、数字视频广告（Digital Video）8 种形式（注：2007 年 IAB 新增加了数字视频广告形式）
2008	标志广告（Banner Ads）、赞助式广告、分类广告、引导广告、邮件广告、富媒体广告、搜索引擎广告、数字视频广告 8 种形式[注：2008 年 IAB 将展示性广告（Display Ads）替换为标志广告（Banner Ads）]
2009	展示性/标志广告（Display/Banner Ads）、赞助式广告、分类广告、引导广告、邮件广告、富媒体广告、搜索引擎广告、数字视频广告 8 种形式（注：2009 年用展示性/标志广告替换了 2008 年的标志广告形式）
2010	同 2009 年
2011	搜索引擎广告（Search）、展示类/旗帜广告（Display / Banner）、分类广告（Classifieds）、数字视频广告（Digital Video）、引导广告（Lead Generation）、手机广告（Mobile）、富媒体广告（Rich Media）、赞助式广告（Sponsorships）、邮件广告（E-mail）（注：2011 年首次引入手机广告形式）
2012	搜索引擎广告（Search）、展示类/旗帜广告（Display / Banner）、分类广告（Classifieds）、手机广告（Mobile）、数字视频广告（Digital Video）、引导广告（Lead Generation）、富媒体广告（Rich Media）、赞助式广告（Sponsorships）、邮件广告（E-mail）（注：广告形式同 2011 年，但市场份额排序有所变化，手机广告份额上升）
2013	搜索引擎广告（Search）、展示类/旗帜广告（Display / Banner）、手机广告（Mobile）、数字视频广告（Digital Video）、分类广告（Classifieds）、引导广告（Lead Generation）、富媒体广告（Rich Media）、赞助式广告（Sponsorships）（注：与 2011 年相比，广告形式中减少了邮件广告。手机广告市场份额继续上升到第 3 位，分类广告下降到第 5 位）

年度	网络广告形式
2014	搜索引擎广告（Search）、手机广告（Mobile）、展示类/旗帜广告（Display / Banner）、数字视频广告（Digital Video）、分类广告（Classifieds）、引导广告（Lead Generation）、富媒体广告（Rich Media）、赞助式广告（Sponsorships）（注：与 2013 年相比，手机广告市场份额继续上升到第 2 位，首次超过展示类广告份额）
2015	广告形式同 2014 年。显著变化是，手机广告市场份额占据第一位。2015 年全年手机广告市场份额（35%）超过了搜索引擎广告（34%），Banner 广告占 16%，视频广告占 7%，其他广告形式占 8%。在手机广告形式中，展示类广告占 45%，搜索广告占 44%，视频广告占 8%，其他类型占 4%
2016	广告形式同 2014 年。手机广告市场份额继续扩大。2016 年全年手机广告市场份额达 51%，搜索引擎广告市场份额继续减少（占 24%），Banner 广告占 12%，视频广告占 7%，其他广告形式占 6%。在手机广告形式中，展示类广告占 47%，搜索广告占 38%，视频广告占 11%，其他类型占 4%。表明手机广告市场在快速增加，其中视频广告增长显著
2017	根据以往惯例，IAB 将于 2018 年 4 月发布 2017 年全年网络广告市场份额统计报告

资料来源：根据 IAB 发布的美国 2000—2017 年网络广告收入报告整理（www.iab.com）。

表中的有关资料表明，2007 年到 2011 年，IAB 将网络广告的形式主要划分为 8 种，仅仅在是否是展示性广告（Display Ads）、旗帜广告（Banner Ads）以及展示性/旗帜广告（Display/Banner Ads）方面有一些区别（为了了解这些常见广告形式的发展趋势，我们将这些近年来名称不太一致的 Display/Banner Ads 统一称为"展示性广告"），这些也是比较成熟的网络广告形式。

从 2011 年开始，手机广告快速发展，在 2011 年的网络广告收入报告中，IAB 首次引入了手机广告形式（报告发布日期为 2012 年 4 月），手机广告的市场份额逐年扩大，到 2014 年已超过展示类广告份额，占据继搜索引擎广告之后的第二位。到 2013 年，由于邮件广告收入市场份额过小，首次从主要网络广告形式中淡出。2014 年之后，网络广告形式趋于稳定，主要包括：手机广告、搜索引擎广告、Banner 广告、视频广告、其他广告形式。其中手机广告同样包括搜索广告（占 38%）、Banner 广告、视频广告及其他类型的广告。

从上述信息中也可以看出，随着互联网应用的发展，网络广告的形式及定义也一直在演变。可以预计，随着互联网应用的发展，一些新的网络广告形式仍将不断出现。

关于网络广告类别的小结：

根据 IAB 的分类方式，到 2017 年年底，常用的网络广告形式包括 9 个类别：手机广告、搜索引擎广告、展示类广告/旗帜广告、数字视频广告、分类广告、引导广告、富媒体广告、赞助式广告、邮件广告。其中手机广告也包含了其他 8 种常见的广告形式，说明几乎所有的网络广告类型都可以作为手机广告展示和浏览。

6.3.4 常见网络广告形式的特点

截至 2017 年，市场份额前四位的网络广告形式是：手机广告、搜索引擎广告、展示类广告/旗帜广告、数字视频广告。除了这些基本形式之外，网络广告还有更多的新形式或概念，如社会化媒体广告、原生广告、信息流广告、植入广告、游戏广告、App 广告、电商平台广告、

扫码看视频：

知识点 18：原生广告的特点

自媒体广告、网络红包广告等。

本章介绍部分网络广告形式及其信息传递特点，主要包括：展示类广告、网络分类广告、搜索引擎广告、电子邮件广告、手机广告、网络视频广告、社会化媒体广告、原生广告、电子商务平台广告等（其中搜索引擎广告已经在 4.3 节中介绍过，本章不再重述）。

1. 展示类广告

（1）展示类广告的形式

展示类广告是目前常见的网络广告形式，通常是在网页上出现的各种规格的图片或动画广告。展示类广告最早的形式称为"Banner 广告"，也叫标准标志广告或旗帜广告，一般以图片形式放置在网页上，在用户浏览网页信息的同时，吸引其对广告信息的关注，进而点击广告来到广告着陆页，着陆页会为用户提供更详细的产品信息及订购方式或者让用户注册、参与调查等，从而实现企业的网络营销目的。

展示类广告有多种表现规格和形式，其中最常用的是 486×60 像素的标准标志广告。由于这种规格曾处于支配地位，在早期有关网络广告的文章中，如没有特别指明，通常都是指标准标志广告。这种标志广告有多种不同的称呼，如横幅广告、全幅广告、条幅广告、旗帜广告等。

除了标准标志广告，早期的网络广告还有一种略小一点的广告，称为按钮式广告（Button），常用的按钮广告尺寸有四种：125×125 像素，120×90 像素，120×60 像素，88×31 像素。随着网络广告的不断发展，新形式和新规格的网络广告不断出现，因此 IAB 也在不断颁布新的网络广告标准。到 2004 年年初，IAB 制定了一系列新的展示类广告标准，包括方形广告、弹出式广告和摩天大楼形广告，目前这些标准仍然是网络广告设计参考的标准（见表 6-3）。

表 6-3　广告规格：长方形、弹出式、摩天大楼形

广告形式和名称	规格（单位：像素）
大长方形广告	336×280
中长方形广告	300×250
长方形	180×150
垂直长方形	240×400
正方形弹出式广告	250×250
摩天大楼形广告	120×600
宽摩天大楼形	160×600

除了 IAB 推荐的标准规格之外，不少网络媒体还自行制定了一些广告规格，有些远远大于 IAB 的标准，这些不规范现象为网络广告投放和管理带来了一定的混乱。

（2）展示类网络广告的作用及特点

① 广告效果持久：展示类广告是互联网最传统且多年来一直具有较高市场份额的网络广告形式，其主要作用在于提升企业品牌形象和企业品牌认知度，至今仍是最常用的网络广告形式，无论在 PC 端还是手机端都得到广泛应用。

② 表现形式丰富：展示类广告在网页上以图片或富媒体形式展示，可以是静态图片或动

画图片，也可以具有交互功能，展示类广告规格多样，表现形式灵活，通过广告可传递丰富的信息吸引用户关注。

③ 丰富网页内容：展示类广告一直是网页上不可缺少的元素之一，对于规范网页布局、延伸网页内容、合理利用用户注意力等发挥着积极作用。

2. 网络分类广告

（1）网络分类广告的形式

网络分类广告一般是一种按地区、按行业或应用领域等方式设置的专业的信息发布网站，如住房、二手家具出售、本地招聘等发布的广告。例如，赶集网和58同城都是目前国内较有影响力的综合分类广告网站。美国较大的网络分类广告网站包括Craigslist、Backpage等。此外，在各个行业也都有一些具有影响力的行业分类广告网站。

一般分类的广告都放置在专业的分类广告网站或者是综合性网站开设的相关频道或栏目上，主要借助平台的大流量获得用户关注。由于网络分类广告按照主题归类，用户可以自主选择感兴趣的主题，这为用户获取相关信息提供了方便。

（2）网络分类广告的主要特点

① 简单实用：广告形式简单，通常为文字及图片信息，无须专业的网络广告设计，也无须太多的专业知识，用户在计算机或手机上都可以操作，是一种简单实用的网络推广方法。

② 信息集中：一个分类清晰的分类广告网站，每一类下面都可能集中了大量的同类信息，这为用户选择提供了便利，查看分类广告的人一般对信息有一定的主动需求，意向明确，这也是分类广告的优势所在。

③ 沟通及交易便捷：与Banner广告或搜索引擎广告相比，分类广告可以承载更多的信息，详细描述及联系方式甚至在线订购均可在一个网站或一个网页内完成，用户通过一个网页浏览即可获取全部信息甚至完成沟通及交易。

（3）网络分类广告常见的信息发布途径

① 专业的分类广告服务网站。

② 综合性网站开设的相关频道和栏目。

③ 网上企业黄页。

④ 部分行业网站和B2B网站的信息发布区。

⑤ 网上跳蚤市场。

⑥ 部分网络社区的广告发布区等。

一般来说，专业性的分类网站通常功能比较完善，分类也比较全面，用户很容易在适合自己产品的类别下发布广告。同样，用户查找信息也比较方便，从而保证了分类广告信息的效果。综合性网站的分类广告栏目可以从众多的网站访问者中吸引一部分人的注意，行业网站和B2B综合网站则容易直接引起买卖双方的关注，广告效果甚至略胜一筹。

3. 电子邮件广告

（1）电子邮件广告的形式

电子邮件广告，是许可E-mail营销的一种，是通过专业邮件列表服务商的用户邮件地址资源发送的商业广告信息。

根据用户E-mail地址资源的所有形式，可将E-mail营销分为内部E-mail营销和外部

E-mail 营销，或者简称为内部列表和外部列表。内部列表是一个企业/网站利用一定方式获得用户自愿注册的资料来开展的 E-mail 营销，而外部列表是指利用专业服务商或者具有与专业服务商一样可以提供专业服务的机构提供的 E-mail 营销服务，自己并不拥有用户的 E-mail 地址资料，也无须管理维护这些用户资料。此外，免费邮件服务商通常也提供电子邮件广告投放服务。本书第 3 章订阅型内容运营中介绍的邮件列表，属于内部邮件列表，即企业自己运营维护的邮件列表。

至于电子邮件广告的格式，并没有固定的模式，可以是专题介绍，可以是软文广告，也可以是图片广告或文字链接广告，或者嵌入新闻邮件或文章内部的广告链接等。电子邮件广告通常是通过外部列表实现企业营销信息的传递。

（2）电子邮件广告的主要特点

① 用户许可：规范的电子邮件广告经过用户许可发送，且通过邮件服务商的用户分类筛选，在一定程度上实现定位投放；

② 见效迅速：无须经过漫长的用户资源积累，根据需要随时将营销信息直接传递给潜在用户；

③ 价格可控：电子邮件广告通常按发送的邮件数量付费，可根据营销预算控制广告费用；

④ 形式灵活：电子邮件广告可以个性化定制，可以是引导型信息传递，也可以是完整的推广内容，表现方式也更为灵活；

⑤ 效果管理：与其他网络广告服务商一样，专业电子邮件服务商提供从邮件发送到效果管理的一系列专业服务，为广告客户提供专业的效果统计数据，如发送量、送达率、打开率、回复率等。

4．手机广告

手机广告并非单一的广告形式，而是包括了所有适合在手机上展示/播放的网络广告，如 Banner 广告、数字视频广告、数字音频广告、赞助式广告、富媒体广告、搜索引擎广告等。同时也包含一些手机专用的广告形式。手机广告中社会化媒体广告（如 Facebook 广告、微博广告等）占比较高。

2016 年之后，手机广告已经成为网络广告市场的主流，且仍在快速增加中，因此手机的网络广告价值也日益重要。IAB 统计报告中将手机广告分为三类：手机展示广告、手机搜索广告及其他形式。这说明，展示类广告及搜索引擎广告在移动互联网中仍然占有重要地位。

在移动营销发展的历程中，早期基于 GSM 网络及 Wap 上网的手机广告形式主要是短信、彩信广告及部分图片广告，现在 IAB 统计的手机广告基本上是基于智能手机的广告形式。随着 HTML5 标准的广泛应用，通过手机浏览器几乎可以实现所有传统 PC 端的网络广告展示，除了搜索引擎广告、Banner 广告、数字视频广告、社交媒体信息流广告等形式在手机上继续适用之外，又出现了一些专门适用于手机的广告形式，如 App 开屏广告、社交网络红包广告、LBS 广告、移动 WiFi 广告等。

由于智能手机形态在不断变化，手机新应用也在不断出现，手机广告仍然处于不断发展演变之中，因此本节仅作为一个引子，对手机广告的形式及特点还需要给予更多的关注。

5．网络视频广告

或许我们都有这样的经历：在观看网络视频时首先要播放一段视频广告，这也是视频分享网站的主要营收模式。视频广告无论是在 PC、IP 电视、平板电脑还是智能手机上都有广泛的应用。

根据优酷、土豆网 2016 年刊例的广告价格表可知，在优酷、土豆视频中投放的视频广告的主要形式包括贴片广告、暂停广告、角标广告等。收费模式均为按播出次数收费（CPM）。

贴片广告是在视频内容正式播放之前插播的一小段广告，广告时长分为 5 秒、15 秒、30 秒，这也是最常见以及给浏览者留下印象最深的广告形式之一。暂停广告是用户点击暂停播放按钮后出现的一幅广告，用户点击关闭广告或重新开始播放视频时广告自行关闭。角标广告与传统电视节目的角标一样，是在视频播放过程中在屏幕右下角出现的文字或图片广告，角标广告通常不会占用很大的屏幕位置，是一种对用户观看干扰较小的广告形式。

贴片广告、暂停广告、角标广告并非视频广告的全部形式，也没有清晰地表明广告形式的类别及规格，因此我们需要对视频广告有更专业的了解。

根据 IAB 网站发布的《数字视频广告格式指南及最佳实践》（Digital Video Ads Format Guidelines & Best Practices），数字视频广告可以分为两大类别：线性广告（Linear Video Ads）和非线性广告（Vonlinear Video Ads）。两者均可在视频区域之外展示"伴随广告"（Companion Ads），伴随广告并不影响视频播放，可以理解为一种辅助性的广告展示。图 6-3 所示是基于数字视频播出时间线性投放的广告。

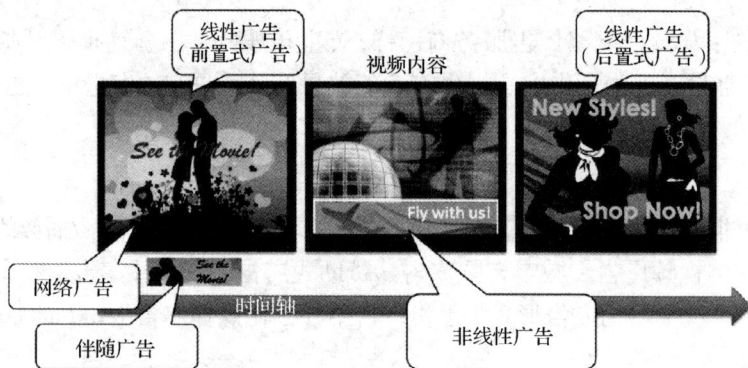

图 6-3　数字视频广告形式示意图

从图中可以看出，线性广告，也就是在视频内容正式播放前及刚结束时插入的一段短视频，与视频内容是连续在一起播出的，需要占用全部播放区域，与优酷、土豆网的"贴片广告"形式是一致的，因此可以理解为视频贴片广告。非线性广告则和"角标广告"类似，是在视频播出的同时在播放区域的下方（或其他位置）覆盖部分视频内容的插入广告，广告的格式可以是文字、图片或富媒体格式，与传统的展示广告形式类似。

IAB 对视频广告规格的部分说明如下。

① 线性广告显示时长：分 6 秒、15 秒或 30 秒三种规格。

② 线性广告可点击性：无论是线性广告还是伴随广告，用户都可以点击链接到广告主指定的网址。对于互动式广告，用户点击或滚动互动组件可延长广告播出时间或者进入广告主的网站。

③ 线性广告清晰度：应提供高、中、低三个档次的版本供用户选择。

对于 16:9 显示模式的分辨率：
- 低：360p 或更低，典型规格为 640×360 像素。
- 中：360p-576p，典型规格为 854×480 像素（ATSC），1 024×576 像素 for（PAL）。
- 高：576p-1 080p，典型规格为 1 280×720 像素（720p），1 920×1 080 像素（1 080p）。

对于 4:3 显示模式的分辨率：
- 低：480p 或更低，典型规格为 640×480 像素。
- 中：480p-576p 典型规格为 640×480 像素（ATSC），768×576 像素（PAL）。
- 高：此模式无高质量图像。

④ 非线性广告展示时间：5—15 秒，或者持续显示。

⑤ 非线性广告可点击性：用户点击或滚动广告区域可自动启动视频、互动广告或到达广告主的网站。

⑥ 非线性广告尺寸：初始广告可以是 300×50 像素或者 450×50 像素两种规格之一，同时不能超过视频播放器显示区域高度的 1/5。

⑦ 伴随广告的格式及规格：伴随广告可以是文字、图片、富媒体，或者作为视频的背景皮肤形式，但不能含有音频或视频内容。伴随广告尺寸应与视频播放器大小协调一致，通常可用的规格包括：300×250 像素、300×100 像素、300×60 像素、468×60 像素、728×90 像素。

从前述介绍可以看出，由于视频广告可以承载更多的信息，与基于浏览器的展示类广告相比，"观看"比"点击"的重要程度更高，因而在品牌信息传递方面更具优势。不过值得一提的是，点击率仍然是数字视频广告重要的评价指标之一。

6. 社会化媒体广告

社会化网络媒体，简称社会化媒体（Social Media），是上网用户交流、分享、获取信息、发布个人观点及动态的网络平台，包括网站及手机 App 等多种形式，如 Facebook、Twitter、微博、微信、QQ 空间等。社会化媒体广告也叫社交媒体广告或简称为社会化广告、社会广告或 SNS 广告，简单来说，是在社会化网络媒体上投放的广告，是社会化网络营销的方式之一（利用用户粉丝资源自行发布的推广信息不属于社会化广告的范畴）。[2]

但 SNS 网站上的广告并非都属于社会化媒体广告（如在网页上展示的 Banner 广告），而只有当具备某些社会化的属性时才能称之为社会化广告。美国 IAB 于 2009 年 5 月给社会化广告的定义是：

"社会化广告是一种融合了消费者同意展示及被分享的用户交互广告,在广告内容中有发布人的图像或用户名，使得用户可以与广告发布者产生交互。"

社会化广告的定义所指出的基本属性包含以下三个方面的含义。

① 用户同意广告出现在个人的社交信息中（如微博信息流）；

② 广告发布者也是一个社交媒体的"用户"，有发布人的明确信息，如头像或用户名；

③ 用户可以在社交网络中与广告发布者交互，如关注、转发、评论等。

从这些属性来看，目前的社会化网络服务中，在微博、微信朋友圈等 **SNS 信息流**中投放的广告属于社会化广告的范畴，而这些广告也被称之为"原生广告"。不过原生广告的范围更广一些，并不限于 SNS 信息流广告，可简单理解为原生广告包含了社会化广告。

至于社会化广告的具体形式，则比较个性化。例如，一段文字加网址链接、一个可以直接提交结果的小调查、一个图片、一段视频等，只要适合通过社交网络发布的内容，都可以成为社会化广告的具体形式。

以新浪微博为例，"微博推广"的社会化广告形式包括以下几种。

（1）粉丝头条：将你的最新动态、推广内容在第一时间触达粉丝，让他们打开微博的第一眼就能看到。

（2）粉丝通：微博推出的精准信息流广告，可以根据年龄、性别、地域以及兴趣等属性精准地投放广告。

（3）微任务：通过创意传播、微植入及组合传播等多种传播方式，实现企业品牌传播及活动推广，带来流量。

至于社会化广告的收费模式，也有多种形式，有按展示数量付费的，也有按效果付费的。例如，腾讯广点通广告的计费模式分为 CPC（每点击成本）和 CPM（每个人成本）两种。这也从一个侧面说明，无论网络广告的形式如何变化，网络广告的基础统计指标仍然是有效的，浏览数和点击数是网络广告效果评价的基础。

作为一种与用户互动性强的广告形式，广告主对社会化广告有更多的评价指标，而不仅仅是浏览和点击。例如，微博广告可在微博平台内部甚至用户个人页面内完成广告的传播和转化，因此用户互动指标也就在一定程度上反映了广告的效果，包括获得用户关注（增加粉丝量）、用户参与微博活动（评论、转发、@更多好友）等。

总之，社会化网络媒体在不断地发展变化，社会化广告的形式也在不断创新，目前很难说已经形成了哪些固定的模式，需要在发展中不断探索和总结。另外，除了微博、微信这些用户普及程度高的社会化媒体，其他社会化网络如开放式在线百科、在线问答、在线点评及本地生活社区类网站等都在不断推出各种广告形式，这些都是社会化广告值得关注的领域。

7. 原生广告

（1）原生广告的形式

原生广告（Native Advertising）的概念诞生于 2012 年。2014 年 2 月美国 IAB 提出讨论。顾名思义，原生广告是天生的、本地化的一种广告形式，简单来说就是网络媒体、内容与广告的相互融合，广告也成为网络媒体中有价值的内容的一部分。

原生广告并不是一种专用的广告格式，而是网络广告的一种表现形态，其格式包括文字、图片、视频等常见的内容形式，同时也与社会化媒体广告、信息流广告等概念有一定的重叠或交叉。之所以称之为原生，主要原因在于，这种广告与传统的网络媒体中内容与广告相对独立有显著的差异。

例如，搜索引擎关键词广告及社交媒体的信息流广告，从形式上看就是原生广告的感觉，实现了广告内容与网页正文内容的融合，但这些广告是否可以被定义为原生广告并没有统一的结论，因为有些广告实质上和原有的网络广告没有差异，广告和用户之间未建立起"原生"的关系。相对而言，微信朋友圈及 QQ 空间等社交平台的信息流广告则更接近原生的特性。

2015 年 6 月 IAB 在"IAB Native Advertising Playbook"文档中罗列了六种原生广告形式

的例子。

① 信息源单元（In-Feed Units）。

② 付费搜索单元（Paid Search Units）。

③ 推荐工具（Recommendation Widgets）。

④ 促销列表（Promoted Listings）。

⑤ 原生元素的内置广告[In-Ad（IAB Standard）with Native Element Units]。

⑥ 用户定制或以上未包含（Custom /Can't Be Contained）。

可见，原生广告的形式是多样的，并不局限于社交媒体的信息流广告，而广告是否具有原生的属性，除了形式之外，更在于用户的感受，即是否具备原生的效果。参考 IAB、维基百科等机构或网站对原生广告的有关描述，结合本章前面提出的网络广告的本质特征，原生广告应体现广告主、网络媒体及用户之间的交互关系。

（2）原生广告的特点

① 针对性及原创性：广告主根据特定媒体的特点专门设计的、符合用户获取信息特点的广告形式。当然，原生广告应当是广告主原创且直接投放到特定媒体的。

② 视觉效果融合性：从用户浏览的效果来看，原生广告与界面的其他内容在形式上是一个整体，并没有像传统网络广告那样争夺用户注意力或强制阅读，不过为了明确广告与内容的差异，在广告周围通常会有明显的标注信息，如广告、推广、赞助等。

③ 用户价值导向性：尽管看起来广告是内容的一部分，但用户可以明确看出广告与其他内容的差异，其点击或浏览广告，是出于兴趣或者价值而不是被网络媒体强制展示，用户甚至可以选择是否显示或关闭广告。

总之，原生广告本质上仍然是广告，与企业软文或植入广告从表现形式到本质都不相同，因而具有网络广告的一般特征。

因为原生广告具有这些特点，所以其设计及投放管理难度较大，因此初期只有一些大品牌在大型社交网络上率先投放原生广告。随着社交平台广告系统的不断完善及门槛的降低，广告用户可以自主管理、自主设定广告预算及分析广告效果，原生广告这才具备更大的发展空间。Facebook、Twitter、新浪微博等，目前都具备了中小企业乃至个人投放原生广告的基本条件。

扩展阅读

关于原生广告的其他网络资源

- 维基百科
- Native advertising

8. 电子商务平台广告

电子商务平台是国内企业开展网上销售的主要渠道之一，由于平台功能完善且集聚了大量的潜在用户，因此电商平台是投资少、见效快的电子商务模式之一。电商平台不仅吸引了大量中小企业进入，同时众多大型品牌企业也纷纷在电商平台开设官方旗舰店。京东商城、淘宝、天猫、苏宁等电商平台对国内企业开展网上销售发挥了非常重要的作用，在电商平台进行付费推广（广告）也就成为企业扩大站内信息可见度从而获得顾客的重要手段。

电商平台网络广告的特点如下。

（1）高效率的广告投放：平台广告媒体属于内部资源，广告主来自平台入驻的商家，作为一项延伸服务，站内网络广告投放及管理更便捷高效，商家无须从第三方购买广告媒体资源即可获得快速推广的效果。

（2）全信息广告流程：通过站内广告链接，用户点击后可直达商家商品页面或促销页面，无须制作专用的广告着陆页即可展示完整的产品信息并直接订购，在平台内部完成从推广到购买的整个流程，因此电商平台的内部广告可认为是信息量最大的网络广告形式。同时由于广告效果与销售直接关联，数据分析更有说服力。

（3）平台广告的原生属性：当用户浏览电商网站的产品页面或搜索结果页面，网站内容与广告内容都属于相关产品，两者共同组成了用户所浏览的网页内容，广告具有明显的原生属性，为用户获取相关产品信息提供了方便，更容易被用户所接受。

电商平台的内部广告具有多方面的优点，是入驻商家不可忽视的站内推广方式。

与搜索引擎广告相比，电商平台网络广告也有类似之处：用户的自然搜索或浏览，相当于搜索引擎营销中的搜索引擎优化，而付费推广则类似于关键词广告。当然电商平台广告的形式并不仅仅是搜索广告，也包括展示类广告或其他赞助类广告等。下面我们以淘宝直通车和京东快车为例简单介绍电商平台广告的形式。

电商平台网络广告示例如下。

（1）淘宝直通车

淘宝官方介绍："淘宝（天猫）直通车是一款帮助您推广商品/店铺的营销工具。通过对买家搜索的关键词或是淘内/外的展现位置出价，从而将宝贝展现在高流量的直通车展位上，您也可自行选择在哪些买家面前展现，让宝贝在众多商品中脱颖而出找到它的买家。"

淘宝直通车与关键词广告有一定的相似之处，也是基于站内搜索、按点击付费的关键词广告形式。当用户搜索产品关键词时，商家的广告信息（图文信息）会出现在搜索结果页面右侧，广告信息位置会根据商家出价的高低进行排序，付费越高被用户发现的机会越大。

（2）京东快车

京东官方介绍："京东快车是一款面向 POP 商家开放的网络营销系统，为商家提供一站式网络营销解决方案。京东快车—网络营销系统投放渠道包括：站内推广、联盟推广、邮件推广，通过多渠道组合投放，实现营销活动立体式、全方位的推广效果。京东快车—网络营销系统，基于京东大数据平台，为用户人群定向，实现广告精准投放，提升商家转化率。"

可见，京东快车站内推广方式与淘宝直通车有很大的区别，不仅仅是站内广告，还结合了站外推广资源，包括京东联盟网站广告及电子邮件推广。站内推广也不仅仅限于站内搜索广告，也包括多种展示类网页广告形式。

每个电商平台的广告形式都会有一定的差异，但都具有同样的网络营销价值，是开展电子商务的重要推广手段。

有关网络广告的更多形式，本书作者将做进一步的跟踪研究，有兴趣的读者请关注网络营销教学网站的相关介绍。

网络广告的常用概念和术语

说明： 网络广告的名称大多来源于英语，其中有些概念已成为互联网的常用术语，如 Page view、CPC 等，有些则较为少见，需要专业的解释。《网络营销基础与实践》的作者根据美国交互广告署官方网站的"Glossary of Interactive Advertising Terms"中列举的词汇选择编译了部分概念和术语，包括网络广告的基本概念、网络广告效果测量及定价模式三个方面共计 30 多条，供网络营销学习者参考。

（1）关于网络广告的基本概念

Interactive Advertising：交互式广告，指具有交互性的各种形式的广告，从广告媒体上看，包括网络广告、无线广告、交互电视广告等；从广告形式上看，包括 Banner、赞助式广告、电子邮件广告、关键词检索、推荐式广告、分类广告等。

Interstitial Advertising：插播式广告。在两个网页内容切换的中间间隙显示的广告，也称过渡页广告。相近的术语还有 Intermercial Advertising、Splash Pages、Flash Pages。

Transitional Advertising：过渡页广告，也称插播式广告，与"Interstitial Ads"意义相近。

Pop-up Advertising：弹出式广告。在已经显示内容的网页上出现的具有独立广告内容的窗口，一般是网页内容下载完成后弹出式广告也随之出现，因而对浏览网页内容产生直接影响。

Pop-under Advertising：隐藏式弹出广告。形式与一般的弹出式广告相同，不同之处在于这种广告是隐藏在网页内容下面，刚打开网页时并不会立即弹出广告，只有当关闭网页窗口，或者对窗口进行操作如移动、改变窗口尺寸、最小化时，广告窗口才会弹出来。

Skyscraper：摩天大楼型广告。一种窄、高垂直放置的网络广告形式。IAB 推荐的标准目前有两个规格：120×600 像素和 160×600 像素。

Rich Media：富媒体。Rich media 并不是一种具体的媒体形式，而是指具有动画、声音、视频或交互性的信息传播方法，包含下列常见的形式之一或者几种的组合：流媒体、声音、Flash，以及 Java、JavaScript、DHTML 等程序设计语言。富媒体可应用于各种网络服务中，如网站设计、电子邮件、Banner、Button、弹出式广告、插播式广告等。

（2）关于网络广告的效果测量

Ad View：广告浏览。广告被用户实际看到一次称为一次广告浏览。广告浏览数是最早的定价基础之一，但由于出现的广告是否被浏览实际上无法测量，因此现在已经不用这一概念。现在采用的最接近广告浏览的概念是"广告显示"。

Page View：页面浏览。即用户实际上看到的网页。由于页面浏览实际上并不能准确测量，因此现在采用的最接近页面浏览的概念是"页面显示"。

Ad Impression：广告印象。广告印象包括两个方面，即服务器端和用户端。网络广告可以来自服务器为用户浏览器提供的广告显示，也可以来自用户浏览器的请求。对广告印象有不同的测量方式。粗略地说，广告印象和页面显示、广告下载比较接近。

Impression: 印象，同 Page View，指受用户要求的网页的每一次显示，就是一次印象。

Ad Impression Ratio: 广告印象率。点击数与广告印象数的比例，同点击率。

Ad Click: 广告点击，是用户对广告的反应形式之一，通过对广告的点击引起当前浏览内容重新定向到另一个网站或者同一个网站的其他网页。

Click Through: 点击次数，即网络广告被用户打开、浏览的次数。

Click-through Rate: 点击率。网络广告被点击次数与显示次数的比例。

Ad Display/Ad Delivered: 广告显示/广告传递。一个广告在用户计算机屏幕上完全显示称为一次广告显示/广告传递。

Ad Download: 广告下载。服务器完整地将一个广告下载到用户的浏览器称为广告下载。如果用户的请求并没有被完全执行，广告下载不完整或者没有被下载，就不存在广告浏览。广告下载与广告显示意义相近。

Transfer /Ad Transfers: 传送/广告传送。传送是指服务器对来自网页请求的成功反应，也指浏览器接收到来自服务器的完整网页内容。广告传送是指用户点击一个广告之后成功地显示广告客户的网站。当一个网络广告被点击之后，正常情况下将重新定向或者为用户的浏览器"传送"广告客户的网站内容。如果用户浏览器成功地显示广告客户的网站内容，那么就形成了一次广告传递。否则，将只有点击而没有形成传递。

Reach: 送达，有两个方面的含义：①在报告期内访问网站的独立用户，以某类用户占全部人口的百分比表示。②对于一个给定的广告所传递到的总的独立用户数量。

Unique Users: 独立用户数量，指在一定的统计周期内访问某一网站的所有来自不同服务器的用户的数量。通过一个服务器来的不同用户，无论多少人次，都被认为是一个独立用户。

Return Visits: 重复访问数量。用户在一定时期内回到网站的平均次数。

Repeat Visitor: 重复访问者。在一定时期内不止一次访问一个网站的独立用户。

Traffic: 访问量。来到一个网站的全部访问或访问者的数量。

ROI（Return on Investment）：投资收益率，即净利润除以投资额。

（3）关于网络广告的定价模式

CPA（Cost-per-Action）：每次行动的费用，即根据每个访问者对网络广告所采取的行动收费的定价模式。对于用户行动有特别的定义，包括形成一次交易、获得一个注册用户或者对网络广告的一次点击等。

CPC（Cost-per-Click）：每次点击的费用。根据广告被点击的次数收费。如关键词广告一般采用这种定价模式。

CPM（Cost-per-Thousand Impressions）：每千次印象费用。广告条每显示 1 000 次（印象）的费用。CPM 是最常用的网络广告定价模式之一。

CPO（Cost-per-Order）：也称为 Cost-per-Transaction，即根据每个订单/每次交易来收费的方式。

PPC（Pay-per-Click）：根据点击广告或者电子邮件信息的用户数量来付费的一种网络广告定价模式。

PPL（Pay-per-Lead）：根据每次通过网络广告产生的引导付费的定价模式。例如，广告客户为访问者点击广告完成了在线表单而向广告服务商付费。

PPS（Pay-per-Sale）：根据网络广告所产生的直接销售数量而付费的一种定价模式。

CPTM（Cost-per-Targeted Thousand Impressions）：经过定位的用户（如根据人口统计信息定位）的千次印象费用。CPTM 与 CPM 的区别在于，CPM 是所有用户的印象数，而 CPTM 只是经过定位的用户的印象数。

资料来源：根据 IAB 网站的相关资料编译整理。首次发布于《网络营销基础与实践》（第 4 版），冯英健著，2013 年 7 月。

📖 本章小结

网络营销服务市场与网络营销资源合作一样属于网络营销环境运营的组成部分。本章分析了网络营销服务市场的意义、特征及服务类别，介绍了付费网络广告的本质特征、常见形式及特点。

网络营销服务市场的意义主要体现在三个方面：行业价值、资源价值、检验价值。网络营销服务市场的基本特征表现为：网络营销服务与互联网发展密切相关、网络营销服务以效果为核心、网络营销服务市场分散化。

网络营销产品及服务可分为三个层次：互联网应用基础服务、企业网络推广服务、运营维护及顾问服务。其中网络推广服务占有大部分的市场份额，是网络营销服务市场的重要组成部分。在网络营销服务市场中，网络广告是最重要的领域之一。

每一个网络广告都是一个信息源与信息传递渠道的结合体，即通过广告展示的信息源(引导型信息）链接到广告着陆页面，实现从引导信息到完整信息的传递过程。通过网络广告实现信息传递一般需要三个基本条件：网络广告设计、网络媒体及用户资源、网络广告投放及效果评价。

网络广告的四个基本特征：网络广告信息传递渠道的非特定性、网络广告信息的非独立性、网络广告信息的非完备性、网络广告的交互性与和谐性。网络广告交互性的真正意义在于体现了用户、广告主和网络媒体三者之间的交互关系。

关于网络广告的类别：根据 IAB 的分类方式，到 2017 年年底，常用的网络广告形式包括 9 个类别：手机广告、搜索引擎广告、展示类广告/旗帜广告、数字视频广告、分类广告、引导广告、富媒体广告、赞助式广告、邮件广告。其中手机广告也包含了其他 8 种常见的广告形式，说明几乎所有的网络广告类型都可以作为手机广告展示和浏览。

第 7 章　网络营销资源合作与管理

【学习目标】

① 理解网络营销资源的基本内容与资源扩展模式；
② 理解网络资源合作的营销思想；
③ 熟悉交换链接合作的意义、形式及方法；
④ 熟悉资源共享合作的方式及核心思想；
⑤ 理解生态型网络营销的特点及网络会员制营销系统的价值关系。

　　在网络营销方法体系中一直强调，开展网络营销需要一定的工具和资源，因此，资源积累也是体现网络营销价值的一个方面，企业的网络营销能力在一定程度上也就表现为对资源的利用能力。除了企业可掌控的内部资源及付费服务资源之外，资源合作也是扩展网络推广渠道的有效方法，通过与其他网站互惠合作或者通过利益关系建立合作伙伴关系，也体现了企业与网络营销环境之间协调发展的运营思想。

　　资源合作与扩展同网络营销服务市场一样属于网络营销环境运营的组成部分。本章在介绍网络营销资源与扩展一般模式的基础上，介绍了资源合作、资源分享以及价值转化的网络营销方法。图 7-1 所示为网络营销资源合作与管理内容框架。

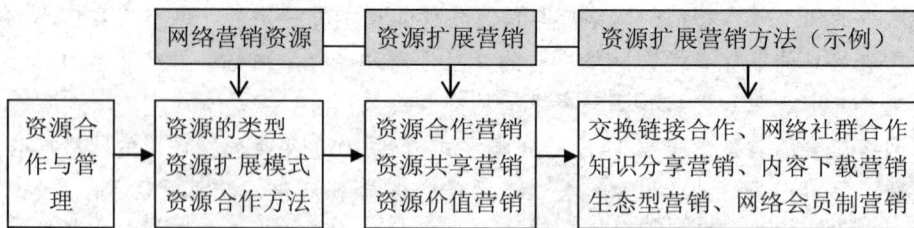

图 7-1　网络营销资源合作与管理内容框架

7.1 网络营销资源及扩展简述

在传统市场营销战略的理论研究中，从 20 世纪 90 年代中期开始，国内外学者就对营销资源理论有较多的研究，其中影响力较大的是 Hooley 等自 2001 年开始对营销资源所下的定义及相关研究。

Hooley 等（2001）指出，营销资源就是指那些在市场上创造价值的资源。Srivastava、Fahey 和 Christensen（2001）认为，营销资源是指具有营销特性、在营销活动中产生并且具备 RBV 理论（资源基础理论）所要求的特性（如难于模仿、稀缺等）的资源。Hooley 等（2005）指出，营销资源是指能够由企业进行配置并能为企业带来竞争优势的任何属性，包括有形的或无形的、物质的或人力的、知识的或关系的。Snoj、Milfelner 和 Gabrijan（2007）认为营销资源是在市场上创造价值的资源，对企业来说是异质的，严重依赖缄默性知识和技能，经过长时间积累并且和其他资源相互作用而形成的。

营销资源理论研究认为，营销能力也是企业重要的营销资源。营销资源与能力的理论研究为网络营销资源研究提供了方向性指导，将这些理论应用于网络营销资源的研究还需要更多的工作，不过在实践操作层面已经有了较多的基础积累。

《网络营销基础与实践》第 1 版（2001 年）分析了企业网站的网络营销功能，提出企业网站是重要的网络营销资源，并引入网站资源合作营销方法，对网站交换链接这种简单的模式及价值进行了系统的描述，后续版本在网络营销工具资源、企业网站内部资源、网站流量资源、注册用户资源、网站内容资源积累等方面不断扩展网络营销资源的内涵，对网络营销资源进行了长期的实践和探索，为大家提供了对网络营销资源进行系统研究的基础。到《网络营销基础与实践》第 5 版（2016 年），则对网络营销资源与能力的基本内容进行了初步的归纳。

在本书信息源运营维护、渠道运营及网络营销服务市场等相关章节中，也多次提到这些要素和服务作为网络营销资源的意义。本节将对相关内容进行系统的梳理。

7.1.1 网络营销资源的基本内容

网络营销资源可分为广义和狭义两种。广义的资源包括所有对网络营销有用的因素，如资金、品牌、信誉、销售渠道等。本书讨论的是狭义的网络营销资源，即企业可掌控的、具有可操作性的、可直接应用于网络营销活动的资源。网络营销信息传递系统的基本要素，都包含着企业网络营销资源，信息源、网络信息传递渠道、用户及网络营销服务等都属于网络营销资源的范畴。

与企业网络营销信息源及信息发布渠道的属性类似，根据企业对网络营销资源的掌控方式，可以将企业网络营销资源分为两大类：内部资源和外部资源。

1. 内部资源

内部资料即企业可完全掌控的网络营销资源，包括企业官方平台资源（企业网站、企业 App 等）、内容资源、网站访问量资源、注册用户资源、大数据资源、社会关系资源、营销能力资源等。

2. 外部资源

外部资料即企业可使用的但不能完全掌控的网络营销资源，主要是基于第三方服务平台的工具和资源，包括第三方平台信息发布资源、第三方信息引导资源、社交网络用户关系资源、网络广告媒体资源、合作伙伴网络资源等。如可利用的电子商务平台、微博、微信、博客、网络百科、网络社区、搜索引擎、网络广告联盟平台等。

对于企业的内部网络营销资源，基本战略是充分利用现有的资源，并不断扩大和挖掘潜在资源。而对于外部网络营销资源，企业应合理选择适合于自身，并且价格适中的网络营销资源，同时对于新出现的以及未曾利用过的外部资源，应给予密切关注并积极尝试，了解各种资源的价值，将它们作为制定网络营销策略的参考依据。

总之，网络营销资源管理的基本思想在于，充分认识企业内部资源与外部资源的本质及其网络营销价值，以充分利用内部资源，合理利用外部资源，实现网络营销价值的最优化。

7.1.2　网络营销资源的扩展

从资源可利用的角度来看，无论是内部资源还是外部资源，都可以分为三类：现有资源、潜在资源以及可扩展的资源。现有资源是已经存在并且可用的，潜在资源是可以通过正常运营转化为现有资源的，可扩展资源则是通过合作、分享等方式可以转化为潜在资源的。

知识点19：网络资源扩展营销的三种模式模式

在企业网络营销资源体系中，无论是内部基础资源还是社会关系资源，都需要一定的积累才能逐步发挥作用，而资源积累的方式，并不限于原有资源基础之上的自然增长，还可以通过合作与分享等方式获得资源的扩展，使得网络营销资源价值最大化。而这种合作与分享模式，与内部资源一样可以发挥长期效果，并不是通过一般的付费服务可以达到的。资源合作与分享模式符合互联网的开放与分享精神，在共享经济模式中发挥着更为显著的作用。

网络营销资源合作及扩展，是以现有资源为基础，通过合作、共享、转化等方式，扩大资源的可用性，并为未来积累新的营销资源。现有资源包括企业可掌控的内部资源，以及可利用的第三方平台资源、社会关系资源等。

根据资源扩展的本质特征，本书将网络资源扩展营销模式归纳为三种基本形态：资源合作、资源共享、资源价值转化。三者的表现形式和营销思想有一定的关联，也有显著的差异，每一类都有若干种网络营销方法，共同组成了基于可扩展资源的网络营销方法体系。

1. 网络资源扩展营销模式的基本形态

（1）资源合作

以平等、互利、长效为原则，利用自己的现有资源与合作伙伴互补合作，换取同等或更多的资源，实现合作各方网络营销资源及效果的扩大。资源合作的常见类型包括网络可见度资源及网络可信度资源合作，比如网站的互换链接、微信公众号文章互推、微博互转、网络社群互换等。

（2）资源共享

以社会化网络的"连接"为基础，将个人资源（如知识资源）与社会关系网络共享，通过社会化网络获得更多有价值的资源。资源共享的常见方式包括信息分享、知识分享、互助问答等。

（3）资源价值转化

将传统网络营销资源形式转化为具有可比性的一般资源（如浏览量、转发量、收益率、佣金），通过价值转化和利益传递在更大范围内发挥资源价值。资源价值转化的常见方式包括分享返利、有偿邀请、按效果获取推广佣金等，如网站联盟、微商分销链等都属于这种模式。

从网络资源扩展营销模式示意图（见图 7-2）可以看出，在资源扩展的三种基本模式中，从资源合作、资源共享到资源价值转化，三者之间具有一定的层级关系，即资源合作是最基本的形态，主要体现在信息传递层面，通常属于网站之间或企业之间的相互合作；资源共享则是基于社会关系网络的信息传递，通常并不仅仅是双方合作；而资源价值转化则是在信息传递及社会关系传递的基础上实现价值传递及利益共享，具有网络营销生态思维的表现，是资源扩展营销的综合形态。

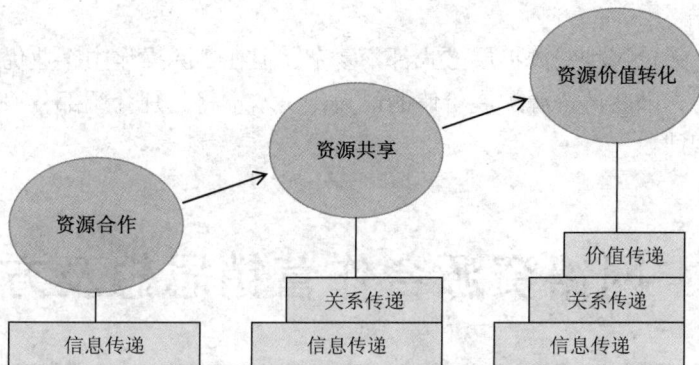

图 7-2　网络资源扩展营销模式示意图

因此可以说，网络资源扩展营销模式处于不断发展演变之中，到目前经历了三个阶段，即从信息传递、关系传递到价值传递。事实上，资源扩展模式的每一个层次与网络营销的发展阶段和思维模式的演变也是密切相关的，这也从另一个方面验证了网络营销思维模式发展演变的规律。

2. 网络资源扩展营销模式的特点及适用性

一般来说，资源合作的方式简单明了，针对性强，但可选择伙伴较少且沟通效率较低，因而也存在一定的限制，通常适用于用户规模和资源相近或互补同时又非直接竞争关系的企业；资源共享借助于第三方互联网平台，并不需要双方一对一沟通，提高了效率同时也大大扩展了合作的范围，不过又缺乏一对一资源合作模式的针对性；资源价值转化模式，则以利益为纽带将企业、网站平台、用户等关系网络连接起来，提高参与者的主动性和积极性，具有快速放大并持续发展的特点。表 7-1 简要总结了三种资源扩展模式的特点。

表 7-1　网络资源扩展的三种基本模式比较

	资源合作模式	资源共享模式	资源价值转化模式
基础条件	网站流量或社交关系资源	内容资源、知识资源、第三方平台、社交关系资源	企业提供确实的价值及利益
操作方式	一对一沟通	通过平台多对多连接	一对多或多对多
技术要求	操作简单	依托于第三方平台	第三方平台或自行开发

	资源合作模式	资源共享模式	资源价值转化模式
基本特点	简单，直接，效率低，效果不确定	效率高，针对性不强，效果不确定	利益明确，快速扩展，效果与投入相关
核心思想	网络信息传递	社交关系传递	用户价值传递
适用范围	规模及资源相当的相关网站	无规模限制，适用面广	营销投入较大或返利较高的产品
方法示例	网站交换链接、微博互转、网络社群合作	文档及图片视频分享、WIKI词条营销、ASK社区营销、经验分享	网络红包、分享返利、微信分销、网站联盟

在网络营销实际应用中，对于上述三种资源扩展模式，企业可独立使用，也可以根据三者的特点交叉进行。资源扩展策略的一般流程：分析现有资源的类别、存量、价值、扩展预期；分析可能的扩展模式；寻找合作伙伴或扩展渠道；分析评价资源扩展网络营销方法的效果。

从表面来看，无论哪种资源扩展方式都不复杂，但在实际操作中企业仍需要不断探索各种具体方法的规律，以获得资源扩展价值的最大化。本章将分别介绍部分典型方法的原理、操作要点及一般规律。

7.2 网络资源合作营销思想及方法

资源合作营销的基本出发点是利用自己的资源与合作伙伴互补合作，换取同等或更多的资源，实现网络营销资源及效果的扩大。资源合作通常以平等、互利、长效为基础，并不以支付费用为手段。资源合作的营销思想经过不断发展，演化出多种模式和方法，其中有些成为成熟的网络营销方法，有些还需要进一步探索和完善。

7.2.1 网络资源合作营销思想的起源

在浏览一些网站时大家是否注意过：在很多网站的下方，有一个"友情链接"区域，网站通过与部分相关合作网站的"交换链接"，实现相互推广的目的，这是互联网史上最早的也是最简单的网络资源合作方式之一。在《网络营销基础与实践》第1版中首次系统介绍过网站交换链接这种最简单的网站资源合作方式。

资源合作是资源扩展的常见形式，也是资源扩展营销模式的基础。提到网站友情链接，我们不妨进一步探索一下资源合作网络营销的起源。

互联网上最早的"合作"源于万维网网页上的超级链接，即用户通过浏览器浏览一个网页的信息时，通过点击该网页上链接的 URL 到达另一个网页，而这个超级链接的 URL，可能是本网站内的网页，也可能是任何一个网站的网页地址，这就意味着，一个网页与另一个网页可以通过链接实现"合作推广"！在网站访问统计分析中的"用户来源网站"也是基于同样的道理，因而其也被称为引导网站或推荐网站。

因此可以说，万维网的超链接技术开启了网络营销的资源合作思维。也可以认为，资源合作在网站诞生的那天起就已经具备了技术基础和先天的营销属性。资源合作作为一种网络营销方法，自始至终都存在并在不断发展演变。

交换链接是网络营销资源合作的一种方法，也是一种网络营销思想。也就是说，它可以利用一个网站的网页内容及用户访问量资源为其他网站进行推广，或者多个网站之间相互推广。这种资源合作的思想可以进一步推广到网络营销的多个领域，具有普遍的指导意义。例如，邮件列表资源互换（联合列表营销）、网络社群资源互换、微博转发资源交换等。

7.2.2 网络资源合作营销的基本形态

尽管资源合作在网络营销中长期存在并发挥着不可忽视的作用，但在传统的以互联网工具为主导的方法体系中，资源合作方法一直未成为主流，并且未形成完整的体系，显得比较分散。《网络营销基础与实践》第 5 版（冯英健，著，清华大学出版社，2016 年）构建的以思维模式为主导的网络营销内容体系中，首次将资源合作与分享作为网络营销五大方法的类别之一，提升了网络资源合作营销方法的地位，也为进一步研究网络营销提出了方向和思路。

该书基于"网络营销的三次革命"及网络营销思维模式演变的分析，将资源合作与分享的方法分为三个类别：网络可见度资源合作、网络可信度资源合作、网络分享式资源合作。

由于本书以企业网络营销资源视角的研究方法为基础，并且将网络资源合作模式作为网络资源扩展的基础形态，因此对资源合作的内涵进行了新的整合和扩充，将以网络营销信息传递为目的的网络可见度资源合作及网络可信度资源合作统称为"网络资源合作"，而"网络分享式资源合作"则作为网络资源共享的组成部分，并且在资源合作及资源共享的基础上发展出了网络资源转化的高级资源扩展形态。

网络资源合作模式的基本形态可从网络可见度及网络可信度两个方面来描述。

1. 基于网络可见度的资源合作

传统的网络营销大多以浏览器为获取信息的工具，以增加网页浏览量为主要目标，因此网络推广的主要目的是增加企业信息在互联网上的曝光度，即网络可见度。因此，企业（或者其他组织、机构、网站、个人，同样适用）必须首先有自己可掌控的网站内容和访问量，然后通过与内容相关、流量规模相近的网站合作实现访问量的共同提升。

例如，通过两个网站的互换链接，用户 A 在浏览 A 网站的同时，关注到 B 网站的相关链接（如文章标题、图片广告、首页标题等），于是通过 A 网站上的链接进入 B 网站浏览相关内容，A 网站也就成为 B 网站的"来源网站"或"推荐网站""引导网站"，B 网站通过 A 网站获得了网络推广的效果。反过来也一样，B 网站也可能成为 A 网站的"来源网站"，即 A 和 B 之间通过网站内容及访问量的合作实现了相互推广。

尽管这种交换链接的资源合作方式看起来非常简单，但在互联网发展初期曾发挥了重要作用，是网站推广的常用方法之一，更重要的意义在于，交换链接开启了网络可见度资源合作推广的思维模式，除此之外，多种基于网站访问量及网站链接的网络推广模式，如分类目录、交换广告、网络广告联盟等也相继出现。

事实上，多种形式的网络广告，其原理与网页链接推广也是一样的，例如，展示类网络广告，用户通过点击某网站的广告来到目标网站，再通过搜索引擎关键词广告，点击搜索结果页面的广告链接，来到广告客户网站的着陆页面。只不过网络广告需要为广告媒体支付费用才能获得网络推广的机会。由此可见，基于网络可见度的网络推广在网络营销中有非常重要的意义。

2. 基于网络可信度的资源合作

网络可信度合作推广，简单来说，也就是通过合作伙伴的社会关系网络进行的信息传播，目的在于利用合作方的资源进行推广，进一步增加用户、粉丝数量或者浏览量。因此可信度资源合作的基础是合作方各自拥有一定的用户资源及社会关系资源，这与网络可见度资源合作中各方必须拥有网站内容及访问量资源是同样的道理。

与网络可见度资源合作通过网页链接实现推广不同的是，网络可信度资源合作是通过用户及社会关系网络实现信息传播的，这种社会关系网络通常需要建立在第三方社交网站平台上，而不是双方各自的用户资源。在合作推广效果方面，除了网络可见度及访问量的增加之外，也包括用户及粉丝资源的增加。可见，网络可信度合作是社会化网络营销的方式之一，也是企业合理利用外部资源的扩展形式。

网络可信度资源合作典型的方法包括：邮件列表联合订阅（即订阅邮件列表 A 的同时可收到 A 推荐的邮件列表 B 的内容）、微信公众号文章转发到朋友圈、微博转发、网络社群资源交换合作等。

表 7-2 所示为网络可见度与网络可信度两种网络资源合作营销形态的比较。

表 7-2　网络资源合作营销的两种基本形态比较：网络可见度与网络可信度

	网络可见度资源合作	网络可信度资源合作
合作资源	企业网站及内容、网站访问量	社交网站平台及企业账户运营、粉丝量及活跃度
合作目的	提高可见度、增加访问量	提高可见度及可信度、增加粉丝量
合作形式	网站链接、广告链接、内容链接	内容互转、群资源互换
合作方式	合作方直接沟通	合作方直接沟通
操作难点	寻找合作伙伴效率低、难度大	寻找合作伙伴效率低、难度大
效果评价方式	获得链接数量、获得引导流量	合作伙伴数量、获得用户资源
常用方法示例	交换链接、交换广告、广告联盟	微信转发、微博转发、社群合作

通过上述比较可以看出，尽管网络可见度资源与可信度资源合作具有简单、直观的特点，两者的形式和目的有一定差异，但合作方式及操作难点是类似的，主要表现在效率较低，效果具有不确定性等方面。因此，总体来说，资源合作属于资源扩展营销的初级形态。

7.2.3　网络可见度资源合作方法：友情链接

网络可见度是基于网站的传统网络营销的核心，利用网站内容及访问量资源进行合作的根本目的是为了提高网站的网络可见度，从而获得更多用户访问，实现网站推广的目的。每个网站都是一个网络媒体，可以拥有多种形式的网络营销资源，如网站内容资源、站内广告资源、网站链接资源等，企业可利用网站的资源与合作伙伴开展合作，通过资源共享，实现双方网络推广的目的。

在以网络可见度为目标的网站资源合作形式中，交换链接和交换广告是互联网发展初期常用的网站推广方法，其中网站交换链接的应用更加广泛，是网站资源合作方法的鼻祖，至今仍在发挥一定的网络推广效果，具有其他网络推广不可替代的作用。

1. 网站交换链接的网络营销意义

归纳起来，**网站交换链接的作用主要表现在六个方面**：提高网站的网络可见度、获得直接的访问量、增加网站在搜索引擎排名中的优势、增加网站的可信度、获得合作伙伴对网站的认可、为用户提供延伸服务内容。

（1）通过交换链接提高网站的网络可见度

在多个相关网站上出现自己网站的名称和链接，是很多网站推广人员希望看到的结果，尤其是自己的网站出现在业内知名网站上。这是网站链接获得的直接可见度，同时高质量的相关链接还可以获得搜索引擎可见度，这个也可认为是间接提高网络可见度的方法。

（2）通过网站交换链接推广获得直接的访问量

具有一定访问量且内容相关的网站之间相互链接，可以为合作双方的网站带来一定的访问量。研究表明，网站链接是用户发现新网站的常见方式之一（如中国互联网络信息中心的统计报告），从网站访问统计数据中也可以看出部分访客来自于合作网站的链接。不过，随着用户获取新网站渠道的增加，尤其是搜索引擎成为最常用的互联网应用之后，通过网站链接直接获得访问量的推广效果相对降低。

网站交换链接之后是否可以从合作网站获得用户访问，主要取决于网站之间内容的相关性、合作网站所提供的链接位置和链接方式、合作网站的可信度和访问量等因素。一般来说，小网站被大网站链接、新网站被老网站链接获得的推广机会较多。但是往往又不容易实现这样"不对等"的链接，因此对网站链接获取访问量的目标不应有过高期望，毕竟网站链接还有更多其他方面的价值。

（3）通过网站链接增加网站在搜索引擎排名中的优势

根据现阶段常用的搜索引擎如百度、Google 等的算法规则，一个网站要想获得搜索引擎收录并取得好的搜索排名，通常需要有一定数量的外部网站链接，尤其是高质量网站的网站链接，因此获取外部链接不仅是网站推广的直接需要，也是搜索引擎优化必不可少的工作内容。

需要说明的是，为了增加搜索引擎排名优势而进行的网站链接通常有多种表现形式，例如，网页内容中的文字链接、文章标题链接等，并不限于排列于首页"交换链接"区域的网站列表。

（4）通过网站交换链接增加网站的可信度

获得其他网站的链接，并不一定意味着就能获得很多被点击的机会，即使网站被大型网站链接也不一定就能带来数量显著的用户访问，但这并不意味着这样的链接就没有意义。如果合作网站具有较高的可信度和较大的访问量，那么获得合作伙伴网站上的链接，可以加深用户浏览时的印象，在增加网站可见度的同时获得潜在的网络品牌价值，这是网站可信度的具体表现。

（5）交换链接意味着合作伙伴对网站的认可

交换链接的另一个无法用定量指标衡量的价值在于，通过建立网站合作关系而得到合作伙伴尤其是行业内伙伴的认可。建立网站交换链接的过程，也就是向同行或相关网站推广自己网站的过程，你的网站能引起对方的注意和认可，交换链接才能得以实现。因此，交换链接的意义实际上已经超出了是否可以直接增加访问量这一具体效果，获得合作伙伴对网站的认知和认可，同样是一个网站品牌价值的体现，对网站品牌具有长期的意义。

（6）通过网站链接为用户提供延伸服务内容

对于大多数中小型网站来说，网站上的内容往往比较单一，尤其是许多小型企业网站，除了企业介绍、产品介绍之外，似乎很难提供其他更多有独特价值的内容，而用户对某个产品及其相关知识、销售渠道、用户评论、行业规范等往往需要有更多的了解才能形成购买决策，因此，通过企业网站链接到用户所感兴趣的其他网站，是为用户提供服务内容的一种延伸，是网站顾客价值体现的一个方面。因此，一个好的企业网站往往比较重视与相关网站的合作。

在网站运营工作中，交换链接通常是一个阶段性的工作，在网站发布和推广的初期显得更为迫切。其实网站交换链接没有终止的时候，网站链接的数量和质量指标也没有严格的标准，企业需要根据网站运营工作的需要和机会而做出判断和决策。

2．网站交换链接的常见形式

网站链接通常的表现形式是两个网站之间的交换链接，正如在一些网站下方经常可以看到的"友情链接"列表那样，点击 A 网站友情链接区中 B 网站的链接，在 B 网站相应的位置也可以看到 A 网站的名称和链接。但网站链接推广的形式并不仅限于此。**网站链接的常见形式包括：互换链接、循环链接、轮辐式链接、链接联盟等。**

（1）互换链接

互换链接即两个网站之间的一对一直接交换链接，是最基本的网站合作形式，根据双方约定的链接方式，一方用 Logo 或者文字链接到对方网站，由于合作的网站之间通常都具有相互了解的基础，并且网站内容有一定的相关性，所以这种互换链接常被称为友情链接，适合于规模相当的网站之间直接沟通合作，这也是一般网站合作推广所采用的基本模式。

（2）循环链接

循环链接指多个网站之间的互换链接，即超过两个网站之间的单向循环链接，如"A－B－C－D－A"四个网站之间形成的环状链接关系。这种循环链接常被一些拥有多网站群的机构所采用。

（3）轮辐式链接

轮辐式链接即以一个网站作为核心，分别与其他多个网站建立相互链接或者单向链接，而其他被链接网站之间并不一定发生链接关系，这种链接模式常见于网站分类目录、行业龙头网站，以及收费链接网站等，一些拥有多个关联网站集群的机构也可能采取这种模式。

（4）链接联盟

通过网站联盟程序实现多个网站之间的互相链接，例如，通过在会员网站上放置联盟代码，A 网站与联盟系统提供的 10 个网站建立链接，B 网站也与系统内的 10 个网站链接，但 A 网站和 B 网站之间是否有链接关系，并不是自己直接决定的，而取决于程序的设计规则。这种链接联盟，由于相互链接的网站之间相关性不高，对网站推广的实际价值不大，并且可能会被搜索引擎视为作弊行为，因而并非主流应用形式。

除了前述的网站链接方式之外，互联网上还存在形形色色的链接方式，其中有些属于垃级 SEO 的手段，即用不正当的方式为网站获取外部链接。例如，用户不可见的链接，常用方式是利用网页上 1 个像素大小的图片链接到某个网址，或者用与网页背景色相同颜色的文字加超级链接等；用信息群发软件在 B2B 网站平台、论坛、博客文章后面的评论区等大量发送含有链接的信息；通过黑客攻击手段，在其他网站代码中插入链接（俗称黑链）等。这些链接对互联网环境产生很大的干扰，正规网站的推广运营不应该采取这些手段。

由于交换链接的推广方法实施简单，因此在本书后面内容中将不再详细介绍网站链接推广的实施方法以及交换链接管理等具体问题，如果读者希望对此做进一步的了解，请参考《实用网络营销教程》的相关内容，以及网络营销教学网站、网上营销新观察网站推广方法专题等网络资源。

7.2.4 网络可信度资源合作方法：网络社群合作

社交网络中的可信度资源，包括关系密切的强关系（支持者）、社群成员的认同感、稳定的内容来源或服务等。社交网络资源合作推广与网站链接推广一样具有普适性，即利用现有社交关系资源的连接关系，通过社会关系传播，获得更多的社交资源。同时，由于社交网络有一定的私密性，因此其在某些方面与网站交换链接的思路也有一定的相似之处。在社交网络资源合作中，社群资源合作是常见的资源合作方式之一。

常见的网络社群通常由创建者、支持者和跟随者所组成，这些关系组成了一个具有可信度的微社区。网络社群需要持续的运营维护才能不断发展和扩大。社群的维护与网站的运营维护又有一定的类似之处，例如，两者都需要不断为用户/会员提供新的内容、都需要一定的推广才能获得更多的用户（这里的"用户"也包含社群的成员）、都需要建立必要的运营管理规范等。

经过多年的实践和总结，网站推广的方法已经比较丰富且具备可遵循的一般规律，而社群推广方法则比较分散，不同"社群主"可利用的资源及方法差异较大，因此社群资源合作也尚未成为成熟的社会化营销方法，通常需要社群主之间沟通才能达成最终的合作。本书总结了社群资源合作营销的一些基本思路，对社交资源合作的各种具体方式均具有参考意义。

1. 关于社群资源合作的基础

网络社群资源的基本形态包括：社交网络的关注者（如微博的粉丝、微信好友及微信公众号订阅用户等）、社交群聊成员数量及活跃度、网络社群的内容和服务、保持群成员认同感和参与感的独特方法等。因合作通常需要在相关或互补的其他社群之间进行，如同网站链接的"门当户对"一样，在自身社群资源欠缺的情况下是很难找到合作伙伴的。所以，创建和运营一定规模的社群是合作推广的基础，合作是在运营中进行的，是运营工作的组成部分。

2. 关于社群资源合作的目的

与网站交换链接多方面的网络营销价值相比，社群资源交换的目的相对比较简单，主要包括以下几个方面。

① 拓展社群成员来源渠道，扩大社群成员数量。

② 利用合作伙伴社群资源直接推广产品或服务。

③ 通过合作伙伴社群网络建立企业/个人可信度等。

简单来说，可以从合作伙伴社群资源中获得潜在用户，或者直接推广产品和服务，但有必要明确的是，社群合作是利用合作伙伴的社群成员资源，如果有明显的"拉客"或广告嫌疑，通常是不受欢迎的，可能会被合作伙伴视为"挖墙脚"，这种合作也难以长期维持下去。

3. 社群资源合作的方式

当拥有了社群资源并且明确了合作的目的之后，要明确到底开展哪些方式的社群资源合作。其实社群资源合作与网站交换链接一样，并没有多少技术含量，重要的是联系和沟通，只是相较于网站链接，社群合作并不具有规范性，沟通工作会更复杂一些。下面是一些具有可操作性的社群资源合作方式。

① 社交网络互相推荐：根据约定的内容和方式，在 A 的社群中推荐 B 的信息，同样，在 B 的社群内推荐 A 的信息，实现互相推广的目的。

② 聊天群成员互换：A 创建的聊天群邀请 B 加入，于是 B 便拥有了与 A 的群成员交流的机会，可以用适当的方式推介产品或建立个人可信度。

③ 内容资源互换：如同微博互相转发那样，在 A 的社群内发布 B 的内容，在 B 的社群内发布 A 的内容，有兴趣的成员可以关注相应的内容。

④ 内容授权输出：内容资源丰富但社群成员数量有限的企业或机构，可以将深度内容授权其他网络社群转发，约定保留版权人的重要信息，通过内容传播扩大可见度并获得更多的潜在用户。

社群资源如同网站一样，需要长期的运营和积累，因此社群资源合作也需要一个动态的管理过程，当合作伙伴的社群资源已不具备合作的基础，企业就需要适时调整合作对象及合作方式。如同网站交换链接一样，有时合作网站会因为改版、关闭等原因而不再具备合作条件，企业就需要不定期回访以确认链接的正确性及相关性。

本书在第 4 章介绍的基于社交关系资源的网络推广中，介绍了微博转发推广的常见方式，事实上微博转发推广也是网络可信度资源合作方法的常见方式之一，这种思想同样适用于其他社交信息的转发。由于社会化网络营销是以用户的网络可信度为基础，除了社交关系网络成员直接浏览信息之外，通过社交关系的转发可以在更大范围内传播信息，于是获得尽可能多的转发也就成为 SNS 营销的有效方法之一。

7.3 网络资源共享营销方法

由于一对一直接沟通式的资源合作效率较低且效果具有不确定性，随着 Web2.0 及社会化网络的发展，逐渐产生了资源共享模式的营销方法，这种方法在提高资源扩展效率方面大大前进了一步。网络资源扩展营销的发展演变与网络营销的整体思想发展相一致，都经历了从网络技术、网络营销专业人员、企业全体人员到整个社会关系网络的演变过程。

网络资源共享营销方式通常以社会化网络平台为基础，各参与者为了同一目标或利益形成了多种形式的合作，通过个人的知识资源、社交关系资源的分享或交换，获得更多的资源或直接利益。常见的共享式合作方式包括知识社群分享、ASK 网络社区互助、利益分享、SNS 邀请及转发等。

分享式合作与内容营销中的知识分享有一定的类似之处，但方式和目的有一定的差异，网络分享式合作基于社会化网络，而纯内容分享通常以获得网络可见度为目的，往往通过专用的文档分享平台或视频平台来进行，用户之间没有或很少产生社交关系。

本节介绍部分比较成熟的资源合作与分享营销方式，主要在于开启一种资源扩展营销思路，大家可以在实践中进一步探索和总结更多的模式和方法。

7.3.1 知识分享营销：ASK 网络社区互助营销

ASK 网络社区是一种辅助问答式知识分享平台，如百度知道、腾讯问问、新浪爱问、知乎网站等。在这些 ASK 社区中，所有用户都可以提出问题，同时每个人也都可以去回答别人的问题，正是这种"问答"，为一些企业的"网络推广"带来了机会，企业通过提出问题和解答问题将信息传递给潜在用户。例如，有用户提问"深圳哪里能买到正宗的大红袍茶叶"，其中可能有其他用户的回复，也可能有商家的回复，甚至是某个商家的自问自答，在这一问一答中，必然会涉及商家的信息。这就是 ASK 推广的基本形式，与早期的论坛推广有一定的相似性。

ASK 社区具有一定的社会化网络的特征，但用户之间的关系并不紧密，仅仅是因为某个话题而产生临时性的关联。不过一个问题可能代表了多个用户的疑问，一个问答可能有多个人浏览和参与，随着问答内容的积累，问答可以在相对较长的时期内持续发挥作用。关注同一话题的用户形成一种松散性、动态性的社会关系。

与 WIKI 词条的公正性一样，如果问答社区中商业信息泛滥，也就失去了 ASK 社区的原本价值，所以从真正的用户价值角度来看，ASK 社区应尽可能减少其被用于商业性的网络推广。因此，商家在利用 ASK 社区进行推广时，应以为用户提供有价值的信息为基础，而不是赤裸裸的广告宣传，这是所有社会化网络营销方式的基本准则。

1. ASK 网络社区互助营销的作用

一般来说，利用 ASK 网络社区开展网络营销的作用主要体现在两个方面。

① ASK 网络社区庞大的用户群体互动交流，通过解答用户提出的实际问题而形成信任和口碑效应，因而对于网络品牌和网络推广具有一定的效果。

② 利用第三方 ASK 平台的站内搜索及公共搜索引擎提高企业信息的网络可见度，例如，通过一些关键词搜索时，搜索结果中通常可以看到"百度知道"及知乎网站的相关内容。

除了 ASK 社区的直接网络推广效果之外，对用户问答内容的分析，也可用于研究用户行为，例如，了解用户对某产品所关心的问题，以及遇到问题之后可能的行为等。对于网站运营人员来说，关注 ASK 社区用户的问题及解答，对其进行网站 FAQ（常见问题解答）内容设计、博客内容选题、微博话题制造等也有积极意义。

2. ASK 网络社区互助营销的方法

ASK 网络社区互助营销的方法，在一些方面与微博、WIKI 等有一定的相关性，微博营销及 WIKI 的一些成功方法也可以作为参考。这里我们将问答式网络社区营销方法的要点归纳为三个方面。

（1）从专业的角度选择问题及提供解答

由于 ASK 网络社区中用户提问和回答问题有较大的随意性，有些提问可能不够专业，有些回答也可能不够完善，因此，以专业和严谨的态度解决用户提出的新问题，或者自己提出引导性问题并给予专业的回复，更容易获得用户的认可。专业也是利用 ASK 网络社区开展网络营销的基础。

（2）做 ASK 社区有价值的活跃用户

做一个活跃用户，经常关注用户提出的问题，持续为用户提供有价值的解答，同时也可以将自己发现的问题提出来与他人一起探讨，如同专业博客和微博一样，这是在行业内建立知名度及可信度的途径之一，尤其是以企业或者品牌名称作为用户 ID 时，每次问答都是品牌展示的机会。

（3）扩大 ASK 社区信息的传播范围

与微博信息推广一样，一些用户关心的问题除了在 ASK 平台内部传播之外，还可以在其他平台继续传播，例如，将有关问题及解答作为企业网站 FAQ 或者博客的内容发布；当然也可以对某些重要问题及解答页面进行必要的搜索引擎优化处理，从而增加其在公共搜索引擎检索结果中展示的机会。

除了上述问答式互助营销的常规方法之外，一些活跃度较高的 ASK 社区（如知乎网站等），往往也成为一些热点话题的网络信息源，通过各社交网络进行分享，使得 ASK 互助问答营销与社交网络的结合更加紧密，扩展了 ASK 信息的传播方式和范围。

7.3.2 内容下载分享营销：常见形式及特点

知识分享营销的形式很多，除了 ASK 社区经验分享之外，还包括电子书分享、文档分享、视频分享、音频分享、图片分享、规范文档模板下载等众多以内容在线浏览或下载方式为主的分享营销。这些分享式内容也是常用的植入式营销的载体，因此也属于植入营销的范畴。

尽管每种内容的形式有明显的差异，但内容分享营销在网络营销思想方面具有一些共性特点。例如：

① 信息表现形式灵活多样：如视频、音频、图片、PDF 文档、TXT 文档、PPT 文档。

② 信息发布渠道广泛：包括企业网站、社会化网络媒体、第三方网站平台、文档分享平台、第三方云存储平台或直接分享给用户等。

③ 内容阅读及传播方式灵活：不再局限于传统的网站浏览，也包括网络存储及下载、在线播放、手机阅读软件阅读、专用电子书阅读器或者以手机 App 等方式传播。

④ 具有用户主动分享的基础：分享式内容具有病毒性营销的基本属性，有价值的内容往往可以获得用户主动分享，因而分享式内容与社会化网络营销也密不可分。

可见，网络分享式内容营销具有多种网络营销模式的特征，是多种网络营销模式的综合表现，因而是传统的网络营销工具和方法体系所难以包含的，可以认为其是基于网络可信度的社会化分享式内容营销。

这里我们简要介绍部分网络分享式内容营销方法的基本特点。

1. 电子书下载营销的主要特点

电子书是起源较早的网络内容营销形式之一，常作为病毒性营销的媒介，在传统 PC 网络营销方法体系中占有一定的位置，在智能手机时代由于阅读的便利性，电子书获得了新的发展，为内容营销增添了新的活力。由于电子书内容丰富，可信度较高，因此它成为一种有效的内容营销载体，主要用于网络品牌推广、网站推广、产品及服务推广等。

电子书下载营销具有以下几个特点。

（1）信息完整并可长期保存

电子书与网页不同，不需要逐个打开每个页面，一部电子书的内容是一个完整的文件，读者下载后书中所有的信息都将完整地保留下来，而且书中内容不会因为原提供下载的网站发生变动而改变，只要读者不从计算机等设备上将其删除，电子书可以长期保存，随时阅读。

（2）可以离线阅读

从网上下载后电子书即可用各种阅读设备离线阅读，这样不必像其他网上信息一样必须在线浏览，毕竟不是所有用户在任何时候都可以方便地上网。而一部有价值的书往往会得到读者的反复阅读，并有可能在多人之间传播。在这样的阅读和传播的过程中，通过电子书营销获得了病毒性营销的效果，实现网络推广及获得新用户的目的。

（3）便于用户继续传播

获得尽可能多的用户阅读是电子书营销的关键，而电子书下载后可以方便地通过电子邮件、即时信息、SNS 网络中的文件分享、蓝牙传输等方式向别人继续传播，甚至可以在一定范围内共享，如果书中内容对读者有足够的吸引力，这种继续传播是自发的，效果也会更好。

（4）便捷的手机社交化分享阅读

除了对已下载的电子书进行分享传播之外，还可以分享书中的内容页。目前多款流行的手机阅读器都具有社交分享功能，可以将书中的精彩内容分享给你的社交好友，并可加入阅读圈子与兴趣相同的读者交流，实现信息在更大范围的传播。

（5）促销和广告信息形式灵活

由于电子书本身具有平面媒体的部分特征，同时又具有网络媒体的部分优点，如具有超链接功能、显示多媒体信息等，因此促销和广告信息可以采用多种形式，如文字、图片、多媒体文件等，读者在线阅读时，还可以单击书中的链接直接到达广告目的网页。

（6）营销效果可以测量

由于电子书所具有的互联网媒体特征，其中的电子书广告具有网络广告的一般优点，例如，可以准确地测量每部电子书的下载次数、内容中超链接的点击次数等，并可记录统计下载者的分布等，这样便于对潜在读者做进一步的研究。

2. 文档分享营销的主要特点

文档分享营销与电子书下载营销的模式及流程有一定的相似之处，但在文档格式及阅读方式方面有一定的差异。电子书通常是需要下载后才能阅读，而在线文档分享通常可以通过浏览器阅读，也可以下载后阅读，而在下载之前，可以通过在线预览方式对文档进行初步的了解，电子书则主要是通过内容简介和样章阅读的方式对其进行了解。这种差异也就意味着营销信息传递也存在差异。

文档分享营销的主要特点可归纳为以下几个。

（1）在线文档是基于浏览器的阅读方式

首先需要通过浏览器打开在线文档，这就决定了在线文档与网页内容有一定的相似之处，因此在排版格式和营销信息设计方面可参照网页设计的一般规律，以获得最佳的浏览效果。

（2）在线文档通常利用第三方平台传播

由于阅读格式的限制，在线文档通常不适合在企业网站发布（文档的内容可以用其他合适的方式发布到网站上），这就需要企业选择合适的文档分享平台，了解各个平台的规则，用符合规则的方式展示企业的营销信息（如某些平台不允许在文档内容中出现联系方式），并获得平台最好的展示机会。

（3）文档分享营销时效性长

与微博、微信的时效性强不同，在线文档分享往往在较长时间内有效，因而可以长期带来访问者，这种特点同时也意味着，文档分享营销不易取得立竿见影的营销效果，在制作文档时应注重其长期价值。当文档里的营销信息失效之后，应考虑更新和替代，减少流量资源的浪费。

（4）用户获取信息的目的明确

与网页内容浏览有一定的随意性不同，用户下载文档通常具有明确的需求，对于关注度较高的文档内容，尤其是深度分析或论文资料等专业文档，往往可以得到用户的深度阅读，因而专业文档分享对用户获取信息的价值更高。

常见的文档分享平台包括百度文库、豆丁网、道客巴巴等网站。

3．网络视频分享营销的主要特点

网络视频分享营销的信息源于用户分享的视频，与用户的文档分享类似，用户将自己制作的视频文件分享到专业的视频平台或者社交网络，通过内容与营销信息融合，或者在内容中插播营销信息的方式，实现网络营销的信息传递。

我们仔细观察国内外常用的视频网站（如优酷网、**Youtube**等）及社交媒体视频（如新浪微博、微信短视频）等，可以发现其中有很多带有一定的营销信息。**网络视频营销的主要特点**如下。

① 内容与营销信息的融合

高质量的企业视频才能获得用户的关注，要做到内容即营销、营销即内容并不是简单的事情，需要精心策划、制作并采取合理的传播方案。相对于网页文字信息，视频营销在前期策划和制作阶段需要投入的资源显然要更多一些。

② 网络视频的病毒性营销特征

一段好的视频会获得广泛传播，发挥病毒性传播的效果，如果获得各种排行靠前的机会，传播效果会进一步放大。当然绝大多数短视频难以取得惊人的效果，更多还是需要获得平台的推荐及企业社交资源的转发。

③ 视频营销效果的"滞后"效应：与网页信息直接展示全部内容不同，用户无法一眼看尽视频的全貌，需要耐心看完视频才能了解其内容，因而视频营销的效果也要到用户观看之后才能体现，因此视频要给用户持续观看的理由，并且给用户留下深刻印象并使其产生后续的点击转发行为。

视频内容可以发布在企业网站，也可以发布在第三方视频网站、社交网络或 B2C 购物平台（如淘宝网），同时也可以通过个人用户之间或朋友圈直接传播，传播方式相对灵活，但目前对网络视频营销效果的评价方式还不完善，尤其是手机视频传播等，还需要进一步的观察和实践。

4．图片分享营销的主要特点

图片与文字几乎是网页内容中不可分割的基本元素，在传统的网页内容中图片通常作为文字的配角。不过，作为具有独立"生命"的图片，通过分享也可以直接产生营销效果，因为图片本身也是内容，具有独立承担内容营销的能力！图片分享为图片发挥独立营销效果提供了舞台，图片不再仅仅是网页的元素，也可以成为完整的网络营销信息源。

移动互联网为图片分享带来了更多的便利，一些手机 App 提供的美颜拍照及图片分享服务，可随时拍摄随时上传，比传统的网络相册和图片分享更受欢迎，也更具有潜在的网络营销价值。例如，墨迹天气 App，基本功能是各地天气状况的查询，同时用户也可以上传当地的时景照片，通过图片背景及标签标注等方式，在一定程度上发挥了网络营销的作用，对地方服务类的推广有一定的价值。美图秀秀、360 相机等 App 则提供了丰富的图片美化及 SNS 分享功能，这些对图片传播都具有较好的效果。

图片分享营销的主要特点如下。

（1）图片分享比网页内容发布更便捷

图片分享网站为图片处理提供了便利，原始照片经过简单的编辑即可实现更适合网络传播的规格，并可在其上标注相关的标签和说明信息，更重要的是这些分享网站提供了便捷的社交网络分享功能，用户可以方便地把上传的图片分享到微博、QQ 空间、Facebook 等网站。于是，图片的活力和营销价值得到充分的发挥。

（2）图片用户来源渠道更广泛

相较于网页内容或文档分享等信息传播模式，图片传播渠道更多，如好友分享、网站推荐、图片搜索等。

（3）图片分享营销形式灵活多样

在图片中植入营销元素并没有统一的形式，由于其灵活性和融合性，营销信息更容易被用户所接受及再次分享传播。

当然，图片分享营销也存在营销信息及传播规律不明确、效果评价困难等一系列问题，还有待进一步实践和总结。

7.4　网络资源价值转化营销方法

资源价值转化与资源合作本质上是一致的，不过资源价值转化是以利益为基础，从更大的范围内将分散的网络资源关联起来，形成一个网络推广资源平台，每个资源拥有者和网络推广需求者都成为这个生态系统中的元素。所以，资源价值转化，不只是一种网络营销方法，而且还是一个网络营销生态系统。这种以价值为基础的网络营销思想，与本书第 4 章介绍的微生态营销思想是一致的。

其实，早在微生态网络营销形成之前的十多年间，基于价值关系资源的网络推广方式已经诞生并成功应用于电子商务等多个领域，这就是由亚马逊网站于 1996 年 7 月首创的网络会员制营销（Affiliate Programs），也称为网站联盟、联属网络营销等。通过这种联盟机制，将联盟主、网站主和广告主的利益关系联系起来，成为一个基于资源价值转化的网络营销生态系统。

7.4.1　生态型网络营销系统的一般特点

微生态营销，是基于用户社交关系资源的网络营销，同时也是基于价值关系资源的网络营销，体现了企业、社交网络平台、用户及社交资源之间的价值关系，属于生态型网络营销思想的应用，是基于利益共享的可持续发展的网络营销方法。前述和谐的微生态系统的基本特征也适用于其他以价值关系为基础的生态型网络营销系统。

将微生态系统的特征进一步扩展，可以认为，一个理想的基于价值关系资源的生态型网络营销系统应该具备下列基本特点。

① 系统中各成员或组织之间有相互依存的关系，但并不限于业务关系。

② 系统中各成员或组织之间有明确的价值传递关系，且具有长期性。

③ 系统中各成员或组织共同形成一个社会化网络子系统。即每一个生态型网络营销系统也是一个微型的社会化网络，具备社会化网络的基本特点。

不过这种微型的社会化网络并不一定依托于公共社交平台，可以是自成体系，相对独立。生态型网络营销系统最重要的特征之一是，系统不具有强制性，成员可以自由加入和退出，成员无须事先支付费用，并且经过自己的努力，利用自己的网络资源（如网站访问量资源或社交关系资源）可以获得收益、获得低于市场价格的优惠，或者其他潜在的价值（如成就感、优越感等）。这就意味着，在这个系统中，存在着明确的价值链，包括营销支持平台、营销资金提供者（如广告主企业或网店店主）、参与者（推广者或分销者）、最终用户（消费者或推广信息接收者），所有参与者根据营销效果获得佣金或收益，而最终用户则获得优惠购买或其他利益。

生态型网络营销的意义在于，其体现了网络营销中的价值关系，实现了信息传递与价值传递相结合，丰富了网络营销的内涵，是对网络营销思想的扩展。同时，生态型营销也使得顾客关系营销及顾客价值营销理论具有可操作性。

其实很多网站或手机应用都采用了这种生态型网络营销系统，如许多联盟广告系统，淘宝客、微信广点通、百度联盟、搜狗联盟、当当网联盟、京东联盟、携程网站联盟等，都是基于广告或销售利益分成的价值型生态网络营销系统。本书采用传统的定义，将各种网站联盟、广告联盟等统一称为网络会员制营销。

7.4.2 网络会员制营销的起源与发展

网络会员制营销起源并成功应用于在线零售网站，此后其应用领域不断扩展，包括搜索引擎、域名注册、网上拍卖、内容销售、网络广告等多个领域，经过二十多年仍然具有强大的生命力，不仅是基于价值关系的生态型网络营销系统的鼻祖，而且是生态型网络营销的中间力量。

一般认为，网络会员制营销（Affiliate Programs）由亚马逊公司首创。因为 Amazon 于 1996 年 7 月发起了一个"联合"行动，其基本形式为：一个网站主注册为 Amazon 的会员（Join Associates），然后在自己的网站放置各类产品或标志广告的链接，以及亚马逊提供的商品搜索功能，当该网站的访问者点击这些链接进入 Amazon 网站并购买某些商品之后，根据销售额的多少，Amazon 会付给这些网站一定比例的佣金，最高可达到 15%。从此，这种网络营销方式开始广为流行并吸引了大量网站参与——这个计划后来被称之为"网络会员制营销"。

根据亚马逊的介绍，目前加入亚马逊网站会员制计划的网站就超过了 100 万个，而且会员网站数量还在不断增加中。国内的网络会员制营销起步较晚，2003 年之后才进入快速发展时期，尤其是随着第三方网络联盟服务的兴起，网络会员制营销模式在国内的应用逐渐接近成熟。

网络会员制营销资源网站的发行人、《成功的网络会员制营销》一书作者 Shawn Collins 的研究表明，其实早在 Amazon 之前两年，就已经出现了网络会员制营销的雏形，只不过当时没有系统的描述。在亚马逊之前实施会员制计划的公司主要有 Epage（1996 年 4 月）等。

尽管网络会员制营销的概念不是由亚马逊首创，但是谁也不能否认，是亚马逊将会员制计划发展得如此完美，并为这种营销方式的普及起到了至关重要的作用，从这种意义上来说，将 Amazon 视为网络会员制营销的鼻祖也并不过分。人们大都通过亚马逊才真正认识了网络会员制营销，许许多多的小网站也正是通过加入亚马逊的会员计划赚到了网上的第一张支票。

国内最早使用"网络会员制营销"这一术语始于 1999 年 12 月。在本书作者翻译的"实施会员制计划中 7 项致命的失误"一文中，首次将 Affiliate Programs 的中文意义用"会员制营销"来表达。对网络会员制营销最早的系统描述，则是在本书作者出版于 2002 年 1 月的《网络营销基础与实践》一书中。该书对网络会员制营销的描述如下。

"如果说互联网是通过电缆或电话线将所有的计算机连接起来，因而实现了资源共享和物理距离的缩短，那么，网络会员制计划则是通过利益关系和计算机程序将无数个网站连接起来，将商家的分销渠道扩展到地球的各个角落，同时为会员网站提供了一个简易的赚钱途径。"

可见，这种模式最初是一种商家与加盟会员利益共享的网络营销方法，而不仅仅是通过会员网站投放广告，通常是商家支付销售额的一定比例作为会员网站的佣金。通过会员制程序，连接了网站平台运营者（联盟主）、网络媒体内容提供者（网站主）、网络广告投放者（广告主）及最终消费者之间的价值关系，从一定意义上讲，形成了价值共生的生态系统，该系统具备生态型网络营销系统的雏形，为基于顾客价值为核心的社会化生态网络营销的产生奠定了成熟的理论基础和实践的检验方法。

从网络会员制营销的基本关系可以看出，网络会员制营销的基本原理是这样的：一个网络会员制营销程序应该包含一个提供这种程序的商业网站（联盟主，同时也是广告主）和若干个会员网站（网站主），联盟主通过各种协议和计算机程序与各网站主连接起来，网站主网站的访问者则成为联盟主的潜在用户。另外，广告主或联盟主也可以采用第三方网站联盟平台提供的专业服务，通过平台招募网站主，而网站主则为广告主或联盟主带来用户，通过用户的浏览、点击或在线购买实现网络营销信息传递及转化。

国内的网络会员制营销开始于 1999 年年底，并且在此后的 3 年内都没有显著的发展，随着部分知名电子商务网站和搜索引擎广告服务商网站联盟的推广，国内网络会员制营销才发展起来，如网上零售网站当当网、卓越网，如百度搜索联盟、阿里联盟等。尤其是 Google 2005 年 8 月正式进入中国之后，Google AdSense 获得了快速发展。2006 年后半年，国内主要 IT 门户网站以及大型门户网站网易等都曾加入 Google AdSense 广告投放。网络会员制营销模式在国内的发展达到一个新的历史时期。

但由于企业对网络会员制营销模式还缺乏足够的认识，因此在实际操作中还存在一些问题。尤其在 2003 年上半年，以"短信联盟"为代表的网络会员制营销模式几乎到了过热和失控的状态，最终这种短信联盟被有关部门所取缔。此后，随着电子商务在国内的蓬勃发展，以销售佣金为主的电子商务网站联盟得到快速发展，成为国内网络会员制营销的主要应用领域之一。目前，网络会员制营销模式广泛应用于电子商务网站联盟、搜索引擎广告联盟、内容平台广告联盟等领域。

下文的网络会员制营销的价值关系分析，进一步阐述了会员制营销生态系统各方的利益及相互关系。

7.4.3 网络会员制营销生态系统的价值关系分析

网络会员制营销是一个基于价值连接的网络营销生态系统，在这个系统中，无论是网站自行开展网络会员制营销计划，还是借助于第三方网站联盟平台，都可以通过适当的方式发挥网络会员制营销的价值。经过十多年的实践和研究，网站联盟的网络营销价值关系已经比较成熟和清晰。

网络会员制营销生态系统各方连接及价值关系简述如图 7-3 所示。

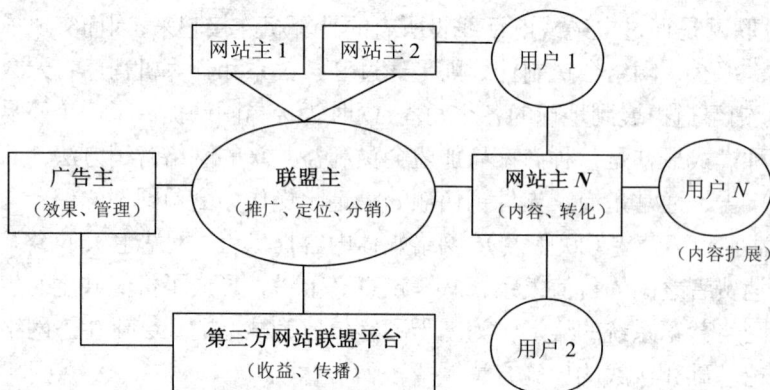

图 7-3　网络会员制营销生态系统各方连接及价值关系示意图

1. 对联盟主的价值：扩展推广、广告定位、分销渠道

联盟主是网络会员制生态营销系统中的核心，承担着招募会员（网站主）及会员管理、广告制作及投放、效果跟踪、数据处理及佣金发放等整个活动流程。对于联盟主来说，可以获得的网络营销价值包括以下几个方面。

（1）扩展了网络广告的投放范围

一般来说，网站内部广告空间有限、流量有限，因此站内广告资源不足，需要将网络广告扩展到其他网站。在其他网络媒体网站投放广告是常用的方法之一，但由于各个网络媒体的广告投放方式、用户来源及广告管理方式差异较大，在多个媒体投放和管理广告就显得比较复杂。通过网络会员制程序，可以轻易实现在众多网站投放及管理广告，大大扩展了网络广告的投放范围，使企业可以在数以万计甚至百万计的网站上展示广告，而不仅是少数大型门户网站。

（2）提高了网络广告投放的定位程度

相较于传统的大众媒体，定位性高一直是网络广告理论上的优势，但在传统门户网络广告投放的模式下，实际上很难做到真正的定位，即使选择某个相关的频道，或者某个专业领域的门户网站，也无法做到完全的定位。基于内容定位的网络广告则真正做到了广告内容与用户正在浏览的网页内容相关。例如，搜索引擎广告联盟（Google AdSense、百度联盟、搜狗联盟等）提供了极好的案例实证。在采用网络联盟策略之前，关键词广告只能出现在搜索结果页面上，由于网页空间有限，大量的广告没有机会出现，无论对于广告主还是搜索引擎来说都是损失，通过联盟方式，可以成功地将关键词广告投放在众多相关的网站上。

（3）扩展了商家的网上销售渠道

网络会员制最初就是以网上销售渠道的扩展取得成功而受到肯定，其应用向多个领域延伸并且都获得了不同程度的成功，直到现在，网络会员制营销模式仍然是在线销售网站拓展销售渠道的有效策略之一。以当当网为例，自从 2001 年开始当当联盟以来，经过几年的发展，其至今仍然非常重视这一在线销售渠道策略，在 2004 年 10 月当当网还对当当联盟栏目进行了全新的改版，增加了更多可供会员选择的链接形式，并改进了账户查询等技术功能。国内另一家知名网上零售网站卓越网（后改名为亚马逊），也在 2004 年开放了网站联盟并一直沿用至今，这充分说明了网上零售商对网络联盟价值的肯定。后期发展起来的大型电子商务网站如京东商城、凡客诚品等，大多也都实施了网络会员制营销计划。

2．对广告主的价值：效果、管理

广告主包括自行实施网络会员制营销的联盟主，也包括第三方网站联盟平台的所有广告主，以及第三方电子商务网站平台上的广告客户，如在百度联盟投放关键词广告的企业。主要价值包括按效果付费及广告管理便利。

（1）按效果付费，节约广告主的广告费用

网站联盟普遍采用按效果付费，包括按每次点击费用、每次转化费用、每个订单的百分比等方式支付会员网站广告费或销售佣金。这样避免了为无效的广告浏览支付费用，因此网络广告费用更为低廉。另外，对于那些按照销售额支付佣金的网站，如果用户通过加盟网站的链接引导进入网站，第一次并没有形成购买，但用户收藏或者记录了网站的网址，以后可能直接进入网站而不需要继续通过同一会员网站的引导，那么网站并不需要为这样的销售支付佣金，因此对于商家来说更为有利，这种额外的广告价值显然胜过直接投放网络广告。

（2）为广告主投放和管理网络广告提供了极大的便利

网站联盟为广告主向众多网站同时投放广告提供了极大的便利。在传统网络广告的投放方式中，广告主通过广告代理商或者直接与网络媒体联系，由于各个网络媒体对广告的格式、尺寸、投放时间、效果跟踪方式等有很大的差别，一个企业如果要同时面对多个网络广告媒体的话，工作量是巨大的，这也在一定程度上说明为什么只有少数门户网站会成为广告主投放网络广告的主要选择。网络联盟完全改变了传统网络广告的投放模式，让网络广告分布更为合理。与网络广告投放的便利性一样，广告主对于网络广告的管理也比传统方式方便得多。有些网络广告内容的有效生命周期不长，或者对时效性要求较高，如果要在大量网站上更换自己的广告，操作起来也不方便，采用网络联盟模式之后，只要在自己的服务器上修改一下相关广告的内容，不希望出现的广告即刻消失，而新的广告立刻就会出现在加盟网站上。

3．对网站主的价值：流量转化、内容延伸

网站主，也叫联盟会员、内容发布商等，是指拥有自己可掌控的内容资源并加入了某个网络会员制营销程序的网站运营者，其通过在自己的网站上投放联盟广告获得销售佣金或广告费。

（1）为会员网站创造了流量转化为收益的机会

对于加盟的网站主来说，通过加盟网络会员制计划可以获得网络广告收入或者销售佣金，将网站访问量转化为直接收益。一些网站可能拥有可观的访问量，但因为没有明确的赢利模式，网站的访问量资源便无法转化为收益，通过参与会员制计划，可以依附于一个或多个网站联盟，将网站流量转化为收益。对于以内容为主的网站，通过加盟广告主的联盟计划而获得广告收入，是比较理想的收益模式。我们浏览一些资讯网站可以发现，网页上显示的广告都是百度联盟或 Google 提供的广告，这些都是联盟广告。

（2）丰富了会员网站的内容和功能

对于内容型网站来说，放置网络广告是网页的"标准配置"，不仅让网页内容看起来更丰富，也对用户获取更多信息提供了方便，尤其是当网络广告信息与网站内容相关性较强时，广告的内容便成为网页信息的扩展。对于在线销售型的网站，比如当当网上书店，加盟会员在网站上介绍书籍内容的同时，如果用户愿意，可以根据加盟网站的链接直接开始网上购书行动，尤其是当网站为读者精心选择了某一领域最有价值的书籍，为用户选择书籍提供了更多的方便。如果网络联盟计划中提供了会员网站可以利用的功能，则进一步扩展了会员网站的功能，如 Google AdSense 除了提供基于内容定位的广告之外，还为会员网站提供了搜索功能，用户利用 Google 搜索，如果点击了搜索结果中的关键词广告，同样也会为用户带来获得收益的机会。

4. 对网站用户的价值：相关性的产品或服务信息

通过浏览网页获取有价值的信息，是网站为用户提供的基本价值。与内容相关的网络广告，将网页内容延伸到相关的产品或服务，可认为是一种附加价值。尤其是，当网站联盟程序通过对用户获取信息的行为进行分析后提供更为精准的广告，对用户的价值更为显著。例如，你打算做一个内蒙古大草原的旅游计划，当你通过搜索引擎搜索过相关的关键词之后，在浏览联盟网站时，搜索引擎会根据用户本地搜索记录在联盟会员网站投放相关的广告，为用户提供更多的选择。

不过，考虑到网站联盟广告的点击率通常仅有 0.5%左右，联盟广告对绝大多数用户的价值并不显著，用户对联盟广告会习惯性忽略，或者对广告没有兴趣。在传统的"原生态网站联盟系统"中，为最终用户提供的价值过低，或许是制约网站联盟进一步发展的关键。如何通过网络会员制程序为用户提供更大的价值，尤其是直接获得收益或者优惠，是网站联盟价值体系设计值得重视的问题。

5. 对第三方联盟平台的价值：收益、传播

第三方联盟平台为联盟主提供了方便，为网站主提供了更多比较和选择的机会，在网站联盟系统中发挥着连接联盟主与网站主的作用。网站主展示的广告为联盟主带来了收益，联盟平台从中获得一定份额的佣金或其他服务费用，这是联盟平台的直接收益。同时，联盟平台还可以获得联盟广告的"病毒性营销收益"，即广告主发布的广告展示在网站主的网站上，广告内容中会出现联盟平台的信息，网站主及联盟广告越多，联盟平台收到的传播价值越大。可见，连接更多的联盟主与网站主，是第三方平台价值的基础。

通过上述分析可以看出，通常只有实施网络会员制计划成为联盟主，并且有一定数量的网站主加盟，网络会员制营销才能得以实现。现实中并非所有企业都具有这种资源和能力，如同

新网络营销（微课版）

网络社群营销一样，对于大多数中小企业可能并不适用，不过企业可以利用某些联盟平台的服务，在联盟平台的网站主网站上投放广告。例如，大型搜索引擎联盟，广告主可以自行选择是否将关键词广告展示在联盟网站，甚至可以根据一定的条件选择合适的会员网站进行投放。

7.4.4 经验分享：联盟主如何才能获得理想的收益

在网络会员制营销系统中，联盟主、广告主、网站主之间都存在着相互选择的问题，作为联盟主，需要选择广告主及网站主，同样网站主也可以选择联盟平台和联盟主，不同联盟主的网络会员制营销系统，对网站主的要求、佣金比例及支付方式等可能存在显著差异。作为开展网络会员制营销的企业，无论自行建设联盟系统还是利用第三方联盟平台成为联盟主，在网站联盟的运营过程中都有许多实际问题值得深入研究，如联盟主对网站主的招募、培训及服务，网站主联盟广告投放及广告优化等。

成立于 1999 年 12 月的提供会员制名录的先驱网站 Refer-it.com 的会员经理 Shawn Collins，就归纳了"实施会员制计划中 7 项致命的失误"，这些观点对联盟主至今仍有参考价值。

作为联盟主，目的是把网站访问量通过联盟广告转化为更多的收益。一个网站加入网络会员制程序一般并不复杂，根据联盟主设定的加盟程序进行在线申请，获得审核后，将联盟代码或者产品信息加入到自己的网站上即可，一般网站有关网络会员制计划的介绍通常也很简单，但对于会员网站来说，要从网络会员制营销中赚取利润并不是像加入程序那么简单，会员制营销是否可以取得效果取决于提供这种计划的网站和会员双方共同努力的结果，会员的努力是自己最后可以取得收益的必要条件。

本书作者的个人网站是国内最早加入 Google AdSense 的联盟主之一，作者通过长期实践发现，网站主取得好的收益需要从对会员制营销的认识和操作方式等几个方面入手。

（1）注意网络会员制计划的选择

开展会员制营销计划的网站可能很多，也许有不少看起来都适合你的网站，但是，同时参与太多的会员计划可能并不是好事，太多的链接会把你的网站淹没，使得访问者感到厌烦，再也不想访问你的网站，这样只能适得其反。因此，要认真挑选那些具有高点击率和转化率的商业网站，争取总的收益最好，而不是追求参与数量。在选择要参与哪些会员制计划时，首先要考虑其与自己网站的内容是否有关以及出现的广告是否值得信任，另外，比较合理的情况是，网站上加入的广告信息可以为访问者提供相关的有价值的延伸信息，否则提供的联盟广告内容对网站本身可能造成伤害，不仅赚不了佣金，而且不利于网站的发展。访问者到一个网站往往是为了获取某些特定方面的信息，企业可以利用这些目标用户的特点和兴趣向他们推荐与自己网站内容相关的产品、信息和服务。例如，你的网站是与汽车维修相关的，那么参与一个信用卡销售或者生日礼品网站的会员制计划也许不会有什么好的效果，不管佣金比例多高。

（2）天下没有免费的午餐，赚钱没那么容易

表面看来，利用会员制营销方式赚钱非常容易，无非是在会员网站上放置一些 Banner、文字或其他形式的链接，其实隐藏在这种表面现象背后的还有大量烦琐甚至艰苦的工作，同时还需要你有足够的耐心。免费的午餐通常总是有条件的。要想通过网络会员制模式获得收益，首先要建设一个对用户有吸引力的网站，因为访问者来到你的网站不是为了点击会员程

序的链接，甚至不会对你的链接给予特别的关注。因此你需要时时提供新鲜的、有价值的内容，通过内容营销引流获得访问者，还要有耐心，这样你的努力迟早会有回报。

（3）完善会员网站建设和运营

在会员网站上有两个基本问题需要特别注意：首先，要尽可能提高网站的访问量，访问量是参与会员制营销取得成功的最基本的因素，因此，需要不断吸引新的访问者。例如，搜索引擎优化、与其他网站建立广泛的链接，或者通过博客、SNS 等方式推广网站；其次，需要注意网站的易用性，尤其不要出现链接错误，联盟广告的链接错误意味着即使有用户点击也不能获得佣金收益。

（4）除了链接，还需要推广

网络会员制营销不仅是在会员的网站上放置图标或者文字链接。如果可能，有必要为网站访问者提供更多的相关内容，比如介绍某些产品维修知识、用户使用体会等，当然你也可以为一本新书写一篇书评，或者分享某个新产品的使用体验，这种方式的推荐非常有效，因为访问者会对网站的观点产生信任感从而产生购买产品的欲望（自然是联盟推荐的产品）。

上面介绍的只是一些一般的体会，针对某些具体的网站联盟，还有必要了解更详尽的使用方法和推广技巧，这些大家只能从大量的实践体验中慢慢总结。

最后，我们通过一个网上广为传播的案例，了解一个个人站长的网络赚钱经验，希望大家从中得到一些启发。

案例

3个月内通过Google Adsense赚100万美元

2006 年 9 月，多个网站发布了"Google AdSense 富翁排行榜"的消息，其中排名第一的是美国交友网站 PlentyOfFish.com 的站长 Markus Frind，这个仅由他自己一个人维护的网站，使得他每月可从 Google AdSense 获利 30 万美元。于是引起了媒体和读者对他的极大兴趣，"3 个月内通过 Google Adsense 赚 100 万美元的人"成为网上竞相转载的文章之一（如果您有兴趣的话，建议您到搜索引擎上检索一下，以便浏览全文信息），以至于很难找到文章的原始出处。

根据网上的相关内容，这个故事的主角 Markus Frind 在世界站长论坛上发表的帖子"我是怎样在 3 个月之内赚了 100 万"中，为 Adsense 会员提出了如下建议。

（1）要分析访客的 IP 地址。通过访客的 IP 地址，来分析他来自哪个国家和地区。因为很多时候，美国的一个访客单击一个广告，可能会给你带来 5 美元的广告收入。但是其他地方的访客有可能只能给你带来 0.2 美元的收入。

（2）你必须建立一个能吸引回头客的网站。他的建议是：不要幻想能通过搜索引擎优化本身来致富。但是如果你建立的是一个免费的找工作的网站，你却可能一年赚个3 000 万美元。其他像俱乐部会员、免费交友等，这类网站都有可能赚大钱。你要寻找一个已成熟的市场，给这个市场提供一个免费的服务，然后卖广告。

（3）让你的用户和访客来生成网站内容。例如，让他们写一些夜总会的、旅馆的或是高尔夫球场的评论。

（4）不要进入一个太多人已经在用的 Adsense 市场。最好是能创造一个你自己的市场。

（5）网站必须非常简单，必须速度快。一页最多两个广告，最多一到两张图片。不要让你的访客晕头转向，不知所措。

（6）到其他论坛里去转转。如果人们没有在谈论你的目标市场，那么你有很大的机会在这个市场里赚钱。

事实上，关于如何优化网站设计以获得AdSense更高的点击率等技巧，在AdSense支持中心都有详尽的介绍，并且提供了多个非常有用的网站诊断分析工具，只是能深入理解并结合自己网站进行相应改进的网站还比较少，因此能够在3个月内赚100万美元的网站毕竟还是少数。

在互联网发展早期，个人网站站长通过网站联盟赚钱是常见的现象，只要用心做好有价值的内容，通过搜索引擎优化等方式即可获得较高的访问量。不过随着社会化网络的兴起，个人站长的流量思维模式开始变得落伍，传统的网站推广方法显得力不从心，网站主在网站联盟系统中也面临困境。如何将流量思维、粉丝思维与生态思维相结合，充分发挥网站联盟的优势，是网络会员制营销模式面临的重大挑战。

资料来源：本书作者综合互联网上多个网站的相关内容编译整理。

本章小结

本章在介绍网络营销资源与扩展一般模式的基础上，介绍了资源合作、资源分享以及价值转化的网络营销方法。

企业网络营销资源分为两大类：内部资源和外部资源。两者都可以分为三类：现有资源、潜在资源以及可扩展的资源。现有资源是已经存在并且可用的，潜在资源是可以通过正常运营转化为现有资源的，可扩展资源则是通过合作、分享等方式转化为潜在资源。

网络资源扩展营销模式包括三种基本形态：资源合作、资源共享、资源价值转化。其中资源合作是最基本的形态，主要体现在信息传递层面；资源共享则是基于社会关系网络的信息传递，通常并不仅仅是双方合作；而资源价值转化则是在信息传递及社会关系传递的基础上实现价值传递及利益共享，具有网络营销生态思维的表现，是资源扩展营销的综合形态。

资源合作营销的基本出发点是利用自己的资源与合作伙伴互补合作，换取同等或更多的资源，实现网络营销资源及效果的扩大。资源合作模式包括两种基本形态：基于网络可见度的资源合作、基于网络可信度的资源合作。

网络资源共享营销方式通常以社会化网络平台为基础，各参与者为了同一目标或利益形成多种形式的合作，通过个人的知识资源、社交关系资源的分享或交换，获得更多的资源或直接利益。常见的共享式合作方式包括：知识社群分享、ASK网络社区互助、利益分享、SNS邀请及转发等。

资源价值转化，不只是一种网络营销方法，而且还是一个网络营销生态系统。基于价值关系资源的生态型网络营销系统应具备的特点：①系统中各成员或组织之间有相互依存的关系，但并不限于业务关系；②系统中各成员或组织之间有明确的价值传递关系，且具有长期性；③系统中各成员或组织共同形成一个社会化网络子系统。

参考文献

[1] 冯英健. 网络营销基础与实践（第 5 版）[M]. 北京：清华大学出版社，2016.

[2] 新竞争力. 电子信息百强企业网络营销研究报告. 2010.

[3] 新竞争力. 机械企业网络营销策略研究报告简介. 2010.

[4] 新竞争力. 企业百科推广策略研究报告结论要点. 2011.

[5] 新竞争力，病毒性营销基本思想. 2011.

[6] 李开复 王咏刚 著. 人工智能[M]. 北京：文化发展出版社，2017.

[7] [英]维克托·迈尔-舍恩伯格，肯尼斯·库克耶 著，盛杨燕，周涛译. 大数据时代[M]. 杭州：浙江人民出版社，2013.

[8] WIRED.Web Gives Birth to Banner Ads，1994.

[9] Day, G. S.The capabilities of market - driven organizations[J]. the Journal of marketing, 1994.

[10] 网上营销新观察.

[11] 凤凰网.